江苏省教育厅 2008 年度高校哲学社会科学研究项目
（08SJD7400017）
常州工学院 2007 年度人文社会科学研究项目
（YN0717）

『祖堂集』动词研究

Zutangji
Dongci Yanjiu

鞠彩萍 著

中国社会科学出版社

图书在版编目（CIP）数据

《祖堂集》动词研究／鞠彩萍著．—北京：中国社会
科学出版社，2011.8
ISBN 978 – 7 – 5161 – 0039 – 4

Ⅰ.①祖…　Ⅱ.①鞠…　Ⅲ.①祖堂集 – 动词 – 研究
Ⅳ.①B946.5②H141

中国版本图书馆 CIP 数据核字（2011）第 177782 号

出版策划　任　明
特约编辑　成　树
责任校对　韩天炜
技术编辑　李　建

出版发行　中国社会科学出版社
社　　址　北京鼓楼西大街甲 158 号　　邮　编　100720
电　　话　010 – 84029450（邮购）
网　　址　http://www.csspw.cn
经　　销　新华书店
印　　刷　北京奥隆印刷厂　　　　装　订　广增装订厂
版　　次　2011 年 8 月第 1 版　　　印　次　2011 年 8 月第 1 次印刷
开　　本　710×1000　1/16
印　　张　21.5　　　　　　　　　插　页　2
字　　数　381 千字
定　　价　40.00 元

序

鞠彩萍的《〈祖堂集〉动词研究》，原本是她五年前的博士论文，当年不仅顺利通过答辩，而且获得"优秀论文"的赞誉。但鞠彩萍并未满足已取得的成绩，而是孜孜不倦地进行增补、修改，精益求精，使论著的质量又大大提高。现在该书即将出版，可喜可贺；在专书的专题研究中，该书独树一帜，可圈可点。

说该书独树一帜，是因为以往历史语法的研究中动词的研究相当薄弱，该书对《祖堂集》的动词体系进行穷尽性的细致描写，阐明各类动词的发展状况和发展趋势，填补了历史语法研究的空白。通过这本书，我们不仅认识了《祖堂集》的动词面貌，而且溯源探流，可以了解各类动词的发展历史。

作者将《祖堂集》的动词分为言说动词、能愿动词、使役动词等九类，详尽分析各类动词的用法和特点，例证丰富，数据完备，阐释清晰；还从历时和共时两方面将《祖堂集》的动词与佛经文献和中土文献进行比较，从中发现共性或差异，归纳出禅宗语言中动词运用的特异现象及其对中土文献的影响，提供了许多有价值的资料。

书中对各类动词的描写既有"浓妆"，也有"淡抹"，重点突出，特点鲜明。这里拈出"言说动词"，不惮辞费，或可窥见一斑。据作者所列词表，《祖堂集》共有言说动词 171 个，作者首先对最常用、最重要的 8 个词即"言、语、曰、云、说、话、谓、道"作了历时考察，说明了这 8 个词使用上的差异，指出"言"只表示"说话"，可带直接引语和间接引语，而"语"既表示"说话"，也可表示"告诉"，不带宾语或带与事宾语，不能带直接引语和间接引语，到元明时期"言"和"语"很少用作动词，说明已渐趋消亡；"曰"和"云"绝大多数带直接引语，用法单一，发展至今已基本消亡；"说"的语法功能最多，可单说，带指人或指物宾语，带直接引语、间接引语、各类补语及用于动宾补、动补宾的结构中，唐五代时"说"有很大发展，但取代其他言说动词并获得主导地位是在元明时期；而"话"大都作名词，《祖堂集》有13例用作谓语动词，比其他时期都多，引人注目；"谓"的用法单一，即后面跟对象宾语，元明时已不作言说动词使用，而"道"在《祖堂集》里广泛运用，特别是大量用于对话体，到元明时期"道"发展为一个使用频率最高的言说动词。《祖堂集》中有一些用法特殊的言说动词，如"问"在《祖堂集》中往往不表示询问，大体相当于"言"、"曰"、"云"；"……即（则）不问"句式，用于复句的前一分句末尾，起强调后一分句内容的作用，是具有禅宗文献特色的程式化语言。此外还有"举似"、"代云"、"拈问"、"唱"、"转"、"祇对"、"扣击"、"魔魅"、"拈掇"等一系列具禅家特色的言说动词，作者均作了分析说明，发人深省。将众多言说动词贯穿古今地进行解说剖析，本书恐怕是第一例，是值得彰扬的。

　　动词的研究涉及面宽，工作量大，难度较大，是比较难驾驭的。作者能充分吸收现代汉语动词研究的成果，采取多元化的研究方法，分别对不同类别的动词进行梳理、归纳，给人以多方面的启发。比如能愿动词着重从语义角度分为可能类、意愿类、应当类三类，然后从结构上作细致描写。心理动词根据语义特征，将情感类心理动词分为表喜好、怨恨、责怪、哀怨、惭愧、欢喜、害怕、遗憾、担心、惊异、感动、敬重、轻视、仰慕、思念等类别，并从配价角度分析出一价心理动词（多表示心理状态）和二价心理动词，其中有的只带体词性宾语，有的只带谓词性宾语，有的两种宾语均可带。对认知类心理动词也作了同样的分析。通过考察归纳出心理动词的特点：不仅能带名词性宾语，还能带动词性宾语和小句宾语；不与时体助词"着、了、过"共现；不用于命令句；绝大多数属于非自主动词。状态动词，一般也是非自主的，表示处于持续状态中的动作，不带真宾语，而只能带使动宾语、处所宾语，属于一价动词。关系动词、存在动词、行为动词、趋止动词等类也都作了类似的分析。

　　对于某类动词中有特点的动词或格式，作者还进行了个案研究，展开充分的讨论。比如使役动词一节，着重阐述了"许"的虚化问题；致使结构和使令结构的比较，认为致使结构是使令结构语法化的结果；使役动词虚化可表示被动，如《祖堂集》中的"与"；遭受类动词虚化而来的被动句，如"遭字句"、"蒙字句"等。在相关的论述中，我们可以看到不少作者独特的思路和创新观点。

　　诚然，书中对涉及问题的论述未必全是尽善尽美的，但作者对种种问题的坦然面对，艰难探索，提出创见，这本身就给我们以启迪，激发我们思考，促进了动词的研究，我们应该欢迎这样的论著。

鞠彩萍先后受业于王锳、袁宾二位硕学名师,学殖深厚,在词汇研究和语法研究方面都取得了显著的成就。现在这本《〈祖堂集〉动词研究》又将面世,为语法史的研究增添异彩,确实令人愉悦,更令人对鞠彩萍产生新的期待。

孙锡信

2011 年 3 月 24 日

目　录

各类动词词表索引

第一章

绪　论

一、《祖堂集》版本及研究概况

《祖堂集》是我国现存最早的一部禅宗灯录体著作，共二十卷。由泉州招庆寺静、筠二禅师编集而成。从篇首文僜禅师所做的序可以看出，其成书年代约为南唐保大十年（952），比北宋景德年间的《景德传灯录》早了约半个世纪。根据书中"具如宝林传"、"未睹实录，不决化缘终始"等语，我们可以推测它所依据的资料大多为唐代的早期禅宗史料，如《宝林传》一类禅宗谱系、语录等，这增加了它在禅宗史、文化史上的地位和影响。

祖堂，是禅寺供奉、祭祀历代祖师的殿堂。《祖堂集》即按佛祖传灯的次第来排列禅宗谱系，从与禅宗有渊源关系的印度七佛写起，一直到《祖堂集》编者时代的中国各位禅宗祖师及其派系，书中记载了他们的生缘史略，更多的内容是诸禅师在开堂、上堂、小参、普说等各种场合的说法记录以及师徒间的问答语录。

《祖堂集》初刻后曾在中国本土流传了百年左右，后来就消失了。当时流传甚广的则是成书于北宋景德年间的官修禅宗史书《景德传灯录》。据陈耀东、周静敏（2001：91）研究，一些著录如宋初僧四明知礼撰写的《十不二门钞》、北宋王尧臣等编著的《崇文总目》、北宋禅学大师佛日契嵩的《夹注辅教编》、南宋郑樵的《通志》以及南宋宗晓编写的《四明尊者教行录》等书中均提及《祖堂集》。今天我们见到的《祖堂集》，是20世纪初日本学者关野贞、小野玄妙从韩国庆尚南道陕川郡伽耶山海印寺所藏高丽《大藏经》藏外版的补版中发现的，该版刻于高丽朝高宗三十二年（1245）。1972年日本京都中文出版社在柳田圣山的指导下，将花园大学图书馆珍藏的高丽版《祖堂集》影印出版。这本从中国失传约900年的珍贵禅宗史书又得以回归本土。

　　与《景德传灯录》相比，《祖堂集》的口语化程度较高，其学术价值日益彰显。近年来国内外已出版了若干影印本、点校本。主要有：1992年日本花园大学禅文化研究所编辑的"禅学资料丛书"收入了《祖堂集》，1994年该所又在"基本典籍丛刊"中影印了《祖堂集》大字本；1994年上海古籍出版社首次在国内出版了《祖堂集》影印本，此本为日本花园大学图书馆藏高丽覆刻本；1996年岳麓书社出版了吴福祥、顾之川点校的《祖堂集》，为繁体字本；2001年中州古籍出版社出版了张华点校的《祖堂集》，为简体字本；2007年中华书局出版了孙昌武、［日］衣川贤次、［日］西口芳男点校的《祖堂集》繁体字本。此外，1990年刘坚、蒋绍愚主编，商务印书馆出版的《近代汉语语法资料汇编》（唐五代卷）点校了《祖堂集》部分章节。

　　最早对《祖堂集》进行研究的是日本学者。20世纪50、60年代柳田圣山教授发表了一系列关于《祖堂集》的论文，并为全书编制了索引。太田辰夫《中国语历史文法》中（江南书院，1957年）运用了较多的《祖堂集》材料，他的《〈祖堂集〉口语语汇索引》（1962年）收集了约2500条词语；他还编著了《唐宋俗字谱》（《祖堂集》之部，汲古书院，1982年）；他的《汉语史通考》中还有专门讨论《祖堂集》语法的章节（参张美兰《〈祖堂集〉语言研究概述》，2002）。

　　《祖堂集》回归本土后，国内学者对《祖堂集》十分关注，相关的语言研究成果比较丰富。字词及校勘方面的论文主要有：蒋绍愚《〈祖堂集〉词语试释》（《中国语文》，1985/2）；张美兰《高丽海印寺海东新开印版〈祖堂集〉校读札记》（《古汉语研究》，2001/3）、《〈祖堂集〉文献与点校》（《中国禅学》第二辑，中华书局，2003）、《〈祖堂集〉校注》（商务印书馆，2009）；袁津琥《〈祖堂集〉释词》（《古汉语研究》，2001/4）；谭伟《〈祖堂集〉文献语言研究》（巴蜀书社，2005）；詹绪左《〈祖堂集〉校读记》（《安徽师大学报》，2006/1）、《〈祖堂集〉校读散记》（《中国禅学》，2006/4）等。字词方面的研究还散见于有关近代汉语词语考释类的论文、专著及词典中，如袁宾《禅宗著作词语汇释》（江苏古籍出版社，1990），江蓝生、曹广顺编著的《唐五代语言词典》（上海教育出版社，1997），均收录了《祖堂集》中的口语词。语法方面主要有：曹广顺《〈祖堂集〉中与语气助词"呢"有关的几个助词》（《语言研究》，1986/2）、《〈祖堂集〉中的"底（地）"、"却（了）"、"著"》（《中国语文》，1986/3）；袁宾《〈祖堂集〉被字句研究》（《中国语文》，1989/1）；李崇兴《〈祖堂集〉中的助词"去"》（《中国语文》，1990/1）；李思明《〈祖堂集〉中"得"字的考察》（《古汉语研究》，1991/3）；刁晏斌《〈祖堂集〉正反问句探析》（《俗语言研究》，1993 创刊号）；冯淑仪《〈敦煌变文集〉和〈祖堂集〉的形容词、副词词尾》（《语文研究》，1994/1）；张双庆《〈祖堂集〉所见泉州方言词汇》（《第四届国际闽方言研讨会论文集》，汕头大学出版社，1996）；梅祖麟《〈祖堂集〉的方言基础和它的形成过程》，*Studies on the History of Chinese Syntax*，Journal of Chinese Linguistics，Monograph Series No. 10，1997）；孙锡信《〈祖堂集〉中的疑问代词》（《汉语历史语法丛稿》，汉语大词典出版社，1997）；刘勋宁《〈祖堂集〉反复问句的一项考察》（《现代汉语研究》，北京语言文化大学出版社，1998）、《〈祖堂集〉"去"和"去也"方言证》（《古汉语语法论文集》，语文出版社，1998b）；王绍新《〈祖堂集〉中的动量词》（《课余丛稿》，北京语言文化大学出版社，2000）；张美兰《〈祖堂集〉选择问句研究》（香港《中文学刊》，2000/2）、《〈祖堂集〉语言研究概述》（《中国禅学》创刊号，中华书局，2002）、《〈祖堂集〉祈使句及其指令行为的语力级差》（《清华大学学报》，2003/2）、《从〈祖堂集〉问句看中古语法对其影响》（《语言科学》，2003/3）、《〈祖堂集〉语法研究》（商务印书馆，2003）、《〈祖堂集〉校录勘误补》（徐时仪等编《佛经音义研究》论文集，上海古籍出版社，2006）；王景丹《〈祖堂集〉的"何"及其语体色彩》（《古汉语研究》，2003/1）；林新年《谈〈祖堂集〉"动₁+了+动₂"格式中"了"的性质》（《古汉语研究》，2004/1）、《〈祖堂集〉的动态助词研究》（上海三联书店，2006）；陈前瑞、张华《从句尾"了"到词尾"了"——〈祖堂集〉〈三朝北盟会编〉中"了"用法的发展》（《语言教学与研究》，2007/3）；田春来《〈祖堂集〉句末的"次"》（《长江学术》，2007/1）；叶建军《〈祖堂集〉中"是"字结构附加问》（《古汉语研究》，2007/2）、《〈祖堂集〉中四种糅合句式》（《语言研究》，2008/1）、《〈祖堂集〉疑问句研究》（中华书局，2010）；梁银峰《〈祖堂集〉的时间副词系统》（《长江学术》，2010/1）、《〈祖堂集〉介词研究》（《语言研究集刊》第六辑，上海辞书出版社，2009）；等等。此外还有不少以《祖堂集》数词、量词、副词、介词、助词、代词、词缀、祈使句等为研究对象的硕士、博士学位论文。

二、《祖堂集》的语言特点及研究价值

　　以上论文和专著分别从不同角度对《祖堂集》语言作了翔实的研究，此外更有不少学者将《祖堂集》中的语言现象作为汉语语法发展中的参照系，这足以说明学术界对《祖堂集》文本的高度重视。

从历时角度看，《祖堂集》正处于汉语史上文言由盛而衰、古白话由微而显的重要转折时期，如果说六朝文献还夹杂着不少文言成分的话，那么到了晚唐五代时期，这些文言成分大大减少，已经是较为成熟的古白话了。《祖堂集》可以说是这一转折时期的代表，其语言特点是半文半白，文白夹杂（张美兰，2003：13）。《祖堂集》大量吸收了当时（晚唐五代）的雅言俗语、方言官话、文言白话等，其语言形成具有多元性。此外《祖堂集》口语色彩浓厚，因大多禅师生活在福建、江西、湖南、湖北、广东、浙江一带，所以又带有一些南方方言色彩。

对《祖堂集》的研究价值，柳田圣山教授曾作过高度评价，他在《祖堂集》影印序（1972）说："《祖堂集》之重发见，实本世纪初叶之事，可与敦煌古籍媲美。此书对初期禅宗历史之究明，价值极大，且为今后研究唐代语言、思想、历史等，提供出新资料。"太田辰夫（1957/1991：105）单从语言学的角度强调《祖堂集》的重要性，他说："从语言学的角度看，此书是系统了解早期白话的唯一资料。"

吕叔湘先生（1985）在《近代汉语指代词·序》中说："以晚唐五代为界，把汉语的历史分期分为古代汉语和近代汉语两个大的阶段是比较合适的。至于现代汉语，那只是近代汉语内部的一个分期，不能跟古代汉语和近代汉语鼎足三分。"吕先生的这番话充分强调了近代汉语在整个汉语发展史中的重要性，而晚唐五代正是古代汉语和近代汉语的分水岭。《祖堂集》语言可以看做是晚唐五代时期口语文献的典型代表。这是因为现代汉语一些重要的语法现象有的就产生于晚唐五代时期，有的虽然萌芽于魏晋南北朝时期，但是到了晚唐五代才普遍使用开来，或者说在功能上更趋完善。而这些语法现象在《祖堂集》文本中都有所体现，众多学者也纷纷进行了探讨。以下略述一二。

（一）《祖堂集》的代词系统

1. 人称代词　蒋绍愚（1994：115）指出："你"较早的用例是在唐朝人编纂的《北齐书》、《周书》、《隋书》等史书中，但究竟是当时的实际语言还是唐代修史者使用的语言还不好确定。到了唐代，第二人称代词"你"就出现得很多了。《祖堂集》多达392例，此外《祖堂集》还出现了人称代词前加"阿"缀的例句，这一用法始见于唐代。《祖堂集》有"阿你"的用法，并用"你诸人、你等"来表示复数。

上古汉语没有真正的第三人称代词，多用指示代词"之、其、彼"等代替。"他"用作第三人称代词始见于唐代，《祖堂集》除了一部分"他"还是表示泛指的"别人；他人"义外，绝大多数为专指的第三人称代词。汉魏六朝时期出现的第三人称"渠"和"伊"《祖堂集》还继续使用，带有南方方言色彩，其使用频率远远低于"他"。

除了沿袭以前的隐名代词"某"、"某甲"、"某等"外，《祖堂集》还出现了新的隐名代词"专甲"、"某专甲"。

2. 指示代词　指示代词"这"和"那"最早出现于唐代，"这"，《祖堂集》也写作"者"。如："者李公，拳头也不识。"（P574）此外《祖堂集》还有"这（者）个、此个、那个、这（者）里、那里、这边、那边"的用法。"这个"唐代就有用例，"那个"的出现时代稍晚。"这边"从唐朝末期才开始有（太田辰夫，1958/2003：117—119），而《祖堂集》已有不少例子，如："莫弃这边留那边"。（P159）"个（箇）"南北朝后期始见，唐以前仅见两例，唐宋时期的文献里才大量出现"个（箇）"，《祖堂集》亦有不少用例，如："劫石可移动，个中难改变"。（P107）此外《祖堂集》中还出现了与现代汉语"这么、那么"相当的"若子、只没、只摩、与摩"等富有特色的指示代词。

3. 疑问代词　孙锡信（1983）《〈祖堂集〉中的疑问代词》（后收录于《汉语历史语法丛稿》1997）一文指出：《祖堂集》中新产生了三类疑问代词，一是体词性的，如阿那个、什摩；二是副词性的，如争、作摩、为什摩；三是谓词性的，如作摩生、作什摩。这些疑问代词使用频率高，其语法特点各自不同，显示疑问代词体系至晚唐五代时期已相当成熟。蒋绍愚（1994：124）指出石井本《神会语录》[该书卷末有贞元八年（792）的题记]中的"是物"、"是勿"、"是没"是目前见到的"什么"的最早书写形式，《祖堂集》多采用"什摩"的写法，同时还出现了"甚摩"（共8例）的形式。现代汉语中的"为什么"，《祖堂集》写作"为什摩"如："某甲为什摩不闻？"（P120）《祖堂集》中还有一组词相当于现代汉语中的"怎么"，可以表示疑问也可以表示反诘，分别是"争、作摩、作摩生、什摩生、若为"。疑问代词"作摩"、"什摩"后加词缀"生"构成"作摩生"、"什摩生"，这也是新用法。晚唐五代还出现了表示选择问的"那"（见蒋绍愚、曹广顺，2005：55），《祖堂集》中"那"不单独表示选择问，表示选择问的是"那个、阿那个"，如："座主从那个寺里住？"（P201）"阿那个是轻？阿那个重？"（P299）"阿那里"则表示特指问，如："生缘在阿那里？"（P113）

（二）《祖堂集》的助词系统

曹广顺（1995：1）指出："近代汉语助词系统和古代汉语相比，不仅使用的词汇不同，同时还有一些古代汉语中所没有的助词小类，这个全新的助词系统，是近代汉语与古代汉语语法主要的区别之一。"并指出近代汉语的几个动态助词"却、了、着、过、将、取、得"基本上都出现于唐五代。事态助词"了、来、去"三个也产生于唐五代。结构助词"底、地、个"三个助词产生的时间也在唐五代前后。语气助词"聻、那、在、里"四个都出现于唐五代。

根据林新年（2006：214）的研究，《祖堂集》"得"作为动态助词和结构助词，尤其是作为结构助词的用例众多。"著（着）"和"了"只有少量的用例是动态助词，但句法格式较为单一。"却"只是高度虚化的动相补语，还不是真正的动态助词。"过"在《祖堂集》中绝大多数用作谓语动词或连动式的后项动词，用作动相补语的仅有3例。"将"和"取"处于从补语向助词的过渡阶段。

根据曹广顺（1995）研究：事态助词"来"产生的时间可能在初唐前后，到晚唐五代时，使用就已经比较广泛了，《祖堂集》中有不少例子（1995：98）。事态助词"去"在《祖堂集》中共出现76例，有四种用法（1995：108）。结构助词"底"和"地"唐代用例很少，真正开始出现较多用例的，是晚唐五代文献《敦煌变文集》和《祖堂集》，《祖堂集》中"底"、"第"功能多样，分别见于名词、动词、形容词和副词之后，充当主语、宾语、定语、谓语和状语，如："利根底、不净底、悟底、蓦地"（1995：126—127）。结构助词"个"唐诗中基本上只用于形容词之后，且用例很少。而《祖堂集》篇幅虽小，"个"却使用了24次，例句仍以形容词带"个"为常，但这些形容词中出现了较多的双音节状态形容词，如："分明、明明、绵密"，功能也多样化了（1995：140—141）。语气助词"聻""较为可靠且例证较多的文献，最早的应是唐五代成书的《祖堂集》"（1995：151—152）。"那"作语气助词在魏晋文献中能见到个别例子，《祖堂集》中用了9次表示疑问或肯定（1995：162）。语气助词"在"《祖堂集》中也有一些例子，如"犹有纹彩在"，相当于现代汉语的"呢"（1995：172）。

（三）《祖堂集》中的特殊语法现象

1. "被"字句有特点　袁宾（《〈祖堂集〉被字句研究》，1989）指出：《祖堂集》76例"被"字句中，有59例"被"字句引入主动者，这种用法在东汉一直到隋唐是不多见的，这说明晚唐五代"被"字句是以引入主动者为主的。

2. 时间词"後"开始语法化　江蓝生（2002）论及时间词"後"的语

法化途径时，提出最早的例句见于《祖堂集》，如：僧问："只如达摩是祖师不?"师云："不是祖。"僧曰："既不是祖，又来东土作什摩?"师云："为汝不荐祖。"僧曰："荐後如何?"师云："方知不是祖。"（P350）句中"後"已虚化为假设助词。

3. "是"字句渐趋成熟化 唐钰明（1992）指出："作为一种新兴格式，'×不是×'在魏晋南北朝还比较少见，进入隋唐后即出现了某种飞跃，显示出这种格式的强大生命力。"在《祖堂集》中判断句用"×不是×"表达否定判断多达二百多例，可见"是"字判断句已渐趋成熟。

以上只是简单地列举了一些语法现象说明《祖堂集》在汉语发展史中所占的地位，其实还有很多语法现象都能在《祖堂集》中找到源头，如魏达纯（1998）指出：《祖堂集》中的连词"所以"发生了很明显的变化，已经具有了现代汉语"所以"的用法特点。《祖堂集》中还出现了表示动作反复态的"V来V去"式（如"四祖乃往庵前，过来过去"）；甚至有"吾来至此山时，于武德七年秋，于庐山顶上东北而望见此蕲州双峰山顶上有紫云如盖，下有白气横分六道"这样一些复杂的长句。诸如此类，不一而足。可以说《祖堂集》语法现象在近代汉语语法研究中占有重要地位。这一领域的研究尚未透彻，有待后人进一步耕耘。

三、动词研究的现状

在汉语语法史上，动词及与之相关的句型问题一直是语法学界关注的重要课题。吕叔湘（1987）曾经说过："动词为什么重要，因为在某种意义上，动词是句子的中心、核心、重心，别的成分都跟它挂钩，被它吸引住。"吴为章（1994）论述了"动词中心是普遍语法现象"。近年流行的西方语法学派也指出："人类的概念系统由两大部分组成，动词部分和名词部分……动词居中心地位，名词处外围地位。因为任何语言中……所有句子从语义上说均有动词存在。而且，正是动词的性质决定了句子的其余部分。"（引自陆锦林，1980）我们认为动词是所有词类中最活跃最主要的词类。其主要语法功能是作谓语，它和其他主要句子成分在不同层面上都有着紧密的联系。此外，在所有动词谓语句中，动词对句型的基本面目起着决定性的作用。

动词的地位如此重要，引起了广大学者的高度重视，相应的理论和体系随之诞生，首先表现在对动词次类的研究上，包括及物动词和不及物动词，自主动词和非自主动词，持续性动词和非持续性动词，一价、二价和三价动词等，其次表现在对动词分析方法的创新上，诸如分布分析、替换分析、层次分析、变换分析、"格"关系分析、语义特征分析和语义指向分析等。特别指出的是，80 年代语义特征分析方法引进国内后，得到了广泛的应用，出现了一批有价值的研究成果，突出体现在马庆株《汉语动词和动词性结构》（2005）一书中；此外汉语语法研究受菲尔墨格语法思想影响，名词与动词的格语法关系得到了深入挖掘；配价理论介绍到国内后，动词的地位更是获得前所未有的提高，因为配价理论中最重要的角色无疑是动词。

　　然而上述这些理论方法和体系，几乎都集中体现在现代汉语语法研究中，即使是汉语语法学史上的草创期、革新期发生的体系之争以及语法专题的大讨论等都是针对现代汉语而言的。最早的开山之作《马氏文通》是以古汉语为对象研究的，可一个多世纪以来，古汉语语法中动词的研究没有提升到应有的高度，在理论和方法上都比不上现代汉语。究其原因，古汉语研究的难度远远大于现代汉语。古代汉语是一种已经死去了的古代文献语言，不能像现代汉语那样可以采用"内省"的方式自由地构拟例句，或运用移位、添加、删略、替代等规则作各种各样的变换，从中找出规律；其次古代汉语的书面语言材料并不能完全反映当时语言的真实面貌，有的有后人改笔或添删的成分，如何从纷繁复杂的语料中剥离出当时的真实语言来，绝非一蹴而就的事情；还有，古代汉语上下跨越几千年，每一历史段的语言状况都相当于一个现代汉语的共时语言，其研究难度是可想而知的。虽然如此，上百年来古汉语语法学者迎难而上，在动词及句型研究方面取得了不少成绩，限于篇幅，不一一列举。但是有关动词的专书研究并不多，主要有《〈战国策〉动词研究》、《〈荀子〉动词语义句法研究》、《汉语助动词的历史演变研究》、《〈孙子兵法〉谓词句法和语义研究》、《左传谓语动词研究》、《〈韩非子〉单音动词语法研究》、《〈金瓶梅〉动词研究》等。

四、词类划分的原则及动词的界定

（一）词类划分的原则

　　何乐士在《专书语法研究的回顾与展望》（2001）一文中指出："应明确提出词类划分的原则和具体操作方法。"而词类划分是我国语法学界争论最久的问题之一，也是语法学者意见分歧之所在。本书在提出词类划分的原则之前，首先回顾一下前辈学者的相关观点。

　　早期的语法著作是根据意义区分词类的。马建忠（1898/1983：23）最早提出"字类假借"说："义不同而其类亦别焉"，"故字类者，亦类其义焉耳"（按，这里的"字"即指词）。黎锦熙《新著国语文法》（1924：6）提出同样的观点："就语词在言语的组织上所表示的各种观念，分为若干种类，叫做词类"，但他们最终都解决不了按意义标准划分出来的词类和句子成分功能之间的矛盾，所以得出了"字无定义，故无定类"（《马氏文通》，P24），"依句辨品，离句无品"（《新著国语文法》，P29）的矛盾结论。

　　30 年代和 50 年代学术界曾就词类问题展开了热烈的讨论，一直到 80 年代，有关词类的理论问题才逐步得到解决。现在单纯的意义功能已被抛弃，将句法功能作为词类划分的主要标准已经得到大多数学者的认同。还存在的分歧是：划分词类时，是坚持单一的语法功能，还是兼顾词的语义，语义在划分词类时究竟起什么样的作用。这里我们参考吕叔湘和胡明扬的说法。吕叔湘《汉语语法分析问题》（见《吕叔湘文集》第二卷，P488）说："在语法分析上，意义不能作为主要的依据，但是不失为重要的参考项。它有时有'速记'的作用，例如在辨认一般的（不是疑难的）名词、动词、形容词的时候。"胡明扬（1996：47）则提出了一个"语感"问题："语感是一个人在长期使用一种语言的过程中积累起来的对这种语言的内在规律的感性知识。语感既包括对每一个词语的'词义'的感性知识，也包括对每一个词语的句法功能的感性知识。因此，根据语感分类实际上已经包含了对语词的常规句法功能的直觉在内，不完全是按意义分类。""'语感'是任何语言研究工作都必须重视的，更不是见不得人的"。李泰洙、江蓝生（2000）说："在这里还想补充一条软标准，这就是直感。直感实际上是基于我们对于现代汉语和古代、近代汉语语法、语用常规的认识，它有时往往相当准确。"这些话对我们很有启发，在坚持以句法功能划分词类的同时，词的语义和我们现有的语感都可以作为重要的参考。

　　索绪尔提出的聚合关系和组合关系是所有语言单位之间最根本的关系。词类就是"在组合关系中根据组合特征类聚而成的聚合类"（胡明扬，1996：4），因此，严格意义上说，词类的划分只能依据句法功能，即同一聚合类的词必须具有完全相同的句法功能和分布特征。但汉语属于非形态语言，缺乏严格意义上的形态变化，其本身又具有可变性和渐变性：同一个词在不同的历时平面上，可能属于不同的词类；词的同一种用法，在该词不同历史时期的功能系统中，可能占有不同的地位或具有不同的性质。而词类问题的研究应当属于共时态研究的范畴，这就要求我们研究中要有鲜明的时代观点。

　　《祖堂集》成书于南唐保大十年（952），属近代汉语研究范围（本文依据目前语言学界通行的分期，即上古——先秦两汉或以东汉为过渡时期而属下，中古——魏晋南北朝隋，近代——唐宋元明至清初，现代——清代中叶迄今），近代汉语语料的有限性，决定了我们不可能观察每一个词的总体分布特征。结合所研究的客观语言实际，借鉴前辈时贤的研究成果，我们提出以功能为主，意义为辅的词类划分原则。

（二）动词的定义及鉴定标准

依据以上所提出的词类划分的原则，我们给《祖堂集》动词作如下定义：动词是表示动作、存在、变化、活动（包括心理活动）等在句子中主要充当谓语的开放类实词。

动词的主要句法功能是充当谓语，但也可担任主语、宾语、定语或状语，本书主要讨论充当谓语的动词，因为它决定了句型结构，也适当探讨其他富有特色的动词。此外，本书所指的动词是狭义的，不包括形容词。赵元任（1979：293）指出：广义的动词也可以称为谓词，包括狭义的动词和形容词。

鉴别一个词是不是动词，主要应把它跟下列容易混淆的词区别开来：

1. 与形容词的鉴别标准

形容词与动词的相似之处是都能作谓语，并且有时还能带宾语。这里主要是状态动词和形容词的区分。首先从语义上看，形容词表示的是事物的性质或形态。如："万物唯新"、"德岸弥高"中的"新"和"高"。此外《祖堂集》还保留有形容词的意动用法，如下列句中的加点词：时道俗咸异斯言（P144）｜石头甚奇之（P155）｜何得贵耳而贱目乎（P166）。而状态动词主要表示某事物处于持续状态中的动作。如：朗月当空挂（P444）｜灭后还闭（P22）。此外从句法功能讲，动词主要作谓语，形容词也用作谓语，但主要作定语和状语，形容词能受程度副词修饰而动词往往不能。

2. 与介词的鉴别标准

介词之所以与动词发生纠葛，是因为大多数介词系动词虚化而来，有的尚未虚化，有的已经虚化完毕，有的还处于虚化进程之中。我们参照张颏《汉语介词词组词序的历史演变》（2002：4）一文所提出的收词标准，将介词和动词区分开来。

本书还需补充说明的是《祖堂集》中还有少量词类活用的例子，如：诸天散花而雨宝衣（P51）｜饭百千诸佛，不如饭一无修无证之者（P240）｜乃塔于石霜（P208）。例句中名词"雨"、"饭"、"塔"用作动词，这是古汉语殊声别义用法的残留。例句很少，属于临时活用，暂不予以考虑。

五、研究目的及研究方法

本书是对《祖堂集》专书语言的研究，通过《祖堂集》中动词及相关句型的详尽考察，探讨唐五代时期汉语语法的特点以及《祖堂集》作为禅宗文献本身所具有的语体特色。将《祖堂集》放到汉语史的大背景中来考察，通过共时比较和历时考察，从而高屋建瓴地分析《祖堂集》语言现象以及它在汉语发展演变的历史中所起的作用，以便为建设一个精加工的汉语史研究语料库提供较好的文献语证。同时将分析的视角深入汉译佛经中，找到各种语言现象之间的关系，将语言发展变化的规律上升到理论的高度。

研究方法上，本书以《祖堂集》动词为研究对象，重点从语义、句法和语用三个层面进行考察。

语义层面，主要考察《祖堂集》中一些新兴的口语动词。禅宗文献以其较高的口语程度而著称，《祖堂集》也不例外。此外考察《祖堂集》具有禅宗文献特色的行业词语，这些行业词语在《祖堂集》及其他禅宗文献中有大量用例，而在禅籍以外文献里则少见使用，并且在禅籍中已经形成行业词语系列群。如袁宾（1995，2002）指出的禅籍里高频出现的"泥"系词语、"眉"系词语等，它们有着明显的行业意义。

句法层面，主要考察《祖堂集》中处于谓语位置上的动词。首先对谓语动词进行再分类。然后分别对言说动词、能愿动词、使役动词、心理动词、状态动词、关系动词、存现动词、行为动词、趋止动词等动词次类进行研究。研究过程中将《祖堂集》与同时代的《敦煌变文》、唐五代笔记小说、全唐诗、全唐五代词等进行共时比较，找出语言在特定时代的共性；将《祖堂集》与汉译佛经、《景德传灯录》、《五灯会元》、《古尊宿语录》等禅宗典籍进行历时比较，寻找语言发展演变的规律，注意《祖堂集》中某些语法现象是否源于汉译佛经；还要注意《祖堂集》中的方言语法现象。此外尤其要关注《祖堂集》作为禅宗文献本身的语言特色。周裕锴在《禅宗语言》（1999）引言中指出，禅宗语言是"地地道道的中国货"，"任何阅读《大藏经》或《续藏经》的人，都会感觉到禅籍语言不仅迥异于印度撰述的经、律、论三藏，而且不同于支那撰述的其他禅宗的著作。尤其是禅宗语录，更是植根于唐宋时期俗语言深厚的土壤，代表着一种活生生的存在方式，甚至比中国传统的带有官方色彩的文言文，更贴近于中国人的实际生活。"《祖堂集》中有些语法现象带有明显的禅宗行业色彩。如《祖堂集》中的虚词"因"用法很特殊。通过大量数据考察分析可知："因"是一个带有禅宗行业特色的话题标记词，这种话题标记词首见于《祖堂集》并广泛使用于其他禅宗文献，具有鲜明的行业色彩和语体色彩，是成熟时代的禅宗语录逐渐程式化的又一典范。《祖堂集》及其他禅宗文献中诸如此类的语法现象较多，有待于进一步挖掘。总之，对《祖堂集》的重要句型和语法现象都尽量做到上溯其源，下探其流。研究中重在发现问题，总结规律。

语用层面，翻阅《祖堂集》文本，我们可以发现禅师禅僧们在参禅应机的过程中使用了大量动作语，他们拈椎竖拂、扬眉瞬目、呵佛骂祖、棒打吆喝、指月话月、作势喷拳、画圆相……这些动作语在特定的场景中展开，从语用学、认知语言学的角度探讨这些动作语背后隐含的非同寻常的禅宗意义，无疑会深化对禅宗语言的认识了解。

本书依据的版本为大韩民国海印寺版，日本花园大学禅文化研究所 1994 年《祖堂集》影印本，同时参照 1996 年岳麓书社出版的吴福祥、顾之川点校的本子（简称岳麓本），2001 年中州古籍出版社出版的张华点校的本子（简称中州本），1990 年商务印书馆出版的《近代汉语语法资料汇编》（唐五代卷）所收《祖堂集》部分，以及北京大学李明精校电子本。

本书在行文过程中，例句所用繁体，除个别情况酌予保留外，均改为规范简体。例句之后标出该句所在《祖堂集》影印本（大字本）的页码。

第 二 章

《祖堂集》动词分类考察

关于动词的内部分类，需要弄清楚两个问题：一是划分动词次类的目的是什么？二是我们依据什么样的原则给动词内部分类？

词类划分的目的，是为了更好地进行句法分析，而对各词类再作次类的划分，是因为各个次类在语义特征、句法功能等方面呈现出一些或大或小的差异，划分次类正是通过揭示这些次类之间的个性差异，从而达到更全面更深刻认识这一类词共性的目的。我们给动词再进行内部分类，也是出于这种考虑。

现代汉语动词次类的划分已经研究得很充分，既有从语法功能角度分类的，如及物动词和不及物动词的划分，也有从语义角度划分的，如自主动词和非自主动词的划分。这些都值得借鉴，但我们不完全照搬现代汉语的方法。例如周有斌、邵敬敏（1993）提出以"主（人）＋｛很＋动词｝＋宾语"框架作为检验是否为心理动词的标准，并根据能否转换为"主（人）＋对＋O＋很＋动词"将心理动词划分为真心理动词和次心理动词，从而将心理动词的研究推向深入。但这条框架标准不适合对《祖堂集》心理动词的确认，因为晚唐五代时期鉴定词"很"尚未出现。结合《祖堂集》语言实际，我们提出以语义特征为主、句法功能为辅的原则，将《祖堂集》动词分为言说动词、能愿动词、使役动词、心理动词、状态动词、关系动词、存现动词、行为动词、趋止动词九个次类。

第一节　言说动词

一、概述

（一）言说动词定义

从语义上讲，言说动词就是表示言语行为的动词，它将语言作为一种行为来谈论。从句法结构看，言说动词是三价动词，所支配的语义成分主要有三个，即施事、受事、与事。施事是言语动作行为的发出者，大多由表人词语充当，常随上文而省略，在句中充当主语。受事为言说的内容，常充当宾语。与事为言说的对象，与事的位置直接位于动词之后则为对象宾语，用介词引进时，位于动词之前为状语，位于动词之后为补语。

言说动词是动词内部比较特殊的一个次类。说它特殊，是因为有些言说动词不仅仅表示某一言说行为，有时还充当了引语标记词，无论是直接引语还是间接引语，这些标记词都起着不可缺少的作用。

（二）《祖堂集》言说动词概貌

《祖堂集》言说动词词目共有 250 个。《祖堂集》言说动词非常活跃，有些中古萌芽的言说动词到《祖堂集》时代得到了迅猛发展，句法结构多样，使用频率上升，如："说、话、道"等。"曰"、"云"和"言"虽然是从上古继承下来使用频率较高的词，但从句法功能看，远不如这些新生动词丰富多样，蒋绍愚《关于汉语词汇系统及其发展变化的几点想法》（1989）（后收入《汉语词汇语法史论文集》，2000：138）指出：《祖堂集》"说"有"说似、说向、说著、说得、说不得"这样的组合，而"言"、"语"没有，可见"说"是当时口语中最活跃的。

在近代汉语时期，言说动词经过彼此竞争，局面发生了很大变化，特别是一些新生动词的出现，使得现代汉语言说动词系统在此时已经露出雏形。《祖堂集》作为具有很高史料价值的禅宗文献，还出现了不少具有禅宗特色的言说动词，如"拈、代、记、举、不审"等。

（三）《祖堂集》言说动词语义场

什么是语义场？贾彦德（1999）指出：语义场（semantic field）是指义位形成的系统，说得详细些，如果若干个义位含有相同的表彼此共性的义素和相应的表彼此差异的义素，因而连接在一起，互相规定、互相制约、互相作用，那么这些义位就构成一个语义场。蒋绍愚（1989：50）提出了上位词和下位词的概念，他指出："从语义学上说，把反映属概念的称为'上位词'（super ordinate），把反映种概念的称为'下位词'（hyponym）。"比如"畜"是上位词，"马、牛、羊"就是下位词；"马"是上位词，则"骊、骓"是下位词。蒋所列举的多为名词，汪维辉（2003）认为动词语义场中也有上位词和下位词之分，上位词就是只有核心义素而无限定义素的词，如"说"的义素可以分析为：＋使用＋言语＋表达＋意思；而下位词则是在核心义素的基础上加上各种各样限定性义素的词，如"骂"的义素为：＋使用＋（粗野/恶意的）言语＋表达＋（侮辱/斥责等）意思。现代汉语的"说"还有"责备，批评"的意思，当它以这个义位出现时，就成了下位词。一个多义词可以既是上位词又是下位词，这是常见的现象，比如普通话的"菜"，既可作菜肴的总称（上位词），又可专指蔬菜（下位词）。根据前人的研究，我们可以将言说动词中表示一般说话义位的动词称为上位词，而带有某些限定性义素的动词称为下位词。

纵观《祖堂集》言说动词，表示言说义的上位词有："言、语、曰、云、说、话、谓、道"，其余均为下位词（按，"讲"在现代汉语中是上位词，但《祖堂集》中只是表示讲演，讲述的意思，是下位词）。下位词中根据限定性义素的不同又可进一步分为：询问类、告知类、介绍类、叫唤类、嘲讽类、歌吟类、斥骂类、道歉类等。

二、《祖堂集》上位言说动词

先从共时平面描写这组词在《祖堂集》中的使用情况，然后从历时平面考察这组词的发展演变。

（一）《祖堂集》上位言说动词共时描写

1. "言"和"语"

Ⅰ. "言"

《祖堂集》"言"共出现 561 次，其中大多是用作名词。作动词时一种表言说，为了便于和"语"比较分析，这里暂记作"言"，词表中则列为"言$_1$"，另一种表称谓，相当于"称作，叫做"，记作"言$_2$"，见关系动词。

"言"的句法功能主要有：

"言"单独使用，不带宾语，6 例，如：

（1）武帝不了达摩所言，变容不言。（P70）

（2）谨奉表陈谢以闻，释沙门惠能顿首顿首谨言。（P92）

"言"带直接引语，如：

（3）尔时阿难告商那和修言："如来正法眼付嘱于我，我今付汝。当弘吾教，无令断绝。"（P34）

（4）"如何是本性无知？"佛言："诸法钝故。"（P23）

"言"带间接引语，如：

（5）外道言自饿则是涅槃，故当受食。（P21）

（6）莫言及不及，但与我道。（P341）

"言"带受事宾语，宾语仅为"话"，如：

(7) 未有藏深拙，言话又何妨？（P466）

唐宋时期，"言话"还没有被"说话"彻底替换，处于新旧词语共存的状态。《祖堂集》"言话"组合仅1例，《五灯会元》（以下简称《五灯》）则有若干用例，如：夹山与定山同行，言话次，定山曰："生死中无佛，即无生死。"（卷三，大梅法常）｜邂逅灵源禅师，日益厚善，从容言话间，师曰："……"（卷一九，《龙门清远》）

"言"带结果补语"已、毕、讫"，如：

(8) 言讫，杖之数下推出，关却门。（P719）

Ⅱ．"语"

《祖堂集》"语"共出现297次，主要用作名词。动词用法如下：

"语"单独使用，不带宾语，如：

(9) 才生解语，分明晓了，为母说法。（P50）

(10) 其儿子在家时，并不曾语，又不曾过门前桥。（P111）

带与事宾语，与事为言说的对象，此时"语"为告诉义。如：

(11) 大师语诸人言："有三人得我法。……"（P72）

(12) （达摩）语宋云曰："汝国天子已崩。"（P75）

与事用介词引进，充当"语"的状语。如：

(13) 沩山云："我今共树子语，汝还闻不？"仰山云："和尚若共树子语，但共树子语。"（P676）

"语"带受事宾语，分两类，一类受事为所说的事，仅见1例：

(14) 论其本也，唯一金龙尊佛；语其迹也，分四阿难弟子。（P31）

另一类受事为"话"类性质的词，共21例：

(15) 师与麻浴游山，到涧边语话次……（P163）

(16) 东间里入寂，西间里语话。（P709）

"语"带结果补语，仅1例：

(17) 语毕，怡然迁化。（P655）

小结："言"和"语"这一组词是从上古继承下来的。《祖堂集》中大多数情况下用作名词，作动词所占比例较小。它们之间最大的差异是"语"有告诉义，"言"没有，因而"语"往往可以带对象宾语，而"言"不能。此外，"言"能带直接引语和间接引语，而"语"不能。

通过分析"言"的具体使用情况，我们发现《祖堂集》"言"在各卷的分布差异。带直接引语的例子多集中在一、二卷，且多在引用典籍或古语时用，其他各卷大多带间接引语，如：

（18）问："古人有言：'佛病最难治。'佛是病？佛有病？"（P249）

（19）问："教中有言：'文殊赞维摩。'维摩还得究竟也无？"（P497）

其中"古人有言"多达49例，似乎已成固定用语。另外在五冠山瑞云寺和尚章用例较多，有29例，带直接引语的有8例，并且出现了"言……者，……"的程式化句式，这种句式共13例。如：

（20）言一佛二菩萨者，遮那是理，文殊是智，普贤是行。（P741）

（21）言行满成佛者，虽已穷其真理，而顺普贤行愿。（同上）

"言"在一、二卷和其他各卷的用频及用法差异反映了《祖堂集》文本特点，杨曾文《珍贵的早期禅宗史书〈祖堂集〉——代序》（1998）指出，《祖堂集》编纂时利用了成书于公元801年的《宝林传》，一、二卷关于过去七佛、西天二十八祖与唐土六祖的传记多源于《宝林传》材料，因而带有中古时期的语言特点。这样对于"言"用例较多的现象就不奇怪了。至于五冠山瑞云寺和尚一章，很有可能为东国僧人所撰，其语言风格与他卷有异。

"言"和"语"的相同点是都能与"话"结合，形成"言话"和"语话"的组合，应该说是现代汉语"说话"一词的源头。

从"言"和"语"与其他言说动词的组合情况看，"言"可以直接组合成"言曰、言说、言议、言对、言论"，间隔组合为"白……言"、"告……言"，"语"的直接组合情况是"语曰、语云"，间隔组合为"语……言"、"语……曰"、"语……云"，此时"语"为告诉义。另外"言"和"语"可以连用，组成"言语"，例：

（22）石头问："阿那个是汝心？"对曰："即祇对和尚言语者是。"（P184）

（23）僧曰："即这个，别更有也无？"师曰："莫闲言语！"（P224）

以下是《祖堂集》"言"和"语"使用情况简表：

表1　　　　　　　　　　《祖堂集》中的"言"和"语"

	不带宾语	受事宾语为人或事	带间接引语	带直接引语	受事宾语为"话"	带与事宾语	带结果补语
言	6	0	62	83	1	0	6
语	23	1	0	0	21	18	1

"言"、"语"和副词共现的情况也有差异。"言"能受众多副词修饰，"语"较少（见表2）。"言"前还可以有其他修饰语。如：

（24）洞山遂进前礼拜而言曰："……"（P192）

（25）神光悲啼泣泪而言："……"（P72）

而"语"没有。《祖堂集》"言"、"语"和副词共现情况如下：

表2　　　　　　《祖堂集》"言"、"语"和副词组合频率表

	不—	不曾—	莫—	无—	皆—	咸—	但—	又—	却—
言	10	0	3	21	2	1	2	2	2
语	10	1	0	12	0	0	0	0	0

"言"还能向认知引申，表示"以为，认为"，如：

（26）在舍只言为容易，临筌方觉取鱼难。（P358）

此外，"谓言、为言"也有以为义，"语"没有这种引申，究其原因，可能与它们的语法功能差异有关，因为"言"常带直接引语，直接引语的内容实际上就是说话者的主观看法，说什么也就是认为是什么。现代汉语中的"我说"同样有"我以为"的意思。而"语"多为名词用法，作为上位言说动词，句法功能比较单一。

2．"曰"和"云"

Ⅰ．"曰"

"曰"是言说类动词中用频较高的一组，主要用法有：

带直接引语，《祖堂集》"曰"共2615例，用作直接引语的就有2557例，占绝大多数：

（1）和尚拈起和痒子曰："彼中还有这个也无？"（P145）

带间接引语，7例：

（2）适来曰无心是道，今言身心本来是道，岂非相违？（P131）

Ⅱ．"云"

"云"也是言说类动词中用频较高的一组，主要用法有：

带直接引语。"云"作谓语动词4867例，带直接引语的有4799例，占绝大多数，如：

（3）有一尼到僧堂前云："如许多众僧总是我儿子也。"（P247）

带间接引语，21例：

（4）一个云风动，一个云幡动。（P90）

小结：这一组词跟"言、语"一样，也是从上古继承下来的言说动词。《尔雅·释诂》上："曰，犹言也，云也"。《经传释词》卷三："云，言也，曰也"。它们在《祖堂集》中的使用情况列表如下：

表3	《祖堂集》中的"曰"和"云"	
	带直接引语	带间接引语
曰	2557	7
云	4799	21

它们的共同特点是能带直接引语，间接引语的例子相对较少。对话中主语常承上文省略，单用"云"和"曰"字。如：

（5）师因病次，问："和尚病，还有不病者无？"云："有。"（P215）

（6）师曰："汝问不当。"曰："如何得当？"（P104）

其他言说动词除了"问"外，大都不能如此用。《祖堂集》中未见"曰"、"云"不带宾语的例句。

此外"曰"和"云"都可译作叫做，表示解释或命名。如：

（7）生灭灭已，寂灭为真，忍可此法无生，名曰无生法忍。（P227）

（8）此意者起见是明，故云白；不起见是暗，故云墨。（P315）

引述前人经文多用"云"，有60例，用"曰"的仅11例。如：

（9）故《楞伽经》云："佛语心为宗，无门为法门。"（P514）

（10）又《摩诃般若经》曰："色无边，故般若无边。"（P124）

这两个词和副词的组合情况如下：

表4		《祖堂集》"曰"、"云"和副词组合频率表							
	亦—	金—	乃—	又—	皆—	既—	却—	乃—	不—	便—
曰	5	3	5	17	0	0	0	0	0	0
云	11	0	11	73	6	3	13	11	1	12

可以看出，"曰"、"云"虽然用频较高，但用法单一，发展到现代汉语，除了特殊场合外，一般很少用到。此外和"言"、"语"相比，它们都不能作名词用。

3. "说"和"话"

Ⅰ."说"

从使用频率看，"说"不及"曰"和"云"；而从句法功能看"曰"和"云"远远比不上"说"。《祖堂集》除了"说法、说经教"之"说"保留有解说、谈论等下位义外，大多为一般意义的"说"了。"说"的句法功能多样，表现在：

"说"不带宾语，97例。如：

（1）特牛生儿了也，只是和尚不说。（P168）

（2）若有本即合识主，是你试说看！（P110）

（3）我今分明与汝说著，却成不密。（P681）

带直接引语，15例。如：

（4）有一日造书，书上说："石头是真金铺，江西是杂货铺。师兄在彼
　　　中堕根作什摩？"（P173）

（5）姊却向弟说："弟莫疑我，某甲独自身，取次寄住得，但自去。"
　　　（P138）

带间接引语，31例。如：

（6）向前已说月轮相中心著牛是牛食忍草相。（P734）

（7）师曰："有也未曾与阇梨，说什摩有用无用！"（P197）

《祖堂集》"说什摩……"句式共5例，多带有谴责，讥讽的语气，如"说什
摩争即不得！""说什摩难消易消！"。从调查的语料看，六朝文献尚未见到用
例，可能始于《祖堂集》。赵元任（1979：163）指出："什么"作为宾语的
修饰语，是一种修辞性的用法，用意是驳斥那句话。这种句式中的"说"还
是言说动词，发展到现代汉语，"说"的语义已经泛化，如"说什么也要完
成这项任务"，"说什么"相当于"无论如何"，为无条件紧缩句。

带受事宾语，受事为所说的人或事物，209例。如：

（8）诸方老宿还说这个不说这个？（P684）

（9）若也不知原由，切不得妄说宗教中事。（P694）

带受事宾语，受事为"话"类词，9例。如：

（10）师共僧说话次，傍僧云："语是文殊，嘿底是维摩。"（P672）

（11）汝等座主说葛藤作什摩？（P521）

（12）举一例诸足可知，何用謚謚说引词。（P159）

《祖堂集》出现了"说话"一词的组合，这在近代汉语中算是用例较早的，
据汪维辉（2003）研究，"说话"一词最早出现在白居易《老戒》诗中：
"矍铄夸身健，周遮说话长。"只有1例，而《祖堂集》已多达7例。例
（11）"葛藤"义为言句，机语，禅籍多见。"说葛藤"则含有说话啰苏，纠
缠言句义。①

带能性补语，3例。如：

_____

①《祖堂集》一些词语的释义多参考了《禅宗大词典》、《唐五代语言词典》、《汉语大词典》等
工具书，以下不一一说明。

（13）问："法身还解说法也无？"师云："我则说不得，别有人说得。"
　　　（P671）

带结果补语，3 例。如：

（14）云岩问："一句子如何言说？"师曰："非言说。"道吾曰："早说
　　　了也。"（P170）

（15）直饶说得石点头，亦不干自己事。（P198）

带与事补语，5 例。如：

（16）心里能藏事，说向汉江滨。（P67）

（17）宗门事宜，说似我看。（P683）

按，例（16）附注有"汉江滨者，马大师汉州人也"，"汉江滨"指人。

带趋向补语，1 例：

（18）见即见，若不见，纵说得出亦不得见。（P119）

VOC 结构：

（19）说此偈已，感九龙吐水，沐浴太子。（P18）

（20）说药山语了，相共转来药山。（P175）

VCO 结构：

（21）在后达于本愿，欲得说破这个事。（P175）

（22）师见洞山沉吟底，欲得说破衷情。（P196）

Ⅱ．"话"

《祖堂集》中"话"多为名词，有时特指佛祖的典范言教，禅家公案
（如：举得一百个话）。用作谓语动词的例句较少，共 13 例，句法功能不如
"说"丰富，可以不带宾语，共 4 例，如：

（23）僧东话西话，师唤沙弥："拽出这个死尸著。"（P620）

带受事宾语，受事为所说的人或事物，7 例。如：

（24）野老门前，不话朝堂之事。（P340）

（25）其次借一句子是指月，于中事是话月。（P355）

（26）再睹道友话清源，人人问道无不全。（P377）

（27）昔日话虎尚乃惊，如今见虎也不怕。（P627）

带受事宾语，受事为"话"类词语，1 例：

（28）身如寒木心芽绝，不话唐言休梵书。（P710）

带与事补语，2 例：

（29）委曲话似人即得。（P416）

VCO 结构，1 例：

（30）大德，山僧略为诸人大约话破纲宗，切须自看。（P721）

小结："说"是《祖堂集》中言说类动词用法最丰富的一个，除了上述功能外，"说"不受句式限制，还可以用在兼语句中，如："请和尚为某甲说。"（P23）或用于选择问句，如："诸方老宿还说这个不说这个？"（P684）或用于处置式句中，如："汝将妄心以口乱说。"（P516）"说"的与事可以出现在动词之后作补语（例见上文），也可以出现在动词之前作状语，如："向人说、为汝说、向让和尚说、向他说、向师伯说、姊却向弟说、为大众说、便向儿子说、与汝说、向我说"等，"说"还可以带助词"著"："智不到处，切忌说著。"（P600）还可以带助词"取"："说取一丈，不如行取一尺。"（P621）还可以带结构助词"底"："不是你问底事，兼不是老僧说底事。"（P540）此外《祖堂集》还出现了"说道"的组合，仅1例："登时神会唤作'本源佛性'，尚被与杖，今时说道达摩祖师将经来，此是谩糊达摩，带累祖宗，合吃其铁棒。"（P692）"说"前的修饰成分除了副词"恒、常、具、还、不、已"等外，还有时间名词"向前、今时"等。总的来说，"说"前的修饰成分较复杂，有的有多项修饰语，如"至夜间于大愚前说、我今分明向汝说、卒未可说、从来不说、去和尚处说"等。

与"说"相比，"话"大都作名词，有"语话、说话、问话、举话、答话、言话、领话"等组合，"话"很少带与事成分，并且只能受副词"不"修饰，功能较少。

"说"和"话"与其他言说动词的组合使用比较少，主要有"说道、话论、话谈"等。

表5　　　　　　　　　　　《祖堂集》中的"说"和"话"

	不带宾语	带直接引语	带间接引语	受事为所说人或事物	受事为"话"类词	带能性补语	带结果补语	带与事补语	带趋向补语	VOC结构	VCO结构
说	97	15	31	209	9	3	3	5	1	2	2
话	4	0	0	7	1	0	0	2	0	0	1

4."谓"和"道"

Ⅰ."谓"

《祖堂集》"谓"不能带直接引语和间接引语，一定要靠"曰"或"云"引导才能带上。用法极其单一，即后面只能跟与事宾语，意思是"对……说"，共60例：

（1）师谓左右曰："此子非凡，吾灭度二十年中，大作佛事。"（P81）

（2）（道吾）临行时谓众云："吾虽西逝，理无东移。"（P208）

有时与事宾语省略，多用"谓曰"：

（3）王其第四禅观见此瑞，递相谓曰："……"（P10）

"谓云"仅1例：

（4）因而谓云："我闻禅宗最上，何必局然而失大理？"（P503）

Ⅱ．"道"

《祖堂集》"道"的用法灵活多变，可以不带宾语，310例。如：

（5）僧曰："未审师意如何？"师云："移将庐山来，则向你道。"
（P270）

（6）"古今事如何？"师云："莫乱道。"（P477）

带直接引语，7例：

（7）保福拈问长庆："岩头平生出世，有什摩言教过于德山？"便道：
"犹较些子。"（P271）

带间接引语，271例：

（8）师问："作什摩来？"吾曰："亲近来。"师曰："你道亲近来，更用
动两皮作什摩？"（P203）

（9）师问座主："教中道'不可以智知，不可以识识'。此是什摩人次
第？"（P256）

带受事宾语，受事为所说的人或事物，60例：

（10）对曰："和尚也须道取一半，为什摩独考专甲？"（P146）

（11）未识东西时本分事，汝试道一句来，吾要记汝。（P700）

带与事成分，与事作状语：

（12）不辞向你道，恐已后无人承当。（P146）

（13）若也如此，我则与汝道：眼则有也，只欠涛汰。（P175）

带能性补语，42例。如：

（14）问著则无有道不得底，问一段事还道得不？（P190）

带结果补语，6例：

（15）师云："更道。"对云："某甲道不尽。"（P344）

（16）四远参寻，一言道断。今则光流异地，月照别天。（P454）

（17）今日事被阇梨道破，称得老僧意。（P344）

用于VCO结构：

（18）师有时云："诸方一切句道尽一句。老僧则不然，一句道尽一切

句。"（P221）

（19）"祖佛不知有，狸奴白牯却知有"，诸人尽知，诸方道出语句皆行。
（P462）

小结："道"作为言说动词《诗经》已有用例，与其他言说动词相比，其特点是大量用于对话体，而很少直接用于叙述体。对话中引用古人语和其他禅僧话语时多用"道"，这在《祖堂集》很突出。和"说"一样，"道"可以灵活运用于各种句式，如兼语句："不借三寸请师道。"（P391）被动句："今日事被阇梨道破。"（P344）此外从语用上看，"道"能用于祈使句，如："併却咽喉唇吻，速道将来。"（P541）其他言说动词未见用于祈使句。"道"前状语修饰情况较复杂，与副词的组合有："不道、莫道、重道、更道、只道、总道、且道、未曾道、适来道"等。与事作状语的有："向汝道、向你道、向他道、与汝道"等。也有叠加多项状语的例句："寻常向师僧道、向上更道、分明向和尚道、不从口里道"等。"道"和"说"一样也能带助词"著"和"取"："直至如今无人道著。"（P658）｜"和尚也须道取一半。"（P146）与"说"相比，"道"很少带表示"话"类的受事宾语，仅有一句："汝道什摩语话？"（P626）"语话"代指前面内容，"道"不能直接修饰"语话"。

"谓"的用法单一，在言说类动词中不占重要位置。

表6 《祖堂集》中的"谓"和"道"

	不带宾语	带直接引语	带间接引语	受事为所说人或事物	带能性补语	带结果补语	带与事宾语	VCO结构
谓	0	0	0	0	0	0	60	0
道	310	7	271	60	42	6	0	4

（二）《祖堂集》上位言说动词历时考察

1. "言"和"语"

Ⅰ. 上古时期的"言"和"语"

根据李佐丰（1991）、汪维辉（2003）和张猛（2003）的研究，我们对上古汉语中"言"和"语"的使用情况作一个勾勒。

先说"言"。"言"在上古汉语中可以不带宾语（例句转引李佐丰、汪维辉和张猛，下同）：

（1）三年不言不笑。（《左传·昭》28.3）

也可以带宾语，宾语为受事，指人或事物。宾语可以由谓词性的词或词组充当，也可以由体词或体词性的词语或词组充当。例：

（2）若无疵，吾不复言道矣。（《吕氏春秋·悔过》）

可以带间接引语，如：

（3）管仲曰："吾不言伐莒，子何以意之？"（《吕氏春秋·重言》）

但很少带直接引语。张猛（2003）指出：《左传》中"言"不直接带原文，必须通过"曰"，如"外仆言曰""且言曰"。汪维辉（2003）指出只是到了先秦后期，才少量出现"言"带直接引语的例子，如：

（4）申子言："治不逾官，虽知弗言。"（《韩非子·定法》）

可以带与事。与事成分用介词"于"引进。张猛（2003：128）指出：《左传》"言"的后面不直接带表示听者的宾语。如果出现表示听者的成分，都用介词"于（於）"引进。如：

（5）范宣子言于晋侯。（《左传·襄》19.7）

这一点不完全正确，与事成分也可以用介词"与"引进，位于"言"之前，如：

（6）冬，公孙归父会齐侯于谷，见晏桓子，与之言鲁乐。（《左传·宣公
　　　十四年》）

（7）子曰："吾与回言终日，不违，如愚。"（《论语·为政》）

"言"不能带"话"类性质的宾语。

再说"语"。"语"在上古汉语中可以不带宾语，如：

（8）食不语，寝不言。（《论语·乡党》）

也可以带宾语，宾语为受事，指人或事物。例：

（9）子不语怪、力、乱、神。（《论语·述而》）

可以带与事成分，用"与"引进，位于"语"前，作状语：

（10）往者见周原伯鲁焉，与之语，不说学。（《左传·昭公十八年》）

（11）秦昭王召见，与语，大说之，拜为客卿。（《战国策·秦三》）

例（11）"与"的宾语省略。与事成分直接作宾语：

（12）居！吾语女。（《论语·阳货》）

与"言"不同的是"语"的与事成分不用"于"引进。

"语"的最大特点是不能带间接引语和直接引语，也不能带"话"类性质的宾语。在使用频率上，上古"言"远远高于"语"。

Ⅱ. 中古时期的"言"和"语"

结合已有的研究成果，我们又调查了六部文献来考察"言"和"语"在

中古时期的使用情况，这六部文献是《搜神记》（二十卷本，晋干宝撰①）、《世说新语》（南北朝·刘宋）、《颜氏家训》（南北朝·北齐），佛经文献《六度集经》（吴·康僧会译）、《杂宝藏经》（元魏·吉迦夜共昙曜译）、《佛本行集经》（隋·阇那崛多译），其中前三部是俗家文献，后三部是佛经文献。因《佛本行集经》字数较多，仅选择了前二十卷调查（下同）。

"言"在中古时期主要有下列用法。

可以不带宾语：

（1）因绐之曰："令汝还，勿复言。"（《搜神记》卷七）

（2）母子相吞其痛难言。（《六度集经》卷一）

带宾语，受事为所说的人或事物：

（3）及入司隶府，神随遂在承尘上，辄言省内事。（《搜神记》卷一八）

（4）此客竟不言之，固无救请。（《颜氏家训》卷五）

带宾语，宾语为间接引语：

（5）汉平帝元始元年二月，朔方广牧女子赵春病死，既棺殓，积七日，出在棺外。自言见夫死父。（《搜神记》卷六）

（6）群臣或言斩首，或言生烧，或言锉之作羹。（《六度集经》卷五）

带宾语，宾语为直接引语：

（7）生开简得书，言："到葭萌，与吏斗，头破者，以此膏裹之。"（《搜神记》卷三）

（8）夫言："若当相卖，我身如何得自存活？"（《杂宝藏经》卷四）

带结果补语：

（9）言卒，便求退。（《搜神记》卷一八）

（10）群臣欢喜，言已而退。（《杂宝藏经》卷七）

与上古相比，中古时期的"言"用法上有了明显的变化。首先"言"带直接引语的用例大量出现，尤其是《佛本行集经》和《杂宝藏经》，高达六七百例，不再需要和"曰"组合使用。调查显示，"言"、"曰"组合从俗家文献到佛经文献呈渐减趋势，《搜神记》22 例，《世说新语》5 例，《杂宝藏经》4 例，《佛本行集经》前四十三卷均无用例，从四十四卷到卷末共出现28 例，不过有些是用在"作是言曰"、"答言曰"、"敕言曰"、"说言曰"等句中，"言"当为名词，多与"告"、"白"等连用。真正的"言曰"组合只

---

① 江蓝生（1987）指出："从语言史的角度看，二十卷本文句古朴，与魏晋六朝时期的文献基本一致。"又见王锳（2006）。

有2例：

(11) 时长者妇，复告使女："善哉姊妹，汝今与我如此功德，我今与汝一百分食。"使女言曰："亦不能与。"（《佛本行集经》卷四七）

(12) 而彼天上，有四天子，各各诤竞，求彼玉女，欲以为妻，各各言曰："是玉女者，当与为妇。"（同上）

当出现表示听者的成分，即带与事时，中古文献一概不用"于"引进。其间，俗家文献与佛经文献又有差异。俗家文献用"与"引进，并且移到动词之前作状语：

(13) 妘子游猎，见虎乳一小儿，归与妻言。（《搜神记》卷一四）

(14) 晋文王称阮嗣宗至慎，每与之言，言皆玄远，未尝臧否人物。（《世说新语·德行》）

《颜氏家训》中常见的有："与人言，与君言，与门人言，与他人言"等。佛经文献中与事成分则与别的言说动词搭配使用，常见的有"白……言"、"告……言"、"报……言"、"启……言"等格式：

(15) 是时夫人即随王出，白道人言："愿得以身供道人使。"（《六度集经》卷二）

(16) 即出敕告城内大臣及诸豪富长者居士商贾人言："……"（《佛本行集经》卷二）

有2例不同：

(17) 尔时彼等释种徒众，详共齐白净饭王言："……"（同上书，卷一二）

(18) 佛以从定觉。今与般阇识企言说。（《杂宝藏经》卷六）

前例介词已替换为"共"，后例为动词"言"、"说"连用。

"言"还可以用于祈使句，如：

(19) 若问汝，汝但拜之，勿言。（《搜神记》卷三）

此外我们还观察到中古时期"言"前的状语变得复杂起来，这在佛经文献中较明显。如《六度集经》有"呼号且言"、"低头言"、"哽咽而言"、"稽首而言"、"左右顾眄涕泣大言"、"复于王前共讼言"等。

关于"语"，王力（1962/1981：43）在谈及"言"和"语"的区别时指出："'语'既能带指事物的宾语……带指人的宾语时，可以指称谈话的对方。……还可以带双宾语"，基本上概括了"语"的用法。"语"在中古时期不是很发达。主要有下列用法，不带宾语：

(20) 今此长者不与我语。（《六度集经》卷六）

（21）时宝体佛知彼人心，于先即共彼村人语。（《佛本行集经》卷一）

带宾语，受事宾语为所说的人或事物，较少：

（22）明日，病人语所闻。（《搜神记》卷一八）

（23）并语世故，约相推引，同佐世之任。（《世说新语·尤悔》）

带直接引语，仅见3例：

（25）中间夷甫、澄见语："……"（《世说新语·赏誉》）

（26）语："汝使来，恣意当与。"（《杂宝藏经》卷一〇）

受事为"话"类词，共3例，均见于《佛本行集经》：

（27）所有相师婆罗门等，皆语我言。（《佛本行集经》卷九）

（28）时彼守城大臣，重更语如是言。（同上书，卷一七）

带与事宾语：

（29）日中，梦贵客车骑满门。觉，以语妻。（《搜神记》卷九）

（30）吾侥语王，虐杀不仁，罪与王同。（《六度集经》卷六）

带双宾语：

（31）庾公临去，顾语钟后事，深以相委。（《世说新语·方正》）

（32）父时语此不信之女："汝今归依于佛，我当雇汝千枚金钱。"（《杂宝藏经》卷五）

带结果补语：

（33）语毕，凌空而去。（《搜神记》卷一）

带与事补语，《佛本行集经》前二十卷1例，还有7例见于二十卷之后：

（34）我今岂可剥脱太子，只可庄严于太子身，语于太子。（《佛本行集经》卷一二）

"语"含有"告诉"这一义素，因此常带对象宾语（与事），而很少带直接引语，这是"语"的主要用法。如果要带直接引语，一般要通过"曰"或"云"引进。因而常见"语曰"和"语云"的组合，如：

（35）（谢安）道逢刘尹，语曰："安石将无伤？"（《世说新语·任诞》）

（36）有一人，以小船载年少妇，以大刀插着船，挟暮来至逻所，将出语云："……"（《搜神记》卷五）

"语曰"、"语云"乃"语……曰"、"语……云"之省，上述例句中"语"后的与事均可补出，依次是刘尹、少妇。中古文献中还有"语"、"言"连用的例子：

（37）及其夫还，老母语言："汝妇已死。"（《百喻经·妇诈称死喻》）

（38）太子语言："大王，速疾遣取弓来。"（《佛本行集经》卷一三）

(39) 母见其子慈仁孝顺，谓不能去，戏语之言："汝亦可去。"得母此
　　　语，谓呼已定。便计伴侣，欲入海去。庄严既竟，辞母欲去。母
　　　即语言："我唯一子，当待我死，何由放汝？"（《杂宝藏经》卷
　　　一）

上述3例"语"的对象分别是"夫"、"大王"、"子"。例（39）中"语之
言"和"语言"相应，用法相同，"语言"是动词短语，意为"对……说"。

　　"语"的与事也常用介词"与"引进，位于动词之前。如："王司州与殷
中军语、与何次道语、可与习参军共语、与丞相语"等。当"语"既带对象
宾语，又带言说内容时就构成了双宾句，这是"言"所不具备的。

　　"言"和"语"在中古的用法见下表：

表7　　　　　　　　　中古文献中的"言"和"语"

	搜神记		世说新语		颜氏家训		六度集经		杂宝藏经		佛本行集经	
	言	语	言	语	言	语	言	语	言	语	言	语
不带宾语	20	14	88	65	10	3	17	8	0	9	1	12
受事为所说的人或事	8	3	9	1	12	0	5	0	3	1	0	0
带间接引语	9	0	31	0	8	0	25	0	24	0	12	0
带直接引语	20	1	10	1	4	0	54	0	782	1	624	0
受事为"话"类词	0	0	0	0	0	0	0	0	0	0	0	3
带与事宾语	0	24	0	61	0	2	0	3	0	92	0	0
带双宾语	0	5	0	7	0	0	0	2	0	9	0	4
带结果补语	7	0	0	2	0	0	9	0	2	0	0	0
带与事补语	0	0	0	0	0	0	0	0	0	0	0	1

　　Ⅲ.《祖堂集》同时代文献中的"言"和"语"

　　与《祖堂集》差不多同时代的文献，我们选取了唐人小说《朝野佥载》、
《独异志》以及《敦煌变文集新书》（以下简称《变文》）、《景德传灯录》
（以下简称《景录》）①。

　　通过考察我们发现，这几部文献中的"言"用法基本与《祖堂集》相
同，即可以不带宾语：

　　（1）至其所畏者，即不言。（《朝野佥载》卷一）

　　（2）年已五十，口未曾言，足未曾履。（《景录》卷一，佛陀难提）

────────────

　　① 《景录》成书于北宋初期，比《祖堂集》仅晚50年，我们将其看作共时比较的语料。

带受事宾语，受事为所说的人或事物：

（3）灌因问其罪，囚具言本末。（《独异志》卷上）

（4）随处随时有吉祥，不言此界与他方。（《变文》卷二，维摩诘经讲经
文四）

带间接引语：

（5）晋明帝十余岁，未为太子，元帝坐之膝上，问曰："日与长安孰
近？"答曰："日近。"复问之："何言日近？"（《独异志》卷中）

（6）牙人闻语，尽言实有此是（事）。（《变文》卷六，庐山远公话）

带直接引语：

（7）梁王武三思，唐神龙初改封德靖王。谳者言："德靖，'鼎贼'
也。"（《朝野金载》卷一）

（8）其太子惠眼，观见神人，遂言："据是圣力取来，其房门闲（关）
锁，宫人不睡，此者有何之计？"（《变文》卷三，太子成道变文
四）

带结果补语：

（9）李陵言讫，长吁数声。（《变文》卷五，李陵变文）

（10）言已，微现神力至第一有相宗所。（《景录》卷三，菩提达磨）

与《祖堂集》不同的是，出现了少量与事用"于"引进，作补语的
例句：

（11）归言于母曰："……"（《独异志》卷下）

（12）有传天台智者教义寂者屡言于师曰："……"（《景录》卷二五，
天台德韶）

和中古相比，"言"的用频较低，句法功能没有任何发展，但是"言"
和其他词语的结合能力很强，出现了"言告、言谈、言道、言说、言语、言
云、白言、语言、论言、问言、奏言、报言、启言、唤言"等的组合，有的
已带有名词性质，这在《变文》中尤其明显。

"语"在这几部文献中主要还是告诉义。可以不带宾语：

（13）大王有夫人产生，乃出奇祥太子，生下便语。（《变文》卷三，八
相变）

（14）师乃举起拂子云："汝还见么？"僧云："见。"师乃不语。（《景
录》卷六，百丈怀海）

带受事宾语，受事为所说的人或事物：

（15）（河上公）与帝语之，帝曰："吾，君也；公，卿也。岂无敬君之

礼乎。"(《独异志》卷下)

带与事宾语:

(16)（商那和修）语阿难曰:"……"(《景录》卷一,商那和修)

带直接引语,仅在《变文》发现1例:

(17)崔儿及燕子,皆总立王前,凤凰亲处分,有理当头宣。燕子于先
   语:"……"(卷七,燕子赋二)

有时带双宾语,一为对象宾语,一为内容宾语:

(18)（太子）遂语长者:"……"(《变文》卷三,祇园图记)

带结果补语:

(19)语毕,遂归。(《独异志》卷中)

(20)子胥语已向前行,女子号咷发哭声。(《变文》卷五,伍子胥变文)

带与事补语,用"于"引进的不多:

(21)是时太子,语于车匿,付属再三。(《变文》卷三,八相变)

与事也可以由"与"引进,作状语:

(22)也元皓神灵,遂往秦州通梦与子京语曰:"……"(《变文》卷八,
   搜神记)

VOC 结构:

(23)才自语心偈已,寻起合掌白兄。(《变文》卷二,双恩记)

列表比较如下:

表8 　　　　　　　《祖堂集》同时代文献中的"言"和"语"

	朝野金载		独异志		变文		景录	
	言	语	言	语	言	语	言	语
不带宾语	19	17	9	0	49	31	32	113
受事为所说的人或事	5	0	7	1	33	0	27	0
带间接引语	19	0	8	3	79	0	82	0
带直接引语	2	0	1	0	157	1	25	0
受事为"话"类词	0	0	0	0	0	0	1	4
带与事宾语	0	1	0	0	0	72	0	1
带双宾语	0	0	0	0	0	15	0	0
带结果补语	4	0	11	1	36	12	45	4
带与事补语	0	0	1	0	0	1	0	0
VOC 结构	0	0	0	0	2	1	2	0

Ⅳ. 元明时期的"言"和"语"

从调查的《新校元刊杂剧三十种》（下简称《元刊杂剧》）、《老乞大》、《朴通事》（明初①）、《初刻拍案惊奇》（1—15 卷，明末）等语料看，元明时期"言"和"语"已经很少用作动词了。在《元刊杂剧》和《初刻拍案惊奇》中还能见到零星用例，如：

(1) 女孩儿言着婚聘，则合低了胭颈，羞答答地噤声。（《元刊杂剧》诈妮子调风月，第三折）

(2) 小弟有些心事，别个面前也不好说，我兄垂问，敢不实言！（《初刻拍案惊奇》卷一五）

"言"和"语"更多地凝固在一些短语里，如"默默无言、一言难尽、谗言妄语、自言自语、甜言媚语、胡言乱语、敢怒而不敢言"等，有的一直沿用到现代汉语。而在朝鲜人学汉语的两部会话书里，没有见到用作动词的例句。

2. "曰"和"云"

Ⅰ. 上古时期的"曰"和"云"

根据汪维辉（2003）研究，"曰"和"云"的共同特点是后面都带引语，例不转引。主要区别是："曰"是直接说出，所以多用于对话，"云"还有引述、谈论的意思所以"子曰"、"《诗》/《书》云"几乎成了固定搭配，先秦后期这种分别则已消失。另外"云"可以不带宾语，而"曰"不能。张猛（2003：126）通过研究指出："《左传》中的'云₁'只用于引经据典，如征引《诗经》、《尚书》、盟辞载书、铭文谣谚、古代圣贤的言论等。"

Ⅱ. 中古时期的"曰"和"云"

"曰"和"云"在中古文献中仍大量使用（见表9），但是在调查的佛经作品中，"曰"的用频是不均衡的，例如《六度集经》中"曰"高达一千多例，而《杂宝藏经》和《佛本行集经》（1—20 卷）中则很低，多用"言"。为此我们调查了魏晋南北朝其他汉译佛经，将"曰"和"言"比较②，发现在佛经作品中"言"的用频基本高于"曰"，个别作品似乎是译者的个人用词习惯。而在俗家文献中，"曰"和"云"的比例则明显高于"言"。此外"曰"和"云"很少带与事，仅见 1 例：

吾答之曰："尔去自在所之，慎无向人云吾在斯。"（《六度集经》卷六）

---

① 蒋绍愚（1994：24）指出：《老乞大》、《朴通事》反映明代初年的口语。

② "言"和"曰"的比例：《生经》（西晋竺法护译）204：330；《菩萨本缘经》（吴支谦译）240：11；《贤愚经》（元魏慧觉等译）1329：448；《佛说十二游经》（东晋迦留陀伽译）26：1；《过去现在因果经》（刘宋求那跋陀罗译）575：50。

表9 中古时期的"曰"和"云"

	曰		云		
	带间接引语	带直接引语	不带宾语	带间接引语	带直接引语
搜神记	1	661	0	5	109
世说新语	0	1204	0	22	293
颜氏家训	0	139	2	21	182
六度集经	3	1044	7	14	35
杂宝藏经	0	32	0	5	1
佛本行集经	0	1	0	2	7

Ⅲ.《祖堂集》同时代文献中的"曰"和"云"

《祖堂集》同时文献"曰"和"云"出现频率很高。以带直接引语为主，如：

(1) 昌仪常谓人曰："……"（《朝野金载》卷六）

(2) 后母闻言，于瞀叟诈云："……"（《变文》卷六，舜子变）

带间接引语的也有少数用例。如：

(4) 后经一年，云地下太山主簿崩，阎罗王六十日选择不得好人。（《变文》卷八，搜神记，行孝第一）

(5) 汝云无得，无得何得？（《景录》卷三，菩提达磨）

表10 《祖堂集》同时代文献中的"曰"和"云"

	曰		云		
	带间接引语	带直接引语	不带宾语	带间接引语	带直接引语
朝野金载	3	542	1	39	86
独异志	0	396	0	3	24
变文	7	1140	0	14	205
景录	0	10661	1	23	2888

应该说，如果要带引语的话，《祖堂集》时代还是以"曰"和"云"为主，"云"带间接引语的例子多于"曰"，这跟"云"有引述、谈论的意思有关。这两个词用频虽然很高，但句法功能没有任何发展，汪维辉（2003）说"很可能是已经基本变成了书面语词"。

Ⅳ. 元明时期的"曰"和"云"

到了元明时期，"曰"和"云"基本消亡。《元刊杂剧》"曰"共17例，

均为"诗曰"、"歌曰",另转引《论语》的有几例:

(1) 岂不知孔子击磬于卫,有荷蒉 [而过孔氏之门] 者曰:"有心哉,击磬乎!"子贡曰:"有美玉于斯,韫匵而藏诸?求善价而沽诸?"子曰:"沽之哉!沽之哉!我待价者也。"(《元刊杂剧·晋文公火烧介子推》第三折)

《元刊杂剧》中虽然"云"有1322例,但都出现于宾白部分,如"旦云、小旦云、云了"等。用于对话部分的仅2例:

(2) 你乱说胡云他背义忘恩,道不是良民,一世孤贫。(《相国寺公孙汗衫记》第一折)

(3) 孔子云:"邦有道则知,邦无道则愚。"(《晋文公火烧介子推》第三折)

一为短语结构,一为引用。《老乞大》、《朴通事》里已经基本没有"曰"和"云"。《朴通事》有1例,乃转引:

(4) 《易经》云:"积善之家,必有余庆。"

《初刻拍案惊奇》多为"诗曰"、"词曰"、"词云",用作言说动词的"曰"5例,"云"17例,如:

(5) 揭帐一看,只见八个大汉身穿白衣,腰系红带,曲躬而前,曰:"……"(卷一)

总之,"曰"和"云"这一对沿用到近代汉语的高频词,由于句法功能没有任何发展,到了元明时期已被其他言说类动词代替了。

3. "说"和"话"

Ⅰ. 上古时期的"说"和"话"

根据汪维辉(2003)研究,"说""在上古时期很少用作言说语义场中的上位词",多为"解说"、"告知"、"谈论"义。如:

(1) 成事不说。(《论语·八佾》)

(2) 夫差将死,使人说于子胥曰:"……"(《国语·吴语》)

"话"在上古基本上只用作名词,意思是"善言",用频较低。偶尔用作动词,为"告诉"义,如:

(3) 盘庚作,惟涉河,以民迁,乃话民之弗率。(《书·盘庚中》)

Ⅱ. 中古时期的"说"和"话"

中古时期"说"的用例不多,可以不带宾语,例:

(1) 吴国富阳人马势妇,姓蒋,村人应病死者,蒋辄恍惚熟眠经日,见病人死,然后省觉。觉,则具说。(《搜神记》卷一五)

(2) 邺中朝士，有单服杏仁、枸杞、黄精、术、车前得益者甚多，不能一一说尔。（《颜氏家训》卷五）

带间接引语：

(3) 历年后，讯其所由，妄具说是北人遭乱。（《世说新语·德行》）

(4) 佛告龙曰："过去诸佛经说，众生离三恶道得为人快，处世闲居守道志快。"（《六度集经》卷七）

带直接引语：

(5) 王子猷说："世目士少为朗，我家亦以为彻朗。"（《世说新语·赏誉》）

(6) 大王听我梦所见事，今向王说："我于昨夜梦见有一白象六牙，……"（《佛本行集经》卷一〇）

带受事宾语，受事为所说的人或事物：

(7) 因说所梦。郭闻之，怅然云："……"（《搜神记》卷一〇）

(8) 有人向张华说此事。（《世说新语·德行》）

(9) 群臣惊愕，皆诣殿下质问所以，王具说其状。（《六度集经》卷五）

带受事宾语，受事为"话"类性质的词语：

(10) 真长既至，先令孙自叙本理。孙粗说己语，亦觉殊不及向。（《世说新语·文学》）

(11) （耶输陀罗）合掌向火，而说实语。（《杂宝藏经》卷一〇）

用于 VOC 结构：

(12) 佛与阿难说斯未竟。（《六度集经》卷七）

(13) 佛说是语已，诸比丘欢喜，敬礼佛足而去。（《杂宝藏经》卷六）

用于 VCO 结构：

(14) 昔我姨嫁少府，生女，未出而亡。家亲痛之，赠一金碗，著棺中。可说得碗本末？（《搜神记》卷一六）

中古时期的"说"仍含有一些限定性义素，即还有讲述；谈论之义。尤其是佛经文献，"说"的通常是"法、经"之类宾语。但"说"的句法功能有了发展，各种用法基本齐备，可参见表11。此时"说"带受事宾语是主要用法，同时还能带直接引语，但用频很低。大都为"说曰、说云、说言"等言说动词的组合。还有一些复合词如"谈说、讲说、话说、道听途说"等。我们还注意到，"说"有了带"话"类词语的用法，多为"说……语"、"说……言"之类，这为唐五代时期出现乃至沿用至现汉的"说话"一词的发展和广泛使用打下了基础。

"话"在所检索的中古文献中，未见用作动词的例句，《世说新语》有
1 例：

(15) 国宝大喜，其夜开阁唤纲纪，话势虽不及作荆州，而意色甚恬。
（《纰漏》）

这里的"话"似仍为名词。文献中更多为"话言、话说"等动词连用的
形式。

从上古到中古"说"的句法功能有了很大的飞跃，但是使用频率还比不
上"言"、"曰"、"云"。

表 11 中古文献中的"说"和"话"

	说								话
	不带宾语	受事为所说人或事	带间接引语	带直接引语	受事为"话"类词	带与事宾语	VOC结构	VCO结构	受事为所说人或事
搜神记	2	13	0	6	0	0	0	1	0
世说新语	10	11	4	4	1	0	0	0	1
颜氏家训	3	9	0	1	0	0	0	0	0
六度集经	0	52	1	1	0	1	6	0	0
杂宝藏经	8	129	4	0	3	0	8	0	0
佛本行	18	102	0	1	13	0	25	0	0

Ⅲ. 《祖堂集》同时代文献中的"说"和"话"

《祖堂集》同期文献中，"说"的句法功能继续发展。可以不带宾语：

(1) 策文到指上为三公，贵不可说。（《独异志》卷上）

(2) 师云："何不直说?"（《景录》卷九，沩山灵祐）

带间接引语：

(3) 说富贵如风烛，言荣花似电云。（《变文》卷二，《维摩诘经讲经
文》一）

(4) 僧问："和尚为什麽说即心即佛?"（《景录》卷六，江西道一）

带直接引语：

(5) 仙人请大王入山，即说："王居宫室，箫韶每日，艳境既多，凡情
恣积。……"（《变文》卷二，《妙法莲华经讲经文》一）

(6) 所以常说："盲聋喑痖是仙陀，满眼时人不奈何。"（《景录》卷二
一，天龙重机）

带受事宾语，受事为所说的人或事物：

(7) 女问，具说所由，女悲泣，以恨其母。(《朝野佥载》卷二)

(8) 休夸越女，莫说曹娥。(《变文》卷二，《维摩诘经讲经文》五)

(9) 不是诗人莫说诗。(《景录》卷一二，陈尊宿)

带受事宾语，受事为"话"类词语：

(10) 幸因讲说诸佛语，辄劝门徒孝父母。(《变文》卷二，《父母恩重经讲经文》一)

(11) 方便说妙言，破病大乘道。(《景录》卷四，法融禅师)

(12) 且道云门怎麽说话，有佛法道理也无？(《五灯》卷一〇，灵隐延珊)

带双宾语：

(13) 王郎遂向公主，具说根由："我到他家中；尽见妻妾，数巡劝酒，对坐欢娱。……"(《变文》卷四，《丑女缘起》)

带能性补语：

(14) 不问未能咨说得，既蒙垂问即申陈。(《变文》卷六，《捉季布传文》)

(15) 一人说得行得。一人说不得行不得。(《景录》卷一六，凤翔石柱)

带结果补语：

(16) 喜有四件，忧有四般，不如对我世尊一一分明说破。(《变文》卷二，《维摩诘经讲经文》四)

(17) 我大杀为汝说了也。(《景录》卷六，百丈惟政)

带与事补语：

(18) 愿纳言莫说向宰相，纳言南无佛不说。(《朝野佥载》卷五)

(19) 僧归，说似盐官。(《景录》卷七，大梅法常)

带趋向补语：

(20) 罗蔓说出家有利，不知无利无为。(《变文》卷二，《维摩诘经讲经文》四)

用于 VOC 结构：

(21) 说此语已，还入三昧示涅槃相。(《景录》卷一，第七祖婆须蜜)

用于 VCO 结构：

(22) 弟子虽听一年，并不会他涅槃经中之义，终也不能说得姓名。(《变文》卷六，《庐山远公话》)

(23) 和尚为什麽说得许多周游者也？(《景录》卷二三，志操禅师)

所检索的文献中，我们发现"说"在俗家文献和佛经作品中的用例是不平衡的，俗家文献用例少，句法功能单一，佛经作品则相反（见表12）。从以上所举例句来看，《变文》和《景录》表现出与《祖堂集》较强的相似性。值得一说的是《变文》也出现了"说"和"道"的组合："老翁蒙问，攞笑呵呵，说道：'我辈凡夫，高下共同一体空，不是吾之衰老，转转便到后生。……'"（卷三，八相变），虽然只有一例，但却是后世用频很高的"说道"一词的较早用例。此外带"话"类词语的用法也较灵活，《变文》有"说……语、说……言、说……语话、说……词"的搭配，《景录》亦有"说……话、说……言"的组合，其中《景录》"说话"一词出现了 11 次，且前有较复杂的修饰语："师与地藏琛在方丈内说话"；"竺土大仙心无过此语也，中间也只随时说话"，还有"说大话"的俗语，可以说"说话"是很地道的口语词了。在《变文》和《景录》中"说"带与事补语的例句也不少，多为"说似……、说向……、说与……、说于……"的组合，可以说是现汉"说给……"的同义句式。

　　和《祖堂集》相似，《变文》也有用于处置式的：

（24）远辞萧寺来相谒，总把衷肠轩砌说。（卷四，《秋吟一本》二）

　　《景录》也有用于选择问句的：

（25）诸方还说这个不说？（卷一一，仰山慧寂）

　　与《祖堂集》不同的是《变文》和《景录》还出现了少量带数量补语的句子：

（26）何姓何名衣（依）实说，从头表白说一场！（《变文》卷五，《董永变文》）

（27）若道别有道理，又只重说一遍。（《景录》卷一五，石霜庆诸）

　　《祖堂集》没有发现。

　　以上种种，都说明"说"句法功能的多样化，可以说唐五代时期的佛经文献中"说"是很常用的口语词了

　　关于"话"，汪维辉（2003）说它"是唐代表示'说话'义的一个常用词，是'说类词'中的新成员"。但从我们所调查的语料看，"话"在《祖堂集》共时文献中用得很少，基本是名词用法。《朝野金载》、《独异志》只有 2 例，均为名词。《变文》多为"语"、"话"连用：

（28）莫抛我一去不来，交我共谁人语话。（卷四，《丑女缘起》）

　　"话"视作名词。用作谓语动词的有 4 例，受事均为人或事：

（29）只徒来问疾，意要话其因。（卷二，《维摩诘经讲经文》二）

（30）闲来每共论今古，闷即堂前话典坟。（卷六，《捉季布传文》）

《景录》稍多，不带宾语的共 4 例，如：

（31）近日湖南畅和尚出世，亦为人东语西话。（卷九，石霜性空）

受事为所说人或事的共 11 例，如：

（32）任唱太平歌，徒话超佛祖。（卷二九，敬脱和尚入道浅深颂）

受事为"话"类词语的有 2 例：

（33）身如寒木心牙绝，不话唐言休梵书。（卷三〇，香严智闲励觉吟）

带结果补语的有 1 例：

（34）如今略为诸人大约话破。（卷二八，临济义玄）

现将《祖堂集》同时代文献中的"说"和"话"列表如下：

表12　　　　　　　　《祖堂集》同时代文献中的"说"和"话"

	朝野金载		独异志		变文		景录	
	说	话	说	话	说	话	说	话
不带宾语	1	0	1	0	133	0	142	4
受事为所说的人或事	11	0	3	0	394	4	318	11
带间接引语	3	0	0	0	38	0	55	0
带直接引语	0	0	0	0	12	0	1	0
受事为"话"类词	0	0	0	0	11	0	16	2
带双宾语	0	0	0	0	2	0	0	0
带能性补语	0	0	0	0	0	0	13	0
带结果补语	0	0	0	0	4	0	8	1
带与事补语	0	0	0	0	7	0	9	0
带趋向补语	0	0	0	0	1	0	1	0
VOC 结构	1	0	0	0	10	0	15	0
VCO 结构	0	0	0	0	1	0	1	0

Ⅳ. 元明时期的"说"和"话"

唐五代时期虽然"说"的用法呈现多样化，但带直接引语和间接引语的用例仍然很少，也就是说，此时的"说"仍处于和其他言说动词分庭抗礼的阶段，真正取代其他言说动词并获得主导地位的，那是元明时期的事情。

元明时期，"说"可以不带宾语：

（1）我一星星的都索从头儿说。（《元刊杂剧·闺怨佳人拜月亭》第三折）

（2）你是熟客人，咱每便是自家里一般。俺怎么敢胡说？（《老乞大》）

带受事宾语，受事为所说的人或事物：

　　（3）咱就那一日各自说个重誓，结做好弟兄时如何？（《朴通事》）

　　（4）却说文若虚见众人不去，偏要发个狠扳藤附葛，直走到岛上绝
　　　　　顶。……（《初刻拍案惊奇》卷一）

　　与五代文献比，元明时期"说"的受事多为叙述故事情节，如上例
（4）。

带间接引语：

　　（5）近有相识人来说，马的价钱这其间也好。（《老乞大》）

　　（6）小的每惊问，他便说小的每实与娘娘面貌一般无二。（《初刻拍案惊
　　　　　奇》卷二）

带直接引语：

　　（7）王说："今番着唐僧先猜。"（《朴通事》）

　　（8）又伸手到裹肚里，摸出十个银钱来，说："我要买十个进奉去。"
　　　　　（《初刻拍案惊奇》卷一）

带受事宾语，受事为"话"类词语：

　　（9）更做道好儿好女眼前花，你说这不辞您爷娘的话。（《元刊杂剧·相
　　　　　国寺公孙汗衫记》第二折）

　　（10）主人家恁说那里话？（《老乞大》）

　　（11）再不说一句别的话，悄然去了。（《初刻拍案惊奇》卷三）

　　与《祖堂集》时代相比，"话"前的修饰成分较长。此外《初刻拍案惊
奇》中"说话"还作名词讲，常出现下列句式：

　　（12）丁戊到家三日，忽然大叫，又说起船里的说话来。（卷二）

　　（13）只见李氏再说那杨化一番说话，明明白白，一些不差。（卷二）

　　（14）蒋氏闻知这一番说话，没做理会处。（卷一一）

例证较多。"说话"一词还可以用处置式提前：

　　（15）李生却将那赎房的说话说了。（卷一五）

《初刻拍案惊奇》还有一句：

　　（16）刘东山见他说话说得慷慨。（卷三）

我们认为此处"说话"为名词，而不将此句看作动词拷贝结构（即重动句）。

　　"说"还可以带能性补语：

　　（17）我说不来，你那里迭的我？（《朴通事》）

　　（18）张果出处，只有臣晓得，却说不得。（《初刻拍案惊奇》卷七）

带结果补语：

(19) 将这缘由，苦苦遗留，明明说透。(《元刊杂剧·地藏王证东窗事犯》第三折)

(20) 说得文若虚与张大跌足道："果然是客纲客纪，句句有理。"(《初刻拍案惊奇》卷一)

带与事补语：

(21) 相公有甚麼话说与小人麼？(《朴通事》)

(22) 得水把从前话一一备细说与李氏知道。(《初刻拍案惊奇》卷一四)

这种句式很接近现代汉语（如：我说给你听），只是介词还是"与"。

带趋向补语：

(23) 你为两朝作保十年限，我却甚一盏能消万古愁？说起来魂魄悠悠。(《元刊杂剧·关大王单刀会》第二折)

(24) 这到也使得。却是说开，后来不要翻悔！(《初刻拍案惊奇》卷一〇)

VOC 结构：

(25) 回见孤说前事了。(《元刊杂剧·张鼎智勘魔合罗》第三折)

(26) 却是说众人不过，只得权且收了。(《初刻拍案惊奇》卷一五)

VCO 结构，例句较少：

(27) 滴珠叫他转来，说明了地方及父母名姓。(《初刻拍案惊奇》卷二)

通过上举例句，我们可以看出从《祖堂集》时代到元明时期，"说"的用法呈现出更加多样化的色彩。还须提及的是，"说"和"道"组合使用频率较高，《初刻拍案惊奇》中已经成为常用词并一直延续到现代汉语；"说"的补语丰富，除继承唐五代补语类型外，还能带数量补语，如"说了一遍、说两椿儿、说一遭"等，带时间补语，如"说了这半日、说三日三夜"等；并且出现了重叠式，如"且说说看、说一说、说说笑笑"等；此外趋向补语也很丰富，有"说出、说去、说出话来、说不出来、说起来、说开、说来说去"等；用于处置式的也多见，如："只得把名姓说了（《初刻拍案惊奇》卷四）、对儿子们一一把前事说了（同上，卷一）"等。与《祖堂集》时代相比，此时的"说"增加了其他句法功能，如组成"的"字结构作定语或主语（你说的这话、你说的言语、你说的也是）；义项也有了增加，如说合介绍义（说媒、说亲），批评责备义等。我们对照孟琮等编著的《汉语动词用法词典》，现代汉语"说"的各种用法在元明时期基本上已具备了。

"话"在元明时期基本用作名词，作动词的只有以下极少数例句：

（28）比众文武自有旁人话短长。（《元刊杂剧·死生交范张鸡黍》第四
　　　折）

（29）一日春间，因秀才不在，赵尼姑来看他，闲话了一会，起身送他
　　　去。（《初刻拍案惊奇》卷六）

（30）忽一日，右首邻家所生一子，口里才能说话，便话得前生事体出
　　　来。（同上，卷一四）

《老乞大》、《朴通事》没有"话"作动词的例句。现将元明时期"说"
和"话"的使用情况列表如下：

表13　　　　　　　　　　元明时期的"说"和"话"

	元刊杂剧		老乞大		朴通事		初刻拍案惊奇	
	说	话	说	话	说	话	说	话
不带宾语	25	0	21	0	34	0	165	0
受事为所说的人或事	48	1	6	0	10	0	145	0
带间接引语	40	0	10	0	12	0	72	0
带直接引语	16	0	1	0	18	0	112	0
受事为"话"类词	13	0	8	0	16	0	86	0
带能性补语	1	0	1	0	8	0	9	0
带结果补语	16	0	0	0	3	0	79	0
带与事补语	14	0			19	0	4	0
带趋向补语	5	0	0	0	0	0	30	0
VOC 结构	6	0	0	0	0	0	2	0
VCO 结构	1	0	0	0	0	0	25	1

4."谓"和"道"

Ⅰ. 上古时期的"谓"和"道"

根据汪维辉（2003）研究，"谓"在上古汉语中主要用法是带间接引语。
如《诗·召南·行露》："谁谓雀无角？何以穿我屋？"《左传》61 例，《论
语》3 例，《孟子》11 例。

"道"在上古时期作言说动词讲时，词义偏于"谈论"、"称道"。如
《诗·鄘风·墙有茨》："中冓之言，不可道也。"《孟子·梁惠王上》："仲尼
之徒，无道桓文之事者。"并且出现频率很低。

Ⅱ. 中古时期的"谓"和"道"

"谓"在中古文献中可以带与事宾语：

（1）主人谓永曰："以钱与君矣。"（《搜神记》卷一）

（2）郭大怒，谓平子曰："……"（《世说新语·规箴》）

带间接引语①：

（3）王叔茂谓往迎之。须史，便与俱来。（《搜神记》卷三）

（4）南人谓：此禽即韩凭夫妇之精魂。今睢阳有韩凭城，其歌谣至今犹存。（《搜神记》卷一一）

带直接引语：

（5）刘尹顾谓："此是瞋邪？非特是丑言声、拙视瞻。"（《世说新语·轻诋》）

（6）时净饭王即唤驭者，而告之言。谓："善驭者，太子不至彼园林乎?"（《佛本行集经》卷一五）

带双宾语：

（7）范豫章谓王荆州："卿风流俊望，真后来之秀。"（《世说新语·赏誉》）

（8）支道林、许、谢盛德，共集王家。谢顾谓诸人："今日可谓彦会，时既不可留，此集固亦难常，当共言咏，以写其怀。"（《世说新语·文学》）

所调查的中古文献中"道"用例较少②，主要有下列用法：

不带宾语：

（9）我即问儿病之由状，儿不肯道。（《杂宝藏经》卷九）

（10）时净饭王白仙人言："尊者何求故屈到此，为须衣耶，为须食乎，为复求须其余诸事？须者但道，我悉备具，必与不违。"（《佛本行集经》卷九）

带受事宾语，受事为所说的人或事物：

（11）上荆州必称陕西，下扬都言去海郡，言食则糊口，道钱则孔方，问移则楚丘。（《颜氏家训》卷三）

（12）庾阐始作扬都赋，道温、庾云："温挺义之标，庾作民之望。方响则金声，比德则玉亮。"（《世说新语·文学》）

---

① 按"谓"带间接引语时，容易解释成认为，以为。如：魏武征袁本初，治装，余有数十斛竹片，咸长数寸，众并谓不堪用，正令烧除。（《世说新语·捷悟》）是时仙人在彼林中修学仙道，摩伽陀国一切人民咸皆谓此阿私陀仙是阿罗汉。（《佛本行集经》，卷七）句中的"谓"我们视为心理动词。

② 《杂宝藏经》"道"均为"得道"之道、"道法"之道。

按，"道"后"温、庾"为所评述的人物，而非对"温、庾"说。

带间接引语：

(13) 慈童女语狱卒言："汝道此轮不曾有堕，今何以堕？"（《杂宝藏经》卷一）

带直接引语：

(14) 顾长康道："手挥五弦易，目送归鸿难。"（《世说新语·巧艺》）

"道"带直接引语仅见于《世说新语》。《搜神记》有 1 例"道、曰"连用：

(15) 因道曰："王甲、李乙，吾皆与之。"（卷五）

带双宾语：

(16) 王长史道江道群："人可应有，乃不必有；人可应无，己必无。"（《世说新语·常誉》；按，"江道群"为人名）

(17) 简文道王怀祖："才既不长，于荣利又不淡；直以真率少许，便足对人多多许。"（《世说新语·赏誉》，按，"王怀祖"，人名）

这里的"道"是谈论、评述义，所带双宾语分别是评论的人和话语，多见于《世说新语》。

现将中古"谓"和"道"的使用情况列表如下：

表 14   中古文献中的"谓"和"道"

	谓				道				
	带间接引语	带直接引语	带与事宾语	带双宾语	不带宾语	受事为所说人或事	带间接引语	带直接引语	带双宾语
搜神记	2	4	45	0	0	4	3	0	0
世说新语	7	5	115	7	3	15	6	5	22
颜氏家训	2	10	0	0	0	2	0	0	0
六度集经	0	0	33	0	0	0	0	0	0
杂宝藏经	0	0	3	0	3	0	2	0	0
佛本行集经（1—20 卷）	0	16	23	0	3	0	1	0	0

Ⅲ.《祖堂集》同时代文献中的"谓"和"道"

在调查的几部文献中，"谓"主要的用法是带与事宾语，例略。《独异志》有两例带双宾语：

(1) 老人曰："孺子可教，明日早为期。"良往，已在桥。谓良："与我期，何后也？明日复来。"（卷下）

(2) 子昂突出于众，谓左右："可挈千缗市之。"（同上）

唐五代时期"道"在俗家文献中没有发展，《朝野佥载》只有3例，如：

(3) 是何道此处犹可？（卷一五）

《独异志》则没有表言说的"道"。为防止是作者个人风格的差异，我们又调查了《因话录》、《隋唐嘉话》、《唐摭言》等作品，结果只在《唐摭言》检得8例，如：

(4) 莫道相知不相见，莲峰之下欲征黄。（卷三）

而言说动词"道"在佛经文献《变文》、《景录》中却有大量用例，且用法多样，可以不带宾语：

(5) 劈星言，劈星道，劈面道时合醒噪。（《变文》卷二，无常经讲经文）

(6) 汝春间有话未圆，今试道看。（《景录》卷九，沩山灵祐）

带受事宾语，受事为所说的人或事物：

(7) 经年不道干戈字，满耳唯闻丝竹声。（《变文》卷二，长兴四年中兴殿应圣节讲经文）

(8) 向汝道尘劫来事只在如今。还会麽？（《景录》卷一九，保福从展）

带间接引语：

(9) 父母闻言道大奇，少年本分正娇痴。（《变文》卷二，维摩诘经讲经文四）

(10) 师曰："径山向汝作麽生道？"曰："他道一切总无。"（《景录》卷七，西堂智藏）

带直接引语：

(11) 夫人道："大王何必多贪？求男是男，求女是女。一双难为求觅。"（《变文》卷三，太子成道经）

(12) 师向其僧道："某甲上山。待到斋时，做饭先自吃了，送一分来山上。"（《景录》卷八，南泉普愿）

带受事宾语，受事为"话"类词语：

(13) 当尔之时，道何言语：九龙吐水浴身胎，八部神光曜殿台。（《变文》卷三，八相变）

(14) 师曰："尔适来道什麽语？"（《景录》卷二八，诸方广语）

带能性补语：

(15) 居士举起托子云："人人尽有分，因什麽道不得？"（《景录》卷八，松山和尚）

带结果补语：

(16) 世尊道了，便即付（赴）斋。（《变文》卷三，难陀出家缘起）

(17) 招庆今夜与诸人一时道却。（《景录》卷二一，招庆道匡）

此外还可以用于被动句：

(18) 远公当即不语，被左右道："将军实是许他念经。"（《变文》卷
　　　六，庐山远公话）

(19) 保福问长庆："只如鲁祖节文在什麽处被南泉恁麽道?"（《景录》
　　　卷七，鲁祖宝云）

《唐五代语言词典》指出：这种"被"不表被动意义。这是近代汉语特有的。
《变文》和《景录》的差异是，《变文》"道"在叙述体中带直接引语，因而
这种用法较多，《景录》和《祖堂集》一样，"道"广泛用于对话时转引他
人话语，因而间接引语用例较多。

表 15　　　　　　　　　《祖堂集》同时代文献中的"谓"和"道"

	谓		道						
	带与事宾语	带双宾语	不带宾语	受事为所说的人或事	带间接引语	带直接引语	受事为"话"类词	带能性补语	带结果补语
朝野金载	49	0	1	0	2	0	0	0	0
独异志	40	2	0	0	0	0	0	0	0
变文	41	0	13	26	99	118	15	0	5
景录	250	0	373	85	414	39	1	57	7

Ⅳ. 元明时期的"谓"和"道"

到了元明时期，"谓"基本上不用作言说动词，大都凝固在"所谓"、
"可谓"等结构中。"道"则相反，特别是到了明末，"道"已经发展成为一
个频率最高的言说动词了（见表16）。用法上可以不带宾语：

(1) 我这里劝着，道着，他那里不睬分毫。（《元刊杂剧·马丹阳三度任
　　风子》第四折）

(2) 主人家哥，小人更有一句话，敢道么？（《老乞大》）

带间接引语：

(3) 这官人道他姓陈。（《元刊杂剧·相国寺公孙汗衫记》第三折）

(4) 老拙偶因寒荆小恙买卜，先生道移床即好。（《初刻拍案惊奇》卷
　　一）

带直接引语：

（5）牙马道：伴当每，恁底似的休多索。（《老乞大》）

（6）那讲主见那达达跌破鼻子，叫将跟前来说道："……"（《朴通事》）

带受事宾语，受事为所说的人或事物：

（7）太师，这言语单道着你！（《元刊杂剧·地藏王证东窗事犯》第二
折）

（8）曾有一首《黄莺儿》词，单道那三等的苦处。（《初刻拍案惊奇》
卷一〇）

带受事宾语，受事为话类性质的宾语：

（9）恰才不合道了一句言语！（《元刊杂剧·看钱奴买冤家债主》第四
折）

带结果补语：

（10）那汉骂绝户的人才敢放刁，只一句道的我肉战身摇。（《元刊杂
剧·散家财天赐老生儿》第二折）

（11）众人遂俱不道破，随路分别上岸去了。（《初刻拍案惊奇》卷一四）

带与事补语：

（12）你个哥哥莫阻，道与俺看家拙妇，交他早些儿扶策我这病身躯！
（《元刊杂剧·张鼎智勘魔合罗》第一折）

按，《元刊杂剧》中"道与"后与事常省略，如："隔壁儿熟食店，对门
儿生药铺。怕不知处，则问李德昌绒铺，俺街坊都道与。"（《张鼎智勘魔合
罗》第一折）

用于 VOC 结构：

（13）道言未了，只听得外面鼓乐喧天。（《初刻拍案惊奇》卷五）

用于 VCO 结构：

（14）休只管央及俺菩提，道不得念彼观音力。（《元刊杂剧·地藏王证
东窗事犯》第二折）

此外，"道"后可带助词（着、著），还出现了动词拷贝结构（道呵道着
虚处），"道"前的修饰语也较丰富，尤其是《初刻拍案惊奇》，如"抚摩一
番道、笑嘻嘻的道、故意跌跌脚道、惊骇的道、疑惑的道"，"道"与"说"
组合用频较高，《初刻拍案惊奇》前 15 卷就出现了 100 例，"说道"已经成
为常用词。现将元明时期"道"的使用情况列表如下：

表16 元明时期的"道"

	不带宾语	受事为所说的人或事	带间接引语	带直接引语	受事为"话"类词	带结果补语	带与事补语	VOC结构	VCO结构
元刊杂剧	4	7	213	22	3	7	8	0	1
老乞大	4	10	0	9	0	0	0	0	0
朴通事	4	0	48	28	0	2	0	0	0
初刻拍案惊奇	2	3	50	1512	0	5	0	1	1

5. 小结

以上我们详细考察分析了这八个言说动词在汉语史发展不同阶段的用法特点和历时演变过程，现从以下几个方面加以小结：

（1）总的情况

在上古汉语中，"言"带直接引语的用法很少，而到了中古"言"带直接引语则是主要用法。上古汉语中当出现表示听者的成分即带与事时，多用"言于……"的形式，与事成分作补语。到了中古，俗家文献多用"与……言"的形式，与事成分作状语，佛经文献多用"白……言"、"告……言"、"报……言"、"启……言"等形式，与事成分多由别的言说动词引进。到了唐宋时期，"言"的句法功能没有任何发展，"言"用作名词的频率远远大于动词，"言"更多的是出现在"言谈、言道、言说、言语、语言"等组合中，已成为一个构词能力较强的语素。到元明时期，"言"已很少用作言说动词了，多出现在"默默无言"、"一言难尽"、"敢怒而不敢言"等固定结构中，一直延续到现代汉语。因此，从总的情况来看，"言"是上古和中古的常用词。

"语"从上古到近代用频一直都较低。在上古所调查的几部文献中没有发现带直接引语的例子，因为"语"本身包含有说话义，宾语已内含在其中，所以不带宾语是其主要用法，偶尔也可见到少量带受事宾语的例子。到了中古，"语"的句法功能似乎有所发展，除了继承上古的用法外，还出现了带直接引语和间接引语的用法，但用例都很少，可以带双宾语，分别为听者和引语内容。到唐宋时期，"语"的句法功能和使用频率都与中古相似，谈不上有所发展。而到了元明时期，"语"基本上只存在于"自言自语、甜言媚语、胡言乱语"等固定结构中了，与现代汉语完全相似。

"曰"和"云"这一对词功能接近，从上古到近代句法功能没有什么发展，只是使用频率上发生了变化。带直接引语是它们最主要的句法功能，使用频率上远远多于带间接引语的例句。因"云"还有引述、谈论等意思，相对而言，带间接引语的例子要多于"曰"，尤其是引经据典时常用。到中古时期，佛经文献和俗家文献的使用情况有异，在佛经作品中"言"的用频基本高于"曰"和"云"，而在俗家文献中，"曰"和"云"的比例则明显高于"言"。但是在《祖堂集》中"言"的用频又低于"曰"和"云"，"言"多出现在第一、二卷及五冠山瑞云寺和尚章中，似乎是受汉译佛经语言的影响。元明时期，"曰"和"云"用频很低，句法功能的单一性阻止了它们继续发展的道路，从而走到了尽头，基本被其他言说动词代替了。

"说"在上古汉语里还没有上位词的用法，多为"解说、告知、谈论"义，而到了中古"说"的句法功能有了发展，各种用法基本齐备。此时"说"带受事宾语是主要用法，同时还能带直接引语，只是用频很低。大都为"说曰、说云、说言"等言说动词的组合。到唐宋时期"说"的句法功能更加完善，出现了"说、道"的组合，此时带受事宾语仍然是主要用法，带直接引语和间接引语的例子较少。"说"在佛经文献中表现活跃，而在俗家文献中，"说"的句法功能较单一。到元明时期，"说"的用法呈现出更加多样化的色彩，使用频率较高，与现代汉语中的"说"基本没有两样，可以说"说"已取得了绝对统治地位。

"话"在上古汉语中的名词用法奠定了这个词的发展基础，到了中古有零星用作言说动词的例子，一般都是与其他言说动词连用，没有真正独立。到唐五代时期"话"的句法功能渐渐丰富起来，见前文分析。但总的说来用频极低，是非主流言说动词，到元明时期基本消失，现在只保留在一些方言中。

"谓"含有"对……说"的意思，因此带与事宾语的较多，有时与"曰"、"云"连用带直接引语。在上古汉语中以带间接引语为主。中古有带直接引语和间接引语以及双宾语的例子，句法功能没有大的发展，元明时期用例已经很少，大都存在与"所谓、可谓"等固定结构中。

"道"在上古时期作言说动词讲时，词义偏于"谈论，称道"，还是属于下位词。到中古时期"道"的句法功能有所发展，可以不带宾语，也可以带直接引语、间接引语以及双宾语，而到唐宋时期"道"的句法功能和使用频率已经跟"说"差不多了。在晚唐五代《变文》及《祖堂集》中出现了"言道、说道、语道、闻道"等组合，说明"道"已经开始虚化。刘丹青（2004）指出："'言道'的出现具有标志性意义。作为纯言语动词带'道'的例子，它显示了更高的虚化度。"到元明时期"道"呈强劲发展的趋势，已经变为高频常用词了。"说道"一词在元明时期用频较高。到现代汉语，"道"已经虚化成为一个内容宾语标句词了。

（2）《祖堂集》言说动词所处的历史地位

《祖堂集》在言说动词从中古到近代的转折过程中扮演着重要的角色，一方面上古、中古的"言"、"曰"、"云"（当然"言"的用频受《祖堂集》文体影响，见下文分析）仍在继承使用，另一方面近代汉语最常用的"说"和"道"的句法功能得到了迅猛发展。我们所说的句法功能的发展是从所带宾语补语的类型上，前加状语的复杂程度以及特殊句式的使用等方面而言的。与中古比较，《祖堂集》"说"增加了一些新的用法，如带能性补语（说得/说不得），带与事补语（说向……/说似……），带趋向补语（说得出），VCO结构（说破这个事），用于选择问句（还说这个不说这个），用于处置式（把当宗徒说/将妄心以口乱说）等。即使同是"话"类性质的宾语，用法也有差异，中古多为"说……语"、"说……言"之类，《祖堂集》则有了"说话"的组合，多达 7 例，成为后世常用词"说话"一词的源头（按，"说话"一词的最早用例是白居易《老戒》诗："矍铄夸身健，周遮说话长。"仅 1例）。当然我们也看到，《祖堂集》"话"前还不能出现修饰成分，不像《初刻拍案惊奇》有"说一句别的话"、"说大话"、"说这话"、"说些闲话"等组合。同样，"道"与中古相比，不仅新增了带能性补语、带结果补语、带补语后再带宾语的用法，而且使用频率也有了提高。此外"道"还可用于兼语句、被动句、祈使句等，"道"前状语修饰情况也较复杂，并有多项状语递加的例句，前文已作了具体分析，这里不再赘言。

（3）俗家文献和佛经文献的差异

我们知道语言历时长河的发展中语法的发展变化是最为缓慢的，在考察不同时段的言说动词过程中，发现似乎佛经文献都走在了语言发展变化的前列。举例说明，"说"和"道"在唐五代俗家文献中用例较少，功能单一，如"说"在《朝野佥载》和《独异志》只有不带宾语、带受事宾语（宾语为所说人或事）、带间接引语、带宾补的用法，而在同时期的佛经文献中则有较为明显的变化，用例增多了，句法结构也复杂了，如《变文》和《景录》，"说"的各类用法基本俱全。"道"在《朝野佥载》和《独异志》只有零星几例，《敦煌变文》和《景录》却多达数百例，句法结构同样也复杂得多。"言曰"这一文言色彩较浓的动词组合从俗家文献到佛经文献呈渐减趋势。"言"引进与事时俗家文献多用"与……言"格式，而佛经文献则用增加言说动词如"白……言"、"告……言"、"报……言"、"启……言"的方法引进。此外从言说动词前修饰成分的情况看，也是佛经文献较俗家文献复杂。

下表是这几组言说动词总的用例：

表 17 言说动词用频表

朝代	文献	字数	言	语	曰	云	说	话	谓	道
中古	搜神记	约7.1万字	64	52	662	114	22	0	51	7
	世说新语	约7.9万字	138	137	1204	315	30	1	134	51
	颜氏家训	约6万字	34	5	139	205	13	0	12	2
	六度集经	约7.9万字	110	13	1047	56	61	0	33	0
	杂宝藏经	约7.9万字	811	112	32	6	152	0	3	5
	佛本行集经	约14.6万字	637	20	1	9	159	0	39	4
唐五代	祖堂集	约24.5万字	158	64	2564	4820	376	13	44	701
	朝野金载	约5.9万字	63	18	545	126	16	0	49	3
	独异志	约3.1万字	37	5	396	27	4	0	42	0
	变文	约33.6万字	356	133	1147	219	615	4	41	276
	景录	约46.2万字	214	132	10661	2912	581	18	250	976
元明	元刊杂剧	约14.9万字	7	0	17	2	185	1	0	265
	老乞大	约1.9万字	0	0	0	0	47	0	0	23
	朴通事	约2.9万字	0	0	0	1	122	0	0	78
	初刻拍案惊奇	约13.7万字	7	3	5	17	747	1	0	1574

说明：《变文》、《景录》、《元刊杂剧》、《朴通事》、《初刻拍案惊奇》"说"的出现频率包括了带数量补语的例子。

表 18 言说动词所占比例情况表

朝代	文献	总数	言	语	曰	云	说	话	谓	道
中古	搜神记	972	6.6%	5.4%	68.1%	11.7%	2.2%	0	5.3%	0.7%
	世说新语	2010	6.9%	6.8%	59.9%	15.7%	1.5%	0.1%	6.6%	2.5%
	颜氏家训	410	8.3%	1.2%	33.9%	50.0%	3.2%	0	2.9%	0.5%
	六度集经	1320	8.3%	1.0%	79.3%	4.2%	4.6%	0	2.5%	0
	杂宝藏经	1121	72.3%	10%	2.9%	0.5%	13.6%	0	0.3%	0.4%
	佛本行集经	869	73.3%	2.3%	0.1%	1.0%	18.3%	0	4.5%	0.5%
唐五代	祖堂集	820	7.7%	2.2%	66.5%	15.4%	1.9%	0	5.9%	0.4%
	朝野金载	511	7.2%	0.9%	77.5%	5.3%	0.8%	0	8.2%	0
	独异志	8740	1.8%	0.7%	29.3%	55.1%	4.3%	0.1%	0.5%	8.0%
	变文	2791	12.8%	4.8%	41.1%	7.8%	22.0%	0.1%	1.5%	9.9%
	景录	15744	1.4%	0.8%	67.7%	18.5%	3.7%	0.1%	1.6%	6.2%
元明	元刊杂剧	477	1.4%	0	3.6%	0.4%	38.8%	0.2%	0	55.6%
	老乞大	70	0	0	0	0	67.1%	0	0	32.9%
	朴通事	201	0	0	0	0.4%	60.7%	0	0	38.9%
	初刻拍案惊奇	2954	0.3%	0.1%	0.2%	0.7%	31.7%	0.04%	0	66.9%

（三）从言说类动词的分布看《祖堂集》语体色彩

在考察上述言说动词的过程中，我们发现《祖堂集》这些动词的分布是不均衡的，体现在第一、二卷，五冠山瑞云寺和尚章和其他各卷的差异上。现将考察情况阐述如下：

"言"是从上古继承下来的言说动词，中古佛经文献仍大量使用，唐五代时期用频已经降低。《祖堂集》中"言"占有一定比例，主要带间接引语和直接引语（见上文分析），然而它们多集中在第一、二卷。《祖堂集》"言"作谓语动词共 158 例，一、二两卷有 79 例，占 50%，五冠山瑞云寺和尚章有 29 例，其中出现了"言……者，……"的程式化句式，这种句式共 13 例。如："言一佛二菩萨者，遮那是理，文殊是智，普贤是行。"（P741）｜"言示显成佛者，如前证理行满，自行成佛已毕，今为众生，示显成佛，八相成道矣。"（P742）这在其他各卷是很少见的。

"道"从中古到近代，无论是使用频率还是句法功能都有了迅猛发展，这在《祖堂集》中得到了充分的体现。然而，这一动词在第一、二卷中全无踪影，亦不见于五冠山瑞云寺和尚章，全部分散在其他各卷。

"言"与"道"在第一、二卷和其他各卷的差异反映了《祖堂集》文本特点，杨曾文（1998）《珍贵的早期禅宗史书〈祖堂集〉——代序》指出，《祖堂集》编纂时利用了成书于 801 年的《宝林传》，第一、二卷关于过去七佛、西天二十八祖与唐土六祖的传记多源于《宝林传》材料，因而带有中古时期的语言特点。这样对于"言"的用例较高，而"道"尚未出现的现象就不奇怪了。至于五冠山瑞云寺和尚章，很有可能为东国僧人所撰，其语言风格与他卷有异。

"曰"和"云"在各卷的使用频率也有差异。如第一、二卷中"曰"用作言说动词 308 例，"云" 138 例。第三、四卷中"曰" 720 例，"云" 57 例，第七卷中"曰"用作言说动词 78 例，"云" 332 例；第十卷"曰"用作言说动词 83 例，"云" 397 例；第十一卷中"曰" 63 例，"云" 356 例。用频的不平衡是否说明《祖堂集》非一人之手笔，而是不同编纂者的用语习惯？有待进一步探讨。

（四）《祖堂集》引语标记类型分析

在上古汉语中，能够带直接引语和间接引语的标记词主要是"曰"和"云"，这两个标记词一直持续使用到晚唐五代时期。中古文献又出现了另一个高频引语标记词"言"。《祖堂集》一方面继承使用了上古中古的引语标记词，另一方面也出现了一些新的用法，现分析如下：

1. 通过准言说动词介引

所谓准言说动词，是相对于"曰"、"云"等带直接引语的动词而言的，这些动词都带有一定的言语义，是言说动词的下位词。例：

(1) 凤池曰："若出来时作摩生商量？"僧无对。自代："不可预搔而待痒。"（P300；按，《祖堂集》绝大多数为"代云"、"代语"）

(2) 二年七月一日，别诸门人："吾当进途归新州矣。"（P97）

(3) 侍郎闻已喜悦，则申前旨："弟子其时云不是佛光，当道理不？"（P182）

(4) 有座主来参次，师问："作什摩事业？"对："讲《金刚经》业。"（P116；按，"对"带直接引语仅此一例。大都为"对曰"、"对云"）

(5) 相公不肯礼拜，乃发轻言："见面不如千里闻名。"（P166）

(6) 师便喝出："我这里无人对。众中还有新来达士，出来与老僧撅送！"（P344；可比较：时有学者出来拟申问，师便喝出云："什摩处去来？"（P366）｜学人拟进问，师便喝出。（P482））

(7) 师便咄："出去！"石门代云："觅不得。"（P241；试比较：师便咄云："出去！莫向这里痾！"（P215））

(8) 师曰："和尚作摩生念？"宗和尚念："如是我闻……"（P677）

(9) 只如六祖和尚临迁化时，付嘱诸子："取一锃铤可重二斤，安吾颈中，然后漆之。"（P686）

以上例句加点的动词后面都带了引语内容，这不是常规用法，《祖堂集》还有"报、敕、叱、付嘱、告、记、预记、唤、奏"等动词都能带直接引语。而不能带引语的言说动词也较多，如：谤、白、话、讲、读、勘、论、骂、劝、叫、唱、酬、呵、贬剥，等等。

2. 零形式标记

我们观察到《祖堂集》中还有些引语不用言说动词引导，而是根据上下文语境直接使用，我们称之为引语标记的零形式。具体分析有以下几种情况：

Ⅰ. 通过其他动词或动词性短语接引：

(1) 杨衍作礼："唯愿和尚久住世间，化导群品！"（P75）

(2) 普举拂子："作摩生为人？"师便抛下拂。（P703）

(3) 因举盐官问座主："《花严经》有几种法界？"对云："四种法界。"提起拂子："这个向阿那个法界中收？"无对。（P419）

(4) 寺主曰："莫是海上座摩？"对曰："是也。"寺主便合掌："某甲实

是凡夫，当时不识他人天善知识。"（P539）

（5）罗汉云："落脊棒又作摩生？"僧却回头："今日赖遇某甲。"罗汉
云："识得阇梨骨也。"（P624）

（6）诸大德嘿然而往。明日又来："愿和尚为某等说看。"（P119）

（7）师上堂，众已集，云："灵药不假多。"僧便出来："咄！咄！"
（P496）

（8）和尚看我对秀上座偈，则知我入门意，则印惠能："秀在门外，汝
得入门，得坐被衣，向后自看。……"（P87）

（9）行者却请张日用："与我书偈，某甲有一个拙见。"（P84）

（10）一切了后，请寺主上禅床："某甲有一段事，要问寺主。"（P539）

（11）南泉教僧："你去鲁祖处。到彼中，便有来由。"（P547）

（12）师委得，令侍者到德山："打汝，汝便接取拄杖，以拄杖打一下。"
（P718）

以上能带引语的有的是行为动词，有的是趋止动词，有的是使役动词，
还有的是心理动词，它们与其后的言语内容之间均隐含了一些具体的言说动
词。换句话说，这些动词其实都预设了下文的言说内容，起到了言说动词的
引导作用，丝毫不影响交际行为。"杨衒作礼"、"普举拂子"、"令侍者到德
山"等动作行为意味着下文将有所表述，或恳求，或提问，或命令。

Ⅱ. 主语（一般为指名词）后直接带引语：

（13）又一日普请，雪峰："沩山语'见色便见心'，还有过也无？"
（P382）

（14）故现本身，和尚："蒙师说法，重得生天，故来谢师，便还天府。"
（P109）

（15）师行脚次，问村路："此路到什摩处？"村公对云："脚下底是什
摩？"师云："到岳不？"村公："如许多时，又觅在。"（P592）

（16）师云："问着宗门中事，有什摩难道？恰问着。老僧鼻孔头漫
漫，脚下底漫漫。教家唤作什摩？"座主："教家无这个意旨。"
（P724）

（17）问："如何是声前一句？"师："吽！吽！"（P364；试比较：师便
掷地卓子，便作舞势云："吽！吽！"（P636））

这种例句不多见。例（13）中州本《祖堂集》在"雪峰"后加"举"字并
作校记说明，标点为：又一日普请，雪峰举沩山语："见色便见心，还有过
也无？"看来是不妥当的。《祖堂集》有：因沩山与师游山，说话次，云：

"见色便见心。"（P676）可知"见色便见心"出自沩山语。中州本标点容易引起误解，将"见色便见心，还有过也无"两句都视为沩山之语。省略引语标记是《祖堂集》语法现象。

Ⅲ. 主语和言说动词全省，仅见于对话中：

（18）师问："大德讲什摩经论？"答曰："讲《十本经论》。"（ ）"作摩生讲？"云："依文讲。"（ ）"你不解讲经。"（ ）"某甲则不解讲，请师讲。"云："你不是听经人。"（ ）"某甲不会，乞师说。"（P724）

括号内根据上下文可依次补上"师问"、"师曰"、"僧曰"、"僧云"等语。

（19）师云："体悉作摩生？"学人礼拜。"虽有都头，且无副将。"（P410）

此句岳麓本和李明精校电子本在"礼拜"后加上冒号。中州本"礼拜"后补上"师云"，并作了校注说明。我认为"学人礼拜"是回答禅师提问的动作语，"虽有都头，且无副将"乃禅师接应学人的机锋，是对学人礼拜这一动作语的评定，省略的主语是"师"。我们看类似公案：问："不假提网，还有提处也无？"师云："试举与摩时看。"僧进曰："不可道无提处。"师云："你作摩生？"学人礼拜。师云："虾跳不出斗。"（P488）｜僧云："深领尊慈，师意如何？"师云："我则且置，汝适来作摩生？"学人礼拜，师云："我适来龙头蛇尾，是汝不知。"（P509）可知"虽有都头，且无副将"乃师所云，而非学人，主语和引语提示语省略。"礼拜"后不必加冒号。

这种情况多出现在师徒对话中，省略主语和言说动词，使行文简洁，而上下文特定的语境提示，一般不影响对文本内容的理解。

以上分析说明，在特定的语言环境中，引语前面的言说动词可以省略。这种语法现象是否是《祖堂集》特有的呢？我们抽样调查了几部中古文献。

因含有言说内容的多见于笔记小说类，我们以《世说新语》、《百喻经》为调查语料。《世说新语》只检到1例，为使役动词：贺未语，令："且去，见张廷尉当为及之。"（《规箴》）《百喻经》共3例，皆为心理动词，引号内或是自言自语或是内心所思：尔时愚人闻此语已，即自思念："若不得留，要当葬者，须更杀一子，停担两头，乃可胜致。"（《子死欲停置家中喻》）｜其人闻已，便大欢喜："愿但教我。虽当自害，要望伤彼。"（《共相怨害喻》）｜雄鸽见已，方生悔恨："彼实不食，我妄杀他。"（《二鸽喻》）

通过检索可知，无论是数量上还是言说动词省略的类型上，这两部文献都不及《祖堂集》，是否可以说《祖堂集》这一语法现象为以后的白话小说乃至现当代作品开创了先河？在明清时期的小说以及现代汉语中，言说动词省略的现象比比皆是，尤其在大量对话中。它使语言简洁，结构紧凑。

3. 引语标记的强化叠加

与引语标记的零形式相对，《祖堂集》中有大量引语标记词叠加连用的现象。叠加连用并非语义的简单重复，多是出于节律或表达的需要。《祖堂集》引语标记词的连用有两种情况，即言说动词的连续使用和间隔使用。两个言说动词紧紧相连就是连续使用，否则一般是间隔使用。

Ⅰ. 连续使用

连续使用的两个言说动词之间存在着下列两种组合关系：

ⅰ并列关系 处于并列关系的两个言说动词语义接近，句法功能相似，都能带引语《祖堂集》主要有：说/道、言/曰、叫/唤、谘/白、谘/问等。例：

（1）今时说道，达摩祖师将经来，此是谩糊达摩，带累祖宗。（P692）

（2）师一朝言曰："大丈夫当离法自净，焉能屑屑事细行于布巾耶？"（P165）

ⅱ主从关系 处于主从关系的两个言说动词语义上有差异，句法功能亦有些微不同，常常以后一言说动词能带引语为主，前者往往是一些下位言说动词。《祖堂集》主要有：报/云、谓/云、唤/云、叫/云、对/云、答/云、呵/云、叱/云、喝/云、喝啧/云、叮嘱/云、告/曰、谓/曰、对/曰、语/曰、喝/曰、呵/曰、答/曰、叹/曰、赞/曰、颂/曰、问讯/曰、答/言、白/言、回/言、报/言、叹/言、启/问、赞叹/问等。例：

（3）时遮王闻已，再三叹言："我子释迦！我子释迦！"（P15）

（4）德山呵云："他向后老汉头上痾著！"（P269）

Ⅱ. 间隔使用

间隔使用的两个引语标记词，往往前者是辅助性的准言说动词，其后带上对象或受事宾语，后者是带直接或间接引语的主要标记词，《祖堂集》主要有：报……云、报……曰、报……道、启……言、启……曰、白……言、谓……曰、谓……云、告……言、告……曰、谘……云、问……云、问……言、问……曰、语……言、语……云、语……曰、唤……云、念……曰、答……云、呵……云、诀……曰、劝……曰等。例：

（5）乃告众曰："是你诸人，若依此偈修行而得解脱。"（P83）

（6）阿难告商那和修复谓末田底曰："佛预记汝……"（P41）

这种使用方式可以追溯到上古，例：

    （7）召前立臣而语之曰："远矣，全德之君子！……"（《庄子·田子
        方》二一）

在佛经文献中还出现了三个言说动词连续连用的现象，如：

    （8）即唤木匠而问言曰："解作彼家端正舍不？"（《百喻经·三重楼
        喻》）

    （9）输头檀王复以偈颂而说言曰："……"（《佛本行集经》卷五三）

    （10）才经一月，诸州颁下，汉帝有敕晓示，告言道："刘家太子逃逝他
         州，谁人捉得，封邑万户。"（《变文》卷六，前汉刘家太子传）

还有"告言曰、白言曰、答言曰、报言曰"等。多项引语标句词的叠加连
用，反映了言说动词在语言发展过程中的竞争，三个言说动词连用，其中必
有一个是羡余成分，随着时代的渐进，这一语法现象渐渐消逝了，《祖堂集》
中未见其例。①

    此外，《祖堂集》中出现了1例间隔连用和连续连用的套合现象：

    （11）师到汋潭，见政上座谓众说话云："……"（P242）

"说话"和"云"连续连用，"谓"和"说话云"间隔连用。这种现象可能
是中古佛经语言现象的残留，我们在《佛本行集经》中找到例句：

    （12）于时诸比丘问佛言曰："希有世尊，是长老摩诃迦叶，何故乃能为
         多众生作大利益？"（卷四六）

连用的还有："白佛言曰（卷四七）、告彼使女言曰（卷四七）、发大声言曰
（卷二）"，《变文》有"谓我言道"（卷二，维摩诘经讲经文四）、"启言王
曰"（卷五，伍子胥变文）。

    调查发现，从上古到现代，汉语的引语标记词经历了从"曰"、"云"到
"言"再到"说"、"道"的发展过程。从虚化的程度看，"道"虚化最为彻
底。刘丹青（2004）指出，在晚唐五代的"V道"式中，"言道"的出现具
有标志性意义，它显示了更高的虚化度。到了宋代，"V道"的组合呈现多
样化，在南宋至元的话本小说中，还出现了书写动词及思维动词后加"道"
的用例，"道"成为一个彻底的内容宾语标句词。而"曰、云、言"还一直
保留着言说动词的言语义，在调查的佛经文献中仅见到心理动词"思、念"
等与之组合的例子，如：

    （13）太子念言：夫出家者具大慈悲，不留马迹，王必罪于门人。（P20）

---

① 我们只在《元刊杂剧》中找到1例：夫人言语道："有小千户到来，交燕燕伏侍去。别个不
中，则你去。"（《诈妮子调风月》）

（14）（太子）深自思曰：吾今得佛，甚深甚深！（《六度集经》卷七）

（15）母欲得子归，其母遂啮指，周畅在田下心痛，念云："是母唤我。"
　　　（《宗镜录》卷五四）

这里的"曰、云、言"言说义不很明显，所起的作用是引出后面的内容宾语，具有标句词的性质。

三、询问类动词

《祖堂集》询问类动词主要有：问、启问、却问、申问、问难、问谘、询、询问、扣、扣击、谘、谘白、谘禀、谘启、谘请、谘问等。它们都包含有询问义，也有细微的差别，详细释义见后附言说动词词表。这里只讨论几种比较典型的语法现象。

（一）"问"的特殊用法

"问"是自上古一直沿用至今的言说动词，其基本语义是表示询问。《说文·口部》："问，讯也。从口，门声。"但是上古的"问"有一个特点就是不能带直接引语，而一定要跟"曰"或"云"组合成"问曰""问云"才能带直接引语，当需要带对象宾语时则用"问……曰""问……云"的形式来表示。

发展到中古时期，"问"可以直接带引语，而不一定非得靠"曰"或"云"的帮助。这时它所带的引语内容一定是疑问句，可以是有疑而问也可以是表示反诘的无疑而问。

在禅宗语录中"问"直接带引语的形式大量出现，当然其他形式也同时存在。我们在阅读文本时发现禅录中的这些"问"或"问曰"所带的引语有的并不表示疑问，调查的文献除了《祖堂集》，还有《景录》、《五灯》。

根据引语句类的不同可以分为以下几种：

1. 引语为祈使句

此为大多数。根据祈使词语的不同又可以分为：

Ⅰ. 引语含有使令动词"请"

（1）问："併却咽喉唇吻，请师道！"师曰："汝只要我道不得。"
　　　（P220）

（2）问："久处沉沦，请师拯济。"师云："你在沉沦几时？"（P480）

（3）师晚间上堂。僧问："开田已竟，请师说大义。"（《景录》卷六，百丈惟政）

（4）僧问："自远而来，请师激发。"师曰："他不凭时。"（同上书，卷

一六，栖贤怀佑）

（5）问："离四句，绝百非，请师道。"师曰："青红花满庭。"（《五灯》
卷八，龙济绍修）

（6）问："久负没弦琴，请师弹一曲。"师曰："负来多少时也?"（同上
书，卷八，圆通缘德）

Ⅱ. 引语含有使令动词"乞"

（7）问："三乘十二分教，学人不疑，乞和尚直指西来意!"师云："大
德龟毛拂子、兔角柱杖藏著何处?"（P209）

（8）问："省要处，乞师指示。"师云："不得说也，听他。"（P502）

（9）问："学人乍入丛林，乞师指示。"师曰："阇梨到此多少时也?"
僧曰："已经冬夏。"师曰："莫错举似人。"（《景录》卷一三，首
山省念）

（10）有行者问："生死事乞师一言。"师曰："汝何时生死去来?"（同
上书，卷一五，神山僧密）

（11）上堂，僧问："未识本来性，乞师方便指。"（《五灯》卷五，汾州
石楼）

Ⅲ. 引语含有祈使词"愿"

（12）到于寺中，去禅师院语话次，问禅师曰："弟子生死事大，一心慕
道。愿和尚慈悲救度!"（P130）

（13）师曰："汝既无心，佛岂有心耶?"又问："唯愿和尚教某甲解脱法
门。"师云："谁人缚汝?"对曰："无人缚。"（P80）

（14）问："学人创入丛林一夏将末，未蒙和尚指教，愿垂提拯。"师托
开其僧，乃曰："老僧自住持来，未曾瞎却一僧眼。"（《景录》卷
一二，资福如宝）

（15）初参六祖，问曰："学人自出家览涅槃经仅十余载，未明大意，愿
和尚垂诲。"（《五灯》卷二，志道禅师）

Ⅳ. 引语为祈使句"（试）……看"的固定格式，"看"为助词

（16）问："今见山僧相，不见山僧无相，请为于相中说无相理看。"
（P132）

（17）师忽问仰山："汝春间有话未圆，今试道看。"仰山云："正恁么
时，切忌勃塑。"师云："停囚长智。"（《景录》卷九，沩山灵祐）

（18）师后忽问仰山："汝春间有话未圆，今试道看。"仰曰："正恁麽
时，切忌勃诉。"（《五灯》卷九，沩山灵祐）

Ⅴ. 引语为其他形式的祈使句，如：

（19）（石头）却问："既今某甲除却扬眉动目一切之事外，和尚亦须除之。"石头云："我除竟。"（P185）

（20）佛日问："俺茶三两垸，意在镬头边。速道，速道。"师云："瓶有盂中意，蓝中几个盂？"（P262）

（21）道吾问："有一人无出入息，速道将来！"师云："不道。"（P253）

（22）明日归宗上堂集众问："昨夜大悟底僧出来。"师出云："智通。"（《景录》卷一〇，五台智通）

（23）师却问："不思善，不思恶。思总不生时，还我本来面目来。"僧云："无容止可露。"（同上书，卷八，南泉普愿）

（24）僧问："匡王请佛，既奉法于当时。我后延师，盖兴宗于此日。幸施方便，无吝举扬。"（《五灯》卷八，慈云慧深）

句中加点部分都是祈使语。

2. 引语是一般陈述句

（25）木口和尚到，见行者每日踏碓供养僧，问："行者不易，甚难消。"师曰："开心垸子里盛将来，合盘里合取，说什摩难消易消！"（P210；按，"木口"即为"杏"，指杏山和尚）

（26）师示众曰："展手而学，鸟道而学，玄路而学。"宝寿不肯，出法堂外道："这老和尚有什摩事急？"云居便去和尚处，问："和尚与摩道，有一人不肯。"师曰："为肯者说，不为不肯底，只如不肯底人，教伊出头来，我要见。"（P245）

（27）雪峰举此话赞师后问："'遍界不曾藏'是什摩界？"对云："是什摩，问和尚。"峰云："问有横竖，是你因什摩与摩道？"学人不会。又问："衷情无可祗对。"（P257）

（28）鼓山到便问："久嚮疏山，元来是若子大。"师云："肉重千斤，智无铢两。"（P329）

（29）才展座具，时夹山问："这里无残饭，不用展炊巾。"对曰："非但无，有亦无者处。"（P336）

（30）度上座问："罗山寻常道，诸方尽是吃䬾饭，唯有罗山是一味白饭。兄从罗山来，"却展手云："白饭请䬾子。"（P474）

（31）有人问："心有也，旷劫而滞凡夫。心无也，刹那而登妙觉。"师答曰："此乃梁武帝言。然心有者，是滞有，有既有矣，安可解脱？心无也，何人而登妙觉？"（P554）

（32）师问黄蘗："笠子太小生。"黄蘗云："虽然小，三千大千世界，惣在里许。"（P595）

（33）元和中，白居易出守兹郡。因入山礼谒。乃问师曰："禅师住处甚危险。"师曰："太守危险尤甚。"（《景录》卷四，鸟窠道林）

（34）僧问："久向赵州石桥，到来只见掠彴。"师云："汝只见掠彴，不见赵州桥。"僧云："如何是赵州桥。"（同上书，卷一〇，赵州从谂；按，"掠彴"独木桥）

（35）元和中，白居易侍郎出守兹郡，因入山谒师。问曰："禅师住处甚危险。"师曰："太守危险尤甚！"（《五灯》卷二，鸟窠道林）

考察过程中，我们发现这类"问"均不表示疑问，如果换成"曰"或"云"未尝不可。因为在句意大体相同的情况下，也可以用"曰"或"云"来引导。如：

（36）僧问："既到妙峰顶，谁人为伴侣？"师曰："到。"曰："甚麼人为伴侣？"师曰："吃茶去。"问："明明不会，乞师指示。"师曰："指示且置，作麼生是你明明底事？"曰："学人不会，再乞师指。"师曰："八捧十三。"（《五灯》卷八，闽山令含）

句中前用"问"后用"曰"意思比较明显。

（37）又有志明禅师者问曰："若言无心是道，瓦砾无心亦应是道。"又云："身心本来是道。四生十类皆有身心，亦应是道。"（《景录》卷五，司空本净）

句中"又云"与前面的"问曰"相应。又如上举例（1）相似偈语前同样可用"曰"或"云"等言说动词。

（38）师索大颠曰："併却咽喉唇吻，速道将来。"（P150）

再如例（19）为大颠和尚章，同句《景录》作：

（39）师曰："请和尚除扬眉动目外鉴某甲。"石头曰："我除竟。"（卷一四，潮州大颠）

《景录》用"曰"作为提示语。例（25）《景录》为：

（40）师见杏山，僧众相随。潜往碓米。杏山曰："行者不易，贫道难消。"师曰："无心碗子盛将来，无缝合盘合取去，说什麼难消！"杏山便休。（卷一四，石室善道）

类似的公案偈语可以用"问"引导引语内容，也可以用"曰"或"云"等引导。"问"不表询问。其他禅宗语录中也多见，如：

（41）师问干峰："请师答话。"峰云："到老僧也未？"师云："与麼则

学人在迟也。"（《云门匡真禅师广录》）

（42）问："凡有施为，尽落糟粕。请师不施为答。"（《赵州和尚语录》
　　　卷中）

《祖堂集》还有 1 例"举问"所带引语也不是疑问句：

（43）有人举问雪峰："如来只说利刀剑，未曾当剑，请师当剑！"峰云：
　　　"咄！不识好恶汉。"（P375）

　　分析以上用于祈使句的"问"字句引语的内容，发现它们有的是用在禅师之间的机锋较量中，如例（1）说话者（speaker）即"问"者要求听者（hearer）闭上嘴巴说话，例（6）要求听者弹奏"没弦琴"，这些都是反意义的言句，是完全不可能发生的事，通过这种"格外语"来考验对方的禅悟能力、应对能力。还有的是用在禅僧向禅师的求解问答当中，一般所要求听者回答的都是关乎"西来意（例7）"、"省要处（例8：'省要处'即领悟禅法的关键之处。）"、"本来性（例11）"、"生死事（例10，例12）"、"解脱法门（例13）"等关乎佛法本源禅宗终极性的问题。有的是禅僧直接要求禅师解说佛法大意，如例（3）、（4）、（5）、（6）等。还有的是针对当时场景设机勘验对方根机深浅。

　　因此，我们认为这种引语为祈使句的"问"在禅宗文献中有特殊的意义，是指禅僧之间进行机锋较量、参禅说法的先行词，不能简单地解释为"询问"义。奥斯汀（Austin. J. L, How to Do Things with Words. Foreign Language Teaching and Research Press，2001）提出了言语行为理论：根据交际过程的不同阶段，可以把言语行为分为三种："言之发"以言述事的述事行为，"示言外之力"以言行事的行事行为，"收言后之果"以言成事的成事行为。禅宗语录"问"引语中的祈使句属于以言行事的行事行为，通过这些祈使词语说话者向听者发出某种指令性行事行为，从而要求听话人完成一种言语行为。再举一则例子：

（44）问曰：智者引妙言："与心相会当。言与心路别，合则万倍乖。"
　　　师曰："方便说妙言，破病大乘道。……"问曰："行者体境有，
　　　因觉知境亡。前觉及后觉，并境有三心。"师曰："境用非体觉，
　　　觉罢不应思。……"问曰："住定俱不转。将为正三昧，诸业不能
　　　牵。不知细无明，徐徐蹑其后。"师曰："复闻别有人，虚执起心
　　　量。……"……（《景录》卷四，法融）

一共九对话轮，均用"问曰……师曰……"的形式，每一对话轮显示的都是禅师之间对禅理、玄言的语言酬对。"问曰"后的引语只是表明该禅师自己

对禅宗真谛的理解领悟，并不是向听者发问。

再看用于一般陈述句的"问"。也是用于一对话轮中，禅僧先提出一个"话头"，从而引发对方勘辩，如上举（30）、（31）、（32）等例句。

"问"本身有勘问义，即通过问答考测对方禅悟之深浅。如："几不问过这老汉。"（《五灯》卷三，古寺和尚）而禅宗语录中到处充满了禅机对答，在语言酬对的过程中充满了对佛性的理解追问，对本来面目、对生死问题、对顿悟问题等的深度思考，可以说禅录里的"问"语，无一不蕴藏着玄秘的机锋，禅僧之间通过参禅、参玄从而最终达到证道悟道的目的。这就是禅宗语录"问"所包含的语用含义。

（二）特殊句式："……则（即）不问，……"

（1）（弘忍和尚）幼而聪敏，事不再问。（P82）

（2）座主向上一路富贵处因何不问？（P267）

（3）四十九年后则不问，四十九年前事如何？（P285）

（4）凡圣不到处即不问，不尽凡圣处如何？（P341）

以上句子都是受事主语句，《祖堂集》共 28 例。我们知道，受事主语句与否定、语义量小、消极意义、被动意义等表达范畴都有着密切联系。《祖堂集》"问"字受事主语句均属于否定式也说明了这一点，并且否定词都是"不"。

这里值得一提的是《祖堂集》中的"……则（即）不问，……"受事主语句。见上举末两例。《祖堂集》"……则不问，……"句式共 23 例，"……即不问，……"句式有 2 例。

我们检索了大量语料，发现这种句式为禅宗文献所特有，且首见于《祖堂集》。

上古和中古的文献中，"问"用于受事主语句的例子本身就很少。在我们所检的《史记》、《后汉书》、《新书》、《风俗通义》、《论衡》、《三国志》、《晋书》、《南齐书》、《梁书》、《洛阳伽蓝记》、《颜氏家训》、《世说新语》、《弘明集》、《抱朴子》等文献中只在《洛阳伽蓝记》找到 1 例："罪止荣身，余皆不问。"[1] 没有发现"……则（即）不问，……"句式。

隋唐五代的中土文献中也未见"……则（即）不问，……"句式（检索了《因话录》、《大唐新语》、《唐会要》、《唐摭言》、《朝野佥载》、《隋唐嘉话》、《广异记》、《北里志》、《玄怪录》、《独异志》、《游仙窟》等 74 种文

---

① 因"问"字受事主语句绝大多数出现于否定句中，所以我们仅检索了带有"莫问"、"不问"受事主语句的语料。

献)。《大正藏》阿含部、本缘部、般若部等部类中也没发现。而在47、48册的禅宗部和51、52册的史传部中却发现有大量用例:

(5) 冬至寒食一百五即不问,诸上座,半夜穿针一句作麽生道?(《黄龙慧南语录》卷一)

(6) 儒书中即不问,三乘十二分教自有座主,作麽生是衲僧家行脚事?(《碧岩录》卷四,第三十三测)

(7) 从凡入圣则不问,从圣入凡时如何?(《抚州曹山元证禅师语录》卷一)

(8) 若尝见麟则不问也,而云麟如麟何耶?(《弘明集》卷七)

两宋禅宗文献《景录》、《五灯》、《古尊宿语录》亦多见,例不再赘。其用频情况和《祖堂集》比较如下:

表19　　　　　　　禅宗文献"……则(即)不问,……"句式用频表

句式	祖堂集	景录	五灯	古尊宿语录
"……则不问,……"	23	3	7	8
"……即不问,……"	2	39	98	74

可以看出随着时代的推进,总的用例有所上升。且用字有所差异,五代时的《祖堂集》中多用"……则不问,……"句式,而两宋时期的禅宗文献多用"……即不问,……"句式。

袁宾《唐宋禅录语法研究》(2001)已经指出:《广韵》"即"读"子力切"(入声职部),"则"读"子德切"(入声德部),两字声、调相同,韵部相近。"即"和"则"在唐宋时代读音很接近,该时期文献例常见两字通用之例。它们在口语里实际上是同一个词。因此,可以推知"即不问"就是"则不问"。

从以上所举例句能够看出这类句式的特点:

"……即(则)不问,……"置于复句的前一分句末尾,往往以后一分句的反面或对面为话题,目的是引出后一分句,因此,它不仅起到承上启下的连接作用,同时更强调突出了后一分句的内容,从而使后一分句成为整个复句的重心和焦点。有时,"……即(则)不问,……"后加进插入语,如上举例句中的"诸上座"、"三乘十二分教自有座主"。此外后一分句多用"如何"、"什麽"、"作麽生"、"若何"等疑问词。

禅宗文献里,这种"……即(则)不问,……"句式由于大量使用,已经成为具有禅宗文献特色的程式化语言。它与袁宾《唐宋禅录语法研究》一文所论述的"……即（则）不无，……"式转折复句可以称得上姊妹句。"即（则）不无"亦置于复句前分句末，有承上启下、将前后两个分句组合成一个复句的作用（具体论述详见原文），亦仅见于唐宋禅宗文献。只不过它们各自所起的语法作用略有差异罢了。

袁宾又指出："……即（则）不无，……"式转折复句与禅录里其他几种特殊类型的句子一样，是一批主要使用于禅僧之间、带有禅宗行业特色的句式，我们将此种现象称为"同行语法"。"……即（则）不问，……"句式也是在禅师们的反复使用中，逐渐成为禅宗的"同行语法"的。

四、问候道别类动词

《祖堂集》问候道别类词语比较丰富，有些是禅宗特色词语，有些问候语不是动词，这里略举几例加以说明。

（一）问讯

（1）肃宗帝问讯次，师不视帝。（P114）

（2）师有时到山院寄宿，见老宿共行者同床坐。师放下衣钵便问讯二人，二人都不顾视。（P157）

（3）至明日，三圣问讯曰："昨日答那个师僧一转因缘，为只是光前绝后，古今罕闻。"（P645）

"问讯"一词，有一般的问候义，如例（1）。也有佛经文献特定的用法，如例（2）、（3），指僧尼等向人合掌曲躬而请问其起居安否。《祖堂集》共3例。

（二）起居

（1）门士云："是什摩人？"对云："太安寺主来起居大师。"（P517）

按，例中"起居"是动词，表示问候，指向尊长问安致意。《祖堂集》还有1例是问候语：师曰："道什摩？"对云："孟春犹寒，伏惟和尚尊体起居万福。"（P663）关于"起居"的来源，李明（2004）作了探讨。"起居"本是名词，指人的举动、行动。汉魏六朝，人们问候尊长时，常常询问对方起居如何，是否轻便安好。到了唐代，"起居"发展为动词，义为"问候"。此义直接源于"问讯起居"短语。

（三）不审

（1）道吾担衣钵送到桥亭后却转来，不审和尚。（P175）

（2）小师第二日早朝来不审，师便领新戒入山。（P186）

按，《祖堂集》"不审"共11例，其中有6例是动词，表示问候，其余为问候语。李明（2004）对"不审"的来源作了探讨："不审"本义为"不知道"，后来经常用在见面时的问候语中"不审……"，这时意思还是"不知道"，但它出现于问话中，增加了话语的长度，使问话显得缓和，有非同一般的语用义。后来"不审"单独使用，就表示纯粹的见面问候语了。李明还指出《祖堂集》只有单说的"不审"，而未见"不审……"。因此推断：单用"不审"作为问候语，常出于禅僧之口。禅宗讲求以心传心、言语简省，因此，"不审"就有可能从"不审……"截断，单独成为问候语。

我们检索了大量文献，发现"不审"作为问候语单独使用仅见于禅宗文献。在禅宗文献中基本上没有"不审……"的问候语，全都是截略式。只有当"不审"用作及物动词时后面才会带上宾语，如：

（3）大于和尚与南用到茶堂。见一僧近前不审，用云："我既不纳汝，汝亦不见我，不审阿谁?"（《景录》卷九，清田和尚）

（4）去之与住，更无他故。若到沩潭，不审马祖。（《五灯》卷一〇，新兴齐禅师）

此处"不审"为动词问候义。

《佛光大词典》对"不审"一词作了解释："比丘相见问讯之礼话。如'不审尊候如何'等语。依《大宋僧史略》卷上载，比丘相见时，曲躬合掌及口称不审，是为身、口、意三业归仰，称为问讯。"也就是说，"不审"是禅僧问讯礼中的专用词语，是佛经文献颇具特色的问候语。《敕修百丈清规》卷二中有段记载也说明了这一点：

（5）凡旦望五参上堂罢，参头行者令喝食行者报各局务，行堂前挂牌报众。昏钟鸣，行堂前鸣板三下，集众行者，先佛殿，次祖堂，僧堂。前前堂察喝："参。"方上寝堂排立，参头入方丈请住持出就坐。参头进前，插香退身归位，缓声喝云："参。"众低声同云："不审。"齐礼三拜，屏息拱听规诲毕，又三拜，参头喝云："珍重。"众齐低声和，问讯而退。如住持他缘则喝食行者喝云："奉方丈慈旨晚参。"众云："不审。"次长声喝云："放参。"众云："珍重。"齐问讯退。（《训童行》）

《祖堂集》中"起居"和"不审"都由动词发展为问候语，而"问讯"没有。此外《祖堂集》"不易、时寒、寒暄、万福"都是问候语，没有动词用法。"寒暄"一词在禅宗文献中亦有动词用法，如："琳（惠琳）妄自骄蹇，见公卿才寒暄而已。"（《佛祖历代通载》卷八）

（四）珍重

（1）当时轨䇿上座出来问："正当一色时还有向上事也无?"先师云：

"无。"其僧珍重,便归僧堂。(P326)

(2) 峰(指雪峰)良久。遂礼谢起,峰云:"更问我一传,可不好?"
对(指镜清)云:"就和尚请一传问头。"……峰曰:"不辜负底事
作摩生?"师便珍重。(P381)

按,丁福保《佛学大词典》"珍重":劝自重自爱之词也。《祖堂集》中
"珍重"共出现31次。用作动词,义为说珍重、道别,有4例。还有27例是
禅僧道别时的惯用语,意思是保重。如:师乃入僧堂白搥曰:"父母俱丧,
请大众念摩诃般若!"大众才坐,师曰:"劳烦大众,珍重。"(P111)《祖堂
集》中未见问候动词"珍重"带宾语的例子,而在《五灯》中见到1例:

(3) 师索笔书偈曰:"非佛非心徒拟议,得皮得髓谩商量。临行珍重诸
禅侣,门外千山正夕阳。"(卷一六,蒋山法泉)

我们认为诗偈中因为格式的需要临时使用,一般情况下"珍重"是不带
宾语的。《祖堂集》道别语还有"善为、好去、好与、努力"等。

五、《祖堂集》特色言说动词举隅

《祖堂集》有大量特色动词,这些动词仅见于禅宗文献,其他中土文献
罕见,有的还具有特殊的宗教意义,详见每一类动词词表备注部分。这里酌
举几组言说动词加以说明,从中可以窥见《祖堂集》动词特点。

(一)唱、举唱、提唱

"唱"为讲说,演说义。例:

(1) 达道人,唱祖意。(P709)

(2) 不唱目前则且置,宗乘中事如何言论?(P353)

例(1)中"唱"的受事宾语为"祖意",例(2)"唱"与"言论"对应。
"唱"的这一意义前人已经揭示,参蒋绍愚(1985/2000:40)。

"举唱"为举说、宣示义。例:

(3) 与摩则悲花剖折,已领尊慈,未审从上宗乘如何举唱?(P486)

"提唱"是指提举禅法宗旨或公案机缘并加以阐发评议。例:

(4) 还有这个摩?况是曹溪门下子孙,合作摩生理论?合作摩生提唱?
(P504)

"唱"、"举唱"、"提唱"的这些用法多见于禅宗文献。所检语料中,中土文
献未见。"唱"中古即有大声喊叫或念说义,引申而有宣说义。"举唱"一词
《大正藏》共检得111例,均见于禅宗部和史传部,事汇部仅有1例。"提
唱"《大正藏》共检得72例,亦多见于禅宗部和史传部。

（二）代、代曰、代云、代语

"代、代曰、代云、代语"都是禅家说法的形式。对于上文拈举的公案话头，如果缺少答语或者禅师家认为已有的答语不合适而代拟答语，也是禅家语录的一种类型。具体的分为两种，一种是禅师代面前的僧人下语，禅师提问，僧人不能应对，禅师自己代拟答语。

(1) 长庆拈问僧："古人遮眼，眼有何过？"对者非一，不称师旨。自代曰："一瞥又作摩生？"（P181）

此为长庆代自己下答语，因为禅僧的回答没有一个使他满意的。

(2) 问："游子归家时如何？"师（指云居）云："且喜得归来。"进曰："将何奉献？"师云："朝打三千，暮打八百。"有人问："如何是清净伽蓝？"师曰："合著什摩人？"僧无对。自代："不是不著，渠不坐圆位。"（P300）

因僧不能应对，所以云居和尚代自己拟答语。另一种为代不在面前的僧人或者古人下答语。有时举出公案，其中无应对语，禅师代拟对语。

(3) 一尼到僧堂前云："如许多众僧总是我儿子也。"众僧道不得。有人举似师（指洞山），师代云："我因所生。"（P247）

(4) 师（指翠岩）有时上堂曰："三十年来，无有一日不共兄弟持论语话，看我眉毛还在摩？"众无对。有人举似长庆，长庆代云："生也。"（P392）

以上为禅师代不在面前的僧人答语。"代曰、代云"后面一般跟直接引语，而"代语"后面不接，这是由言说动词"语"本身的特点决定的。

(5) 颜曰："昨夜虽对阇梨，一夜不安，将知佛法大难大难。头陀若在此间过夏，某甲则陪随二头陀，便请代语。"（P233）

"代云"、"代曰"系"代……云"、"代……曰"省略与事宾语的形式。《祖堂集》亦有未省的：

(6) 师举曹山代无著曰："久承大师按剑，何得处在一尘？"（P424）

(7) 师又问僧："见处出一切人见，还有过也无？"对云："官不容针。"师云："不放过，过在什摩处？"对云："还与摩也无？"师云："汝与摩道，还解齐得见处，出一切人见也未？"无对。师云："大凡行脚人，到处且仔细好。"以杖趁出法堂。别僧代第二机云："犹是今时置得。"（P496）

查《大正藏》，除华严部、净土宗各1例"代云"，事汇部1例"代语"外，其余均见于史传部和禅宗部，中土文献未见用例。

（三）举似、说似、话似

"举似"是《祖堂集》高频词，"似"是言说动词"举"的后附词，其内容多为公案偈语或佛法因缘，共有 118 例。

江蓝生（2000）在《"举似"补说》一文中，对"举似、说似、指似、呈似"等词语的语法功能、语法意义以及动词的意义类别作了一一考察。《祖堂集》"举似"主要有下列用法：

Ⅰ．"举似 + N"，宾语 N 类型大多为与事。"举"作"说"讲，"似"相当于介词"与"或"给"，如：

（1）彼中和尚问当头因缘，某甲情切，举似彼中和尚。（P265）

（2）因玄沙封白纸送雪峰，雪峰见云："君子千里同风。"其僧却来举似玄沙。（P479）

Ⅱ．"持 + N_2 + （来）+ 举似 + N_1"，"持"是介词，处置式标记，"似"的作用与Ⅰ同，共 8 例：

（3）侍者持此偈举似师。（P149）

（4）有人持此语举似洞山。（P163）

从所举例来看，"举似"的语言环境都是施事主语将某一公案或偈语转述给受事宾语。

Ⅲ．"举似 + 于 + N"，"举似"的与事补语通过介词"于"引进，此时"似"为语助词，相当于动词后缀，共 2 例：

（5）僧云："与摩则终不错举似于人。"（P489）

（6）进曰："如何举似于人？"师云："侍者点灯来。"（P392）

Ⅳ．"举似 + '话'类受事宾语"，此时"似"的作用与Ⅲ同，共 3 例：

（7）其僧却归雪峰，举似前话。（P284）

（8）其僧却归雪峰，举似玄沙语。师云："胡汉俱隐也。"（P290）

Ⅴ．"举似"单用，此时"似"的作用与Ⅲ同，共 5 例：

（9）"如何是和尚一句？"先云："莫错举似。"（P471）

（10）沙弥便去唤赵州，赵州回头，沙弥便问："和尚与摩道意作摩生？"赵州云："遇著个太伯。"沙弥归举似，师便大笑。（P222）

（11）林际和尚闻此消息，教侍者探师。侍者来问师："不明不暗时事作摩生？"师曰："明日大悲院有斋。"侍者归来举似。（P635）

"举似"一词在《祖堂集》文献之前很少使用，我们抽检了《三国志》、《搜神记》、《抱朴子》、《颜氏家训》、《洛阳伽蓝记》、《世说新语》、《游仙窟》、《独异志》、《全唐诗》等俗家文献以及《六度集经》、《佛本行集经》、《贤愚经》、《杂宝藏经》、《杂譬喻经》、《变文》等佛经文献，均无用例。而禅宗文献用例颇多，《景录》"举似"73 例，《五灯》"举似"130 例。通检《大正藏》，"举似"的用例则多见于史传部和禅宗部。

在后世文献中"举似"有少量用例，宋《朱子语类》中检得 8 例，如：

（12）后举似李先生，先生曰："……"（卷一一）

（13）先生再三举似，曰："这处极好看仁。"（卷三三）

苏轼词和《全宋词》也有零星例句，这些可能是受禅宗语言的影响。

"说似"，共 6 例，分三种情况：

Ⅰ．"说似 + 指物名词"，"似"为动词后缀：

（14）祖曰："什摩物与摩来？"对曰："说似一物即不中。"（P141）

"说似一物"即说一物。

Ⅱ．"说似 + 指人名词"，"似"为介词，相当于"与"或"给"：

（15）宗门事宜，说似我看。（P683）

（16）待有所在，即说似汝。（P189）

例（15），江蓝生（2003：269）将"看"视为实义动词并将"宜"点断为后句。这里的"看"应为祈使语气词，禅宗文献多见。"事宜"为词，指事情的道理，禅宗常指禅旨妙义，不宜断开。《祖堂集》有："若是宗门中事宜，你不得错用心！"（P209）｜"事宜无多，人各了取。"（P306）禅籍多见"事宜"一词。

Ⅲ．"说似"单用，"似"为动词后缀：

（17）有人举问云居："洞山与摩道，意作摩生？"居云："说似也。"（P198）

"话似"，共 2 例，句式结构为"话似 + N"，"似"相当于介词"与"或"给"：

（18）招庆因举僧问石霜："如何是一句？"云："非句无句不是句。"师拈问："古人与摩道，意作摩生？"答曰："实即实。"师云："还得实也无？"答曰："委曲话似人即得。"师云："非句无句不是句，委曲话似人即得，据本分作摩生？"（P416）

（四）勘、勘过、勘破、堪喷

这组词都是禅宗用语，指禅僧之间通过机锋较量考测出对方悟道之深浅。"勘破"还有挫败对方的意思，"堪喷"还有责问的意思。例：

（1）赵州和尚上堂，举者个因缘云："这个是先师勘茱萸师兄因缘也。"（P604）

(2) 又时上堂云："四方来者，从头勘过，勿去处底，竹片痛决。直是道得十成，亦须痛决过。"（P494）

(3) 有人问老婆："赵州路什摩处去？"婆云："蓦底去。"僧云："莫是西边去摩？"婆云："不是。"僧云："莫是东边去摩？"婆云："也不是。"有人举似师，师云："老僧自去勘破。"师自去，问："赵州路什摩处去？"老婆云："蓦底去。"师归院，向师僧云："敢破了也。"（P665；按，"敢破"当是"勘破"之误）

(4) 主事又向和尚曰："比来昨日无端打鼓，要伊堪喷，为什摩却打他童子头？"师曰："我与你勘喷了也。"（P207）

（五）肯₁

《祖堂集》"肯₁"除了作能愿动词用外，还用作言说动词，表示推许某人、相信某人已省悟或者赞同某种禅机言行（参《禅宗大词典》）。如：

(1) 人玄会，暗商量。唯自肯，意不伤。（P703）

(2) 德山云："既然如此，因什摩不肯山僧？"（P277）

(3) 师云："我则肯你，别有人不肯。"（P496）

其后所带宾语与用作能愿动词的"肯₂"不同，有的不带宾语，如例（1）。有的只带体词性宾语，如例（2）、例（3）。

查《大正藏》，"肯"的这种用法只见于史传部和禅宗部，如《虚堂语录》："玄沙保寿千里同风，和尚为甚肯一人，不肯一人？"（卷八）其他部类均无此用法，可以说是禅宗行业词语。

（六）魔魅

"魔"、"魅"均为鬼怪义，具有迷惑、欺骗人的特性，引申而有动词的用法。当为蛊惑、迷惑他人之义。详见《禅宗大词典》。《祖堂集》例：

(1) 师便喝云："你也瞳眠去摩？每日在长连床上，恰似漆村里土地相似！他时后日，魔魅人家男女去在！"（P272）

中土文献"魔魅"仅有名词用法，动词用法首见于下例：

(2) 魔王闻已心怀惊怖。默自思念：若令菩萨成道，侵我境界，夺我威光。旋归天宫，别作魔计。即化三女，端正庄严，来于佛前。窈窕逶迤，诈为瞻仰而欲魔魅。（《众许摩诃帝经》卷六）

禅宗文献也常见：

(3) 年老成精不谬传（夹批：切忌魔魅人家男女）。（《从容庵录》卷一）

（七）拈（问）

拈，是指举说公案并加以评议。这也是禅家说法的一种形式。拈问，则是在举说公案的基础上提出问题让僧众思考。是禅家问话勘验的一种形式。《祖堂集》"拈"共97例，其中大多为"拈问"，共90例：

（1）岩礼拜出去，向道吾拈起因缘。吾曰："好话只欠一问。"（P177）

（2）天明了，其鬼使来太安寺里，讨主不见。又来开元寺，觅不得，转去也。师与寺主即见鬼使，鬼使即不见师与寺主也。僧拈问龙华："只如寺主当时向什摩处去，鬼使觅不得?"（P5）

"拈（问）"也是禅宗特色词语。在《大正藏》史传部和禅宗部多见，如：

（3）举夹山坐次，洞山到来，云："作摩生?"夹山云："祇与摩。"师代洞山云："不放过又作摩生?"代："夹山便喝。"师又拈夹山云："祇与摩，元来祇在虾蟆窟里。"（《云门广录》卷中）

（八）拈掇

"拈掇"，表说禅机语句义，亦为禅宗特色词语。《祖堂集》例：

（1）僧问："和尚适来拈掇，犹是第二机，如何是第一机?"（P491）

（2）僧云："与摩则拈掇无功去也。"（P508）

《大正藏》中只在禅宗部和史传部文献里检索到，史传部只见于《景录》和《续传灯录》。"拈掇"本义为拾取义，如：

（3）黄蘗竖起钁头云："祇这个，天下人拈掇不起。"师就手擎得竖起云："为什摩却在某甲手里?"（《临济语录》卷一）

由拾取具体的事物引申到拈取抽象的机语，从而成为禅宗特色词语。例：

（4）上堂，拈拄杖卓一下喝一喝云："德山棒临济喝，今日为君重拈掇。天何高，地何阔?"（《大慧语录》卷二）

六、《祖堂集》中的"不作声"，兼论"不吱声"、"不则声"的方言分布

《祖堂集》中有两例"不作声"，分别出现在南泉和尚与米和尚章中：

（1）却后去问："师兄去和尚处问因缘，和尚道个什摩?"岩云："和尚并不为某甲说。"道吾当时低头不作声。（P601）

（2）老宿便起，师便坐，老宿都不作声。乃展席地上而坐。（P755）

"作声"原为发出声音义。如：

（3）（邓）喜引弓射中之，咋咋作声，绕屋三日。（《搜神记》卷九）

（4）犬又向人作声，如有所求。（《古小说钩沈》上）

施事主语均为除人以外的其他事物，后来引申而有开口说话义。多用于否定句。

"不作声"为中古词。《大正藏》检得两例：

（5）又上厕，比丘虽弹指，而厕中比丘不作声。（《弥沙塞部和醯五分律》卷二六，刘宋佛陀什共竺道生等译）

（6）佛听食八种粥：酥粥油粥，胡麻粥乳粥，小豆粥摩沙豆粥，麻子粥清粥。啜时不作声，是名粥法。（《十诵律》卷五六，后秦弗若多罗共罗什译）

此句似可两解，可指不发出声音，也可指不说话。中土文献见1例：

（7）（敬则）谓众曰："卿诸人欲令我作何计？"莫敢先答。防阁丁兴怀曰："官只应作耳。"敬则不作声。（《南齐书》卷二六，《列传》第七）

隋唐五代例句也少，现有的语料库中唐三藏义净译经中发现几例，如：

（8）默然行窃听，住时便得罪，他于屏房语，不作声而听。（《根本说一切有部毗奈耶颂》卷二）

又《全唐诗续拾》有：

（9）得圣超凡不作声，卧龙长怖碧潭清。（卷四八，居遁，偈颂；按，居遁，俗姓郭，抚州南城人。嗣洞山，住潭州龙牙山妙济寺，世称龙牙和尚。）

此亦为僧人所作。其余中土文献亦未见。① 宋文献中，"不作声"也只见于佛经文献，如：

（10）且如释迦老子在摩竭提国，三七日中掩室不作声，岂不是佛默然？（《大慧语录》卷一七）

到了元明时期开始应用于一般俗家文献。检索语料库的结果为《南村辍耕录》1例，《封神演义》2例，《二刻拍案惊奇》2例，《初刻拍案惊奇》1例，《金瓶梅》2例，《三宝太监西洋记》15例，《西游记》1例，《英烈传》1例。此外清朝小说中《歧路灯》、《老残游记》、《官场现形记》、《海上花列传》、《红楼梦》、《狐狸缘全传》、《粉妆楼》等作品都有例句。

是否可以说"不作声"一词源于汉译佛经，以后逐渐扩大到俗家文献？其使用的区域广泛，是通语。现代汉语除继承使用外，还形成了"默不作声"这一固定短语。

《祖堂集》还有1例"不造声"，义与"不作声"同：

---

① 按，《全唐诗续拾》还有一例引自《续藏经》。另元稹诗：乌龙不作声，碧玉曾相慕。（《全唐诗》卷422，《梦游春七十韵》）似仍为不发出声音义。

(11) 常敬长老初参时云："休经罢论僧常敬等参。"师当时不造声。
(P288)

在六朝和宋文献中未见用例，看来是个孤例。宋时又出现了"不则声"一词：

(12) 道学从来不则声。行也东铭，坐也西铭。(《全宋词》，徐似道《一剪梅》)

元明话本小说《三遂平妖传》、"三言二拍"多见。如：

(13) 小道人只不则声，呆呆看看妙观。(《二刻拍案惊奇》卷二)

"则声"为方言词。《现代汉语词典》"不则声"：〈方〉不作声。笔者家乡方言保留该词。《扬州方言词典》收有"则声"一词，解释为作声，发出声音（指说话、咳嗽等）。《南京方言词典》收有"不执声"，义为不开口讲话。例：他问你话你怎么不执声？江淮方言声母［ts］、［tʂ］不分，"不执声"同"不则声"，似为江淮方言。其他方言词典中未收。

"不吱声"亦为方言词。当代语料库中张炜、池莉、王朔、刘心武、浩然等作品中都使用。如：

(14) 起初艳春还叫骂几句，后来她不吱声，再后来她就吱吱笑。(池莉，《你是一条河》)

徐志诚《现代汉语口语词典》收有"吱声"一词，解释为作声、说话。举刘心武《立体交叉桥》："他看时不吱声，看完也不议论。"该词典凡例指出：本书收录当代北京口语及北方口语中的常用词3000余条。又王树声《东北方言口语词汇例释》也收有该词，举例为：我也没吱声啊！(《龙江民间故事集成》)可以说"吱声"为北方词语。

现代汉语还有"不吭声"一语，其使用频率和范围都超过了"不吱声"，为通语。

表20   言说动词词表①

序	动词	语义	次数/备注
B	白	禀报，陈述	18
	谤	诽谤，毁谤	19
	褒扬	赞美，表扬	1
	报	禀报，陈述，告诉	29

---

① 动词出现年代的确定主要依据《汉语大词典》、《唐五代语言词典》、《禅宗大词典》、《诗词曲语辞汇释》、《诗词曲语辞例释》以及其他前人研究成果，下同。

续表

序	动词	语义	次数/备注
	贬剥	批评，批驳	1/禅宗特色词
	辩₂	争辩，辩论	22
	弁₂	辩论	14
	别云	禅家认为举说的公案机语不合己意而另拟机语代替	4/禅宗特色词
	不审₁	向……问候，请安	6/禅宗特色词
C	插嘴	插话	1/唐五代词
	阐化	弘扬道法，进行教化	1/中古词
	阐扬	宣说，弘扬道法	1/中古词
	唱₁	歌，吟	4/唐五代词
	唱₂	演说，宣说	17/唐五代词
	唱道	宣说道法，引导学人	1/禅宗特色词
	唱歌	吟唱歌曲	2/中古词
	唱喏	双手作揖，口念颂辞	2/唐五代词
	陈	陈述	32
	陈论	陈述，论述	1/中古词
	陈谢	陈述谢意	1/中古词
	称₂	述说，声称	2
	称名	称呼名字	7/中古词
	称叹	赞叹	1
	称扬	称说，宣扬	1
	称赞	称誉赞美	1 /中古词
	承₃	闻，听说	35/中古词
	承闻	听说	2/唐五代词
	叱	大声呵斥	9
	酬	应对	7
	酬对	应对，对答	1
	处分₂	吩咐，叮嘱	6/唐五代词
	传语	传话	10
	垂示	禅师对僧徒说法	1/禅宗特色词
	垂问	禅师对学人提问	2/禅宗特色词
	垂语	禅师对学人说法	11/禅宗特色词
D	答₁	回答	165

续表

序	动词	语义	次数/备注
	答话	回答，问话	8
	代	拈举的公案缺少答语或答语不合适，禅师代拟答语	16/禅宗特色词
	代语	同"代"	2/禅宗特色词
	代曰	同"代"	20/禅宗特色词
	代云	同"代"	113/禅宗特色词
	当人	为众说法	1/禅宗特色词
	道₁	说，讲	701
	道取	说。"取"，后缀	5
	叮咛	再三告诫	1
	叮嘱	再三嘱咐	2/唐五代词
	对	回答	867
	对答	回答	6
	读	诵读	16
	咄	呵叱之词	19
F	发₂	表达，说出	3/唐五代词
	发言	说话	8
	分付₃	嘱咐	4
	诽谤	无中生有，说人坏话	1
	奉劝	勉励，劝说	2/中古词
	付嘱₁	托付，嘱托	2/唐五代词
G	感荷	感谢	1
	告	告诉	72
	告报	诉说，议论	3
	歌	咏唱	2
	顾问	咨询，询问	2
	怪	责怪	12
	怪笑	责怪、讥笑	9
H	呵	责骂呵斥	15
	呵啧	呵斥，责备	4/中古词
	喝₁	叫喊	3
	喝₂	吆喝，是禅家接引学人常用的施设	44/禅宗特色词

续表

序	动词	语义	次数/备注
	喝棒	棒击和吆喝，是禅家接引学人常用的施设	1/禅宗特色词
	喝彩	赌博时呼喝叫彩	1/唐五代词
	喝啧	呵斥，责备	1/唐五代词
	吼	大声喊叫	5
	呼	呼唤	2
	呼嗟	呼号，哀叹	1
	话	谈说，谈论	13/唐五代词
	话道	谈论道法	1/禅宗特色词
	话会	通过语言来交流或领会	2/禅宗特色词
	话论	谈论，说	2/唐五代词
	话似	谈说	2/唐五代词
	话谈	谈论，谈说	2
	唤$_1$	召请，招之使来	77/中古词
	毁	诋毁，詈骂	4
	毁谤	以不实之语毁人	1
	毁骂	诋毁，谩骂	1
J	讥	讥笑	2
	讥诮	讥讽	1/中古词
	记$_2$	同"预记"	14/佛经词语
	检点	指说，指责，批评	10/唐五代词
	检责	检察，指责	1/唐五代词
	讲	讲演，讲述	48
	讲经	讲解经文	11/佛经词语
	讲论	讲谈，论议	3
	讲说	讲解，论说	1
	交言	交谈	1/唐五代词
	叫	叫唤，叫喊	7
	叫唤	叫喊	1/中古词
	解$_3$	解释，讲解	4
	解说	讲解	3
	诫	告诫，嘱告	3
	进云	禅家问答的记录用语，指问话者继续向禅师提问	21/禅宗特色词

续表

序	动词	语义	次数/备注
	嗟	叹息	2
	嗟叹	叹息	2
	举唱	举说，宣示	12/禅宗特色词
	举似	举话给……（听）	118/禅宗特色词
	举问	举说公案，提出问题	13/禅宗特色词
	举扬	举说，阐扬禅法	7/禅宗特色词
	诀	离别，生死告别	4
K	开堂	新任住持初次上堂说法	10/禅宗特色词
	开演	宣说（道法）	1/佛经词语
	开喻	启发开导	1/中古词
	勘	通过机锋较量考测对方根机	8/禅宗特色词
	勘过	同"勘"	2/禅宗特色词
	勘喷	勘验，责问	1/禅宗特色词
	考	同"勘"	1/禅宗特色词
	肯₁	相信对方已省悟或赞同其言行	91/禅宗特色词
	扣	求教，探问	2
	扣击	求教，探问	3/禅宗特色词
	诳	用言语欺骗	53
	诳諕	用言语欺骗，恐吓	1/唐五代词
	诳惑	用言语欺骗，迷惑	1
	诳妄	用言语欺诈，诬妄	2
L	理论	论说，讨论	5/唐五代词
	掠虚	掠取虚妄之语，妄语	1/禅宗特色词
	略虚	掠取虚妄之语，妄语	1/禅宗特色词
	论	说，陈述	38
	论量	商讨，讨论	1/唐五代词
	论义	辩论道法，较量机锋	7/禅宗特色词
M	骂	用粗语脏话侮辱人	3
	魔魅	蛊惑，迷惑	1/禅宗特色词
N	闹	争论，争吵	3/唐五代词
	拈掇	表说禅机语句	2/禅宗特色词
	拈起₂	举说公案，机语	2/禅宗特色词
	拈问	举说公案，提出问题	90/禅宗特色词

续表

序	动词	语义	次数/备注
	念$_1$	读，诵读	36
P	批	评判	1
	批判	评论，评断	2/唐五代词
	披露	陈述，表白	1
	破$_6$	点破要义，驳倒对方	3/唐五代词
	破题	禅宗指说破禅旨	2/唐五代词
Q	启	陈述，禀告	23
	启告	启奏，告知	1/中古词
	启口	开口说话	1
	启闻	告诉	1
	启问	请问	1/唐五代词
	起居	向尊长问安致意	2/唐五代词
	劝	劝说，劝导	13
S	商量$_1$	交流机语，切磋道法	25/禅宗特色词
	商议	商量讨论	1/唐五代词
	设誓	立下誓言	2/唐五代词
	申	陈述，表明	7
	申问	问	11
	是非	褒贬，评论	7
	示诲	开导教诲	4/唐五代词
	示众	向僧众开示宣说禅法	35/禅宗特色词
	誓	发誓，立誓	6
	授记	佛对弟子成佛的预言	7/佛经词语
	疏	解释，分条陈述	3
	述	陈述	7
	说	谈说，讲说	305
	说法	讲说佛法	71/佛经词语
	说话	谈话	7/唐五代词
	说破	挑明禅法要旨	4/禅宗特色词
	说取	说。"取"，后缀	4
T	谈	谈论	18
	谈论	谈说	1
	谈扬	讲论宣扬	2/唐五代词

续表

序	动词	语义	次数/备注
	叹	赞叹	23
	叹羡	赞叹，羡慕	1
	叹讶	赞叹，惊讶	1/唐五代词
	讨论	探讨研究（经论）	3
	提唱	提举公案等加以评议	2/禅宗特色词
	提掇	提出问题加以探究	1
	提纲	提举禅宗要旨	1
	提撕	提示，启发	2/禅宗特色词
	提网	同"提纲"	3
	通$_1$	告知，表达	1
	通$_2$	通报，传达	5
	通信	解说，阐述禅意	4/禅宗特色词
W	为$_8$	通"谓"，说	1
	为报	告诉	4/唐五代词
	唯报	告诉	1
	围栲	围住叩问	1
	谓$_1$	对……说，说	48
	问$_1$	询问	2196
	问$_2$	说	76
	问禅	参禅问答	1/禅宗特色词
	问当	即"问"。"当"，后缀	1/唐五代词
	问话	询问	4/唐五代词
	问难	诘问驳难	5
	问取	即"问"。"取"，后缀	12/唐五代词
	问讯	行礼问候	3/禅宗特色词
	问谘	咨询，请教	1
X	諕	用言语欺骗	1
	现扬	宣扬，传布	2
	哮吼	大声喊叫	2
	谢$_1$	感谢	16
	宣	宣扬，广泛传播	13
	宣扬	宣讲，传布	3/唐五代词
	询	询问	4

续表

序	动词	语义	次数/备注
	询问	打听，发问	1
	训告	训诫，教导	1
Y	言₁	说	158
	言话	说话，谈话	1/中古词
	言论	谈论，评说	8/中古词
	言议	言谈，商议	1
	言语₁	说话，说	3
	言语₂	吩咐，命令	2/唐五代词
	演	阐述，讲解	10
	演化	推广教化	1/唐五代词
	演说	讲解，阐述	5
	扬	传播	8
	议	商议，讨论	4
	瀼语	说梦话，引申为胡说	1/唐五代词
	吟	吟咏，诵读	4
	应喏	答应	22/唐五代词
	应诺	答应	1
	语₁	告诉，说	64
	语话	谈话，说话	32/唐五代词
	预记	佛陀、祖师对弟子成佛、悟道、教化的预言	2/佛经词语
	曰₁	说	2564
	云₁	说	4820
Z	赞	赞扬，赞叹	24
	赞叹	赞美，赞叹	2
	赃贿	栽赃诬陷	1/中古词
	造声	作声，指说话	1/唐五代词
	啧	同"责"，责备	10
	责	责备，责怪	4
	召	呼唤	12
	珍重	说"珍重"，道别	4
	诤	争论，争讼	4
	诤论	执著于言句，好论辩争胜	1/禅宗特色词
	祗对	应对，回答	29/唐五代词

序	动词	语义	次数/备注
	祗拟	应付，对付	1
	祗遣	应对，回答	1/唐五代词
	致₂	表达	1
	置问	发问	6/唐五代词
	属₂	嘱咐	2
	嘱累	嘱托	1/佛经词汇
	嘱托	嘱咐，托付	1/唐五代词
	转	诵读佛经	8/佛经词汇
	转读	诵读佛经	2/佛经词汇
	转法轮	演说佛法	9/佛经词汇
	谘	询问	12
	谘白	询问，请教	4/唐五代词
	谘禀	请教	1/中古词
	谘启	商议，征询	1
	谘请	咨询，请教	1/中古词
	谘问	咨询，请教	1
	奏	禀告	27
	作声	开口说话	2/中古词

第二节　能愿动词

一、概述

　　能愿动词是表示行为可能性或主观意愿的非自主性动词，也有些语法著作称之为助动词。吕叔湘（1990：511）说："助动词这个名称是从英语语法引进来的，原文的意思是'辅助性的动词'，很多人以为是'辅助动词的词'，那是误会。"有鉴于此，我们采用能愿动词这个名称。

　　关于能愿动词（助动词），黎锦熙《新著国语文法》（1924），王力《中国语法理论》（1954），杨伯峻、何乐士《古汉语语法及其发展》（1992），太田辰夫《汉语史通考》（1991，该书称为补动词）等著作多有论述，最早的语法著作《马氏文通》是这样论述的："'可'、'足'、'能'、'得'等字，助动字也。不直言动字之行，而惟言将动之势，故其后必有动字以续之者，即所以言其所助之行也。"对其语法特点作了解释。

到目前为止，语法学界对能愿动词语法功能的认识还存在分歧，表现在对能愿动词句法成分的确认上，一种是"状语说"，即把句子中"能愿动词"分析为状语，其后的谓词性成分看作谓语。如胡裕树、张静、黄伯荣、廖序东编写的《现代汉语》；一种主张"宾语说"，即把能愿动词分析为谓语，其后的谓词性成分看作宾语。如：赵元任《汉语口语语法》，李佐丰《文言实词》。此外还有合成谓语说，短语谓语说，双谓语说等。

能愿动词是一个很特殊的动词次类，因为它既是一种动词，又跟一般动词的用法有区别。从语义上讲，能愿动词意义比较空灵，不像一般动词那样实在，它本身还带有判断意味，即对所叙述的事情在意愿、可能、必要等方面作出主观判断或进行逻辑推理。从语法特点看：能愿动词能用"不"否定；能用"×不×"式提问；能单独作谓语中心语（在有上下文语境的情况下）。这些一般谓语动词的特点，能愿动词基本具有。但能愿动词还具有自身的特点：从句法环境看，它均能进入"能愿动词＋动词"的句型框架；它不能带体词性宾语；不能带动态助词；不能直接重叠，但可以用肯定否定形式重叠；可以单用；不能构成肯定祈使句；等等。马庆株（2005：44）说它是"只能后加谓词性成分的非自主动词"。

再看能愿动词后的谓词性成分。组合功能上，它们相当自由，有动宾结构，状动宾结构，动补宾结构，甚至还可以是句子形式，兼语句，有时受事成分可以跑到句首成为受事主语。也具有一般谓语的特点，但它们大都没有"X 不 X"提问式。

根据以上分析，我们认为能愿动词与其后的动词性成分，其语法地位同等重要，均视作谓语。后面的谓词性成分我们称为后谓动。

能愿动词是个可列举的类，我们参考前辈时贤的分类①，将《祖堂集》能愿动词分为可能、意愿、应当三类。

二、《祖堂集》中的能愿动词

（一）可能类能愿动词

［可］

"可"在《祖堂集》中有以下几个意义：①值得，堪。例：暂寄侣店，

---

① 杨伯峻、何乐士《古汉语语法及其发展》（1992）分为四类，王力《中国语法理论》（1954）分为两类，马庆株《能愿动词的连用》（2005）分为六类。

足什摩可怪？（P243）②副词。表示疑问，犹言是否。例：可有成坏不？（P142）③副词。表示反诘，犹岂，难道。例：只如他是观音圣人，岂无智辩？可不解说法摩？（P505）《祖堂集》中"不可"也可以表示反问，如：不可事须要第二杓恶水浆泼作摩？（P218）④副词。大约。例：（庞居士）平生乐道偈颂，可近三百余首，广行于世。（P584）⑤应当，应该。例：大德，山僧略为诸人大约话破纲宗，切须自看。可惜时光，各自努力。（P721）"可惜时光"意思是应当珍惜时光。⑥可以，能够。义项⑤和⑥为能愿动词的用法。表示"应该，应当"的"可"仅有3例。因此，下文只讨论表示"可以，能够"的"可"。

从上古到近代，"可"一直是用频较高的能愿动词，《祖堂集》亦不例外，共215例。受《祖堂集》文本内容影响，"可"绝大部分出现于对话中。从句子的类别来看，"可"主要分布在肯定陈述句、否定陈述句和疑问句（包括反问）三种句类中。从语法结构看，"可"能进入以下句法框架：

Ⅰ. NP + 可 + VP

（1）白云乍可来青嶂，明月那堪下碧天！（P384）

（2）吾闻江西有百丈大师，禅林郢匠，特秀群峰。师可诣彼参承。（P612）

（3）西山梅子熟也，汝曹可往彼随意採摘去。（P567）

（4）师云："出身犹可易，脱体道还难。"（P386）

（5）忽有异僧，杖锡到门曰："今日所产儿胎，可置临河之弟。"（P628）

能愿动词"可"前NP可以是名词（例1）、代词（例3）、名词性短语（例5）、谓词性短语（例4）。VP可以是动词（例3）、动宾结构（例1和例5）、连谓结构（例2）或形容词（例4）。

Ⅱ. NP + ［Neg］可 + VP①

（6）师曰："汝自不闻，不可妨他有闻者。"（P120）

（7）人寿极久，不可量计。（P12）

（8）问道道无可修，问法法无可问。（P108）

"可"能受"不"、"无"、"非"、"莫"、"未"等否定词修饰。其中"不"的使用频率最高，为112例，占总数的52%，"不可"义项有二：①表示主

---

① "Neg"代表否定词，"［ ］"表示该成分可以不出现，NP代表名词性短语，VP代表动词性短语。

观上禁止做某事（例6），为祈使句；②表示客观上不可能，没办法（例7）。现代汉语只保留了第一种用法。而"无可"、"非可"、"莫可"等只表示客观上的不可能（例8）。当"无可"后面谓语动词为及物动词时，则多用下列固定句式：

（9）无三界可出，无菩提可求。（P102）

（10）近半载间师无异说，然而无门可推。（P253）

动词的受事位于"可"前。与此类似的还有"没佛可成，没道可修，没法可舍"（P259）。《祖堂集》这种句式共18例。现代汉语一直沿用，如："没话可说、无计可施、无法可想"等。还有固定句式："可谓……"例：

（11）凡在众中，祇对沩山，谈扬玄袐，可谓鹙子之利辨，光大雄之化哉！（P670）

"可谓"意译为"可以称得上"，多表示对上文中的人或事作出判断或评价。"可"受否定词修饰时，否定词均位于"可"前。此外还用"不可不"构成双重否定句，共3例：

（12）太尉适来道进步，招庆道不可不祇接，太尉还会摩？（P510）

Ⅲ. NP + 可 + 以 / 与 + VP

（13）不可以智知，不可以识识。（P256）

（14）此是顿见真门，即心是佛，可与后世众生轨则。（P134）

句中"以……"、"与……"为介词结构，"可以"为短语。

Ⅳ. NP + 可

（15）诸人若未曾见知识，则不可。（P210）

（16）皇帝要谩众人则不可。（P492）

"可"单独作谓语时功能单一，主要承接上下文，对前面所述行为作出肯定或否定，可以单句形式实现，如例（15），也可以表现为紧缩复句形式，如例（16），《祖堂集》共8例。

［可以］

"可以"用作能愿动词仅1例：

诚可以传法，非斯人而谁？（P629）

"可以"凝固成词，上古已见用例，《诗·陈风·衡门》："衡门之下可以栖迟。"但《祖堂集》用例很少。

［能］

"能"表示能够实现某种情况或有能力做某事。《祖堂集》"能"作谓语动词共166例。其组合能力也较强，句法格式为：

Ⅰ. NP + 能 + VP

（1）觌面相呈由不识，问佛之人焉能委？（P443）

（2）若有人求问答，谁能共他讲论？（P108）

（3）莫知迹者，不能具录矣。（P7）

（4）无相无心能运曤，应声应色随方照。（P549）

（5）鹿群相受岂能成，鸾凤终须万里征。（P293）

NP 复杂多样，体现在充当主语的成分可以是名词性成分（例1），疑问代词（例2），者字结构（例3），谓词性短语（例4）或小句（例5），而很少用人称代词（仅1例）。VP 类型丰富，除动宾结构外，还有状动宾结构例（6），动补结构例（7），动补宾结构例（8）等。

（6）具何知解，善能对众问难？（P313）

（7）吾有闲名在世，谁能与吾除得？（P236）

（8）是故导师，能照破一切有无境。（P545）

也可由形容词充当：

（9）虽在方而不在方，任运高低总能妙。（P549）

还可以是小句宾语（包括兼语句），如：

（10）是汝自身尚乃未得恬静，何能令他道业成持？（P516）

Ⅱ. NP + ［Neg］能 + VP

（11）世尊灭度一何速，大悲不能留待我。（P25）

（12）常闻禅门即心是佛，实未能了，伏愿指示。（P579）

"能"受否定词"莫"、"不"、"未"、"无"修饰，其中"不能"43例。《祖堂集》未出现"非"修饰"能"的例句，也未见"不能不"的双重否定句式。

Ⅲ. NP + 能 + 对/与/共 + VP

（13）具何知解，善能对众问难？（P313）

（14）若有人求问答，谁能共他讲论？（P108）

Ⅳ. NP + 能

（15）不别巢父意，由忻许氏能。（P465）

按，"能"单独作谓语仅此1例。此外，《祖堂集》有：

（16）相识满天下，知心能几人。（P379）

（17）如愚若讷，行不惊时，但尽凡心，别无圣解。汝能尔者，当何患乎？（P189）

从表层结构看，"能"带体词性宾语，分析可知例（16）受句式限制，省略了动词"有"，《祖堂集》有："大唐国内能有几人？"（P238）例（17）"尔者"代前"如愚若讷"句，意为如果能做到这一点的话，还担心什么呢？"能"后所带仍应视为谓词性结构。

［解₂］

作能愿动词讲时义为"能，会，可"，表示某种能力或表示有可能实现。始见于中古。晋陶潜《九日闲居》诗："酒能祛百虑，菊解制颓龄。"《祖堂集》"解"功能较单一，主要有以下句式：

Ⅰ. NP + 解 + VP

（1）有人问："大业底人，为什摩阎罗天子觅不得？"师云："是伊解藏身。"（P301）

（2）大师曰："你欲作佛也？"对曰："某甲不解捏目。"（P152）

（3）三岁孩儿也解道得，百岁老人略行不得。（P105）

（4）更有灵云见桃花，仰山见天云，此是无情之物。应什摩便解令人得入？（P456）

充当主语的 NP 大都是代词，如例（1）、例（2），名词、名词性短语，如例（3）。VP 主要是动词性短语，如例（1）、例（2），动补结构，如例（3），使令结构，如例（4）。有一句为处置式：

（5）待我一朝鳞甲备，解将云雨洒乾坤。（P557）

Ⅱ. NP + ［Neg］解 + VP

（6）"你不解讲经。""某甲则不解讲，请师讲。"（P724）

（7）老僧未解得菩萨之位，作摩生嫌他这个事？（P519）

否定词只用"不"、"未"修饰，且用例较少。

Ⅲ. NP + 解

（8）师则指殿又问："解算不？"对曰："解。"（P118）

（9）师曰："纵汝总解，亦不足贵。"（P118）

"解"能单独作谓语，根据语境，均能补出后谓成分。此外"解"可以用于表未然或已然的句中：

（10）待我一朝鳞甲备，解将云雨洒乾坤。（P557）

（11）我十八上解作活计，三乘十二分教因我所有。（P589）

例（10）未然，表示有可能实现，例（11）已然，表示能力。"解"与"能"常对举使用：

（12）历劫无言真性命，解语能行却死人。（P644）

与"可"、"能"相比，"解"更强调询问对方是否具有某种能力，因而大都用于对话部分。从所检索的语料看，"解"作能愿动词宋时还沿用，到元明时期就很少见到了，因此是个历时词。

　　［堪］

　　语义上"堪"表示可以，能够。《祖堂集》共25例。其句法结构为：

　　Ⅰ. NP + 堪 + VP

　　（1）白云乍可来青嶂，明月那堪下碧天！（P384）

　　（2）自己尚怨家，从人得堪作什摩？（P262）

　　（3）得与摩判断，堪与人为眼，为复不堪与人为眼？（P496）

主语NP可以由名词充当，如例（1），但大都由谓词性成分充当，如例（2）、例（3）。

　　Ⅱ. NP + ［Neg］堪 + VP

　　（4）（长寿）端严可喜，世间小双。唯无骨相，不堪绍位。（P14）

否定词只用"不"修饰，共4例。

　　Ⅲ. NP + 堪

　　（5）借亦不得，捨亦不堪。（P244）

能单独作谓语的只1例。有一句较为特殊，用于"是"字句中：

　　（6）道吾云："无和尚一言，堪为后来是标榜，乞和尚一言。"（P175）

"堪"用于反问句时，多用疑问副词"那"：

　　（7）白云乍可来青嶂，明月那堪下碧天！（P384）

"那堪"犹言"怎能，怎可"。还可用于选择问，仅1例：

　　（8）得与摩判断，堪与人为眼，为复不堪与人为眼？（P496）

　　［得］

　　"得"作能愿动词，上古就有用例，在《祖堂集》中用频很高，共368例。语义上表示客观条件的可能或事理的许可。其句法格式可概括如下：

　　Ⅰ. NP + 得 + VP

　　（1）我今独自往，处处得逢渠。（P196）

　　（2）师曰："磨砖尚不成镜，坐禅岂得成佛也？"（P142）

　　（3）作摩生道即得免被唤作半个圣人？（P533）

作主语的NP可以是名词、代词、名词性短语，也可以是谓词性成分，谓词性成分充当的主语往往是得以完成某一动作行为的条件（例2、3）。后谓动VP则为动词、动词性短语或形容词。

　　Ⅱ. NP + ［Neg］得 + VP

　　（4）村里男女有什摩气息？未得草草，更须勘过始得。（P180）

　　（5）百年后，第一不得向王老师头上污。（P590）

修饰"得"的否定词只有"未"（16 例）、"不"（85 例）、休（1 例），绝大多数用于对话中，且大多为祈使句，表示不许可。

《祖堂集》仅见 1 例双重否定句：

（6）虽然不受，不得不与他。（P233）

还有 1 例否定形式是：

（7）好晴好雨，宜花宜麦。得不得，请大师亲批。（P405）

Ⅲ. NP + 得 + 与 + VP

（8）一日十二时中如何修行，便得与道相应？（P105）

后带介词结构仅 1 例。

Ⅳ. NP + 得

（9）思曰："你去让和尚处达书得否？"对曰："得。"（P147）

（10）道吾却问："师兄离师左右，还得也无？"（P175）

（11）借亦不得，捨亦不堪。（P244）

"得"单独作谓语的情况多见，大都用于对话中，用于问句时，必须带语气助词煞尾，如上述例句中的"否、也无、摩"。例（11）"得"与"堪"对举。与"能"、"可"相比，"得"既可以用于表未然的句中，又可以用于表已然的句中，如：

（12）从上几人得入此门？（P419）

（13）师云："老僧欲见阇梨本来师，得不？"对曰："亦须师自出头来始得。"（P237）

例（12）"从上"，表过去的时间名词，例（13）"欲"为表将来的时间副词。

从句子类别看，"得"除用于陈述句外，还可用于疑问句中：

（14）朕身一国天子，师何得殊无些子视朕？（P114）

（15）僧问："亲近什摩道伴即得常闻于未闻？"（P314）

例（14）为反问，无疑而问，（15）为有疑而问。

［不辞₁］

（1）和尚曰："不辞向你道，恐已后无人承当。"（P145）

（2）对曰："某甲不辞住，西天有人不肯。"（P242）

按，"不辞"，为不能，不愿义，共 6 例。是唐五代新生的能愿动词。白居易《废琴》诗："不辞为君弹，纵弹无人知。"亦为此义。上述例句后一分句中"恐"、"不肯"等词与"不辞"相应。句式较单一，主语 NP 均为代词，后谓动 VP 大都带有介词结构"向汝"、"共他"。

［足］

（1）举一例诸足可知，何用諵諵说引词。（P159）

（2）师既领宗要，触目朗然……亦如贫收宝藏，故无不足求。（P189）

"足"是自上古沿用下来的能愿动词。值得；足以义。晋陶潜《桃花源记》："不足为外人道也。"《祖堂集》用例不多。"足"的主语常常隐现。《祖堂集》有：

（3）四邻五舍，谁人无之？暂寄侣店，足什摩可怪？（P243）

此句可理解为：有什么值得奇怪的？即不足奇怪。

（二）意愿类能愿动词

这一类动词主要有"欲、欲得、愿₁、敢、肯₂、甘、不辞₂"等几个。其中用得较广泛的是"欲、愿₁、敢、肯₂"。

［欲］

语义上，"欲"表示想要做什么或愿意做什么，多表示主观的愿望，因而常用于表未然的句中。《祖堂集》共 110 例，句法结构为：

Ⅰ. NP + 欲 + VP

（1）我欲返答其恩，汝当佐助。（P619）

（2）欲达无生路，应须识本源。（P422）

（3）欲行鸟道，须得足下无丝；欲得玄学，展手而学。（P264）

主语 NP 绝大多数由名词充当（例 1），由于"欲"经常用于假设复句的前分句，主语常省略（例 2、3）。"欲"后的 VP 均为及物性动词短语，没有单个动词充当的现象。

Ⅱ. NP + ［Neg］欲 + VP

否定词只用"不"修饰，共 5 例，未见双重否定格式：

（4）学云："为什摩不点？"师云："不欲得抑良为贱。"（P484）

Ⅲ. NP + 欲 + 以/与 + VP

（5）其师欲与灸之，空中有声报云："……"（P77）

（6）经一二载余，石头大师明晨欲与落发。（P155）

《祖堂集》未见"欲"单独作谓语的用例。从语义上讲，"欲"表示想要做什么或愿意做什么，后续成分 VP 不出现，则语义不自足，因此"欲"后成分不能省略。

［欲得］

"欲得"共 31 例。唐五代词，"得"为词尾：

（1）欲得见诸圣，亦从此入门；不欲得见诸圣，亦从此门入。（P422）

（2）师闻此消息，欲得去相公处。（P534）

［愿₁］

用作能愿动词的"愿₁"应与用作使役动词的"愿₂"区分开来，因为作使役动词的"愿₂"后面也常带谓词性成分或句子形式。如：愿和尚教某等作摩生即是。（P119）语义上，能愿动词的"愿₁"表示主动愿意、情愿做某事。使役动词的"愿₂"表示希望、乞求别人做某事。《祖堂集》共有9例能愿动词的用法：

（1）愿竭力抱石，舂米供养师僧。（P82）

（2）师誓不从，愿处林峦，寄安光景矣。（P452）

"愿"所在句子句法结构较简单，NP为名词或名词性短语，VP为谓词性短语。否定式仅"不愿"1例。

［愿欲］

愿欲事师为弟子，不知将法付何人？（P613）

［敢］

从语义上讲，《祖堂集》中的"敢"有两种用法，一是表示有勇气，有胆量去做某事。如：

（1）师与邓隐峰刬草次，见蛇。师过锹子与隐峰。隐峰接锹子了，怕，不敢下手。（P152）

（2）闻此语者惕慄钳结，无敢当对。（P214）

（3）大迦叶辞王，往鸡足山，欲入涅槃。遇王殿寝，未敢奏闻。（P33）

（4）同光帝问师："朕昨来河南，取得一个宝珠，无人著价。"师云："请皇帝宝珠看。"帝以两手拨开幞头角。师云："皇帝是万代之宝珠，谁敢著价？"（P758）

这种语义的"敢"多用于否定句或疑问句，受否定词"不"修饰的53例，"未"4例，"无"1例。其中"不敢"还可用作谦敬副词，带有谦恭的意味。如：

（5）师云："莫是师子儿不？"座主云："不敢。"（P523）

（6）师云："灵云也什摩生桑梓之能？"云曰："向道故非外物。"师云："不敢，不敢。"（P376）

例（6）两个"不敢"连用，谦恭意味更加强烈。

二是表示"可"、"能"的意思。王锳（1995）最先对这一意义作了详细解说。《祖堂集》例句有：

（7）形容枯槁，气力疲羸，未敢出行。（P633）

(8) 师曰："汝今不见《大品经》曰：'不可离有为而说无为，又不可离无为而说有为。'汝信色是空不？"对曰："佛之诚言，那敢不信？"（P123）

(9) 师有时谓众曰："汝等诸方更谁敢铭邈？有摩？出来！吾要识汝。"（P214）

例（7）写东国通晓大师因"形容枯槁，气力疲羸"而未能出行，而非指没有勇气，没有胆量去出行。该句上文写通晓大师"东奔西走，窜身无所。……拾坠果以充斋，掬流泉而止渴"的艰苦情状。因此，"敢"为"能"义，表客观条件的不允许，又下文有：直逾半载，忽梦异人云："今可行矣。""可"与之照应。例8意为佛经所说是真实的话，哪能不信呢？例（9）"铭"为镂刻义。"邈"，描绘，摹写义。"谁敢铭邈"意为谁能写真，画像。《五灯》有：

(10) 师将顺世，告众曰："有人邈得吾真否？"众将所写真呈，皆不契师意。普化出曰："某甲邈得"。（卷三，五泄灵默禅师）

(11) 问："一笔丹青为甚麽邈志公真不得？"师曰："僧繇却许志公。"（卷六，九峰道虔禅师）

类似的公案偈语均用能愿动词"得"。得者，能也。《老乞大》有：

(12) 主人家哥，小人更有一句话，敢道么？

"敢"亦为"能"义。此外，"敢"还可与能愿动词"能"连用：

(13) 遍周沙界圣伽蓝，触处文殊共话谈。若有门上觅消息，谁能敢道翠山岩？（P436）

"敢能"亦为能义。《变文》有：

(14) 三千大千世界，须臾吹却不难；况此小树纤毫，敢能当我风道！（卷三，降魔变文）

《祖堂集》还有一句：

(15) 敢不率以焚，修励一心而报答圣躬？（P435）

"敢"用于反问句。《汉语大词典》将这种出现于反问句中的"敢"另立一个义项，释为"不敢，岂敢"，应当说"敢"的"不敢、岂敢"义是由反问句式所表示出来的语法意义，而非"敢"本身具有此义。与此类似的说法现代汉语也有："能说他不对？"我们不能说"能"有"不能，岂能"义。

［肯₂］

《祖堂集》"肯"有两种用法：一指推许某人、相信某人已省悟或者赞同某种禅机言行。见言说动词"肯₁"。二是能愿动词用法，表示施动者愿意去做某事。可译为"愿意"，记作"肯₂"。"肯₂"的能愿动词用法出现较早，

如《诗·魏风·硕鼠》："硕鼠硕鼠，无食我黍！三岁贯女，莫我肯顾。"《祖
堂集》共30例。

Ⅰ．NP＋肯₂＋VP

（1）师曰："谁肯作大？谁肯作小？"（P249）

（2）缘文广占地，心牛不肯耕。田田皆是草，稻从何处生？（P585）

（3）贪嗔不肯捨，徒劳读释经。（P586）

主语NP简单，均为名词或代词。VP为单个动词的较多，偶尔见动宾短语的
例。例（2）、（3）为受事主语句。

Ⅱ．NP＋〔Neg〕肯₂＋VP

（4）平坦旃檀不肯取，要须登崄访椿林。（P548）

（5）师云："你正是贼，只是你不肯承当。"（P668）

能愿动词"肯"只与否定副词"不"共现。"肯"所处的句法环境大都为否
定句、反问句，此乃主要特色。仅见1例用于肯定句。反问句如：

（6）有人拈问漳南："紫胡捉贼意作摩生？"云："还肯受与摩波吒摩？"
　　（P668）

（7）尽日坐虚堂，静思绝参详。更无回顾意，争肯置平常？（P707）

〔甘〕

（1）师云："擗脊棒汝，还甘也无？"云："争得不甘？"（P408）

（2）师云："虽有奇特意，还须反自招。""学人则甘招，未审和尚又如
　　何？"（P467）

"甘"有肯、愿意、同意义，共4例，3例单独作谓语。《五灯》亦见用例：
"生心受施，净名早诃。去此一机，居士还甘否？"（卷三，芙蓉太毓禅师）

〔不辞₂〕

　　师唤沙弥，沙弥应喏，师云："煎茶来。"沙弥云："不辞煎茶，与什摩
　　人吃？"师便动口，沙弥云："大难得吃茶。"（P665）

　　按，此为甘愿，不推辞之义。为唐五代常用词。如《变文》："不辞骸骨
掩长波，父兄之仇终不断。"（卷一，《伍子胥变文》）

（三）应当类能愿动词

《祖堂集》应当类能愿动词有"应、应须、应当、当、宜、宜当、宜可、
要、要须、须、事须、必须、直须、须索、合"，其中用频较高的是："当、
要、须"。

〔应〕

"应"是自上古沿用至今的能愿动词。《诗·周颂·赉》："文王既勤止，

我应受之。"毛传:"应,当。"《祖堂集》用频不高,共 20 例。表示情理上
应当如此。句法结构较简单。

Ⅰ. NP + 应 + VP

(1) 信根生一念,诸佛尽应知。(P753)

(2) 夫求法者,应无所求。(P514)

(3) 你从南岳来,似未见石头曹溪心要耳,汝应却归石头。(P164)

充当 NP 的均为名词、代词、名词性短语或"者"字结构,VP 为动词或动词
性短语。

Ⅱ. NP + [Neg] 应 + VP

(4) 未了之时亲遍礼,不应端坐守清贫。(P334)

只受否定副词"不"的修饰,"不应"表示情理上不该如此,共 5 例,未见
"不应不"的双重否定句。从句子类别看,"应"均用于肯定或否定的陈述
句,很少用于疑问句。"应"后不能省略 VP,这是因为"应"单独作谓语,
语义上同样是不自足的。

[应须]

(1) 入门须有语,不语病栖芦。应须满口道,莫教带有无。(P392)

(2) 渠今正是我,我今不是渠。应须与摩会,方得契如如。(P196)

按,"应须"为应当、应该义,为唐新生词。杜甫《戏题王宰画山水图
歌》:"尤工远势古莫比,咫尺应须论万里。"《祖堂集》共 7 例。

[应当]

(1) 此来更欲寻师去,决至应当暂改形。(P203)

(2) 至于今日应当知足。(P708)

按,"应当"共 4 例。其当事主语均隐现。"应当"为中古词。《二十五
史·后汉书·列传》:佗曰:"君病根深,应当剖破腹。然君寿亦不过十年,
病不能相杀也。"(卷八二下,《方术列传》)该词一直沿用至现代汉语。

[当₁]

"当"是从上古沿用下来的能愿动词。义项有二:

①与"应"义同,表示理应如此,共 58 例。其句法格式为:

Ⅰ. NP + 当 + VP

(1) 大王当知,我今欲受八禁清净斋戒。(P17)

(2) 问:"不惜身命底人,当求何事?"(P466)

(3) 有人问:"二祖截臂,当为何事?"(P301)

(4) 只如名外之道,谁当建立?(P358)

主语 NP 由名词如例（1）或名词性偏正短语充当，如例（2），更多的是句子形式，如例（3），也有少量为受事主语句，如例（4）。后谓动 VP 则为动词或动词性短语。

Ⅱ. NP +〔Neg〕当 + VP

（5）我适抑不已，汝领不当急。机坚尚亏投，影没大难及。（P388）

《祖堂集》"当"用于否定句的较少，更不见双重否定句式。未见"当"单独作谓语的用例。

②相当于"会"，表示推测，有可能。多用于未然句。

（6）向行者云："秀在门外，能得入门。得座被衣，向后自看，二十年勿弘吾教，当有难起。过此已后，善诱迷人。"（P680）

（7）问："灵山一会，迦叶亲闻，未审招庆筵中，谁当视听？"（P482）

〔宜〕

《祖堂集》中"宜"作能愿动词用频不高，共 11 例。其句法结构为：

Ⅰ. NP + 宜 + VP

（1）若欲姻娉，莫婚他族，宜亲内姓，无令种姓断绝。（P15）

（2）师云："我今为汝忏悔竟，汝今宜依佛法僧宝。"（P78）

当事主语 NP 主要是名词或代词，有时隐省。后谓动 VP 大都为动宾短语，1 例为单个动词。

Ⅱ. NP +〔Neg〕宜 + VP

（3）师曰："吾则去矣，不宜久停。人多致患，常疾于我。"（P75）

"宜"的能愿动词用法系由形容词转化而来，因此例（3）"宜"可以有两种理解。"宜"不能单独作谓语。下列应为形容词用法：

（4）进曰："与摩则造次非宜。"（P486）

〔宜当〕

（1）从此去摩竭提国南一十六里有金刚座，贤劫千佛皆升此座，成等正觉，宜当往彼。（P22）

（2）我等宜当结集法宝，无令断绝。（P27）

按，"宜当"表示情理上必须如此，相当于应当。仅 2 例。

〔要〕

关于能愿动词"要"，已有学者作过深入研究（马贝加，1994，2002；卢卓群，1997 等），其结论主要是：表示应该，必须义的"要"（卢卓群称之为"必要式"助动词）最早见于东汉；表示主观愿望，义为"想要"的能愿动词"要"在南北朝时期也已产生①。

经过魏晋南北朝时期的发展，到唐五代时期，"要"已发展成熟，各种用法渐趋完善。《祖堂集》"要₁"（应该，必须义）的句法结构为：

Ⅰ. NP + 要 + VP

（1）进曰："虽然如此，有赏有罚。"师云："亦要汝委。"（P484）

（2）远行要假良朋，数数清于耳目。（P244）

（3）京师禅师大德教人要假坐禅，然方得道。（P92）

NP 当事主语常省略，例（2）是谓词性短语充当，例（3）用于使令结构。VP 大都为动宾短语，也有小句形式（如例1）。

Ⅱ. NP + ［Neg］要 + VP

（4）不要广学多闻，不在辩才聪隽。（P108）

（5）师云："已相见了，不要上来！"（P275）

此格式中的"Neg"，均由否定副词"不"担当。例（4）中的"不要"意思是不必，不须。例（5）表示禁止、不许可。唐五代常见。如："诸郎君，不要说。"（《变文》卷四，秋吟一本（二））

"要₂"（想要，希望）的句法结构为：

Ⅰ. NP + 要 + VP

（6）非久之间，有人敲门，唤侍者云："和尚要吃汤。"（P539）

（7）乞师慈悲摄受，度得一个众生。某甲切要投禅出家。（P111）

主语 NP 由名词或代词充当，后谓动 VP 则为动词或动词性短语。

Ⅱ. NP + ［Neg］要 + VP

（8）非论菩萨道，佛亦不要成。（P586）

用于否定式的较少。

Ⅲ. NP + 要

（9）启师：非但六十年，百年天子也不要。（P113）

（10）自从顿获此明珠，帝释轮王都不要。（P631）

"要"单独作谓语的也少见。例（9）上文为："祖曰：'你是圣明不动干戈六十年天子，是你但造天子佛法为主。'""百年天子也不要"句意为不要做百年天子，与例（10）义同。均为受事主语句。下列两句"NP + 要"句式

────────────

① 卢卓群认为："要"用作"意志式"助动词，义同助动词"欲"，当出现在唐代。我们同意马贝加的说法，她所举例为：使人曰："适将谓女子哀怨别事，某不敢言，若要还乡，亦小事。"（《搜神记》卷七）宗仁曰："有可信者，何疑焉！如要明之，便可立顷召致。"（同上书，卷八）

中的"要"则为动词：

(11) 师问："阴界不吃，乞与阿谁?"对曰："有一人要。"(P170)

(12) 吾曰："与阿谁吃?"师曰："有一人要。"(P194)

"要"还经常用于紧缩复句的前一分句。如：

(13) 问："如何是平常心?"师云："要眠则眠，要坐则坐。"(P643)

(14) 师曰："要弄即弄，要置即置。"(P194)

［要须］

(1) 幸自可怜生，要须得个护身符子作什摩? (P114)

(2) 平坦旃檀不肯取，要须登崄访椿林。(P548)

按，为必须、须要义。太田辰夫（1991：123）认为："要须"：似为无论如何也想的意思。为中古词。《二十五史·魏书·志·律历志上》："然天道盈虚，岂曰必协，要须参候是非，乃可施用。"唐五代时期用例颇多。《变文》："要须待一年之中，七月十五日始得饭吃?"(卷四，《大目乾连冥间救母变文》)

［须］

"须"表示应当、必须义。《祖堂集》用频较高，共 189 例。句法结构为：

Ⅰ. NP + 须 + VP

(1) 参学须参真心匠，合头虚诈不劳聆。(P203)

(2) 一色之义已立，双分之理须知。(P462)

主语用人称代词或表人名词充当的较少，大多为谓词性结构用在句首表示条件。后谓动由动词或动词性短语充当。例（2）为受事主语句。

Ⅱ. NP + ［Neg］须 + VP

(3) 境自虚，不须畏，终朝照烛无形对。(P550)

否定副词只用"不"修饰，"不须"共 5 例。多为受事主语句。

Ⅲ. NP + 须 + 将/与 + VP

(4) 学道修行力未充，须将此身崄中行。(P285)

此句为处置式。"须"不能单独作谓语。从句类看，还可用于反问句：

(5) 师云："既无人缚汝，即是解脱，何须更求解脱?"(P80)

［事须］

(1) 翠微答曰："不可事须要第二杓恶水浆泼作摩?"(P218)

(2) 事须有与摩道，不被人检点，初机后学，又须得力。(P432)

《祖堂集》共 3 例。为唐五代新生词。

［必须］

（1）为复必须修成，为复不假功用？（P224）

（2）住止必须择伴，时时闻于未闻。（P244）

按，"必须"表示事理和情理上的必要。《祖堂集》共 3 例。中古词。

［直须］

（1）直须日夜勤苦，乾却心识。（P463）

（2）这里直须句句不断始得，如似长安路上诸道信耗不绝。（P251）

按，"直须"亦为必须，应当义，为唐五代新生词。《祖堂集》共 22 例。《祖堂集》以"须"为词根语素的复合能愿动词有"必须"、"直须"、"事须"、"应须"、"要须"等，发展到现代汉语只有"必须"一词保留了下来。

［须索］

"与摩则悲花剖折，已领尊慈，未审从上宗乘如何举唱？""与摩须索你
　　亲问始得。"（P486）

［合］

"合"是自上古沿用下来的能愿动词。《史记·司马相如列传》："然则受命之符，合在于此矣。"其句法结构为：

Ⅰ　NP + 合 + VP

（1）师云："你作摩生合杀？"（P490）

（2）只这一片田地，合著什摩人好？（P723）

（3）却云："此僧合唤转与一顿棒。"（P282）

NP 可以由代词或名词性短语充当，还可以是无生命的事、物，如例（2），VP 可以是动词、动词性短语或连谓短语。

Ⅱ　NP + ［Neg］合 + VP

（4）此两句亦印今时法衣至汝，不合付与人。（P85）

用于否定式共 5 例。只受副词"不"修饰。

能愿动词"合"不能单独作谓语。从句类看，大都用于疑问句：

（5）到者里合作摩生行李？身上被什摩衣服？吃什摩饭食？合作什摩声
　　音？（P297；"行李"为动词，参禅、参习义。）

三、"能"与"可"之比较，兼论可能类能愿动词与其前后成分的语义制约关系

将"能"与"可"相比，我们发现后谓动词带宾不带宾以及受事主语句的数量上均有较大的差异。先看有宾与无宾的情况。

"可"在 215 个例句中，后谓动词有 45 例带宾，占总数的 21%，其中绝大多数为"不可"，共 34 例。"不可"后谓动词没有限定。受"不可"语义制约，大都为祈使句。例：

（1）师云："嘘！嘘！到别处有人问汝，不可作这个语话。"（P384）

（2）师曰："汝自不闻，不可妨他有闻者。"（P120）

而肯定式"可"后谓动词带宾语的仅 11 例，占总数的 5.1%，且后谓动词受限定，大多为趋止动词带处所宾语。如：

（3）师既禀受，并有信衣，可赴京师设化。（P92）

（4）吾闻江西有百丈大师，禅林郢匠，特秀群峰。师可诣彼参承。
（P612）

"能"在 166 例中，有 90 例后谓动词带宾语，占总数的 54%，其中"不能"后谓动词带宾语 12 例，肯定式"能"后谓动词带宾语 78 例，占总数的 47%。且后谓结构较为复杂，例见前。

可以说，"能"后谓动词以带宾语为常，而"可"以不带宾语为主。

再看受事主语句，也有学者将主语为受事的看做被动句。"可"有 66 例用于受事主语句，约占 30%，而"能"仅 6 例，约占 0.4%，例：

（5）一物也无百味足，恒沙能有几人知？（P105）

（6）三世诸佛不能唱，十二分教载不起。（P257）

关于"可"的特点，王力（1989/2003：242）将"可"和"可以"比较指出："可"字后面的动词是被动意义的（没有例外）；"可"字后面的动词不能带宾语；而"可以"后面的动词经常带宾语。（《祖堂集》"可以"仅 1 例）池昌海（2004）通过对《史记》中"可"和"可以"语法功能的考察，得出结论："可"与"可以"后面的动词并不具有被动意义与主动意义的对立。也就是"可"后面的动词不全是被动的，"可以"后面的动词也并非全是主动的。《祖堂集》中"可"用于受事主语句即被动句的情况也说明了这一点。该文又指出"可"与"可以"在后面动词能否带宾语的能力上也不具对立性。同样，《祖堂集》"可"后谓动词也能带宾语，只是数量很少。

此外，同样是受否定词修饰，"不可"和"不能"的语义有异。前文已经说过，"不可"既可以表示主观上禁止做某事（多用于祈使句，此为大多数），也可以表示客观上不可能、没办法。而"不能"只表示客观或事理的不可能。例：

（7）老僧自疾不能救，争能救得诸人疾？（P663）

（8）此座高广，吾不能升。（P315）

  与"可"相比,"能"还有其他语法功能,比如和其他成分组合成"者"字结构或述宾结构作主语:

  (9)能为首者,当菩提达摩焉。(P69)

  常用于复句的前一分句,表假设。如:

  (10)碍处无墙壁,通处勿虚空。若能如是解,心色本来同。(P653)

  可能类能愿动词的语义,前文已作过笼统的概括,即表示可以、能够义。其实它们的内涵还要复杂得多,体现在不同的语境里可以进一步区分为两个下位语义:a表示主观的能力或愿望,b表示客观条件或事理的可能。

  如果动态地考察其前加后附成分以及句子的语序和固定的句法格式等内外因素,就会发现这些都或多或少地制约着这些能愿动词的下位语义。下面仍以"可"、"能"为例。

  当后谓动VP为自主动词时[①],可能类能愿动词既可表示a,也可表示b。例如:

  (11)有量之事,龙鬼可寻。(P559)

  (12)认得心性时,可说不思议。(P57)

  (13)到此之时悔何及,云泥未可访孤寂。(P158)

  (14)南方有大圣,号曰慧能禅师,可往礼足为师。(P138)

  (15)聊书孤寂事还深,钟期能听伯牙琴。(P159)

  (16)观音妙智力,能救世间苦。(P574)

加点词为自主动词,其中例(11、15、16)为a的用法,例(12、13、14)为b的用法。

  当后谓动VP为非自主动词时,能愿动词只能表示客观可能性,即只用作b:

  (17)出身犹可易,脱体道还难。(P385)

  (18)如来之身,金刚坚固,不可坦坏。(P25)

  (19)一切众生性清净,从本无生无可灭。(P9)

  (20)识心岂测佛,何佛更堪成?(P160)

  (21)一物也无百味足,恒沙能有几人知?(P105)

  (22)觌面相呈由不识,问佛之人焉能委?(P443)

以上加点词表示无意识的变化或属性,是非自主性动词,例(17)"易"为

---

  ① 马庆株(2005:20)自主动词是表示有意识的或有心的动作行为,非自主动词是表示无意识无心的动作行为。

形容词，按照马庆株的说法，亦属非自主动词。非自主动词具有［－主观］义，这就使得它前面的能愿动词也有了［－主观］义，自主动词具有［＋自主］义，也就使得它前面的能愿动词也有了［＋主观］义。就是说是后谓动词影响着前面能愿动词的语义解释。

当事主语 NP 是无生命的人或物时，多表示客观或事理的可能性。例：

（23）白云乍可来青嶂，明月那堪下碧天！（P384）

（24）劫石可移动，个中难改变。（P107）

（25）人寿极久，不可量计。（P12）

（26）不萌之草为什摩能藏香象？（P247）

这是因为当主语是有生命的名词时，可能类能愿动词常常被解释成表示主语具有某种能力，即主观义。而主语如果是无生命的事物时，可能类能愿动词又常被分析为有某种客观可能性。

固定格式"无……可……"表示客观可能性，如：

（27）如今无业可成，总无般次。（P480）

（28）一切众生，忙忙业性，无本可据。（P126）

副词对能愿动词的解释也有影响：

（29）王遥望山顶礼曰："弟子今生决定不得见曹山大师也。"（P309）

（30）夹山赞曰："子善能哮吼。"（P347）

（31）白云乍可来青嶂，明月那堪下碧天！（P384）

例（29）"决定"是对"不得"客观可能性的加强，例（30）"善"是对"能"主观能力的加强。例（31）"乍"、"那"分别是对"可"、"堪"客观可能性的加强。

四、能愿动词"中₂"

《祖堂集》有 3 例"中₂"用作能愿动词的例句：

（1）因举耆婆向弟子云："汝于山中觅不中为药草归来。"弟子归来云："并无有不中为药底草。"师遂提起问："这个还中为药摩？"（P418）

此处"中"为可以、能够义。《广韵·东韵》："中，堪也。"又"中，宜也。"又"中，任也。"《广韵·送韵》："中，当也。"《说文·丨部》段玉裁注："中者，合宜之辞也。"都说明了"中"的含义。

段业辉（2002）对中古汉语助动词"中"作了较深入的研究，这里试在该文研究的基础上作几点说明：

第一，段文（P164）指出："'中'在上古是个动词……中古以后，在动词义的基础上发展出了助动词'可以、能够'义。"

按：从所调查的语料看，"中"的助动词用法上古已见，如：

(2) 谓丁氏之粟，中食三军五月之食。（《管子·山权数》，第七十五）

按，此句前文为"丁氏之家粟，可食三军之师"。上文用"可"此处用"中"，很显然"中"是助动词，义为"可以，能够"。

(3) 古者，衣服不中制，器械不中用，不鬻于市。（《盐铁论》卷六，《散不足》第二十九）

(4) 故民得占租鼓铸、煮盐之时，盐与五谷同贾，器和利而中用。（同上书，《水旱》第三十六）

此外汉张仲景《伤寒论》多见：

(5) 本渴，而饮水呕者，柴胡汤不中与也。（《辨太阳病脉证并治》中第六）

(6) 若微恶寒者，去芍药方中，加附子汤主之。（《辨太阳病脉证并治》上第五）

以上都说明助动词"中"的产生年代为上古。《助字辨略》卷一："中，广韵云：堪也。史记外戚世家：武帝择宫人不中用者，斥出归之。"《辨略》所举《史记》例句也充分说明了这一点。

第二，段文说："从绝大部分南方作者的作品里无助动词'中'这一反差来看，该词应是中古时期北方方言中新生的助动词"，并以现代汉语方言证明。这一结论似不太妥当。

文中说"奇怪的是，虽然中古的典籍众多，但除了《齐民要术》大量使用助动词'中'以外，其他的典籍却很少使用"。作者大量列举了《齐民要术》用例，其他例证只举了《贤愚经》和《洛阳伽蓝记》两例。从检索的语料看，"中"用作助动词并不多见，《齐民要术》单篇作品的高频用例并不能代表当时整个北方方言的情况，在无其他大量例句佐证的情况下，得出是"北方方言"的结论，论据似乎不够充分。我们在《大正藏》找到若干用例，现摘取几例如下：

(7) 太子长跪白夫人曰："舍家处山，改形易服，如唾出口，不中食用。"（《菩萨投身饴饿虎起塔因缘经》卷一，北凉法盛译）

(8) 如人欲得坚实好木，舍其根茎而取枝叶，虽是木名而不中用。（《大智度论》卷六八，后秦鸠摩罗什译）

(9) 或复有人语婆罗门："汝之酷毒剧甚乃尔。既不中用，何为乃索？"

（《经律异相》卷一四，梁宝唱等集）

（10）"若有善男子善女人，磨大地土而用作食供四大身，日日常食，得活身不？"阿难白佛言："不也，世尊。如是等土，非本所食，云何活身？"佛告阿难："善哉善哉善男子，实语不虚，土者定不中食。我今此法，定不中用治下世病。何以故？此陀罗尼非对治故。"（《大方等陀罗尼经》卷四，北凉法众译）

（11）如煮乳，令沸熟已，写置一器中。时节小久，乳水各别，此乳着盐，不中食。（《毗尼母经》卷四）

这些汉译佛经，译者多生活在中古时代，他们的籍贯是否都是北方地区，还有待查考。此外《乐府诗集》有：

（12）轻袖拂华妆，窈窕登高台。含桃已中食，郎赠合欢扇。深感同心意，兰室期相见。（卷四四，清商曲辞一，子夜四时歌，夏歌）

作者又说"中"的用法"在唐宋时期并未得到充分发展，即使在北方人的作品当中也很少出现"，"仅在《神会语录》、《祖堂集》中发现了个别用例"。

"中"一直是个用频很低的能愿动词，即使是中古时期也不很发达，因此谈不上有没有充分发展。唐宋文献中，王梵志、王建、白居易诗有少量例句（见《唐五代语言词典》），今补：

（13）何物中长食，胡麻慢火熬。（《全唐诗》卷二九九，王建，隐者居）

（14）当道兰藿靡，临阶竹便娟。幽谷响嘤嘤，石濑鸣澌澌。萝短未中揽，葛嫩不任牵。攀缘傍玉涧，褰陟度金泉。（集部，总集类，古诗纪卷七五，明冯惟讷撰）

从语义上讲，"中"略等同于"可"、"能"，因而在不同的语境里也可以进一步区分为两个下位语义：a表示主观认知的许可或可能，b表示客观条件的可能性。

从大量例句来看，"中"的主语为无生命的事、物，大都为b的用法，整个叙述句表达的是一个客观判断，虽然这种判断里包含了作者的主观推理。如上举例（11），是指"乳不能食"这一客观事实。主语是人的很少，现有的语料库只检到下列1例：

（15）至嘉平中，太守贾穆初之官，故过其庐。先见穆再拜。穆与语，不应；与食，不食。穆谓之曰："国家使我来为卿作君，我食卿，卿不肯食，我与卿语，卿不应我，如是，我不中为卿作君，当去耳！"（《三国志裴注·魏书》一一）

句中"不中"犹言不堪。再看"中"所带后谓动词，远远比不上"可"、

"能"之类，十分单纯，绝大多数为单音节动词，且有的已成为习惯用语如"不中用、不中食"等。

从否定词修饰的情况看，也较单一，只有一个"不"。

以上种种都制约了"中"作为能愿动词的进一步发展，因而，其使用频率很低，进而逐渐转化为形容词，相当于"行，好"：

(16) 这几日望他拿来还我，竟不见来。正要来与姐姐、姐夫商量了，往府里讨去，可是中么？(《二刻拍案惊奇》卷二〇)

(17)（张千云）可是中也不中？（包待制云）贼禽兽，我的言语，可是中也不中！(《全元杂剧》，关汉卿；按，前句"可"表疑问，后句"可"是岂，难道义)

《祖堂集》还有 1 例：

(18) 祖曰："什摩物与摩来？"对曰："说似一物即不中。"在于左右一十二载，至景云二年祖师。祖师曰："说似一物即不中，还假修证不？"(P141)

"中"，去声。"不中"即不契合禅机。

五、能愿动词"会"历史渊源考

《祖堂集》有一句：

(1) 假便恩爱久共处，时至命尽会别离。(P20)

"会"用作能愿动词，表示推测，义为"总会"。《祖堂集》仅此 1 例。

"会"用作能愿动词义项有二：

Ⅰ. 用在动词前，表示对事理的推测，意为"总会"，"有可能"。既然是对事理的推测，也就包含了说话者的主观看法，如果推测的可能性很大，则倾向于解释为"总会"；反之，则释为"有可能"。为便于称述这里不作细分，统称为会$_1$。表示这一意义的"会"先秦两汉就有用例，通过检索语料库发现它们首先广泛用于道教和佛经文献中：

(2) 是比若良善肠之人也，虽见冤，能强忍须臾，心不忘也，后会害之。(《太平经》卷四十五)

(3) 命如果待熟，常恐会零落。以生皆有苦，谁能致不死。(《中本起经》卷下，后汉西域沙门昙果共康孟详译)

有时"会"和"当"连用：

(4) 今人或大远流水，会当得井水饮之乃活，当云何乎？(《太平经》卷四五)

（5）若菩萨闻本无心不懈怠，是菩萨会当得佛也。（《道行般若经》卷
　　五，后汉月支国三藏支娄迦谶译）

以上为佛经材料，俗家文献仅有少量例句：

（6）终年会飘堕，安得久馨香？（汉，宋子侯《董娇娆》）

中古时期，佛经作品亦多于中土文献：

（7）吾后老死，身会弃捐。不如慈惠济众成德。（《六度集经》卷一，吴
　　康居国沙门康僧会译）

（8）太子复言："我亦此病，未过未脱，会当似彼成如此事，呜呼可
　　畏。"（《佛本行集经》卷一五）

以上为佛经文献例句，中土作品很少见到。段业辉（2002）未曾提及。
我们从中古语料库中只检到几例，如：

（9）问君亦何为？百年会有役。但愿桑麻成，蚕月得纺织。（《陶渊明
　　集》，《种苗在东皋》）

（10）吾已失恩意，会不相从许。（《玉台新咏》，古诗为焦仲卿妻作）

而唐五代时期，中土文献则多见。以下是《全唐诗》例：

（11）长风破浪会有时，直挂云帆济沧海。（卷二五，李白，杂曲歌辞，
　　《行路难》）

（12）一泊沙来一泊去，一重浪灭一重生。相搅相淘无歇日，会交山海
　　一时平。（卷二八，白居易，杂曲歌辞，《浪淘沙》）

（13）新人莫恃新，秋至会无春。从来闭在长门者，必是宫中第一人。
　　（卷二四，李端，杂曲歌辞，《妾薄命》）

"会₁"的这一用法一直延续到元明清以至现代汉语：

（14）四个现代化的目标一定会实现。（转引《现代汉语八百词》）

以上是"会₁"在历代文献中的使用情况。

"会"本义是会合，集合。《说文·会部》："会，合也。"《广雅·释诂
三》："会，聚也"。引申而有符合、相合义。如：

（15）上明陈其制，则下皆会其度矣。（《管子》，法禁第十四）

（16）成功之术，必有巨获。必周于德，审于时，时德之遇，事之会也，
　　若合符然，故曰是唯时德之节。（同上书，宙合）

"会₁"是如何从"符合，相合"义演变为表示"总会，有可能"义的能
愿动词的呢？这里借用隐喻和类推两个概念。沈家煊（1998）指出：所谓隐
喻，是指用一个具体概念来理解一个抽象概念的认知方式，现在常说成从一
个认知域到另一个认知域的投射。例如"行"域和"知"域就是两个不同的

认知域。一般说来，"行"域较具体，"知"域较抽象，但这两个域的总体概念必须有相似之处，而且在投射过程中保持不变。"会"的演变也体现了从行域到知域的转变。我们将例（15）和例（1）比较：

会 a：上明陈其制，则下皆会其度矣。

会 b：假便恩爱久共处，时至命尽会别离。

它们之间的语义联系可比较如下：

会 a（符合，相合）：表示某人、某事符合某一规定、制度、意旨等。

会 b（总会，有可能）：表示某个论断符合相关事理。

相似之处都是"××符合××"，只不过"会 a"表示"符合，相合"，语义比较具体，"会 b"表示"符合，相合"，语义比较空灵、抽象，带有说话者的主观推测，容易解释为"总会，有可能"。从前文提及的认知域角度讲，"会 a"属于具体的行域，"会 b"属于抽象的知域。从"会 a"到"会 b"的虚化，正体现了从行域到知域的投射过程，也就是说是隐喻和类推这两个语法化机制促使了"会"向能愿动词的发展。

沈文还指出：既然隐喻是从一个认知域投射到另一个认知域，那么虚化的完成是突然的（abrupt），这就很容易解释"会$_1$"的虚化没有经历漫长的历史过程，而在上古就有许多用例这一现象。

Ⅱ. 表示有能力做某事。我们记作"会$_2$"。

一般认为唐宋以后才有这种"会"出现（王力，1989/2003：249）。现补充几例：

（17）理乱境兵伤众暴，税田民不怨烦苛（苛）。算应也会求财路，那个门中利最多？（《变文》卷二，双恩记）

（18）阿婆三五少年时，也会东涂西抹来。（五代，王定保，《唐摭言》卷三）

（19）大慈和尚云："老僧一生不会答话，只解识病。"（《古尊宿语录》卷二十五，筠州大愚（守）芝和尚语录）

关于"会$_2$"，太田辰夫（1987/2003：185）认为"会$_2$"是从"领会"的意义转为表"能够"意义的动词，又产生了助动词的用法。至于如何转换的，文章未作论述。

"会"表示理解领会义，南北朝史书中多见，其后所带的都是体词性宾语，且宾语大多为文意、义旨之类。如：

（20）性别宫商，识清浊，斯自然也。观古今文人，多不全了此处，纵有会此者，不必从根本中来。（《宋书》卷六九，《列传》第二九）

（21）恒出入门禁，往来园苑，趋侍左右，通宵累日，承候颜色，竞进谄谀，莫不发言动意，多会深旨。（《北齐书》卷五〇，《列传》第四二）

（22）世宗笑曰："卿言何其壮哉！深会朕遣卿之意。知卿亲老，频劳于外，然忠孝不俱，才宜救世，不得辞也。"（《魏书》卷六五，《列传》第五三）

而同时期的佛经作品很少见到。表理解领悟义的"会"唐宋禅宗文献可以见到大量用例。如：

（23）祖以杖击碓三下而去。惠能即会祖意，三鼓入室。（《六祖坛经》）

（24）德山是个无齿大虫，若不是岩头识破，争得明日与昨日不同？诸人要会末后句麼？只许老胡知不许老胡会？（《万松老人评唱天童觉和尚颂古从容庵录》卷四）

这种用法《祖堂集》更多见：

（25）三句外省去，亦曰六句外会取。（P174）

（26）某甲等广大劫来出佛身血，破和合僧，直至今日，谬会和尚意旨。（P327）

我们观察到唐五代时期，表理解领悟义的"会"后所带宾语发生了变化。即"会"后宾语不再局限于意、旨之类。如：

（27）五言五百篇，七字七十九。三字二十一，都来六百首。一例书岩石，自夸云好手。若能会我诗，真是如来母。（《寒山诗》）

（28）旧戎装，却着汉衣裳。家住大杨海，萤骞不会宫商。今日得逢明圣主，感恩光。（《全唐词》，失调名）

（29）有一类人家儿子，不行孝养，不会礼仪。（同上书，卷二，《父母恩重经讲经文》一）

例（27）"会"的宾语是诗，例（28）"会"的宾语是宫商（代指音乐），例（29）"会"的宾语是"礼仪"。例（27）中的"会"只能解释为"领会"，例（28）、例（29）中的"会"意思可两解，既可理解成懂音乐、懂礼仪，也可看做动词，表示有能力做某事，即能操琴，能行礼仪。

有时"会"可出现于受事主语句。如：

（30）城傍猎骑各翩翩，侧坐金鞍调马鞭。胡言汉语真难会，听取胡歌甚可怜。（《全唐词》，何满子）

（31）二疑中间难启会，劝君学道莫懒怠。（同上书，南宗定邪正五更转）

（32）叹此意、今古几人曾会？（《唐宋名家词选》，陈亮，念奴娇·登多
景楼）

当受事主语句中"会"带上另一动词，且"会"的受事主语不是意、旨之类
的词语时，就很容易向能愿动词转化。如：

（33）强闻经，勤绫绢，殓入棺中虚坏烂。分毫善事不会修，宝即令人
哀悯见。（《全唐词》，《普劝四众依教修行》）

（34）坐看落花空叹息，罗袂湿斑红泪滴。千山万水不会行，魂梦欲教
何处觅？（《唐宋名家词选》，《木兰花》）

上述受事主语句实际均隐含了施事主语，可以补出。受事主语句可以转
换为：

分毫善事不会修→（ ）不会修分毫善事

千山万水不会行→（ ）不会行千山万水

此时"会₂"表示有能力做某事。进一步发展，"会"用于一般主语句，且后
谓动词带上宾语，"会₂"就成为典型的能愿动词了。见前文所举例句，再如：

（35）役心神，失茶饭，溪壑之心何日满。逢人只道没功夫，何处更会
修福善。（《全唐词》，《普劝四众依教修行》）

（36）问僧："一日看多少经？"曰："或七八，或十卷。"师曰："阇梨
不会看经。"（《五灯》卷四，赵州从谂）

但是唐五代时期的"会₂"动词色彩还较强，如：

（37）十娘则斜眼佯嗔曰："少府初到此间，五嫂会些频频相弄！"（《游
仙窟》）

（38）十娘咏曰："天涯地角知何处，玉体红颜难再遇！但令翅羽为人
生，会些高飞共君去。"（同上）

（39）锄禾刈麦，薄会些些，买卖交关，尽知去处。（《变文》卷六，庐
山远公话）

"会₂"后带了不定量词"些"。

唐宋时期，"会₂"用作能愿动词的例句较少，其间大量使用的是"能"
和"解"，如《祖堂集》中无"会₂"用例，而能愿动词"解"却出现了43
例，《变文》中"会₂"1例，"解"84例，《全唐诗》中"解"的用例更多，
常与"能"对举使用。

到了元明时期，"会₂"才大量使用。《元刊杂剧》中"会₂"21例，
"解"无用例。《西游记》中"会₂"207例，而"解"仅1例："解与乾坤生
气概，喜因风雨化行藏。"（六四回）可以说"解"渐趋消失的时候正是

"会₂"大量使用的时期。从这一角度讲，"会₂"是对"解"的历时替换。

《祖堂集》中有这样一句：

（40）问："古人道：'佛不会道，我自修行。'如何是佛不会道？"师云："佛界里无会。"石门云："更会作什摩？"（P319）

梅祖麟（1998）①在讲动词虚化为助动词时，举了这一例句，将"更会作什摩"中的"会"视为能愿动词。个人认为这里的"会"仍然是领会，领悟义。《古尊宿语录》有："所以数数向道，佛不会道，我自修行，用知作麽？"（卷一二，池州南泉普愿禅师语要）《祖堂集》"更会作什摩？"与此处"用知作麽？"意思接近：不必去体悟领会了。"更"用于疑问句中，起加强反问语气的作用。②禅宗有一句偈语叫做"若欲求佛，即心是佛。若欲会道，无心是道。"（《五灯》，卷二，司空本净）即自身就是佛，自身就是道，无须刻意外求、刻意思索。此句非真性问句，"会"不是表示某种能力。《景录》有：僧问："承和尚有言'尽十方世界是一颗明珠'，学人如何得会？"师曰："尽十方世界是一颗明珠，用会作麽？"（卷一八，玄沙宗一）"作麽"乃"作什麽"之省。"会"也是体会、领悟义，非能愿动词。

又王力（1989/2003：249）在论述"会"助愿动词时，举了下面例句："师弹指一声云：'会么？'云：'不会。'"（《传灯录》卷十二）这里的"会"亦为领悟义。同书有："问：'如何是一路涅槃门？'师弹指一声，又展开两手。僧曰：'如何领会？'师曰：'不是秋月明，子自横行八九。'"（卷一二，资福如宝）

六、《祖堂集》"不得"补语句

前文我们分析了能愿动词"得"，其句法位置大都位于动词之前。此外我们观察到《祖堂集》出现了大量"不得"补语句，其中绝大多数"得"仍保留了能愿动词"能，能够"的语义，其语法位置位于动词之后，语法功能主要充当补语，学界称为能性述补结构。句法结构主要有下列两种：

Ⅰ．Ｖ不得。这种句式共71例，从语法功能讲，大都充当补语。例：

---

① 梅祖麟（1998）《汉语语法史中几个反复出现的演变方式》，《古汉语语法论集》，语文出版社。这里转引自蒋绍愚第十届近代汉语学术会议论文《近代汉语语法史研究概述》，2001，宁波。

② "更"用于加强反问的句子又见《景录》："诸上座，时寒，何用上来……不上来却好，什么处不是？更用上来作什么？"（卷二八，法眼文益）

（1）讲主断不得，却请行者断。（P90）

（2）对云："某甲到这里举不得。未审和尚如何？"（P440）

（3）江湖虽无碍人之心，为时人透过不得，所以成碍人去。（P332）

少数作定语：

（4）有人问先曹山："古人有言：'吾有大病，非世所医。'未审唤作什
　　　摩病？"曹山云："攒簇不得底病。"（P531）

作主语：

（5）曹云："近不得是火也，与摩时还存得寸丝也无？"（P230）

还有一部分用于受事主语句：

（6）今时学士类尚辩不得，岂弁得类中异？类中异尚弁不得，作摩生辩
　　　得异中异？（P604）

（7）归宗云："作这个语话，滴水也消不得。"（P594）

能够直接带"不得"的动词有：弁、承当、出、答、道、断、该括、盖、盖
覆、归、唤、鉴、讲、近（接近）、救、谩、判、取、去、去离、识、说、
收、思、添、透过、推、为、销、行、知、著、坐等。单音节动词占多数。

Ⅱ. VO 不得。这种句式共18例：

（8）和尚怪某甲不得。（P396）

（9）虽然不鉴照，谩他一点不得。（P143）

（10）既是全力，为什摩救善星不得？（P405）

（11）一笔丹青为什摩邈志公真不得？（P357）

句中宾语绝大多数为单个代词或名词。能够进入此句式的动词有：嗔、唱、
造、念、邈、图、怪、谩、救、消、超、出、混、管束、整理等。

《祖堂集》还有一类"不得"补语句：

（12）僧拈问龙华："只如寺主当时向什摩处去，鬼使觅不得？"（P517）

（13）西天有贼，盗佛额珠，欲取其珠，佛额渐高，取不得。（P398）

（14）鬼使七日后方来，觅僧不得。有人问："他若来时，如何祇对他？"
　　　师曰："被他觅得也。"（P239）

（15）大师搜觅破处不得，因此被纳学禅。（P610）

此类补语句中的谓语动词多为"觅"、"搜觅"、"取"、"採"等获取类动词。
"得"表示达成义，"不得"充当结果补语。

　　关于"V不得"、"VO不得"补语性质的确认，张美兰（2003：308）是
以语境为标准的："大致说来所叙的事件属于已然语境的通常是动结式，属
于未然语境的，则为能性动补结构。"我们认为"不得"的性质与前面谓语

动词有很大关系，获取类动词后所带"不得"为动结式，其间的"得"表示达成义，与由能愿动词"得"作补语的"不得"句是两回事。例如上举例(14)由"被他觅得也"可知前句"觅僧不得"是表示结果。张文将"讲主断不得，却请行者断"一句视为动结式，我们则看做能性述补结构，"断不得"意思侧重于断不了，不能断。

用作能性述补结构的"不得"最早出现于东汉："今壹受诏如此，且使妾摇手不得。"（《汉书》，孝成使皇后传）（转引蒋绍愚，1994：172）。六朝《世说新语》、《搜神记》、《抱朴子》不见用例，《颜氏家训》有一句："到洽为御史中丞，初欲弹刘孝绰，其兄溉先与刘善，苦谏不得，乃诣刘涕泣告别而去。"（卷二）"不得"用作动结式。到唐五代时期用例渐渐多了起来。《变文》多见，详见吴福祥（1996：408—412）分析。《游仙窟》亦有："余自把着手子，忍心不得。"宋作品中还继续沿用。如："使副只言道百万之物已多也，更添不得。"（《三朝北盟会编》茅斋自叙）"波声渔笛。惊回好梦，梦里欲归归不得。"（《柳咏词》六么令）《景录》《五灯》等禅宗文献也多见。

《祖堂集》及同时期的文献多为"V不得"、"VO不得"句，而"V不得O"句式宋时才出现。例："在古虽大恶在上，一面诛杀，亦断不得人议论，今便都无异者。"（《河南程氏遗书》卷二下）（转引梅祖麟，2000：78）。

用在谓语动词前的"不得"与用作能性述补结构的"不得"语义上有些微差异，前者表示准许，应允，因而多用于祈使句，后者表示主客观的不可能，常用于叙述句。

充当能性述补结构的"不得"现代汉语一直使用，如"生冷的东西吃不得"，此外还广泛用于"舍不得"、"怨不得"、"怪不得"、"顾不得"、"骂不得"等固定说法中。

七、能愿动词的连用

首先应把能愿动词的连用和复合式能愿动词区分开来，像上文所提及的"可以"、"不辞"、"应须"、"应当"、"宜当"、"宜可"、"事须"、"必须"、"直须"、"要须"等均为复合式能愿动词。其实复合式能愿动词大都也是由能愿动词连用而来，如"应当"由"应"、"当"连用而来，"必须"由"必"、"须"凝固而成。长期使用，获得了词的地位，各大辞书已经收录。《祖堂集》能愿动词有下列连用形式：

"可"、"得"连用：

（1）如是之法汝今已得，更无阙少，与佛无殊，更无别法可得成佛。

（P101）

"能"、"敢"连用：

（2）若有门上觅消息，谁能敢道翠山岩？（P436）

"能"、"解"连用：

（3）若有人能解弹得，一弹弹尽天下曲。（P288）

"能"、"得"连用：

（4）师云："将取老僧去，得摩?"对云："非但和尚，更有过于和尚者，不能得将去。"（P621）

按，"能"、"得"均为可能类能愿动词，《祖堂集》还有隔开连用的句子：

（5）师兄若这个善心，某甲身自不能去得，某相共造善因。（P138）

（6）吾有闲名在世，谁能与吾除得？（P236）

（7）如能转读得，入理契无生。（P586）

这种隔开式连用多是出于音节需要，"得"前面大都是单音节动词。例（7）为偈语，亦为字数要求。

"须"、"得"连用：

（8）不是寻常毒恶物，参玄须得会先陀。（P294）

（9）欲行鸟道，须得足下无丝；欲得玄学，展手而学。（P264）

"须"、"解"连用：

（10）夫教道太不容易，个个须解主宰始得。（P463）

"当"、"应"连用：

（11）师若然者，当应面西遥礼百丈为师，即是同道不异也。（P619）

按，"当"、"应"连用，《祖堂集》仅1例。佛经文献多见："彼人因指当应看月，若复观指以为月体，此人岂唯亡失月轮，亦亡其指。"（《宗镜录》卷九二）

"当"、"得"连用：

（12）后千佛者，日光如来为首，下至须弥相佛，于未来星宿劫中当得成佛也。（P9）

"宜"、"可"连用：

（13）炬面等四子，宜可摈出。（P14）

（14）佛所赞叹，聪敏第一。宜可请彼集修多罗藏。（P29）

"宜"、"可"均为应当、应该义。同义连用，佛经多见："尔时世尊复作是念：此族姓子欲意极多，我今宜可以火灭火。"（《增壹阿含经》卷九）

能愿动词的连用在先秦汉语中已有例句（如杨伯峻、何乐士1992所举"克能、克堪"例），但用例及组合形式均很少，《祖堂集》亦少见且用频极低。能愿动词的叠加使用，进一步强化了语义，使之成为句子的焦点。

八、能愿动词的配价以及与副词的共现

通过对能愿动词句法结构的分析，我们知道能愿动词必须有两个动元与之共现，根据配价语法，动词的"价"分类，决定于动元的数目，需要和一个动元组配的动词，称为一价动词；需要和两个动元组配的动词，称为二价动词；需要和三个动元组配的动词，称为三价动词。《祖堂集》中的能愿动词可初步分析为二价动词。

能愿动词的两个动元NP、VP，从表层结构看，有时可以不出现。如：

（1）直逾半载，忽梦异人云："今可行矣。"（P633）

"今可行矣"前省略当事主语NP。

（2）师则指殿又问："解算不？"对曰："解。"（P118）

"解"单独成句，其前省略了NP，其后省略了VP。但根据上下文语境，在深层结构中仍与之共现，其隐含或省略的成分均可补出。

《祖堂集》能愿动词可以受下列副词修饰：

（3）直逾半载，忽梦异人云："今可行矣。"（P633）

（4）罗睺道德，在口宁论？因师说耳，寻得入门。（P49；寻：不久）

以上加点词为时间副词。

（5）若也不知原由，切不得妄说宗教中事。（P694）

（6）从今已后，第一不得行此事。（P147）

以上加点词为语气副词。

（7）师云："太嫩在！甚须保持。生缘什摩处？"（P344）

（8）无人体得，莫只与摩醉慢慢底，有什摩成办时？大须努力！（P399）

以上为程度副词修饰例。

（9）一真之法，尽可有矣，汝善守护，勿令断绝。（P77）

（10）欲得大用现前，但可顿亡诸见。（P338）

（11）坐至三更，五百宫人，悉皆得睡。（P19）

以上为范围副词例。

（12）每欲励心，愿尽于此。（192）

（13）蒙师说法，重得生天，故来谢师，便还天府。（P109）

以上为频率副词例。

（14）觌面相呈由不识，问佛之人焉能委？（P443）

（15）师云："还解怪笑得摩？"（P414）

以上为疑问副词例。

九、小结

《祖堂集》能愿动词大都是从上古、中古继承下来的。继承上古的有："可、可以、能、堪、得、足、欲、愿、敢、肯、甘、应、当、宜当、宜、须、中、会"等。继承中古的有："解、应当、要、要须、必须"等。唐五代时期新生的多为复合词："不辞、不要、愿欲、应须、宜可、事须、须得、须索、直须"等。有些中古刚诞生的能愿动词，发展到唐五代时期，语法功能日臻完善。如"要、解"等。但《祖堂集》新生的能愿动词见次率均低，生命力不强。此时，现代汉语使用的一些能愿动词尚未露面，如："会$_2$、愿意、应该"等。

能愿动词在句子表达中也起着举足轻重的作用。"此师后谁能继之？"（P66）"若有人求问答，谁能共他讲论？"（P108）如果将"能"去掉，不仅句法结构不同，语义表达也迥异。原句的焦点在"能"这个能愿动词上，它应该是句子的核心、焦点成分。

表 21 能愿动词词表

序	动词	语义	次数/备注
B	必须	定要	3
	不辞$_1$	不能，不愿	6/唐五代词
	不辞$_2$	不推辞，甘愿	2/唐五代词
	不可$_1$	禁止做某事	68
	不可$_2$	不可能，没办法	46
	不能	不可能，没办法	45
	不要$_1$	不需要，不必	16
	不要$_2$	表示禁止、不许可	2/唐五代词
D	当$_1$	应该，应当；有可能	58
	得$_2$	能，可能	368
G	甘	愿意，同意	4
	敢	有勇气有胆量做某事；可，能	80
H	合	应当，应该	54
	会$_2$	总会	1

续表

序	动词	语义	次数/备注
J	解₂	会，能，可	39/唐五代词
K	堪	可以，能够	25
	可	可以，能够	215
	可以	表示可能或能够	1
	肯₂	愿意，情愿	30
N	能	能够	156
S	事须	应当，必须	3/唐五代词
X	须	应当，必须	189
	须得	定要	19/唐五代词
	须索	需要，必须	1/唐五代词
Y	要₁	应该，必须	16
	要₂	想要	20
	要须	须要，必须	3/中古词
	宜	应当，应该	15
	宜当	应当	2
	宜可	应当，应该	2/唐五代词
	应	应该，应当	20
	应当	应该	4
	应须	应当，应该	7/唐五代词
	欲	想要，愿意	121
	欲得	意欲	3
	愿₁	愿意，情愿	9
	愿欲	愿意	1/唐五代词
Z	直须	必须，应当	22/唐五代词
	中₂	可，能；宜	1
	足	值得，足以	4

第三节 使役动词

一、概述

江蓝生《汉语使役与被动兼用探源》（2000：221）一文指出"所谓使役，是指动词具有使令、致使、容许、任凭等意义"。《祖堂集》使役动词据此可以细分为使令、致使、应允三类。《祖堂集》使役动词词目较少，一方面继承了上古、中古的用词，另一方面也产生了少量新的使役动词，如"屈、放、交、容许、直得"等。

二、《祖堂集》中的使役动词

（一）使令类使役动词

这一组词均表示命令、派遣等义，其中"乞"、"请"、"屈"表示的是一种委婉恭敬的使役，我们也视为使令类使役动词。《祖堂集》主要有：

［俾］

（1）师胁不至席，视人如伤，乃率富屋，俾行檀度。（P568）

按，"俾"是上古词，义同"使"，文言色彩较强，自古以来用例较少。

［差］

（2）在后木口出世，数年后迁化。主事差两人往洞山达哀书。（P211）

按，"差"为派遣义，中古词。

［敕］

（3）帝乃闻之，敕令中使却往传诏取禅师。（P131）

按，"敕"的限定性义素明显，施事主语都是帝王之类。

［发］

（4）（武帝）即发中使赵光文往彼取之。（P71）

按，"发"作使役动词，上古《战国策》即有用例。

［发遣₁］

（5）缁俗归衣，天人瞻仰。故发遣中使薛简迎师，愿早降至。（P92）

按，此处作"派遣，差遣"讲，为上古词。唐五代亦多见。如《六祖坛经》："遂发遣慧能，令随众作务。""发遣"还有发送、使离开义，见行为动词。

［教₁］

（6）师曰："咄！这饶舌沙弥，犹挂著唇齿在。"师便教伊参众去。（P179）

（7）师教侍者唤其沙弥，沙弥便上来。（P180）

按，太田辰夫（1958/2003：223）指出：先秦已见"教"的使役用法，举《国语·鲁语上》例，但又指出这个例子"或许稍微早了点"。冯春田（2000：617）认为东汉之后才见到"教"的使役用法。与"使"相比，

"教"的口语性色彩较浓。陈秀兰（2002）指出：东汉时期，在口语中比较活跃的"教"这个词由"教导"义引申出了"使令"的意思。……晋代以后用例逐渐增多，南北朝时期的口语中，"教"就取代"使"而成为表示"使令"义的一个常用词。《变文》中在表示"使令"这一意义时，"使"出现了99次，而"教（交）"却出现了302次。《祖堂集》"教"用作使令动词共95例，而"使"只出现1例，亦见其口语性特征。

［令₁］

（8）居士临迁化时，令女备汤水，沐浴著衣。（P586）

（9）（道诚）便令惠能往去礼拜五祖大师。（P89）

［命］

（10）尔时尊者则与出家，而命贤圣受具足戒。（P43）

（11）十五日未曙，遽命侍者撞无常钟。（P630）

按，"命"的特点是只用于叙述体语言中，不见于对话体。而"令"不限。"命"所在的句式多为兼语句，有一例比较特殊："王乃命师，师则赴命。"（P59）此句"命师"后省略了内容宾语，据下文可以补出。

［遣₁］

（12）后闻师出世，遣少师持前问问师。（P260）

（13）师遣人送书到先径山钦和尚处，书中只画圆相。（P522）

［乞₁］

（14）小弟容易，乞老宿莫怪。（P137）

（15）己事未明，乞和尚指示。（P167）

按，《祖堂集》"乞"的句法特点是施事主语全部隐现。

［请］

（16）正月十五日剃头，二月八日于法性寺请智光律师受戒。（P90）

（17）后大众一齐高声啼哭上来，请师上堂。（P327）

按，自上古以来，"请"可以表示：①所请之人完成所请之事或请者自为所请之事。例如，对曰："忠之属也，可以一战。战则请从。"（《左传·庄公十年》）"请从"，即请让我跟从。"请"是说话人向听话人发出某种请求，请求的内容是自己希望去做的事情。这种用法还保留现代汉语如"请问"中，"请问"的意思是"请您允许我问"。②请求对方做某事。"请"是说话人发出请求，希望听话人做什么或不做什么。发展到唐五代时期"请"常常是第二种用法。《祖堂集》有一句："时有檀越胡公，尽室归依，请住大光山。"（P349）此句"请"的施师非"檀越胡公"，仍然是第二种用法。

　　［屈］

　　（18）这沙弥不了事，教屈法空禅师来，何故屈得守堂人来？（P560）

　　（19）姊却向弟曰："屈老宿归房里吃茶，还得也无？"（P137）

　　按，"屈"犹言请。唐新词。《变文》："其时大王处分：排备燕会，屈请王郎。"（卷四，丑女缘起）此句"屈"、"请"同义连用。

　　［使₁］

　　（20）（洞山和尚）至八日使开浴，浴讫，端坐长往。（P252）

（二）致使类使役动词

　　致使类使役动词又可细分为两类：一类表示目的性，可释为"使，让"，一类表示致因性，有"感得、致使、直得"等。从语用上讲，"致使"还具有连接功能，因其致使的动词性还较强，我们仍视为动词。代表词有：

　　［放］

　　（1）若是与摩人，放他出头始得。（P389）

　　（2）放某甲过有个商量。（P374）

　　按，"放"表让，使。为唐新生义。《变文》："惟愿大王放儿出家修道。"（卷三，太子成道变文一）

　　［交］

　　（3）进道先须立自身，直交行处不生尘。（P334）

　　（4）努力此生须了却，莫交累劫受诸殃。（P407）

　　按，"交"通"教"，使、令义。唐以来的文献常有此写法。《变文》："令知织妇之劬劳，交识蚕家之忙迫。"（卷二，《长兴四年中兴殿应圣节讲经文》）"只把宣扬申至道，别无门路展功勋；又从今日帘前讲，名字还交四海闻。"（同上）"悲愿切，救轮回，见者须交业障摧。"（《双恩记》，第三）

　　［教₂］

　　（5）洞山改末后语云："一句教伊下口难。"（P331）

　　（6）讶将去，钻将去，研将去，直教透过，直教通彻。（P271）

　　按，太田辰夫（1991）指出："用于使役的'教'中古很多，尤其是上古就有用例"。后世一直沿用。例："如一条死蛇，弄教他活。"（《朱子语类》卷一二一，朱子十八，《训门人》九）

　　［令₂］

　　（7）（太子）则于城西北角留一马迹，令知腾空西北而去。（P20）

　　（8）圣人若同龟毛兔角，则应是无。令人学何物？（P103）

［遣₂］

（9）时时勤拂拭，莫遣有尘埃。（P679）

按，《祖堂集》一处用"使"（见下文使₂），另一处用"遣"，可以比照。《五灯》为："时时勤拂拭，莫使惹尘埃。"（卷一，五祖弘忍）"遣"的这种用法《变文》多见："佛心清净，令神通之者度人；王意分明，遣忠孝之臣佐国。"（卷二，《长兴四年中兴殿应圣节讲经文》）

［使₂］

（10）时时勤拂拭，莫使有尘埃。（P83）

［与₁］

（11）彼王早知如是次第，何妨与他修行？（P517）

按，该句下文为：其第一鬼使云："若与摩，则放一日修行。""与"和"放"前后呼应。

［感得］

（12）有一禅师唯善塞灶，频频感得灶神现身。（P109）

按，"感得"为招得，使得义。唐五代词，《变文》有："子胥祭了，发声大哭，感得日月无光，江河混沸。"（卷一，伍子胥变文）

［致使］

（13）瞥尔暂起见闻，便有张三李四，胡来汉去，四姓杂居，各亲其亲，相参是非互起，致使玄开固闭，识锁难开，疑网笼牢，智刀方剪。（P337）

按，"致使"《祖堂集》仅1例。张美兰（2006）指出："致使"连文为句早见于东汉，魏晋沿用至今。今酌补数例："旁人见之，而语之曰：'何不避去？乃住受打，致使头破。'"（《百喻经》，以梨打破头喻）"而乃泛万里之海，入疫疠之乡，致使尊弱涂炭，百罹备经，可谓自贻矣。"（《三国志》裴本注，蜀书八）唐五代用例亦多，《变文》："大凡世上不孝人，多在家费父母心神，出入又不依时节。致使父心愁戚，母意忧惶，终日倚门，空垂血泪云云。"（卷二，父母恩重经讲经文一）"致使"后多带不如意的事情。

［直得］

（14）其师形貌端正，足人是非，直得到和尚耳里。（P146）

按，"直得"作致使、使得义讲，《变文》已见。从语用上讲"直得"和"致使"还具有连接功能。

（三）应允类使役动词

［与₂］

（1）于时波罗门闻师所说而生欢喜，欲求出家。师与出家。（P52）

（2）某甲拟欲入池，有一个老和尚，不与某甲入池里，便喝。（P616）

按，"与"为允许义，上古即有："子曰：'与其进也，不与其退也。'"（《论语·述而》第七）《变文》有："见有上柱国勋，请与收赎罪价。"（卷七，《燕子赋》一）

［听］

（3）（曹山和尚）少习九经，志求出家，年十九父母方听。（P308）

按，"听"原有听凭、任凭义。《祖堂集》："坐也听伊坐，卧也听伊卧。"（P205）问："省要处，乞师指示。"师云："不得说也，听他。"（P502）蔡镜浩（1990）认为"听"的准许义概由此引申而来。《祖堂集》作使役动词的"听"仅1例。

关于"听"作允许讲的始见年代，学界曾展开过讨论（主要有方一新，1996、2003；谢质彬，2000；叶爱国，1997；陈秀兰，2003）。谢质彬认为"不听"作允许讲时有一个条件："'不听'所在的句子必定是兼语句"。这一点，笔者同意方一新（2003）的观点："判定词在具体语句中的所指，应该综合语法、语义、语用几方面的因素"，不应当仅仅依凭句法结构。"许"有应允义，"许"也经常单用。如《祖堂集》："（仰山和尚）年十五，求出家，父母不许。"（P669）"不听"之不允许义当始于东汉。唐文献中常用，如："诸亡失器物、符、印之类，应坐者，皆听三十日求访，不得，然后决罪。"（《唐律疏议》卷二七）佛经文献中有大量例句，如："王先有教，入此狱者终不听出。"（《付法藏因缘传》卷三）"龙白王言：'唯愿留此舍利，听我供养，慎莫取去。'"（《阿育王传》卷一）

学者们一直讨论的都是"不听"作不允许讲的始见年代。"不听"是何时消亡的呢？我们在宋朝文献中还能见到零星例句，如："问：'父母不听，不得出家。如何得出家？'"（《云门匡真禅师广录》卷一）｜"克己、希古等诣东省，请入问疾，不许，闻诛医者，兀映等欲突身入，中人拦遏不听其入。"（金，张师颜，《南迁录》）而到元明时期就销声匿迹了，我们调查了元明语料《南村辍耕录》、《型世言》、《封神演义》、《清平山堂话本》、《牡丹亭》、《窦娥冤》、《西厢杂剧》、《七修类稿》、《万历野获编》等，均未发现用例。可以说"不听"是一个历时词语。

［听许］

（4）（第一祖大迦叶尊者）欲求出家，泽志听许。（P27）

按，"听许"为同义复合动词，允许义。仅1例。此处"泽志"指大迦叶尊者父母饮泽、香志，上文有："父名饮泽，母字香志。""听许"为中古词："顷被疾病，念存首丘，比自乞归，未见听许。"（东汉·应劭，《风俗通义》）《变文》例："齐声同白世尊，愿佛听许从文殊，往问维摩居士去。慈尊听许，大众欢忻。"（卷二，维摩诘经讲经文六）。

〔容〕

（5）山人曰："容弟子算，方得乃知。"（P118）

〔容许〕

（6）乞师慈悲，容许某甲出家。（P113）

（7）院主便领上五泄和尚处，具陈前事："此法公不是某甲分上人，乞和尚摄收。"五泄容许，师蒙摄受。（P231）

按，"容许"为唐新生词。王建《初到昭应呈同僚》诗："同官若容许，长借老僧房。"《变文》："愿世尊，且容许，专圣慈悲垂拥护。"（卷二，维摩诘经讲经文四）《变文》又有"许容"一词，亦为允许义。

〔许〕详见下文。

三、《祖堂集》中的使役动词"许"及其虚化

（一）使役动词"许"

《祖堂集》中"许"作允许、许可讲，用频较高，共46例。"许"表示允许他人做某事，如：

（1）师看经次，僧问："和尚寻常不许人看经，为什摩却自看经？"（P181）

（2）僧云："不假三寸，还许学人通信也无？"（P410）

"许"的主语均为具有生命的人，《祖堂集》则为与文本内容有关的"师、师伯、和尚、僧、老宿"等。

"许"的宾语可以是代词：

（3）父母则知是子出家之志，感而许之。（P669）

例句中"之"代指子出家之事，还可以是小句：

（4）师忽然觉察，唤来许伊受戒。（P186）

（5）问："无居止处，还许学人立身也无？"（P483）

我们将这种句子看作小句宾语而不看作兼语，因为句中"伊受戒"、"学人立身"均为"许"的内容，"许"的受事宾语非"伊"、"学人"；其次小句宾语可以移位到句前。《祖堂集》有："师求看经志切，寺主便许。"（P538）｜"（仰山和尚）年十五，求出家，父母不许。"（P669）｜"师行脚时，到善劝寺，欲得看经，寺主不许。"（P538）"许"的宾语到了句首单

独成句。因此上述例句可变换为：

(4)′伊受戒，师许。

(5)′学人立身，还许也无？

"许"的宾语还可以是谓词性短语：

(6) 佛日到，维那不许参和尚。(P261)

(7) 年二十五，师方许受戒。(P308)

与致使类和使令类动词比，应允类动词可以受许多副词修饰。如"便、适来、寻常、则、方"等。用法上，"许"常用于否定句，当受否定词修饰时，否定词位于"许"之前。如：

(8) 师迁化时遗嘱焚而飏于风，师不许安立坟塔。端然化矣。(P327)

(9) 始上次，傍有一个老和尚喝某甲："不许上！"(P603)

而"请"字否定句中，否定词位于使令动词后面的 V_2 之前。否定词位于"许"前是否定全句，否定词位于"请"后则是否定主要动词 V_2。

(二) "许" 的虚化

《祖堂集》有以下两句：

(10) 你若择得，许你有这个眼；你若择不出，敢保你未具眼在。
     (P404)

(11) 你若举得，许你有这个话主。(P406)

上两句中的"许"似有两种理解，例（10）既可理解为"允许你有这个眼"，也可理解为"也许你具有这个眼"，"眼"指法眼。例（11）既可理解为"允许你有这个话主"，也可理解为"也许你有这个话主"。例（10）后分句"敢保你未具眼在"，表肯定性的推测，意为敢保证你还未具法眼哩。具眼：具备法眼，能够用禅者特有的智慧眼光观照事物。与此意相应，前分句中的"许"似更倾向解释为副词"也许，大概"义。

与此类似的语句如：

(12) 越州东山国庆顺宗禅师……拈起拄杖曰："此个是法，那个是灭底心？若人道得许尔顶门上具眼。其或未然，'云暗不知天早晚，雪深难辨路高低。'"(《续传灯录》卷五)

(13) 诸人还知慧光落处麽？若也知去，许你具铁眼铜睛。若也不知，莫谓几经风浪险，肩舟曾向五湖游。(《五灯》卷一二，大沩慕哲)

"许"用作副词的较早例证是：

(14) 江中白布帆，乌布礼中帷。擖如陌上鼓，许是侬欢归。(《四库全书》，集部，总集类，《乐府诗集》，卷四六，清商曲辞，《吴声歌

曲懊侬歌》）

题注有"懊侬歌者，晋石崇绿珠所作"，说明至少在晋朝已有用例。

"许"是如何从使役动词虚化为副词的呢？沈家煊（1998）认为是类推和隐喻机制的作用。所谓隐喻，是指用一个具体概念来理解一个抽象概念的认知方式，现在常说成从一个认知域到另一个认知域的投射。例如：

　　a. 我不许他回家。

　　b. 他许是回家了。

a 里的"许"表示"允许、准许"，b 里的"许"表示"或许"即说话人的推测。后者是前者通过类推和隐喻虚化而来的。

　　许 a（允许）：表示某人做某件事情不受阻碍。

　　许 b（或许）：表示说话人做某个论断不受阻碍。

其相似点都是"做×不受阻碍"，"许 a"属于具体的行域，"许 b"属于抽象的知域。从具体的概念投射到相似的抽象概念，这正是隐喻的性质。

沈家煊是从现代汉语这一角度来论述的。我们认为，除了隐喻和类推的虚化机制外，句法环境也起了重要的影响。事实上，"许"的虚化是一个历史过程。前面指出，使役动词能够带小句，如上举例（4）、例（5），如果小句中的主语脱落，则"许"直接位于动词之前。这就与副词"许"直接修饰动词的句法位置相同。其次，当小句中的动词为非强势性动作的动词时，比如上文的"有"、"具眼"、"是"等，"许"更容易虚化为副词。应该说是隐喻、类推和句法环境的多重影响，促使了使役动词的虚化。下列句中的"许"均为副词：

（15）又经说有生般涅槃，汝亦应许有天名生住彼入灭。（《阿毗达磨大毗婆沙论》卷六九）

（16）蜻蜓许是好蜻蜓，飞来飞去不曾停。（《五灯》卷二〇，天童昙华）

（17）昨宵是，你自说，许是咱这般时节。（《全元散曲》，徐再思，春情）

（18）论云："定应许有真异熟识，酬牵引业，遍而无断，变为身器，作有情依。……"（《宗镜录》卷四七）

以上例句中，例（15）、（18）"许"前有测定副词"应"与之连用，进一步强化了"许"的副词功能。例（15）《阿毗达磨大毗婆沙论》是唐玄奘翻译的佛经。

四、使令结构和致使结构的句法差异

表示使令类的使役动词有着共同的语义特征：施事发出某种动作行为支

配受事，要求受事施行（或不施行）某种动作行为。如："江西马大师令西堂问师"（P104）一句，施事"江西马大师"通过"令（命令）"这种动作行为要求受事"西堂"发出"问师"的动作行为。如果把施事记作 N_1，使役动词记作 V_1，受事记作 N_2，受事发出的动作行为记作 V_2，那么该句法结构可标记为：$N_1 + V_1 + N_2 + V_2$。其中 N_2 既是 V_1 的受事，又是 V_2 的施事，这也就是学界所公认的兼语句式。为区别于下文所提及的致使结构，我们将这种结构称为使令结构。

满足这种使令结构的句子必须同时满足两个条件：①V_1 表示使令义。②能进入 $N_1 + V_1 + N_2 + V_2$ 结构框架。举例说明："有人举似云居。"（P666）该句能进入 $N_1 + V_1 + N_2 + V_2$ 结构框架，但"有"没有使令义。V_2 "举似云居"的出现，并不是 V_1 "有"导致的结果。这类动词我们不看做使令结构。又如："不怕黑暗女，不求功德天。"（P585）"求"表恳求、恳请义，但此句非 $N_1 + V_1 + N_2 + V_2$ 结构。

下面我们对这一句法结构进行剖析。

首先，施事 N_1 必须是具有一定生命的人，受《祖堂集》文本内容影响，使令结构的施事主语大都为"师、禅师、和尚、僧、侍者、沙弥"等。

既然 N_1 是有一定生命的人，作谓语的使令动词 V_1 必须具有 ［+人］的语义特征。又因为 V_1 所处的句法环境要求 N_2 施行/不施行某种动作行为，因而 V_1 又必须具备 ［+自主］、 ［+可控］的语义特征。"发、命、令、遣、请"等都是施事有意识发出的动作行为。

与 N_1 一样，兼语 N_2 也必须是具有一定生命的人。如前文所举例句中的"女、惠能、贤圣、侍者、和尚、少师、人"等。

以往对使令结构的研究常采用直接成分分析法。如：

石头 ‖ 教新戒归受业处。（P187）

这种分析不能很好地看出整个句子的句法语义特征。如果用树形图表示，就能够将小句宾语句与兼语句辨析出来，并突出了 N_2 兼语的地位（见下图）。

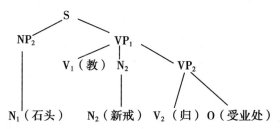

我们认为这种句式的表达重点是 V_2，"师教侍者唤其沙弥"、"师令大众

镢地次"句中"唤其沙弥"、"镢地"是焦点成分。V_2为核心动词，同时也是动作动词，自主动词。项开喜（2002）把这种句式叫做双施力结构式。他举的例为："张府让伙计送来了贺礼"。句中有两个施事（施力）成分，一个是"张府"，另一个是"伙计"。从语义关系角度看"伙计"是"送来贺礼"这一动作行为的直接施事，"张府"是动作行为的间接施事。据此分析，上述例句V_2"唤"的直接施事是"侍者"，间接施事为"师"，"镢"的直接施事、间接施事分别是"大众"和"师"。这种分析方法突出了句子的焦点成分，即V_2。

使令结构表示的句法意义是使某人做某事，"做某事"是未实现的，所以V_2后面不能带"了、著、却"等助词。

上文提到，使令动词必须处于$N_1 + V_1 + N_2 + V_2$结构，否则语义上不自足。"请和尚打破将来。"（P756）单说"请和尚"不成句，须补上"打破将来"才完整。但是《祖堂集》使令结构的某些句法成分常常省略或隐现，这些省略或隐现的成分根据上下文语境可以补出来。

（1）吃粥后，[　] 教侍者看堂里第二粥未行报。（P402）

（2）[　] 却命阿难入于王舍城。（P33）

（3）[　] 令备香薪于山所讫，被衣而坐。（P363）

以上为N_1的省略。根据语境，上述例句N_1分别是："大师、王、玄泰和尚"。使令结构中，N_2经常省略，特别是使令动词"乞"、"请"所在的句子N_2很少出现。

（4）师云："学人朦昧，再乞 [　] 指示。"（P381）

（5）师曰："岂有与摩事？"法师曰："便请 [　] 立义。"（P116）

（6）大历年代宗请 [　] 赴京师，号国一禅师。（P104）

以上为N_2的省略。根据语境，上述例句省略的N_2分别是："雪峰、师、先径山和尚"。

（7）帝乃踢跪曰："请师 [　] 塔样。"师良久，帝罔措。（P127）

（8）有沙弥出来云："请师 [　] 法号。"（P236）

以上为V_2的省略，V_2省略少见，只见于"请"字句。第一句上文为："代宗皇帝问：'师百年后要个什摩？'师曰：'与老僧造个无缝塔'。""请师塔样"犹言"请师画个塔样"。第二句"请师法号"指"请师说出法号"，上文为："师有时示众曰：'吾有闲名在世，谁能与吾除得？'"

"请"与其他使役动词比，多了一点谦敬的意味，表示谦恭的请求。《祖堂集》有"请"单用的句子。如：

（9）师云："一怕你不问，二恐你不会。""便请［ ］。"师云："心不负
　　　人，面无惭愧。"（P725）

（10）石头云："汝与我斫却，这个树碍我路。"对曰："某甲不将刀子
　　　来。"石头曰："我这里有刀子。"曰："便请［ ］。"（P186）

这种"请"所在的句式仍然是使令结构。"请"后均承上文省略了所请内容。
杨伯峻、何乐士（1992/2001：598）指出"请"后的兼语可以省略。根据语
境，我们均能补出"请"后省略的内容。例（9）上文为："问：'祖意与教
意，还同别？'师云：'教意是教意，祖意是祖意。'问：'如何是学人自
己？'"可知请求"师"的是回答"如何是学人自己"。例（10）由上文知
"便请"的内容是"斫却这个树"。有学者认为这是单纯的谦敬词，笔者不同
意此说法。与其他使役动词相比，"请"固然有恭敬的意味，但其表使令的
语法意义未变。现代汉语仍有此用法。说话人单说一个"请"，必定伴随手
势语言或其他形式，达到委婉请求他人做某事的交际目的。根据话语情境，
省略的可以是"您坐"、"您用餐"诸如之类的内容，且这种用法只见于对
话体。

　　《祖堂集》V_2 还可以由直接引语充当。例：

（11）师教沙弥："你去问他我意作摩生。"（P222）

（12）行者却请张日用："与我书偈，某甲有一个拙见。"（P84）

V_2 如果带宾语，有的受事宾语置于施事主语位置上，则形成受事主语句：

（13）庭前残雪日轮消，室内游尘教谁扫？（P266）

（14）汝和尚在日，如许多债负，教什摩人还？（P590）

（15）浆水钱则且置，草鞋钱教阿谁还？（P598）

"室内游尘、债负（指所欠的债）、草鞋钱"均为受事主语。

　　从语用角度看，"乞、愿"所在的使令结构用于对话中，这是因为"乞、
愿"都有向对方面陈请求的意思。如"乞"，《祖堂集》均为"乞师指示、
乞和尚摄收、乞师方便、乞和尚慈悲"之类要求大开方便之门，指点迷津的
话语。"差、发、发遣$_1$、令、命、遣、使"所在的使令结构多用于叙述体。
"教、请、屈"则均可。

　　这类使役动词多用于肯定句，少量用于否定句时，否定词常置于 V_2
前。如：

（16）女出来相看曰："小弟容易，乞老宿莫怪。"（P137）

（17）从上座对云："于此二途，请师不问。"（P344）

（18）有僧礼拜师，师作起势，僧云："请和尚不起。"（P606）

致使类使役动词都具有"叫、让、使"的致使语义，其句法意义可归纳为：致使主体对致使客体产生一定的作用和影响，从而导致客体发生某种情状。如："世尊有如是大慈大悲，开我迷云，令我得入。"（P23）此句致使主体"大慈大悲，开我迷云"导致客体"我"产生"入"这种情状。致使主体与客体之间产生的关系为致使关系，这种结构我们称为致使结构。因致使动词前、后的句法成分往往由小句充当（我们用 S 来表示），这种句法结构可以记为：

$$S_1 + V（致使）+ S_2$$

将致使结构与使令结构比较：

首先，句法构造不一。使令动词后常带兼语。如："于中若有灵利者，教他来专甲处。"（P200）"他"为兼语，既是"教"的受事，又是"来"的施事。致使动词后常常是主谓短语作宾语。如："若欲姻娉，莫婚他族，宜亲内姓，无令种姓断绝。"（P15）主谓短语"种姓断绝"为"令"的宾语；或形容词作宾语，如："师遂以药熏其眼令赤，时人号为赤眼归宗和尚焉。"（P572）形容词"赤"为"令"的宾语。

其次，使令结构可看作是双施力结构式，而致使结构只能看作是单施力结构式。其施力成分常常由小句 S_1 充当。如上一例句中"以药熏其眼"为施力成分。

此外，致使动词和使令动词本身比较。致使动词动作义弱，自主性差，可控度不强。即致使客体发出的某种情状并不是致使主体主观意识所能控制的。且致使客体常表示某种消极结果。如："莫令大众笑"（"笑"指嘲笑）、"不令犯人苗稼"、"莫使有尘埃"、"却令家破"等。

使令结构中兼语 N_2 均为有生命的人，如"屈老宿归房里吃茶"中的"老宿"，"请和尚打破将来"中的"和尚"。而致使结构中致使动词所带的小主谓短语 S_2，其小主语多是无生命或生命度低的物。如："你莫教根生。"（P170）"变了还教海气浑。"（P556）"无令种姓断绝。"（P15）句中的"根、海气、种姓"均为无生命或生命度低的事物。

使令结构中 V_2 是核心动词，自主动词，行为动词，而致使结构中 S_2 小句中的谓语可以由非自主动词充当。如："努力此生须了却，莫交累劫受诸殃。"（P407）|"进道先须立自身，直交行处不生尘。"（P334）|"（太子）则于城西北角留一马迹，令知腾空西北而去。"（P20）|"汝受佛嘱，弘扬正法，勿令断绝。"（P32）|"是故达摩大师从南天竺国来，传上乘一心之法，令汝开悟。"（P514）|"时时勤拂拭，莫遣有尘埃。"（P679）句

中"受、生、知、断绝、开悟"为状态动词，"有"为存现动词，动作义均不强。还有若干由形容词充当。如："鱼龙未变志常存，变了还教海气浑。"（P556）｜"拥之人聚而不聚，拨之令散而不散。"（P631）｜"今我此身著佛所与粪扫之衣及持僧伽梨等，经于五十七俱低，六十百千岁，慈氏佛出世，不令其朽坏。"（P32）句中的"浑、散、朽坏"等。

致使结构中 S_1 常常是一些抽象的事或名物化成分，是导致 S_2 发生某种变化的成因。如："岂无方便门，令学人得入？"（P574）｜"捨恶送何处？取善令谁守？"（P136）｜"参寻玄道莫因修，学处须教皂白分。"（P334）句中"方便门"、"取善"、"学处"均为抽象的事理或物。

通过比较可知，致使结构是使令结构进一步语法化的结果。导致使令结构语法化的原因有二：一是使令动词动作性弱化，二是所处句法环境发生了变化。《祖堂集》既表使令又表致使的是"教、令、使、遣"。"教"后来被"叫"代替（明代以后）（参江蓝生，2000：222），"使"发展到现代，已经成为使用频率较高的使役动词了。如"虚心使人进步，骄傲使人落后"，"这件事使我很为难"等。"令"的文言色彩还较浓。"遣"则退出了历史舞台。

致使结构和使令结构的不同之处还在于：致使结构具有连接句子的功能，从以上所举例句均可感觉到这一点，其进一步语法化的结果是一些致使动词成为前后两个分句的连接词，如"致使"。

五、从《祖堂集》使役动词的被动用法谈汉语被动介词的界定与优胜劣汰

《祖堂集》有些使役动词进一步虚化还可表示被动。如：

(1)（慧可）或在城市，随处任缘；或为人所使，事毕却还。彼所有智者，每劝之曰："和尚是高人，莫与他所使。"（P79）

(2)若遇种种苦乐不称意事，心无退屈。不念名闻衣食，不贪一切功德利益，不与世法之所滞。（P543）

"与"可以表示使役，如前文所举"何妨与他修行"，也可以表示被动，例(1)是"与 N 所 V"式，上文有被动式"或为人所使"与之同义相应；例(2)乃"与 N 之所 V"式，该句前文有"不被见闻觉知所缚，不被诸境惑"，后文有"不为阴界五欲八风之所漂溺"、"不为一切有为因果所缚"，均属被动句。"世法"即世谛之法、世间之法、因缘生之法，与"见闻觉知"、"诸境"、"阴界五欲八风"、"有为因果"等相类，这里的"与"显然表示被动关系，可用"被"替换，我们称之为被动介词。有些学者认为"被 NV"中

"被"介引施事，是介词，"被 V"中的"被"直接跟动词，是助词。笔者认为"被 V"乃"被 NV"之省，如"被他打了一顿"与"被打了一顿"，两句中"被"的性质相同，均应视为介词。

这里想要探讨的是：如何确定被动句的标准？从上古到近代究竟有多少被动标记词存在过，这些被动标记词发生了哪些兴替变化？遭受类动词、使役类动词、授与类动词与被动介词之间究竟有着怎样的微妙关系？它们的虚化轨迹如何？

被动句，顾名思义就是表达被动意义的句子。汉语的被动句有广义和狭义之分，广义的被动句包括带被动标记（被动介词）的被动句、意念被动句和受事主语句，狭义的被动句只指带被动标记的句子。限于篇幅，本文只讨论狭义被动句。

确定被动句的标准，除了语义上要求表示被动外，句型结构上还必须能进入下列句法框架：

Ⅰ. S＋被动介词＋N＋V（S 为主语，可以省略），如：

(3) 戴宗又苦苦哀告道："若是师父不肯去时，宋公明必被高廉捉了，山寨大义，从此休矣！"（《水浒传》五十二回）

(4) 原来我的丈夫也吃这厮杀了。（《醒世恒言》三十三卷）

(5) 说到"中国"两个字，他的声音差不多将将儿的能叫她听见。（老舍，《二马》）

"高廉"、"这厮"、"她"分别是被动介词"被"、"吃"、"叫"引入的施事。这种被动句如果调整语序可以转换成主动句，而句子的意思基本不变：

$$S＋被动介词＋N＋V \rightarrow N＋V＋S$$

宋公明必被高廉捉 → 高廉必捉宋公明

我的丈夫也吃这厮杀了 → 这厮也杀了我的丈夫

他的声音能叫她听见 → 她能听见他的声音

Ⅱ. S＋被动介词＋V（S 可以省略），例如：

(6) 是时会中千个罗汉数内，只有佛弟子阿难未证果位，会中维那白其上座，遣出阿难，不令在会。阿难既被遣出，不那之何，遂合掌望空，哀苦世尊。（《变文》卷五，《双恩记》）

(7) 千万看奴薄面，有人情好歹寻一个儿，只不教他吃凌逼便了。（《金瓶梅》十四回）

这种被动句其实是省去了施事 N 的 Ⅰ 式，施事均可根据上下文语境补出，语义不变：

阿难被（上座）遣出

他吃（官府）凌逼

它们同样可以还原为主动句：

（上座）遣出阿难

（官府）凌逼他（指花子虚）

　　一般说来，凡是符合上述语法意义和句法要求的句子都是被动句，这是判定被动句的基本标准。典型的标记词如"被、让、给、叫"等不会产生争议，但是在汉语史上还有一类词如下文提及的"遭"字句、"蒙"字句、"得"字句等也符合上述标准。它们是否也应该视为被动标记呢？如果从宽泛的角度，按照上面的标准它们也应该看作被动标记。前者"被、让、给、叫"等动词的意义很弱，基本表示被动，后者如"遭"、"蒙"等曾一度虚化为被动标记，也就是说在汉语史的发展过程中，它们或多或少地都充当过被动标记，我们不以次数的多寡，用频的高低作为判定的依据，而是根据被动标记度的强弱将其分为两类：a 类：强性被动标记，有"被、让、给、叫"；b 类：弱性被动标记，有"著（着）、教（交）、吃（乞）、蒙、得、遭、与、使、遭、把、拨"等。定性标准不变，强弱的高低划分主要依据句型结构的复杂与否，用频的高低以及用作被动标记的时间长短等。

　　我们知道被动介词与动词之间有着密切的渊源关系。根据上面提到的基本标准，按照其动词源义（虚化为被动标记词之前的基本意义）的不同将它们分成三类：

（一）由遭受类动词虚化而来的被动介词

　　由遭受类动词转化而来的被动介词有：被、吃（乞）、遭、蒙、得、著（着），"吃（乞）"字句详见冯春田（2000：601—604），"被"字句已经探讨得很充分。

　　1. "遭"字句

　　从句型结构看，"遭"字句可以进入上述两种句法框架：

　　Ⅰ. S 遭 NV（主语 S 可以省略），例如：

（8）（和尚）两度曾遭汝吃来，更将枯骨问元才。而今赦汝残生去，东　　土专心次第排。（《大唐三藏取经诗话》，题原缺第八）

（9）其媳妇来，不见其姑，问夫得知缘故，当衣饰赎姑，遭邻人盗去，　　其愤激自缢。（《型世言》，三十三回）

（10）蚊虫遭扇打，只为嘴伤人。（《金瓶梅》，八十三回）

例（8）"和尚"（承上文省略），例（9）"衣饰"和例（10）"蚊虫"既是句子主语，也是谓语动词"吃"、"盗"、"打"的受事；"汝"、"邻人"、"扇"既是"遭"的宾语，又是谓语动词 V 的施事。例（8）前文用"被"："项下是和尚两度被我吃你，袋得枯骨在此。"

如果将上述"遭"字句还原成主动句，则是：

（和尚）遭汝吃 → 汝吃和尚

衣饰遭邻人盗去 → 邻人盗去衣饰

蚊虫遭扇打 → 扇打蚊虫

Ⅱ.S 遭 V（S 可以省略），例如：

(11) 子仪先已被猜，臣今又遭毁默。（《旧唐书》卷一二一，《列传》七一）

(12) 我遭呵，不怕惧，去恐辱着三界主。（《变文》卷二，《维摩诘经讲经文》四；前文"被居士叱呵"可对照）

(13) 王闻生嗔，令杀诸狗。城中诸狗既遭杀害，因即逃窜出国去者。（《根本说一切有部毗奈耶破僧事》卷一七）

例句中的施事 N 均可根据文意补出。例（11）"毁默"的施事当为奸邪小人，前文用"被"，这里用"遭"，前后相应。例（12）省去了"呵"的施事"居士"，由上文"又缘我初悟道，未晓真源，已曾被居士叱呵"可知，又前文用"被"，这里用"遭"，前后相应。例（13）省略了施事"人"。

以上从语义和句型两方面论述了"遭"字句具有被动句的特点，前辈学者（袁宾，1989；唐钰明，1988）已经论证"被"字句发展到唐五代时期具备了其他一些特点，下文将"遭"字句和其一一比照。

"被"字句的谓语动词可带宾语：

(14) 尔时善友太子被剌两目。（《变文》卷五，《双恩记》）

"遭"字句的谓语动词也可带宾语：

(15) 饶俊须遭更姓字，任奸终被变形仪。（《变文》卷一，《左街僧录大师压座文》）

(16) 曾遭宁戚鞭敲角，又被田单火燎身。（《全唐诗》卷七五七，徐锴，《咏卧牛》）

"被"字句的谓语动词可带补语，如：

(17) 不辞便往传尊旨，必被他家挫辱回。（《变文》卷五，维摩诘经讲经文四）

"遭"字句的谓语动词也可带补语：

(18) 我由斯恶业，命终堕地狱。经无量千岁，具受诸楚痛。地狱命既终，复受傍生趣。山中遭害死，还堕于地狱。(《根本说一切有部毗奈耶药事》卷一七)

"被"字句有两种否定形式：①否定词位于"被"字之前。②否定词位于"被"字之后、谓语动词之前。如：

(19) 自己但不被一切有无诸境转。(P545)

(20) (张生)觑着莺莺，眼去眉来，被那女孩儿不睬不睬！(《董解元西厢记》卷一)

"遭"字句也有这两种否定形式：

(21) 腹生奚强有亲疏，怜者为贤弃者愚。储贰不遭谗构死，隋亡宁便在江都。(《全唐诗》卷七二九，周昙，《独孤后》)

(22) 贤人君子自植其身，不可不慎择所处，一旦遭人不爱重，如此菊也，悲伤奈何？(《全唐文》卷三八二，《菊圃记》)

当然，否定词位于被动标记词之后，这种情况在近代汉语才有，现代汉语中否定词一般只能置于被动介词之前。

"被"字句的谓语动词前，有时加上"所"、"见"或"相"，构成"被N所/见/相V"格式，例如：

(23) 师叹曰："我是沙门，被尼众所笑，滥处丈夫之形而无丈夫之用。"(P728)

(24) 行百余步，见吏拘清流县令郑晋客至，是延之外甥。延之问："汝何故来？"答曰："被人见讼。"(《广异记》)

(25) 丈夫未达于前，遂被妇人相识。(《变文》卷一，《伍子胥变文》)

同样，"遭"字句也常见"遭N所/见/相V"格式，如：

(26) 其人未出境，遭边吏所擒，仍于囊中得所撰表章，于是收为与奔者，俱械而送。(《四库全书》史部，杂史类，《五代史补》卷五)

(27) 适之以祖得罪见废，父又遭则天所黜，葬礼有阙。(《旧唐书》卷九九，《列传》四九)

(28) 耆小言："国人尝乘船捕鱼，遭风见吹数十日。东得一岛。上有人，言语不相晓。"(《太平广记》卷四八〇)

(29) 既遭父母相嫌虐，转转思量生毒恶。(《变文》卷二，《报恩经》一一)

(30) 未遇善缘相鼓击，且遭烦恼相埋藏。(同上书，《妙法莲华经讲经文》二)

"被"可以表示原因：

> （31）宋江道："观察久等，却被村里有个亲戚，在下处说些家务，因此耽搁了些。"（《水浒传》一七回）

"遭"也可以表示原因：

> （32）昔汉氏承秦，经籍道息，旁求湮坠，详究难明。孝武初，议立明堂于长安城南，遭窦太后不好儒术，事乃中废。（《旧唐书》卷二二，《志第二》）

"遭"的原因义由"乃"推知。

"遭"字句和"被"字句的相同还体现在它们用作被动标记有很多前后对举的例子，如：

> （33）陛下下苍黄西出，内官奔命东来，黎庶尽被杀伤，衣冠悉遭屠戮。（《旧唐书》卷一八二，《列传》第一三二）

> （34）时时爱被翁婆怪，往往频遭伯叔嗔；（《变文》卷二，《父母恩重经讲经文》一）

> （35）赢骨欲销犹被刻，疮痕未没又遭弹。（同上书，卷四一六，元稹《寄乐天二首》）

> （36）多中更被愁牵引，少处兼遭病折磨。（同上书，卷四五八，白居易《春晚咏怀赠皇甫朗之》）

> （37）远思遭诗恼，闲情被酒牵。（同上书，卷四九八，姚合《游春十二首》）

> （38）免遭拽盏郎君谑，还被簪花录事憎。（同上书，卷七〇五，黄滔《断酒》）

> （39）春咏敢轻裁，衔辞入半杯。已遭江映柳，更被雪藏梅。（同上书，卷五三九，李商隐《江亭散席循柳路吟》）

> （40）已被儿童苦攀折，更遭风雨损馨香。（同上书，卷五六九，李群玉《人日梅花病中作》）

> （41）少小带经锄，本将兄共居。缘遭他辈责，剩被自妻疏。（同上书，卷八〇六，《寒山诗》）

> （42）我一世唔曾被人棍骗，今遭此泼妇勒去我田三十亩，实在不甘，想去告官，系我讹诈在先，若哑口吞声实在唔抵。（清，《俗话倾谈》二集）

以上"遭"和"被"同义对举，从情感倾向来看，除例（39）外，其余均表示不如意的事情。

也偶见"遭"和"被"连用的例子：

（43）成都道："末将攻城之时，他已开了南城逃走，末将想南城有尚师徒把守，必被遭擒。"（《说唐》第二十回）

也有和被动介词"见"对举使用的例句：

（44）或以直言而遭箠扑，或以忤意而见猜嫌，一概雷同，并罹天宪，恐于王道，伤在未弘。（《旧唐书》卷八二，《列传》第三二）

（45）适之以祖得罪见废，父又遭则天所黜，葬礼有阙。（《旧唐书》卷九九，《列传》四九）

（46）沙门曰："凭恃国威游方问道，羁旅异域载罹寒暑。动遭凌辱语见讥诮，负斯忧耻讵得欢心。"（《大唐西域记》卷七）

另外不同版本的对照，也可以证明"遭"的被动用法：

（47）何必走马来为问，君不见嵇康养生遭（一作被）杀戮。（《全唐诗》卷二二二，杜甫《醉为马坠诸公携酒相看》）

（48）夫子嵇阮流，更被（一作遭）时俗恶。（《全唐诗》卷二一八，杜甫《有怀台州郑十八司户》）

"遭"一作"被"，"被"一作"遭"，"遭"当表被动。

更重要的是"遭"的被动用法还保留在活的方言里：

我遭他骂了一顿。｜贼娃子遭整安逸了。（以上四川成都方言，据崔荣昌，1997：107）

遭打了。｜遭他骂了。｜遭人抢了。｜遭天谴。（以上湘方言，据袁宾访问学者黄青口述，湘潭人）

以上种种都说明了"遭"字句与"被"字句在句型格式方面的诸多相同之处，也可以印证两者具有相同的语法性质，即均属被动句式。

前面我们提出了界定被动标记词的标准，无论是语义上还是句型框架上"遭"字句都与"被"字句相似，即它们都是被动句。一些语法著作如王力《汉语语法史》，杨伯峻、何乐士《古汉语语法及其发展》，吕叔湘《中国文法要略》等均未涉及这一点。《汉语大词典》（缩印本）"遭"字条没有被动介词这一义项，但是在随后所列的词条中却多次使用"被"来解释。例如，遭害：犹言被杀害。遭执：被囚执。遭累（—lěi）：谓因事被牵连到。遭诛：被杀。（例句不转引）而在"吃"字条中则收有"介词。被，让"这一义项。也就是说"吃"作为被动标记词已经得到学界认可，而"遭"一般都是被看作动词的。

我们认为"遭"可以和"被"在并列对应的语言结构中同时使用，应该同等看待。而事实上，有些遭受义动词在一些方言中已经演化成了被动标记，"遭"就是其中之一。

"被"表被动，一般认为是由"被"的"遭受、蒙受"义演化而来，当"被"后面带上动词宾语时就有了重新分析的可能（P. A. Bennett，1981；蒋绍愚，1994），如："国一日被攻"（转引蒋绍愚，1994：199）可以重新分析为：

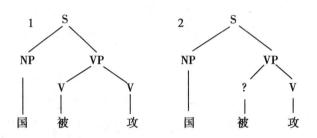

当"被"后添加上施事 N 时，就是典型的被动句了。

我们知道遭受义不是"被"字句的强势语义，"被"的本义是被子。《说文》："被，寝衣。长一身有半。从衣，皮声"，此外还有覆盖义。当"被"后带上动词宾语"攻"时，人们注意的重心已经转移到那个动词宾语"攻"上面，此时"被"表遭受的词汇意义受到了抑制，在这种情况下"被"失去了动词的功用，渐渐虚化为被动标记词了。

"遭"的语法化历程与"被"大致相近，其语法意义来自其"遭受、蒙受"义，在六朝文献里，"遭"基本用作：①动词遇到义，后接名词性宾语。诸如"遭荒乱"、"遭值董卓之难"、"遭凶父之业"、"遭大旱"之类；②动词遭受义，后接动词性宾语。如："严遵为扬州刺史，行部，闻道傍女子哭声不哀。问所哭者谁。对云：'夫遭烧死。'"（《搜神记》卷一一）"庾宏为竟陵王府佐，家在江陵。宏令奴无患者载米饷家，未达三里，遭劫被杀，尸流泊查口屯。"（《古小说钩沈》下，《幽明录》）后句"遭"和"被"同义对举，可以看出它们之间的密切关系。只有当"遭"带上动词性宾语时才有重新分析的可能："遭＋动"由"动词＋宾语"重新分析为"被动标记词＋动词"，当然这种分析也同样受到当时已有的"被"字句、"见"字句的影响，是类推机制促使"遭"字句发生了重新分析。在六朝时期，以现有的语料库，我们尚未找到"遭"后引进施事 N 的句子，而到唐五代时期，"S 遭 N V"句式大量出现，并且"遭"的被动句式越来越复杂（见上文例句）"遭"字被动句一旦成形，也将沿着"被"字句的发展轨迹前进，有了带宾语、带补语，组成"遭……所"、"遭……见"、"遭……相"固定被动格式等的用法。并且常常和"被"、"见"等被动介词对举使用，《全唐诗》中出现的大量用例说明了这一点。可以说"遭"字被动句到晚唐五代时期已经发展成熟了。

　　但是我们也应该看到，"遭"字句虽然与"被"字句在句型结构、语法意义上表现出极强的相似性，但二者的虚化程度和虚化结果是不一样的。前文已经说过，"被"的遭受义是其弱势语义，而"遭"正好相反，其表达的遭受义一直是其强势语义，表现在同一共时平面（如隋唐五代），"遭"在表达被动语法意义的同时还保留了动词的用法，后面可以带名词性宾语，如"遭灾、遭难、遭风浪、遭白水、遭此祸、遭疾病、遭大火"等（据语料库检索①）。而"被"一旦用作被动标记词，其原先的动词遭受义就已消失，不再出现带名词性宾语的情况。可以说"遭"在语义上是虚实兼备的，当它表达被动的语法意义时，其动词源义就很弱；当它带上名词性宾语时，其动词源义就较强，语法性质的游移性决定了它虚化的程度没有"被"那样彻底。事实上，很少有介词像"被"一样彻底摆脱原有的动词性。因此，即使在句型结构和语法意义完全与"被"字句等同的情况下，一些学者还是倾向于将其看成动词而不分析为被动标记词。其实，有些"遭"字被动句用"遭受"这一词汇意义来解释是很勉强的。如上文"遭诗恼"、"遭人不爱重"、"遭更姓字"、"遭扇打"、"遭邻人盗去"等，只是因为"遭"的词汇意义和其语法意义太相近了，人们无法排除这一干扰，从而走向了另一极端，将"遭"字句所具有的语法意义都视为词汇意义，也最终抑制了"遭"字被动句的进一步发展。但作为一名语言工作者，我们有必要还其本来面目，正确认识"遭"在其特定历时阶段作为被动标记词的用法。

　　此外调查的语料也显示，"遭"字句在用频上绝对不能和"被"持平。一方面，正如前文分析是受本身强势语义的制约；另一方面，是否文人学士在选择被动句表达式时，有意避开它？"遭"字句到晚清时期已经用例不多了。

　　通过以上"遭"字句的分析，我们有理由这样说：与"被"相仿，历史上"遭"字句也经历过词汇意义逐渐虚化的过程，即"遭"曾经拥有过一段时期的作为被动标记词的用法，现代方言就是其明证。在汉语发展的不同历时阶段，除了"遭"字句以外，以下所列举的"蒙"字句、"得"字句等均经历过这样一个过程，只不过它们在汉语的不同历时阶段，用作被动标记词

---

① 隋唐时期所检索的语料库包括《旧唐书》、《新唐书》、《旧五代史》、《新五代史》、《朝野金载》、《隋唐嘉话》、《大唐新语》、《唐摭言》、《河东记》、《全唐诗》、《全唐词》等74种文献。

的时间或长或短，有的长达数百年，有的则昙花一现罢了。

2. "蒙"字句

"蒙"字句作为一种被动句，袁宾（2005）在研究汉语史上拥有另一类以表达顺意倾向为主的被动句时已经作了翔实而深入的论述，现转引数例：

(1) 子胥蒙他教示，遂即拜谢鱼人。（《敦煌变文校注》卷一，伍子胥变文；句型：S 蒙 NV）

(2) 一国人传说，七朝大会开。诸僧蒙供养，此事没人偕。（《敦煌变文校注》卷五，维摩诘经讲经文六；句型：S 蒙 V）

(3) 早蒙领纳陈词，何感（敢）更消礼谢？（《敦煌变文校注》卷五，维摩诘经讲经文二）

(4) 倘蒙存留微命，当以捐躯保奏。（《水浒全传》五八回；句型特点：谓语动词可带宾语）

(5) 樵夫道："我一生命苦，自幼蒙父母养育至八九岁才知人事。"（《西游记》一回；句型特点：谓语动词可带补语）

(6) 其友用（宋）玉此言，遂到孟尝君之家，三年，不蒙采用。（《敦煌变文校注》卷二，前汉刘家太子传；句型特点：否定词位于"蒙"前）

(7) 若蒙不杀收留，誓当效死，报答大恩。（《水浒全传》六〇回；句型特点：否定词位于"蒙"前）

(8) 小人是当牢节级兰仁，前日蒙知府高廉所委，专一牢固监守柴进，不得有失。（《水浒全传》五四回；句型：蒙……所）

(9) 辛亶再拜而谢曰："幸蒙先生见责，实觉多违。谨当刮肌贯骨，改过惩非。"（《朝野佥载》卷四；句型：蒙 N 见 V）

(10) 今日就蒙相劝，便奉指踪，愿陪大士之同行，随从赴庵园礼佛。（《敦煌变文校注》卷五，维摩诘经讲经文二；句型：蒙 N 相 V）

(11) 始被鸿胪识，终蒙御史知。（《全唐诗》卷八六九，刘行敏，又嘲杨文瓘；句型特点："蒙"、"被"对举）

(12) 臣以空虚，被蒙拔擢，入充近侍，兼典机衡。（《三国志》卷一三，裴注引《魏略》；句型特点："蒙"、"被"同义连用）

袁宾《"蒙"字句》一文，不仅论述了"蒙"字句属于被动句，更重要的是文章揭示了汉语史一个重要事实，即被动式里拥有顺意倾向的"蒙"字句，它从汉代产生以后，长期频繁使用，在情感倾向方面与表逆意倾向的"被"字句形成分工、互补关系。该文还阐说了语言的类化机制（同类化和异类化）是"蒙"字句顺意倾向产生并强化的深层动因、"蒙"字句的产生和发展等。

3. "得"字句

"得"作为被动标记，袁宾（1992：245）已经提及，下文亦转引《"得"字句》几例说明"得"字句的被动性质：

(1) 阮小二、阮小五、张顺却得混江龙李俊带的童威、童猛死救回去。（《水浒全传》六四回；句型：S 得 NV）

(2) 田（洪）谓（崔）绍曰："洪别公后来，未经旬日，身已谢世矣。不知公何事，忽然到此？"绍曰："被大王追勘少事，事亦寻了，即得放回。"（《河东记·崔绍》；句型：S 得 V）

(3) 花荣在厅上称谢三个好汉，说道："花荣与哥哥皆得三位壮士救了性命，报了冤仇，此恩难报。"（《水浒全传》三四回；句型特点：谓语动词带宾语）

(4) 又将来掼在水里，头脸都磕破了，险不冻死，却得相识救了回来。（同上书，三二回；句型特点：谓语动词带补语）

(5) 今日不得吴教授相引，如何得会！（同上书，一五回；句型特点：否定词位于"得"前）

(6) 汤隆道："若得哥哥不弃，肯带携兄弟时，愿随鞭镫。"（同上书，五四回；句型特点：否定词位于"得"后）

(7) 季布得他相接引，擎鞭执帽不辞辛。（《变文》卷一，捉季布传文；句型：得 N 相 V））

(8) 此子之父，乃海州弘农人也。姓陈名萼，字光蕊，官拜洪州知府。携家之任，买舟，得江上刘洪者，将夫推堕水中，冒名作洪州知府。（《元曲选外编·西游记》三折；句型：被 N 将/把……V）

(9) （武松）转发东平府后，得陈府尹一力救济，断配孟州。（《水浒全传》三二回；句型特点："得"管控多个小句）

(10) 夜长争得薄情知，春初早被相思染。（《全宋词》，姜夔，踏莎行；句型特点："得"、"被"对举）

"得"字句表示被动，我们还找到方言佐证：

湖南常宁：老李得狗咬了一口．（吴启主，1998：207）

湖南安仁：玉生得拒打哒。（陈满华，1995：162）

山西临汾：茶杯得他打坏了。（侯精一，温端政主编，1993：285）

4. "著（着）"字句

"著（着）"表被动，始见于晚唐五代，一直沿用至明清时期，同样也有两种句型：

　　Ⅰ. S 著（着）NV，如：

（1）却公不易胜，莫著外家欺。（《全唐诗》卷三〇二，王建《句》）

（2）一度着蛇咬，怕见断井索。（《五灯》卷二〇，龙翔士珪)[1]

（3）邢州是朱温家后门，他与阿妈不和，倘若索战，俺两个死不打紧，着人知道呵，不坏了阿妈的名声！（《全元杂剧》，关汉卿《邓夫人苦痛哭存孝》，第一折）

　　Ⅱ. S 著（着）V，如：

（4）燕子单贫，造得一宅，乃被崔儿强夺，仍自更著恐吓，云明敕括客，标入正格。（《变文》卷七，燕子赋）

"著（着）"字句的谓语动词可带宾语：

（5）这厮睁着眼，觑我骂那死尸；脦着脸，着我咒他上祖。（《全元杂剧》，石君宝《鲁大夫秋胡戏妻》；按，该句下文："我吃他骂了这一顿，我将着这饼黄金，回家侍养老母去也。"）

也可带补语：

（6）你若休了媳妇，我不嫁你呵，我着塘子里马踏杀，灯草打折臁儿骨。（同上书，关汉卿《赵盼儿风月救风尘》，第三折）

谓语动词 V 是并列短语：

（7）常着人摔翻踢打，酒醒时后悔不及。（同上书，刘唐卿《降桑椹蔡顺奉母》，第一折）

"著（着）"和处置式结合，构成"著（着）……将把"句式：

（8）兀那婆婆，你是那里人氏？姓甚名谁？因甚着这个人将你勒死？（《窦娥冤》）

（9）如还没事书房里走，更着闲言把我挑斗。（《西厢记诸宫调》卷四）

"著（着）"、"被"同义连用：

（10）羞颜易变，傍人先觉，到处被著猜防。（苏轼《雨中花慢》）

（11）想着俺只一夜短恩情，空叹了千万声长吁气，枉教人道村里夫妻。撇下个寿高娘，又被着疾病缠身体。（《全元杂剧》，石君宝《鲁大夫秋胡戏妻》）

---

　　[1]　转引袁宾（1992：245），《五灯》上文有："佛眼问曰：'既是龙门，为甚么却被蛇咬？'"（卷二〇，云居善悟），可比照。《初刻拍案惊奇》卷一则用"吃"："一年吃蛇咬，三年怕草索。说到货物，我就没胆气了，只是守了这些银钱回去罢。"

关于"著（着）"表被动，吴福祥（1997）认为来源于其动词的"遭受"义，冯春田（2000）说是使役句的转化。"著（着）"表被动唐五代已见用例，要证明其来源于使役动词，必须找到在这之前的表示使动的用法，在现有的语料库里，我们只检得同时期的几例：

(12) 凤凰云："燕子下牒，辞理恳切，雀儿豪横，不可称说。终须两家对面分雪，但知臧否，然可断决。"专着（差）□鹞往捉。（《变文》卷七，燕子赋；按，有的本子作"差"）

(13) 个中着我添图画，便是华亭落照湾。（《船子和尚拨棹歌》）

(14) 其弟子等来到慎言处觅船，慎言与排比一只船，着人发送讫。（《入唐求法巡礼行记》卷一）

(15) 若已取解，及免取解赴选，在外未来者，不得着人承替。（《全唐文拾遗》卷一一，《磨勘郊礼行事官敕》）

冯春田（2000）所举王建《和蒋学士新授章服》诗："看宣赐处惊回眼，著谢恩时便称身。""著"还应是"著衣"之"著"，由"称身"一词可知。唐之前"著（着）"用作使动的例句，我们没有找到，冯文也未指出。因此，我们不能十分肯定地说"著（着）"是由使役动词转化而来。"著（着）"的使动用法宋元明文献才多起来。例如：

(16) 女儿听得，来到母亲房中，说道："你是婆婆，如何不管？尽着她放泼，象甚模样？被人家笑话！"（《清平山堂话本》卷二，《快嘴李翠莲记》）

(17) 金风渐渐，疏雨潇潇。多被那无情风雨，着老夫不能合眼。（《全元杂剧》，杨显之《临江驿潇湘秋夜雨》）

(18) 适值我婆婆患病，着小妇人安排羊肚汤儿吃。（《窦娥冤》）

因此，我们还是倾向于认为"着（著）"的被动用法来源于其遭受义。"着"作为被动标记词，现代汉语普通话已经不使用了，但它的被动用法还保留在不少方言中：

四川成都：包包（提包）着扒手扒了。（张一舟、张清源、邓英树，2001：316）

山东荣成：家里找（＝着）你作损得还有个弄儿吗？（钱曾怡，2001：305）

山东利津：那本书着他拿去了。可着他气煞俺了！（钱曾怡，2001：305，307）

河北满城：脚着石头砸咧。（许宝华、宫田一郎，1999：5806）

湖南益阳：着狗咬一口。（崔振华，1998：208）

湖南湘潭：他着单车碰咖一下。（曾毓美，2001：83）

四川南充：他着狗咬了一口。（许宝华、宫田一郎，1999：5806）

云南昆明：街上有个老倌儿着车冲着了。（张华文，2002：65）

贵州贵阳：我着骗了。我着他吼（训斥）几大句。（李荣综合本，2002：4006）

江西黎川：碗着渠打破了。（颜森，1993：164）

（二）由使役类动词虚化而来的被动介词

由使役类动词虚化而来的被动标记词如"让"字句、"教（交，叫）"字句等前人多有论述（桥本万太郎，1987；江蓝生，1999；冯春田，2000），值得注意的是近代汉语还有下列使役动词可用作被动标记。

1. "使"字句

"使"表被动例句较少，主要为"S 使 NV"句式：

(1) 夜深不敢使人知，偷将大石捶折臂。（《全唐诗》卷四二六，白居易《新丰折臂翁》）

(2) 饥时节喂些草，渴时节饮些水。着皮肤休使尘（粗）毡屈，三山休使鞭来打，砖瓦上休教稳（隐）着蹄。（《借马》）

(3) 如铭等有好歹时，亦愿爷爷深埋着，不要触污天地，使鸦鸟残吃。（《正统临戎录》）

(4) 谁知他贼人胆虚，只当鸳鸯已看见他的首尾了，生恐叫喊起来使众人知觉更不好。（《红楼梦》第七十一回；以上例句分别转引江蓝生（2000：235）冯春田（2000：616），桥本万太郎（1987））

(5) 却说姚家的轿子送了一个回去，就抬了一个转来。两家都顾惜名声，不肯使人知道。（李渔《十二楼·十卺楼》，第二回）

(6) 匡胤道："三弟，你便不知事势，这行兵之道，贵乎神速，若迁延时日，不惟我兵懈怠，且使贼人设策，必败之理也，如何等待得他？"（《飞龙全传》第四十五回）

(7) 妙观心惊道："奇哉此童！不知自何处而来。若再使他在此观看，形出我的短处，在为人师，却不受人笑话？"（《二刻拍案惊奇》卷二）

2. "遣"字句

"遣"表被动例句也很少：

(1) 此诗勿遣闲人见，见恐与他为笑资。（《全唐诗》卷四四五，白居易

《和酬郑侍御东阳春闷放怀追越游见寄》)

（2）花前失意共寥落，莫遣东风吹酒醒。（同上书，卷五三四，许浑《下第贻友人》)

（3）阿你浦（逋）逃落藉，不曾见你赓王役，终遣官人棒脊，流向儋、崖、象、白。（《变文》，燕子赋；此例转引江蓝生，2000：226）

第一句似两可理解，既可理解成勿使闲人见，也可理解为勿被闲人见。第二句"遣"引进的施事为无生物"东风"，表被动。第三句"遣"前面有副词"终"，表示最终会实现，"遣"转化为被动介词。

（三）由授与类动词虚化而来的被动介词

由授与类动词虚化而来的被动介词如"与"字句，"给"字句等前人多有论述，此外还有：

1."把"字句

"把"表被动例句较少：

（1）伺候三年之后，变为牛、羊、犬、豕，生在世上，把人剥皮，把人炒骨，吃人秽污，受人打骂。（《三宝太监西洋记》第八十八回；此句是说变为牛、羊、犬、豕，被人剥皮、炒骨，而非处置式。）

（2）帏中触抹着把人蹬，狠气性，蹬杀我也不嫌疼。（《全元杂剧》，仇州判，和酸斋，金莲；按，由下句"蹬杀我也不嫌疼"可知是被人蹬。）

（3）这明明是天赐我两个横财，不取了他的，倒把别人取了去？（《元曲选》，杀狗劝夫，第二折；转引袁宾，1992：245）

（4）若他不在，只见得姨娘，他一个不认账，叫我也没趣，况且把他得知了，移了窠，叫我再那里去寻。（《型世言》第二十六回）

这种被动用法还保留在方言中。例如：

湖北武汉：莫把他看到了。（李荣综合本，2002：1673）

江苏丹阳：把狗子咬则一口。（李荣综合本，2002：1675，按，处于吴方言和江淮官话交界地带）

江西萍乡：把钉子挂烂咧。（李荣综合本，2002：1676）

"把"的被动义由给予义而来：

（5）解士（事）把我离书来，交〔我〕离你眼去！（《变文》卷六，舜子变）

（6）花纹道："狗呆，若送了官，不如送沈兄，平日还好应急。沈兄，你便好歹把他十之一吧。"（《型世言》第十五回）

（7）官若不留些颜色，不开个空隙把他，他也不敢入凿。（同上书，第三十回）

（8）皮匠便跌脚道："这原是你教我的，如今这些物件到官都要追出去，把我何用？"（同上书，第二十七回）

（9）周一是一个伶俐人，想道："张三这赌贼抓得上手，就要赌，便是老婆的也不肯把他，怎有这瞎眼亲眷拿与他，左右是送了。"（同上书，第三十六回）

上述例句中的"把"都表示给予义。笔者江淮方言中"把"亦有给予义。

2．"拨"字句

"拨"表被动有较浓厚的方言色彩。《海上花列传》有不少用例。如：

（1）雪香道："我养来哚倪子，要像仔俚哚堂子里来白相仔末，拨我打杀哉。"（第六回）

（2）说起来是利害哚。还是翠凤做清倌人辰光，搭老鸨相骂，拨老鸨打仔一顿。（同上）

（3）翠凤忙低声喝住，笑道："耐阿怕难为情嘎？拨俚哚来看见仔，算啥？"（第八回）

"拨"表示被动还保留在方言里：

上海：掰杯老酒拨伊吃脱勒。（游汝杰，1998：72）

浙江杭州：脚踏车拨我们阿哥骑走得。（鲍士杰，1998：72）

浙江舟山：茶杯拨其敲破了。（方松熹，1993：146）

浙江宁波：手骨拨蛇咬一口（手被蛇咬了一口）（转引阮桂君硕士论文《宁波方言的有标被动句》2004）

一般认为"拨"的被动用法来自动词"拨"的给予义：

（4）子富听了，直跳起来，指定翠凤嚷道："耐阿听见无（女每）教我吃？耐阿敢勿拨我吃？"（《海上花列传》第六回）

（5）耐就去拿仔一块砖头来送拨我，我倒也见耐个情。（同上书，第八回）

（6）翠凤道："勿然末，耐去拿个凭据来拨我。我拿仔耐凭据，也勿怕耐到蒋月琴搭去哉。"（同上）

通过以上考察，我们大致可以了解汉语被动句的系统。来自遭受、获得类动词的被动标记有："被、吃（乞）、遭、蒙、得、著（着）"等，来自使役类动词的被动标记有："让、教（交，叫）、使、遣"等，来自授与类动词的被动标记有："与、给、把、拨"等。上古汉语主要使用"於（于）"字句，如：劳心者治人，劳力者治于人。（《孟子·滕文公上》）"见"字句，如：吾长见笑于大方之家。（《庄子·秋水》）"为"字句：止，将为三军获。（《左传·襄公十八年》）到了战国末期产生了"被"字句：今兄弟被侵，必攻者，廉也；知友被辱，随仇者，贞也。（《韩非子·五蠹》）大约到唐五代时期，"被"字句发展完全成熟起来，不仅可以添加各种成分，而且出现了各种复杂形式，此后"被"字句一直占据了汉语被动句的主导地位。中古汉语基本沿用上古被动句式，被动句呈缓慢发展趋势。近代汉语时期，被动句的发展表现在两个方面：一方面，被动句的句型结构更加复杂。例如"遭"字句，在六朝时期，我们尚未见到"遭"后引进施事 N 的句子，而到唐五代时期，"S 遭 NV"句式大量出现，并且"遭"的被动句式越来越复杂（见前文论述），可以说"遭"字句到唐五代时期完全发展成熟了。又如"蒙"字句，据袁宾（2005b），"至迟在《汉书》的成书时代（东汉前期），'蒙'字句已经产生并进入了书面作品"，"蒙"字句引进施事 N 的现象，在《三国志》20 例"蒙"字句中仅找到 1 例，而《变文》102 例"蒙"字句中，"蒙NV"就有 47 例，使用率为 40%，《水浒传》的使用率则为 62%，"得"字句、"著（着）字句"的情况亦如此。另一方面，近代汉语时期出现了不少新的被动句式，较有代表性的是："吃"字句："莺共燕，吃他拖逗。"（柳永，《红窗回》）"给"字句："就是天，也是给气运使唤着，定数所关，天也无从为力。"（《儿女英雄传》第三回）"让"字句："可说我让你骂了好几句了，你再骂，我不依了。"（《醒世姻缘传》第六十回）"伊老者还要揪他的脖领儿，让小连刁住了腕子，往后一推，伊老者可就闹了一个豆蹲儿。"（《小额》）"教（交，叫）"字句："见说上林无此树，只教桃柳占年芳。"（白居易《石榴树》）"茗烟又嘱咐他不可拿进园去，'若叫人知道了，我就吃不了兜着走呢。'"（《红楼梦》第二十三回）"与"字句："龙香道：'姐姐也见得是。且耐心着，不要烦烦恼恼，与别人看破了，生出议论来。'"（《二刻拍案惊奇》卷九）"着"字句等。"吃"字句产生最迟不晚于北宋（江蓝生，1989），元明以来也写作"乞"，起初用例较少，而到了宋元话本、元明长篇白话小说以及明代拟话本中使用就十分频繁了，但"吃"字句消失得也很早，在清代白话小说《红楼梦》、《儒林外史》中就不见踪影了。"与"的被动用法出现于唐代，一直沿用到明清时期，和"吃"相比，"与"的用频较低。"著（着）"表被动，唐五代始见零星例子，以后发展很缓慢，但到清代以后用例多了起来。"教（交，叫）"表被动也是始于唐代，明末清初以后则写作"叫"，"让"表被动则是很晚的事，在《醒世姻缘传》才找到例句。

"叫"和"让"现在北方口语中大量使用着。"给"的出现也很晚,要到清代以后。

在这些被动句系统中,目前学术界普遍认可的有:典型被动标记"被",上古汉语的"于"、"见"、"为",近代汉语的"吃"、"与"、"教(交、叫)"、"著(着)",现代汉语的"让"、"叫"、"给"等。也就是说这些词的被动地位已经得到大多数学者的认可。我们认为以上"遭"字句等在特定历时阶段也应看作被动标记。汉语的被动标记系统无论从用频还是从使用的时地范围来讲都是不均衡的,如学界已确认的被动标记"与"和"吃",也只是集中使用在唐宋元明清这一段历史时期,且用频不是很高。被动标记词似有过一段泛化时期,主要集中在唐至清末。其间可能还潜藏有其他一些被动标记词,有待进一步研究。

汉语史上的被动标记词经历了很长一段时间的竞争,在此过程中它们遵循着优胜劣汰的自然法则。近代汉语时期,曾涌现出一批新的被动标记词,但是它们使用的时间都不长。而"被"一旦作为被动标记确立下来就获得了牢不可破的统治地位,一方面是因为其他被动标记还顽固地保留着动词语义,其动词的强势语义制约了自身的发展。例如"得"字句在汉代已见萌芽,并一直使用至元明时期,但由于其动词义"获得,得到"自古至今都是常用义,一直占据强势地位,阻碍和抑制了"得"字句更广泛更长久的使用。在今人作品里,已经不再用"得"来表示被动了。而"被"不同,自从用作标记词后,其表遭受的动词义逐渐淡出,表被动的语法意义得到强化。另一方面,对于整个被动系统而言,人们既然有意选择了"被"作为标记词,同时也就限制了对其他被动标记的选择,这些被动标记的使用范围渐渐受到限制,最终被排挤出去,其作为被动标记的用法仅保留在某些方言里。此外近代汉语末期出现的新兴被动标记词"叫、给、让"在一定程度上对以上被动标记的排挤也起了推波助澜的作用。直到现代汉语,"叫、让、给"仍然在大量使用着,成为除"被"以外的主要被动标记词。

袁宾《"蒙"字句》(2005)在论述汉语被动句的情感倾向问题时指出"在汉语发展史及其丰富的语言现象中,除了逆向倾向的被动句外,还存在着另一类以表达顺意倾向为主的被动句"。上文所列举的被动介词似也可纳入这两大系统,具体来说,"蒙、得"以表达顺意倾向为主,"被、吃、遭、著(着)、遭、使、与、给、把、拨"以表达逆意倾向为主,它们之间形成分工、互补的关系,更加适应丰富多彩的汉语言表达的需要。

六、表被动来源的使役动词、遭受动词、授与动词三者之间的关系

以上分析可知，汉语的被动标记几乎都来自于遭受类动词、使役类动词和授与类动词，同时我们也发现，这三类动词之间也有联系，一些遭受获得类动词和授与类动词都有表示使动的用法，如：

"得"表使役：

(1) 妇人决列（烈）感山河，大哭即得长城倒。（《变文》卷五，孟姜女变文）

(2) 之罘南山来，文字得我惊。（《全唐诗》卷三四〇，韩愈《招杨之罘》）

(3) 所为身分，举止得人嫌，事事不通疏，没些灵变。（《西厢记诸宫调》卷七）

(4) 这汉从来没缝罅，五十六年成话霸，今朝死去见阎王，剑树刀山得人怕。（《续传灯录》卷二一）

(5) 阿弥陀佛！得他老人家活二百岁才好。（《醒世姻缘传》二三回）

(6) 那汉子生得人怕。（《杨温拦路虎传》）

(7) 陈巡检自思："东京曾遇紫阳真人借罗童为伴，因罗童呕气，打发他回去。此间相隔数千里路，如何得紫阳到此？"（《陈巡检》）

"被"表使役：

(1) 廷秀惊道："有这等事！如何坐在这里？其中可疑。快些拿住，莫被他走了。"（《醒世恒言》卷二〇）

(2) 它当初也说那里险阻，人必来不得；不知意之所不备处，才有缝罅，便被贼人来了。（《朱子语类》卷一二一，朱子一八）

(3) 朱仝告道："小人自不小心，路上被雷横走了。在逃无获，情愿甘罪无辞。"（《水浒传》五一回）

"吃（乞）"表使役：

(1) 大伯道："你不要性发，且叫女儿款住他，休得'打草惊蛇'，吃他走了。"（《水浒传》六八回）

(2) 这宋江、卢俊义皆是我等仇人，今日倒吃他做了有功之臣，受朝廷这等恩赐。（同上书，一二〇回）

(3) （旦）且慢，父也是亲，母也是亲，你咒誓这，咒乞伊明白。（《荔镜记》二十六出，五娘刺绣）

(4) （旦）请阿兄乞我拜辞一下。（《金花女》）

"与"表使役：

（1）彼王早知如是次第，何妨与他修行。（P517）

（2）数日，号令召三老、豪杰，与皆来会计事。（《史记·陈涉世家》）

"拨"表使役：

（1）颜俊预先备下船只，及船中供应食物和铺陈之类，又拨两个安童服侍，连前番跟去的小乙，共是三人。（《醒世恒言》）

（2）家主盘清了帐目，另拨家人管了庄。（《风流悟》第六回）

"给"表使役：

（1）给他多休息几天。

（2）你那本书给不给看？

（3）看着小鸟儿，别给飞了。（例句转引《现代汉语八百词》）

关于使役动词兼表被动的原因，太田辰夫（1987：228）、江蓝生（2000）、蒋绍愚（2003）等已经作了深入研究。这里要说明的是像遭受、获得类动词和授与类动词是直接语法化为被动介词的呢，还是首先发展为使役动词，然后由使役动词的用法演变为被动标记的呢？上面所举的这些动词除了表达遭受义、授与义，还兼有使动用法，在其虚化为被动标记的过程中，它们的使动用法是否起了决定性的作用？假设这些被动标记词的诞生都经历了使役动词这一中间环节（即遭受类动词→使役类动词→被动标记词，授与类动词→使役类动词→被动标记词），我们首先得论证它们的使役动词用法必须在其虚化为被动介词之前或同期文献中有大量用例。试以"被"为例，"被"的使动用法是"被"虚化为介词之后的事情，因此我们只能说它的被动用法来源于其"遭受"义。又如"著（着）"字，虽然在唐五代时期能找到一些用例，鉴于例句较少，我们不能确定它的被动用法源于使役动词。那么，如何解释部分遭受类动词和授与类动词兼有使动用法的现象呢？遭受类动词、授与类动词和使役动词在表示被动用法这一点上是相通的，受使役动词的使动用法影响，遭受类动词和授与类动词也许"沾染"上了使动用法，是否可以说是受句法影响、词义渗透而形成的？

表22 使役动词词表

序	动词	语义	次数/备注
B	俾	使	3
C	差	派遣	4

续表

序	动词	语义	次数/备注
	敕	皇帝的诏书，命令	58
F	发	派遣	2
	发遣$_1$	派遣，差遣	3
	放$_1$	让，使	21/唐五代词
G	感得	招得，使得	1/唐五代词
J	教$_1$	使，让	95/唐五代词
	教$_2$	使得，致使	17
	交	使，使得	3/唐五代词
L	令$_1$	让	37
	令$_2$	使得	62
M	命	令	27
Q	乞	请求	72
	遣$_1$	令，让	5
	遣$_2$	使，使得	1
	请	请求对方做某事	266
	屈$_1$	请	9/唐五代词
R	容$_1$	允许	1/中古词
	容许	允许	3/唐五代词
S	使$_1$	让，令	1
	使$_2$	使，使得	1
T	听	允许，让	1
	听许	允许，让	1/中古词
X	许	允许，许可	46
Y	与$_1$	使，让	1
	与$_2$	允许	2
Z	招	招致，招惹	11
	直得	致使，使得	2/唐五代词
	致使	使得	1

第四节　心理动词

一、概述

在动词分类上最先明确提出"心理动词"的是吕叔湘的《中国文法要略》（1942）。心理动词是表示情绪、意志、感觉、知觉、记忆、表象、思维等和心理活动密切相关的动词，它们都具有［＋述人］、［＋心理］的语义特征。句法上多数可带动词性宾语和小句宾语。《马氏文通》指出："凡动字记内情所发之行者，如'恐'、'惧'、'敢'、'怒'、'愿'、'欲'之类，则后有散动以承之者，常也。"这里所说的"记内情所发之行"，正是通常所说的心理动词。"后有散动以承之"则说明了该类动词的特点：常接动词宾语和小句宾语。

二、《祖堂集》中的心理动词

根据不同的语义特征，《祖堂集》心理动词可以分成情感和认知两大类别，下面扼要描述。

（一）情感类心理动词

《祖堂集》情感类心理动词中存在大量的同义词，根据这类动词相同或相似的语义特征，可以细分为不同类别的近义词群。列举如下。

表惧怕：惮、惧、怖、骇、恐怕$_1$、恐畏、怕$_1$、战栗。例：

（1）吹嘘飞禽堕，嚬呻众兽怖。（P573）

（2）山当时无对，隔三日道："恐怕和尚与专甲。"（P197）

（3）父王恐畏出家，遂敕箫韵，娱乐太子。（P19）

按，"恐畏"表担心、疑虑，为唐新词。《变文》："恐畏狱主更将别处受苦，所以不敢应狱主。"（卷四，《大目乾连冥间救母变文》）

（4）隐峰接锹子了，怕，不敢下手。（P152）

按，表示"畏惧"义的"怕"六朝时才出现，到唐五代，使用渐趋广泛，已经成为一个常用词了。《祖堂集》有 13 例，同时期的《变文》用例更多，出现了 145 次，而文言色彩较浓的"惧"《祖堂集》仅 3 例。

表悲哀：哀、哀叹、悲哀、哀怨、号恸、伤嗟、伤愍。例：

（5）师答曰："任你哭声哀，终不过山来。"（P149）

（6）如今且要识心达本。但得其本，不愁其末。（P671）

表担心忧虑：病$_2$、愁、忧、忧愁、患、虑、虑恐、恐、恐怕$_2$、怕$_2$。例：

（7）常病好事者录其语本，不能遗筌领意，认即心即佛。（P569）

（8）师行脚时，到善劝寺，欲得看经，寺主不许，云："禅僧衣服不得净洁，恐怕污却经典。"（P538）

（9）师云："一怕你不问，二恐你不会。"（P725）

按，此处"恐"表示疑虑，担心。上古表害怕义的"恐"，《祖堂集》

只保留在"恐怕"一词中,"恐"已被"怕"、"惧"代替。

表思念、盼望:恋、思$_2$、忆、瞻望、希望、观望、系念。

(10) 已到岸人休恋筏,未曾度者任须舡。(P639)

(11) 国乱思明主,道泰则寻常。(P323)

(12) 忆师兄,哭太煞,失却一只眼,下世去。(P172)

表惭愧:辜负、愧、惭愧、悔、羞惭。例:

(13) 僧进前叉手,师云:"莫辜负思和尚。"(P508)

(14) 纵然传得,直到驴年,有什摩用处?且愧伊向这里凑泊,不别运为。(P271)

(15) 才与摩道,便失声咬齿两三下,悔与摩道。(P254)

表怨恨、责怪:怨、嗔$_2$、怪$_1$。例:

(16) 但嗔自嫌,莫怨别人。(P516)

(17) 因此彼王嗔汝,教我取去彼中,便入刀树地狱,断汝舌根,终不得免。(P516)

按,"嗔$_2$"为责怪,埋怨义。唐五代新词。唐李贺《野歌》:"男儿屈穷心不穷,枯荣不等嗔天公。"

表生气、发怒、烦闷:嗔$_1$、恶发、心造、造。例:

(18) 于法心不证,无嗔亦无喜。(P48)

按,"嗔$_1$"表生气义始见与中古。南朝宋刘义庆《世说新语·德行》:"丞相见长豫辄喜,见敬豫辄嗔。"

(19) 又时见僧云:"还知禾山恶发摩?"僧便问:"和尚无端恶发作什摩?"师云:"嗔拳不打笑面。"(P456)

按,"恶发"乃唐俗语词,发怒、发脾气之义。首见于《鸡肋编》下:"绍兴四年,大飨明堂,更修射殿以为飨所,其基即钱氏时握发殿。吴人语讹,乃云恶发殿,谓钱王怒即升此殿也。"(据张永言1982)《变文》用例:"却归世上为人,便似江头寂寞。或即身贵荣贵,不殊梦里喜欢,忽然处在贫穷,还似梦中恶发。"(卷二,《妙法莲华经讲经文》)

(20) 过得两年半。有一日,心造坐不得,却院外绕茶园三匝了。(P401)

按,"造"有忧愁义;有烦躁义。"心造"就是心中烦闷的意思,宋代写作"心曹"、"心嘈"。(参吕幼夫,1992)《变文》有"心曹"一词。

表遗恨:恨$_1$、悔。

(21) 融每常望双峰山顶礼,恨未得亲往面谒。(P100)

（22）云岩不知有这一则事，我当初在药山时悔不向他说。（P601）

表喜好：爱、好、喜₂、乐₂。例：

（23）只爱伯牙琴，不续文侯志。（P465）

（24）好游山水，院之北樵採而无径，师乃振锡而行。（P582）

表爱惜：惜、爱惜、可惜。例：

（25）大善知识历劫难逢。今既得遇，岂惜身命！（P110）

（26）大德，山僧略为诸人大约话破纲宗，切须自看。可惜时光，各自
　　　努力。（P721）

按，此处"可惜"为值得珍惜之义。

表欢喜：安乐、欢喜、快乐、喜₁、喜悦、乐、悦、忻、忻庆、忻欢、忻
乐、娱乐。例：

（27）师曰："不可长嗔长喜。"（P220）

（28）太子不乐。坐至三更，五百宫人，悉皆得睡。（P19）

（29）父王恐畏出家，遂敕箫韶，娱乐太子。（P19）

按，"娱乐"为欢乐义，佛经多见。这里是使动用法，指使太子高兴、
欢乐。

表惊异：怪₂、怪异、惊、惊觉、惊讶、惊悝、叹讶、振惊、讶。例：

（30）父母怪异，询乎巫祝。（P144）

（31）万般施设不如常，又不惊人又久长。（P334）

（32）师云："法身沿流，报身沿流？"云："总不作如是见解。"师拍掌
　　　讶之。（P760）

表敬仰：崇、崇敬、恭敬、敬、敬伏、敬慕、敬信、敬重、肯重、渴仰、
慕、器、钦敬、钦重、钦仰、倾瞻、羡、向、嚳仰、仰、仰恋、殷敬、瞻敬、
郑重、重、尊、尊敬。例：

（33）王以正法治世，奉行十善，互相崇敬，犹如父子。（P12）

（34）后归大寂，众皆仰德，臻凑如林。（P569）

（35）此去澧陵县侧，石室相邻，有云岩道人，若能拨草瞻风，必为子
　　　之所重也。（P192）

（36）玄宗微赴，驾幸诏应，得对天颜，言理允符，圣情郑重，有司量
　　　移均州。（P111）

按，"郑重"为敬重，看重义。《故训汇纂》郑：重也。《广雅·释诂
四》《祖堂集》有："缁黄深郑重，格峻实难当。尽机相见处，立下闭僧堂。"
（P411）亦为此义。

（37）钟陵大王嚮仰德高，再三降使迎请，师乃托疾而不从命。（P309）

（二）认知类心理动词

认知类心理动词根据其语义特征的不同聚合，也可以分为以下几类近义词群：

表思维：猜、参详、沉吟、计、计校、嗟切、看₂、拟议、商量、思、虑、寻思、思惟、思念、思量、图度、意思。例：

（1）无计校，忘觉知。浊流识，今古伪。（P708）

（2）大德，山僧略为诸人大约话破纲宗，切须自看。（P721）

按，禅宗文献中的"看"具有特殊含义，指参禅者对于古人某些机语专心地反复地体察探究。（《禅宗大词典》）

（3）静思静虑，不思善不思恶，正与摩思不生时，还我本来明上座面目来。（P86）

（4）准《本行经》云：太子思念："当用何物而坐？应须净草。"（P21；按，"思念"，思考）

（5）正与摩时，某甲不思量渠。（P673）

按，"思量"为想，考虑义。此句上文有：师问上座："不思善不思恶，正与摩时作摩生？""渠"代指善恶。

（6）莫但向意根下图度，作想作解。（P355）

按，"图度"为揣测、揣度义。《大正藏》多见："次四句心境冥一，怕尔下结离心思，图度思虑也。"（《肇论新疏》卷三）中土文献中，仅在《全唐文》检得 2 例。六朝未见。

表估量：不道、看₃、料、不期、图₂。例：

（7）侠客面前如夺剑，看君不是黠儿郎。（P395）

（8）问："如何是大庾岭头事？"师云："料汝承当不得。"（P477）

（9）吾独居山舍，将谓空过一生，不期今日却得一子。（P720）

表打算、企图：比拟、拟、拟欲、欲拟、图₁。例：

（10）比拟理国，却令家破。（P433）

按，"比拟"义为本待，打算。唐五代词。《敦煌曲子词·鹊踏枝》："比拟好心来送喜，谁知锁我在金笼里。"

（11）雪峰云："还会摩？"师欲拟近前，雪峰以杖拄之。（P412）

（12）师云："受戒图什摩？"儿子曰："某甲祖公在南岳，欲得去那里礼觐，只是未受戒，不敢去。"（P186）

按，"图₁"为贪图、企图义。《汉大》首举《二刻拍案惊奇》："从来说书的，不过谈些风月，述些异闻，图个好听。"例证滞后。

表迷惑：迷、迷失、惑、迷惑、疑滞。例：

(13) 夹山云："烛明千里像，暗室老僧迷。"（P337）

(14) 自迷失，珠元在，此个骊龙终不改。（P161）

(15) 世间不净众惑迷，无过妇人身体性。（P19）

表记忆，忘却：谙、记、记持、记取、记忆、忆₂、亡₃、忘、忘却。例：

(16) 师曰："吾有付法弟子在，舣源却谙此事，问取他去。"（P127）

(17) 师问："从前记持商量语句，已知离此，后有人问毕竟事，作摩生？"（P593）

按，"记持"犹言记存在心。中土文献未见。为佛经词语。例《宋高僧传》："释鉴空，俗姓齐，吴郡人也。少小苦贫，虽勤于学而寡记持。"（卷二〇）《景录》："更有一般底，只向纸背山记持言语，多被经论惑。"（卷二八，药山惟俨）

(18) 世间一切诸法，并皆放却，莫记忆，莫缘念，放舍身心，令其自在。（P542）

表认知、识辨：弁、弁白、辨白、道₂、分晓、谓、将谓、将为、谓言、以为、为言、言为₂、认、认得、认取、觉、觉察、觉知、识、识弁、弁识、相识、委、知委、未审、有、知、知闻、知道、知有、缁素。例：

(19) 只道子期能弁律，谁知座主将参禅。（P203）①

(20) 座主云："将谓禅宗别有奇特之事，元来不出教乘。"（P260）

(21) 吾今不传此衣者，以为众信心疑惑普付心要，各随所化。（P96）

(22) 夫有佛、有法、有祖已来，时人错会，谓言佛边、祖边、法边递代相承，至于今日，须依佛祖法句意与汝为师言方是。（P259）

(23) 时人见余守孤寂，为言一生无所益。余则闲吟孤寂章，始知光阴不虚掷。（P158）

(24) 在舍只言为容易，临筌方觉取鱼难。（P358）

按，以上各词是认为、以为义。例（21）"以为"相当于"认为"，现代汉语沿用。《汉语动词用法词典》收有。《祖堂集》中"以为"有时是介词"以"＋动词"为"，是"以之为"的简省形式，表示"把……看做；作为"

---

① 《祖堂集》有些"道"可两解，如：有人举问中招庆："古人有言：'直得金星现，归家始到头。'如何是'金星现'？"庆云："我道直得金星现，也未是到头在。"（P440）师云："一言已定天下，四句为谁留？"径山云："汝道有三四，我道其中一亦无。"（P445）我们暂归为言说动词。

义，见关系动词。"为言"表以为，认为义。为，通"谓"。

这一组词中，"将谓"、"将为"、"谓言"、"为言"、"言为"在字面上表示一个判断的同时，总预设着后面跟有另一个相反的判断。如："将谓禅宗别有奇特之事，元来不出教乘。""在舍只言为容易，临筌方觉取鱼难。"李明（2003）称之为"反叙实动词"。发展到现代，后面所接相反的判断可以隐省，如："你以为只有你才行吗"预设着"有人比你还行"的意思。

"谓、谓言、为言、言"本来均为言说动词，引申而为认知动词。

（25）我也委汝来处，你亦不得错认定半星。（P406）

（26）才出门便知委下客。（P214）

（27）尔时阿难为漏未尽，当被跋阇闍比丘有他心智。（P28，按"有"为知、知道义）

表领悟、明白：承$_2$、承当、承领、出身、出头、凑$_2$、措意、达$_1$、达道、达取、当荷、得当、得力、得意、得旨、谛、定取、洞、洞达、洞明、洞契、洞晓、端的、顿见、顿悟、顿契、顿悟、发悟、归家、会$_1$、荐、解、决了、开$_3$、开眼、开悟、看$_4$、了$_1$、了达、了得、了决、了了、了却$_1$、了取、了事$_2$、了悟、了知、领$_1$、领览、领会、领受、明、明了、契、契会、契合、入$_4$、入门、思议、体、体得、体会、体取、体悉、通、通达、投机、晓、晓了、歇$_2$、惺$_2$、惺悟、省、省觉、省要、休$_3$、休歇、味、悟、悟道、悟入、直了。

（28）融于言下虽承玄旨而无有对。（P100）

按，《祖堂集》"承$_2$"有领悟义。"承玄旨"犹言领悟深奥的禅旨。其他例证："师于言下承旨，礼谢而退。"（P218）"师既承言领旨，任性逍遥，放旷人间，周游胜概。"（同上）此句"承"和"领"同义对举。此义概由承受义引申而来。

（29）芦花沉海底，劫石过阳春。火焰长流水，佛从此出身。（P365）

（30）见月休看指，归家罢问程。（P160）

按，禅宗文献中的"归家"含有明见自心，获得省悟之义。

（31）还闻道黄三郎投马祖出家，才蒙指示便契合，汝等座主说葛藤作什摩？（P520）

（32）黄蘖闻已，喜之异常，曰："子且解歇。"（P719）

（33）汝至彼国，南方勿住，彼国天人不见佛理，好作有缘而爱功德。（P62；按，见，懂得，了解。）

（34）去阳溪一宿次，半夜便惺悟，出声啼哭归寺。（P253）

按，"惺悟"为醒悟或领会义。佛经多见。例：述曰：如前教已，复将经像至病人所，题其经名像名，告语示之。使开目睹见，令其惺悟。(《诸经要集》卷一九)

(35) 僧曰："既不是祖，又来东土作什摩?"师云："为汝不荐祖。"（P350）

(36) 乾坤是个解脱门。把手拽教伊入，争奈不肯入!（P396）

《祖堂集》中表认知领悟义的动词用例较多（82 个词目），频率也高（如："会"295 次，"知"445 次，"识"231 次，"悟"170 次），这与禅宗所主张的"明心见性，立地成佛"的宗旨密不可分，学人须明了：自身即有佛性，心性与佛性本无差别，只须反观自身，不须外求。正如《坛经》契嵩本譬喻所言："如人饮水，冷暖自知"，强调通过自悟而达到成佛的目的。体现在《祖堂集》文本语言中，这些词语就丰富起来，其义浑言大同，析言微殊。应该说这类词有着共同的宾语，就是对禅机禅法的理解和领悟，上上根机与中下之流，禅悟能力虽有高低，但追求彻悟是其共同目标。

除了上举表领悟、明白的认知举动词外，《祖堂集》还有些特定用语亦表其义。如：峰云："什摩处逢见达摩?"师云："分明向和尚道。"（P396）这里的"逢见达摩"不是简单的字面意义，而是通晓禅理、领悟禅旨的意思。

三、《祖堂集》心理动词句法功能分析

（一）情感类心理动词的配价

关于心理动词带不带宾语以及所带宾语的类型，主要考察《祖堂集》文本内容。例句较少的参考同时期的《变文》及《大正藏》佛经文献。

情感类的心理动词从句法结构看有的不能带宾语，即只能进入"NP + VP"的句法框架。或所带宾语为原因宾语、使动宾语、结果宾语。换句话说，这些动词只需和一个动元组配，我们叫做一价心理动词。它们多表示心理状态，也可以叫做心理状态动词。如：

(1) 云岩得这个信后，只管忧愁。（P173）

(2) 父母怪异，询乎巫祝。（P144）

(3) 汝等诸人自心是佛，更莫狐疑。（P95）

(4) 主者仰恋，渐办斋筵，至七日备。（P252）

除了上述加点的动词外，《祖堂集》情感类一价心理动词还有：哀、悲哀、哀叹、忻、怖、嗔₁、惭愧、恶发、恭敬、恨、安乐、欢喜、慌忙、敬伏、敬信、乐、钦敬、惊恒、喜、喜悦、心造、尊、惊讶、振惊、叹讶、忻

庆、忻欢、羞惭、战慄、快乐、著急等。

有的一价心理动词也可带原因宾语。如：

(5) 自大寂禅师去世，常病好事者录其语本，不能遗筌领意，认即心即佛。(P569)

(6) 问："游子归家时如何？"师云："且喜得归来。"(P300)

(7) 融每常望双峰山顶礼，恨未得亲往面谒。(P100)

上述例句中加点词所带均为原因宾语，如："病"的原因宾语为"好事者录其语本，不能遗筌领意，认即心即佛"；例(6)"得归来"为"喜"的原因宾语。

有的一价心理动词带的是结果补语。如：

(8) 东奔西走，窜身无所。感河伯之引道，遇山神之送迎。(P633)

"感"后所带的是由小句充当的结果宾语。有的一价心理动词带的是使动宾语：

(9) (元寂禅师)过海入唐，直往台山，而感文殊。(P628)

(10) 云："采当则骇汉，不承当则紫胡打汝。"(P668)

(11) 来年更有新条在，恼乱春光卒未休。(P438)

以上例句均可作以下转换：

感文殊 → (使) 文殊感

骇汉 → (使) 汉骇

恼乱春光 → (使) 春光恼乱

有的情感类心理动词可以带宾语，即能进入"NP + VP + O"的句法框架，这些动词需和两个动元组配，我们称之为二价心理动词。又分为几种情况：

Ⅰ. 体宾动词，即只能带体词性宾语，且体词性宾语是心理动词的对象宾语。关于对象宾语，孟琮等(1999：8)归纳其语义特征为："某种行为(一般不是动作)向某对象发出"。形式特点是："一般都可用'对/向/与……'把名词提到动词前面。"如：教育孩子→对孩子进行教育｜敬老师[一杯酒]→向老师敬[一杯酒]。《祖堂集》主要有：

(12) 彼国天人不见佛理，好作有缘而爱功德。(P62)

(13) 太子语曰："此草可能惠施小许，不为爱惜？"(P21)

按，"爱惜"《祖堂集》仅1例，受事宾语为"草"。查《大正藏》"爱惜"亦可带名宾。例："于诸十恶，或复悭贪，爱惜财物，不能施与。"(《佛说胞胎经》卷一)。又有"爱惜身命"、"爱惜自身"之说。

（14）如今速行，若也迟晚，彼王嗔吾。（P516）

（15）得这个气道，一则喜不自胜，二则恋和尚法席，所以与摩泪下。（P704）

（16）和尚出世，几人肯重佛法？（P241）

（17）山当时无对，隔三日道："恐怕和尚与专甲。"（P197）

《祖堂集》体宾动词还有：崇、崇敬、辜负、患、敬、敬重、可惜、渴仰、羡、恨、嫌、恋、轻、器、嚮、思、忆、疑、讶等。

Ⅱ. 谓宾动词，指只能带谓词性宾语（包括动词、形容词和小句）而不能带体词性宾语的动词。《祖堂集》主要有：

［恐］

带动宾：（18）我若出家，恐断王种；若不出家，则断圣种。（P13）

带小句：（19）达摩大师付嘱此衣，恐人不信而表闻法，岂在衣乎？（P85）

带形宾：（20）贫道有何德，累烦圣主？行则行矣，道途恐殊。（P580）

［怕$_2$］

带动宾：（21）答曰："怕烂却那作摩？"（P538）

带小句：（22）师云："一怕你不问，二恐你不会。"（P725）

这类动词还有：悔、恐怕、恐畏、虑、虑恐。

Ⅲ. 体谓宾动词，即既能带体词性宾语，也能带谓词性宾语的动词。主要有：

［爱］

带名宾：(23)有一波罗门，名曰鸠摩罗多，心信外道，不爱佛法。（P52）

带动宾：（24）佛法因缘即多，只是爱说三等照。（P704）

带小句：（25）亦不畏地狱缚，不爱天堂乐。（P544）

［愁］

带名宾：（26）师兄但去，莫愁其姊。（P138）

带动宾：（27）吾师既问不传事，问当何愁不为通？（P559）

带小句：（28）不虑寒风吹落叶，岂愁桑草遍遭霜。（P158）

［惧］

带动宾：（29）智者能知罪性空，坦然不惧于生死。（P9）

按，"惧"《祖堂集》仅2例，均带动词性宾语。"惧"也可带名词性宾语。《变文》："臣惧子胥手中剑，子胥怕臣俱总收。"（卷五，《伍子胥变

文》)

[嫌]

带名宾：（30）老僧未解得菩萨之位，作摩生嫌他这个事？（P561）

带动宾：（31）至道无难，唯嫌拣择。（P437；按，"拣择"为挑选义）

带形宾：（32）于时有僧问："大众云集，未审师有何赏费？"师云："不
嫌粗弱。"（P468）

这类动词还有：好、怪、怕₁、喜₂、慕、厌怨、恨、乐、疑、重。

（二）认知类心理动词的配价

表认知类的心理动词从句法结构看有的不能带宾语，即只能进入"NP +
VP"的句法框架。或所带宾语为时量宾语、使动宾语、结果宾语。这些动词
只需和一个动元组配，为一价心理动词。如：

（1）师低头沉吟顷刻。（P188；按，"沉吟"带时量宾语"顷刻"）

（2）若不直下当荷得，也须三十二十年蒹林淹浸气拍汉始得。（P459）

（3）直须向佛未出世已前，都无一切名字，密用潜通，无人觉知，与摩
时体得，方有小分相应。（P587）

（4）偶睹春时花蕊繁花，忽然发悟，喜不自胜，乃作一偈曰：……
（P714）

上述加点词均为一价动词，《祖堂集》还有：了达、了悟、明了、弁识、
体会、计校、记忆、觉察、了了、领会、迷、迷失、契合、体悉、意思、开
悟、知闻、寻思、惑迷、拟议、契会、思议、思量、惺悟、信伏、省觉等。

认知类心理动词中有的能带宾语，即能进入"NP + VP + O"的句法框
架，这些动词需要和两个动元组配，为二价心理动词。又分为几种情况：

Ⅰ．心理动词为体宾动词，只能带体词性宾语。如：

（5）二祖于达摩边承领得个什摩事？还有人举得摩？（P505）

（6）洞山云："某甲当初泪错承当。"（P197）

按，《祖堂集》中"承当"不带宾语。但我们从《大正藏》检得几例带
宾语的例句："莫有大丈夫承当大丈夫事者麽？"（《续传灯录》卷三二）祖师
道："棒头取证，喝下承当。且道承当个什麽？"（《碧岩录》卷六）"承当这
个事，大须审细。"（卷一五，洞山良价）"承当"视为二价动词。

（7）问："普贤心洞晓，何不获圆通？"（P509）

按，《祖堂集》中"洞晓"不带宾。此句为受事主语句。通检《大正藏》，
"洞晓"只带名宾。例："如今一切通，洞晓十方界。"（《汾阳无德禅师语录》
卷三）｜"加以主上明圣，洞晓佛心，知玉石之不同。"（《辩伪录》卷二）

(8) 禅师者，撮其枢要，直了心源，出没卷舒，纵横应物，咸均事理，顿见如来，拔生死之深根，得现前之三昧。（P526）

(9) 一人会祖师意，一人会大教意。（P457）

按，《祖堂集》有一句："汝还会不知有谤摩？"（P461）"不知有谤"代上文所说的话。带名宾。此句上文为：僧云："只如古人云'不吃饭'，岂不是不知有谤？"

(10) 师问："从前记持商量语句，已知离此，后有人问毕竟事，作摩生？"（P593）

按，查《大正藏》，"记持"只带名宾。例："从前记持忆想见解智能，都卢一时失却。"（《佛祖历代通载》卷一五）｜"本以资益性识，而返以记持古人言语。"（《大慧语录》卷一九）

(11) 莫但向意根下图度，作想作解。（P355）

按，《祖堂集》仅1例。佛经文献中可带名宾。例：诸有人闻筹量算计，图度万物，分别义趣。——分明，辨其道趣。（《出曜经》卷三〇）

除上述加点的动词外，《祖堂集》体宾心理动词还有：谙、猜、谛、洞、解、决了、了、了却、契、认得、认取、识弁、体取、体得、通达、忘却、领览、洞达、领、迷、明、识弁、体、通、想、达、记、计等。

Ⅱ. 心理动词为谓宾动词，只能带谓词性宾语。《祖堂集》主要有：

［将谓］

带动宾：(12) 登时将谓得便宜，如今看却输便宜。（P533；按，"登时"犹当时）

带形宾：(13) 将谓灵利，又却不先陑。（P502；按，"先陑"即灵利）

带小句：(14) 我将谓汝他时后日向孤峰顶上盘结草庵，播扬大教，犹作这个语话。（P272）

［未审］

带动宾：(15) 佛佛授授，祖祖相传，未审传个什摩？（P220）

带形宾：(16) 诸方大家说达摩将四卷《楞伽经》来，未审虚实耶？（P691）

带小句：(17) 未审汝早晚从那边来？（P153）

［谓言］

带动宾：(18) 在匣谓言无照耀，用来方觉转光辉。（P339）

带小句：(19) 师临迁化时，先遍处辞人，人皆泣恋，谓言他去。（P325）

［以为］

带动宾：(20) 然则文孝康王，以为事师。（P639）

带小句：（21）吾今不传此衣者，以为众信心不疑惑，普付心要，各随
　　　　　　　所化。（P96）

谓宾动词还有：比拟、道、将为、觉、念、看（料想义）、认、忆、愿、
言（以为，认为义）、信知、为言、料、了知、拟、拟欲、欲拟、不期、虑、
未审、谓等。

Ⅲ. 心理动词为体谓宾动词，即既能带名词性宾语又可带动词性短语或
小句作宾语。主要有：

［思₂］

带名宾：（22）如此见解，自是不会，须自思之。（P134）

带动宾：（23）于是思归故里，弘宣佛法。（P634）

［思念］

带小句：（24）准《本行经》云：太子思念："当用何物而坐？应须净
　　　　　　　草。"（P21）

按，《祖堂集》"思念"仅 1 例。查《大正藏》也可带名宾："无常离别
古今有是，汝等诸人当思念之。"（《释迦谱》卷二）

［图］

带名宾：（25）保福代云："和尚图他一斗米，失却半年粮。"（P601）

带动宾：（26）师曰："受戒图什摩？"对曰："图免生死。"（P179）

带形宾：（27）兄弟莫只见八百一千人处去那里，不可只图热闹。
　　　　　　　（P613）

［忘］

带名宾：（28）是佛何须更求佛，只因从此便忘言。（P639）

带动宾：（29）师遍求作具，既不获，而亦忘喰。（P536）

带形宾：（30）师乃头头耕耨，处处劳形，日夜忘疲，未尝辄暇。（P623）

［知委］

带名宾：（31）才出门便知委下客。（P214）

按，《祖堂集》仅 1 例。"知委"亦可带小句，例："城中人民咸悉知委
尼有糗卖。"（《根本说一切有部苾刍尼毗奈耶》卷一九）"自国及他方，知
委寄者死。"（《根本说一切有部毗奈耶颂》卷一）

［知］

带名宾：（32）时弥遮迦则为出家，而受佛戒。所作已办，深自知之。
　　　　　　　（P41）

带动宾：（33）行者遥见明上座，便知来夺我衣钵。（P86）

带形宾：（34）汝等在此，粗知远近。生死寻常，勿以忧虑。（P306）

带小句：（35）手把夜明符，终不知天晓。（P262）

［知闻］

（36）以当寺便是弥勒之内菀，宝塔安大士真身，又是令公兴建，地久天长，古今罕有。播在于四海，八方知闻。（P434）

按，《祖堂集》"知闻"不带宾。佛经文献中检得可带宾的例句："若诸菩萨能如是，知闻一切法无增无减。"（《大般若波罗蜜多经》卷五六四）当为二价动词。

体谓宾动词还有：思、委、信、晓、悟、有（知道义）、省、识、晓了、知道、知有（知道义）等。

（三）心理动词句法特点

通过考察《祖堂集》心理动词，可以看出其句法结构特点：

1. 心理动词的主语均为有生命的人，即心理动词为述人动词。[①] 主语大都位于句首，但也有部分受事跑到句首，成为受事主语句。

a 类：受事主语句用于表否定的句中，否定词有"不"、"莫"、"难"。例：

（1）者李公，拳头也不识。（P574）

（2）善恶都莫思量，自然得入心体。湛然常寂，妙用恒沙。（P693）

（3）珠轮旷劫实难穷，毛头滴血终难契。（P452）

此类受事主语句最多。为了突出强化受事，使之成为焦点信息，有时在否定词前加"亦"、"也"、"尚"等语气副词。

b 类：受事主语句为疑问句。如：

（4）与摩则慈舟已驾，苦海何忧？（P504）

（5）一物也无百味足，恒沙能有几人知？（P105）

c 类：受事主语句用于上下文对举。

（6）昔日话虎尚乃惊，如今见虎也不怕。（P627）

（7）须弥纳芥子，时人不疑；芥子纳须弥，莫成妄语不？（P572）

d 类：无标记受事主语句。例：

（8）佛法栋梁，王臣瞻敬。（P61）

（9）唯有摩诃大般若，坚如金刚是可美。（P631）

---

① 按，"师又索一草，抛放水里，其蚁子惊讶，依草便上钞罗外。"（P127）此句主语为"蚁子"，当为拟人化的写法。

（10）丑陋任君嫌，不挂云霞色。（P761）

这种受事主语句往往是押韵需要。例（8）是净修禅师的偈颂，其韵脚是：庆、行、敬、镜。例（9）是《乐道歌》词，押"ian"韵。例（10）亦为对仗需要。

2. 与其他动词比较，心理动词最大的特点是不仅能带名词性宾语，还能带动词性宾语和小句宾语，是典型的谓宾动词。

仔细分析，我们发现《祖堂集》谓宾心理动词与其后的非谓动词（按，这里所说的非谓动词，是指谓宾心理动词句中充当宾语的动词，而不是说这些动词不能作谓语）在语义指向上存在着一定的制约关系。

当谓宾心理动词只带动词性短语作宾语时，谓宾心理动词与其后的非谓动词语义指向一致，即均指向谓宾心理动词所表示的动作主体。如："（五冠山瑞云寺和尚）凡为嬉戏，必表殊常，已至十岁，精勤好学。"（P731）谓宾心理动词"好"与非谓动词"学"语义指向均为"五冠山瑞云寺和尚"。"云岩不知有这一则事，我当初在药山时悔不向他说。"（P601）谓宾心理动词"悔"与非谓动词"说"均指向"我"。"（鼓山和尚）幼避荤膻，乐闻钟梵。"（P393）谓宾心理动词"乐"与非谓动词"闻"均指向"鼓山和尚"。"鱼龙未变志常存，变了还教海气浑。两眼不曾窥小水，一心专拟透龙门。"（P556）"拟"和"透"均指向施事主语"鱼龙"。这一类动词还有：爱、恨、惧、喜、忘、比拟、慕、厌、欲拟、思、图、不期、认等。

当谓宾心理动词只带小句结构作宾语时，谓宾心理动词与其后的非谓动词语义指向不一致，即分别指向各自动作所表示的不同主体。如："达摩大师付嘱此衣，恐人不信而表闻法，岂在衣乎？"（P85）谓宾心理动词"恐"的语义指向"达摩大师"，非谓动词"信"的语义指向"人"。"诸人莫怪曹山不说。"（P310）谓宾心理动词"怪"的语义指向"诸人"，非谓动词"说"的语义指向"曹山"。"我不重他云岩道德，亦不为佛法，只重他不为我说破。"（P232）"重"指向"我"，"说"指向"他"。有时小句省略主语，这些主语均可补出。如："师行脚时，到善劝寺，欲得看经，寺主不许，云：'禅僧衣服不得净洁，恐怕污却经典。'"（P538）"污"的语义指向可据上文补出，为"禅僧衣服"。"在匣谓言无照耀，用来方觉转光辉。"（P339）由语境可知"照耀"语义指向"神剑"。"佛佛授授，祖祖相传，未审传个什摩？"（P220）"未审"语义指向说话者，"传"指向"佛"、"祖"。这类动词还有：恐怕、恐畏、虑、虑恐、怕、愁、疑、怨、不道、将谓、将为、看、料、谓、谓言、为言、信、知、言、以为、忆、愿、委、悟等。

3. 从句型考察，心理动词大都能进入"NP＋VP"、"NP₁＋VP＋NP₂"句法框架。NP_1 比较单纯，NP_2 复杂多了。此外也有少数特殊句式，主要有：①VOC（动宾补）结构，例："（鹅湖和尚）一扣秘赜，廓然玄悟，契心于洪州。"（P554）"和尚怪某甲不得。"（P396）"言下合无生，同于法界性。若能如是解，通达事理竟。"（P55）②VC（动补）结构："一方贤儒，敬重极矣。"（P726）"到这里方知提不起。"（P241）（按，小句为动补结构）③VCO（动补宾）结构："如何是牯羊角？"师云："洎道惊杀汝。"（P389）④双宾句："得这个气道，一则喜不自胜，二则恋和尚法席，所以与摩泪下。"（P704）"和尚图他一斗米，失却半年粮。"（P601）⑤被动句："尔时阿难为漏未尽，当被跋阇比丘有他心智。"（P28）"若能拨草瞻风，必为子之所重也。"（P192）一般说来，心理动词不能用于处置式①，不能用于被动句，即使是现代汉语，用在把字句或被动句中的心理动词也少见。

4. 心理动词一般不与心理动词和其他动词连用。

5. 心理动词不能与动态助词"著（着）"、"了"、"过"共现。《祖堂集》中带名词性宾语的心理动词出现这样的例句："汝向后不得怪着我。"（255）"适来忽然忆着菩提涅槃，所以与摩唾。"（P540）《变文》亦有："既有难思珠内宝，何须恋着海中财。"（卷二，报恩经第十一）"（菩萨）所作福德，不应贪著，是故说不受福德也。"（卷二，金刚般若波罗蜜经讲经文）曹广顺（1995：27）指出："着"字都跟在表示思想意识、心理活动的动词之后，其后的宾语，是这些思想意识、心理活动的对象，"着"字表示这些动作附着在这些对象上，因此就隐含有一种动作持续或获得结果的意思。但从词性和意义上看，这些"着"字仍都是动词。我们赞同此说，认为上述例句中的"着"为动词。又检得《大正藏》1 例："聪明利智之士，往往多于脚根下蹉过此事。盖聪明利智者，理路通，才闻人举着个中事，便将心意识领览了，及乎根着实头处，黑漫漫地不知下落。"（《大慧语录》卷二〇）句中的"了"还是动态动词，而非助词。

6.《祖堂集》心理动词不能用于命令句，但可以用于委婉劝阻语气的祈使句。常用的祈使词："莫、不得、休"等。例：

（11）禅师莫愁怀别恨，犹如秋月月常明。（P284）

---

① 我们只在元杂剧中检得几例："俺孩儿一命也把自家怨恨绝。"（《全元杂剧》，关汉卿，刘夫人庆赏五侯宴）"陛下，则将这美良川水冤恨想，却把那榆窠园耻英雄忘。"（同上书，尚仲贤，尉迟恭三夺槊）"也不是我特故地把哥哥来恨，他、他、他不思忖一爷娘骨肉，却和我做日月参辰。"（同上书，萧德祥，杨氏女杀狗劝夫）

（12）汝向后不得怪着我。（P255）

（13）已到岸人休恋筏，未曾度者任须舡。（P639）

7. 心理动词与副词共现的情况。《祖堂集》心理动词受副词修饰的不多，主要有：

Ⅰ. 受否定副词"不、莫、未、无、休、勿"等修饰。例：

（14）于后得道，还近千万。汝所行道，勿轻末学。（P77）

（15）大愚曰："前时无惭愧，今日何故又来？"（P719）

（16）有一波罗门，名曰鸠摩罗多，心信外道，不爱佛法。（P52）

Ⅱ. 受语气副词"尚、又、只管"等修饰。例：

（17）尼乃轻言呵云："文字尚不识，何解说义？"（P400）

（18）当初时，是你涛米，老僧烧火；是你行饭，老僧展受。又怪我什摩处？（P266）

Ⅲ. 受程度副词"深、大、粗、重"等修饰。例：

（19）时尊者敬之，深知是圣。（P50）

（20）师云："自少出家，粗识好恶。"（P497）

《祖堂集》心理动词前程度副词不是很发达，大都为形容词。如："密、坦然、谬、久"等。

Ⅳ. 受范围副词"悉皆、皆、共、尽、总、并、只、唯"等修饰。例：

（21）师顿契玄要，更无游心，凡有机缘，悉皆冥契。（P412）

（22）只恐不是佛，被有无诸法转，不得自由。（P546）

Ⅴ. 受时间副词"登时、从来、已、不曾"等修饰。例：

（23）登时将谓得便宜，如今看却输便宜。（P533；登时，当时）

（24）师闻举云："从来疑这个老汉。"（P538；从来，一向，历来）

Ⅵ. 受疑问副词"还、岂、争、焉"等修饰。例：

（25）师云："汝还欢喜不？"对云："欢喜即不敢，如粪扫堆上拾得一颗明珠。"（P199）

（26）僧堂中有一千余人，争委得他是龙是蛇，又不通个消息。（P292）

8. 关于心理动词是自主动词还是非自主动词，学术界看法并不一致。袁毓林（1993）将心理动词"爱、恨、怪、想、爱护、同情、了解、相信、关心、留心、放心、同意"等视为自主动词，而把"怕、忘、恼、嫌、遗忘、误会、着慌、着急、犯疑、伤心、后悔、胆怯、心虚、以为、觉得"等看作非自主动词。林杏光等（1994）大体把"发火、发脾气、高兴、乐、生气、爱、抱怨、思念、讨厌、想(3)、恨、喜欢"等看作自主动词，但同时编者又将"怕、害怕、烦(1)(2)、恶心(1)、害羞、后悔、慌、伤心、失望"等视为非自主动词，而认知类心理动词"懂得、发觉、知道、认得、忘记、明白、精通、了解(1)、记得、体会"等大都收在非自主动词里，但又把"理解、坚信、相信、怀疑"等视作自主动词。因而有学者提出"心理动词不好讨论其自主性还是非自主性"，认为"从自主性来看心理动词有〔±自主〕的语义特征"（陈昌来、金珍我 1998）。

我们参考了马庆株《自主动词和非自主动词》一文（2005：17—18），在作者所列举的自主动词中，未发现心理动词例，而在非自主动词中，作者列举了"懂、惊、悸、恋、恼、怒、怕、怯、通（懂得）、忘、知、害羞、着急、知道、以为、通晓、获悉、入迷、误会、误解、错怪、认得、晓得、记得、懂得、觉得、失望、着慌、着迷"等例，其中既有情感类心理动词，又有认知类心理动词。从这一点来看，作者是倾向于心理动词是非自主动词的。陈昌来、金珍我（1998）指出："从心理学角度来看，心理活动很难说是自主的活动还是非自主的活动，从反映心理活动的动词来看，心理动词是自主动词还是非自主动词也很难分辨，如：爱、喜欢、想念，也许有时是自主的，也许更多情况下是非自主的。"关于这一点，马庆株（2005：23）其实作了说明，作者在论述"气、恨、想"等感受动词时说道："所有这些字眼表示客观事物造成的某种感受时是非自主的。当然它们还有表示非感受义的用法。用于非感受义时有的是自主的，有的是非自主的。"我们赞同此说，认为《祖堂集》绝大多数心理动词是非自主动词，而少数动词如"怪"、"爱"、"愁"等可能有兼类现象。

四、小结

《祖堂集》心理动词同样是一个不同时代累积下来的词汇系统。考察中，我们发现有些中古萌芽的词语到《祖堂集》时代用法日趋成熟。如：嗔、崇敬、惊觉、惊怛、敬信、怕、向仰、谛、洞晓、觉察、看（估量义）、了悟、发悟、思议、思量、信伏、明了、惺悟、知闻等。同时在唐五代时期又出现了一批新的词语，如：道（估量义）、恶发、记持、惊讶、决了、肯重、郑重、将恐、虑恐、虑、恐怕、恐畏、拟议、意思、比拟、拟欲、欲拟、将谓、将为、谓言、以为、为言、言、识弁、弁识、委、知委、未审、有、知有、承当、承领、领览、体悉、晓了、心造、著急、契会、体会、认、难思、图（贪图义）、图度、省觉、知道。

将《祖堂集》心理动词与孟琮等编的《汉语动词用法词典》比照，可以窥见其发展轮廓：

a类：现代汉语沿用，同时有的扩展成双音词。如：爱、（爱好）①、猜、愁、（发愁）、会（现代汉语例：这道题我会了）、（体会）、感、（感到）、（感动）、怕、（害怕）、恨₁、记、（记得）、记忆（按，词性变了，现代汉语为名词）、迷（迷惑义）、认、认得、以为、通（现汉例：通一门法语）、嫌、忘、忘记、图、（贪图）、（企图）、怨、信、（信任）、（相信）、（抱怨、埋怨）、着急、敬、尊敬等。

b类：将《祖堂集》单音词扩展或替换为双音词后使用。如：恐，虑→担心｜思→惦记，怀念｜谛，了，解，明→明白，理解｜悟→觉悟｜恨₂→遗憾｜悔→后悔｜忆→回忆｜疑→怀疑｜嗔，恶发→生气｜愿→盼望，期望，希望，指望｜重→重视｜慕→羡慕｜厌→讨厌｜识→认识｜哀→伤心｜谙→熟悉｜虑→考虑｜知→知道｜轻→轻视等。

从a类动词可以看出，现代汉语拥有的一些心理动词《祖堂集》已初步具备，而b类动词也说明了《祖堂集》带有的古白话色彩。

表23 情感类心理动词词表

序	动词	语义	次数/备注
A	哀	悲哀，悲伤	6
	哀怨	悲哀，怨恨	1/中古词
	爱₁	喜欢	16
	爱₂	贪恋，执著于一切	6/佛经词语
	爱惜	吝惜，舍不得	1/中古词
	安乐	安宁，快乐	4
B	悲哀	悲伤	2
	悲恋	悲哀，依恋	2/中古词
	悲泣	悲伤，哀泣	2
	贬₂	贬斥	1
	变悔	反悔	2
	病₂	担心，忧虑	1
	怖	怕	2
C	猜	猜测	2
	惭愧	羞愧	7

---

① 括号里的词《祖堂集》未见，现代汉语由相关语素扩展而成。

续表

序	动词	语义	次数/备注
	嗔₁	发怒，生气	5/中古词
	嗔₂	责怪，埋怨	3/唐五代词
	嗔₃	三毒之一，对一切有情的怨恨	9/佛经词语
	崇	崇敬，相信	3
	崇敬	推崇，尊敬	5/唐五代词
	愁	担忧，害怕	9
	愁虑	忧虑	1/唐五代词
D	惮	怕	2
E	恶发	发怒，发脾气	2/唐五代词
F	烦	烦劳，相烦	9
G	感₁	感动，使感动	9
	感₂	感到，感觉	2
	辜负	亏负，对不住	22/中古词
	怪异	惊异，感到奇怪	1/唐五代词
	恭敬	尊敬	3
	观望	张望，盼望	1
H	骇	使……害怕	3
	号恸	号哭哀痛	1/中古词
	好	喜爱，爱好	4
	恨₁	遗憾	2
	恨₂	怨恨，仇恨	4
	狐疑	犹豫不决	4
	欢喜	快乐，高兴	20
	患₁	忧虑，担心	3
	悔	悔恨，懊悔	7
J	忌	禁忌，忌讳	11
	惊	惊讶	12
	惊怛	惊恐	1/中古词
	惊觉	受惊而觉醒	7
	惊讶	惊异，惊奇	4/唐五代词
	敬	恭敬，慎重对待	7
	敬伏	敬佩，信服	1
	敬慕	尊敬，仰慕	1/中古词

序	动词	语义	次数/备注
	敬信	尊敬，信任	1/中古词
	敬仰	尊敬，仰慕	1
	敬重	尊敬，尊重	4
	惧	怕	3
K	渴仰	非常仰慕	1
	肯重	崇信，推重（佛法）	6/禅宗特色词
	恐	担心，恐怕	27
	恐怕$_1$	畏惧	1/唐五代词
	恐怕$_2$	担心	1/唐五代词
	恐畏	担心，疑虑	1/唐五代词
	快乐	高兴	4
	愧	羞惭	3
L	乐$_1$	快乐，高兴	1
	乐$_2$	喜欢	4
	乐$_3$	以……为乐	1
	恋	思念，怀念	4
	虑	忧虑，担心	21
	虑恐	担心	3/唐五代词
M	磨$_2$	研讨，探寻	1
	慕	依恋，向往	16
N	拟思	思虑，迟疑	1
	拟心	犹豫，迟疑	7
P	怕$_1$	畏惧，害怕	15/中古词
	怕$_2$	恐怕，担心	4/唐五代词
Q	欺嫌	轻视，嫌弃	1
	器	器重，重视	3
	钦崇	敬仰，崇敬	1
	钦敬	钦佩，敬重	8/中古词
	钦仰	景仰，敬慕	9
	钦重	钦佩，敬重	1/中古词
	轻	轻视，小看	2
	倾瞻	敬视	2
S	伤嗟	悲伤，感叹	1/中古词

续表

序	动词	语义	次数/备注
	伤愍	哀痛，哀怜	1
	思₂	思慕，想念	3
T	叹羡	感叹，羡慕	1
	叹讶	惊叹	1/唐五代词
W	望₂	希望，盼望	2
X	惜	爱惜	18
	希望	盼望	1
	喜₁	快乐，高兴	12
	喜₂	喜爱，爱好	16
	喜悦	高兴	1
	系念	挂念	1/唐五代词
	嫌	嫌弃	26
	羡	羡慕	4
	向	仰慕，归向	4
	嚮仰	向往，仰慕	1/中古词
	心造	心中烦闷	2/唐五代词
	忻	喜悦，欣喜	4
	忻欢	喜悦，高兴	1
	忻乐	快乐	2
	忻庆	欢乐幸福	2
	羞惭	羞耻和惭愧	1
Y	讶	惊讶	4
	厌	讨厌，厌恶	5
	仰	敬仰	5
	仰恋	敬慕，恋慕	1
	疑	怀疑	56
	忆₁	思念，想念	3/中古词
	殷敬	深切敬重	1
	忧	忧虑，担心	8
	忧愁	忧虑，愁苦	1
	忧虑	忧愁，担心	2
	忧恼	忧愁，烦恼	1/中古词
	怨	怨恨	5

续表

序	动词	语义	次数/备注
Z	瞻敬	瞻仰，致敬	3/中古词
	瞻望	仰望	1
	振惊	震惊，惊异	1
	战慄	因恐惧而颤抖	1
	郑重	敬重，看重	2
	重	看重，重视	9
	著急	急躁，焦躁不安	1/唐五代词
	尊	敬重，推崇	8
	尊敬	尊崇，敬重	1

表 24　　　　　　　　　认知类心理动词词表

序	动词	语义	次数/备注
A	谙	熟悉	4
	暗合	暗相契合	1
	谙会	领悟，理解，通晓	2
	闇契	暗相契合	1
B	比拟	本待，打算	1/唐五代词
	弁	同"辨"，辨别	54
	辨$_1$	辨别，鉴别	3
	辩$_1$	同"辨"	14
	辨白	鉴别，辨别	1
	弁白	同"辨白"	1
	辩正	辨明是非，改正错误	1
	博通	广泛地通晓	2
	不期	不料	1/唐五代词
	不决	未详，不了解	34
C	猜	猜测	2
	参禅	静心审思，探究禅法	1/禅宗特色词
	参详	探究，审思	1/唐五代词
	参玄	探究玄妙意旨	4/禅宗特色词
	测	猜测，测度	9
	察	察觉	4
	沉吟	沉思，深思	6
	承$_2$	领悟	10/禅宗特色词
	承当	承受机缘，领悟佛法禅旨	22/佛经词汇

续表

序	动词	语义	次数/备注
	承领	承受机缘，领会佛法禅旨	1/佛经词汇
	出身	省悟，彻悟	6/禅宗特色词
	出头	省悟，彻悟	17/禅宗特色词
	出世₃	超脱烦恼，悟禅得道	12/佛经语
	凑₂	契合（机缘）	3/禅宗特色词
	措意	理解，领会	2
D	达₁	明白，通晓	8
	达道	通悟道法	4/禅宗特色词
	达取	通晓，明白	1
	当荷	领受禅意	2/禅宗特色词
	道₂	料想	1
	得当	与禅法相契合	4/禅宗特色词
	得力	领悟禅法	1/禅宗特色词
	得意	领悟禅意	7/禅宗特色词
	得旨	领受，领悟禅法	3/禅宗特色词
	谛	领悟	5/中古词
	谛观	认真观察，仔细留意	2
	谛视	仔细察看	1
	谛受	仔细领受	1
	定取	辨识，判明	2/禅宗特色词
	洞	通晓，悉知	1
	洞达	通晓，透彻	3
	洞鉴	明察，透彻了解	1/中古词
	洞明	明白地揭示，洞晓	1/中古词
	洞契	彻底契悟	1
	洞晓	彻底晓悟	1/中古词
	端的	领会，明白	3/禅宗特色词
	顿见	同"顿悟"	4/禅宗特色词
	顿契	同"顿悟"	4/禅宗特色词
	顿悟	当下觉悟	18/禅宗特色词
F	发悟	启发使领悟	2/中古词
	分晓	清楚，明白	1/唐五代词
G	挂碍	牵挂	3/唐五代词

序	动词	语义	次数/备注
	观察	仔细察看	7
	归家	明见自心，获得省悟	6/禅宗特色词
H	话堕	禅机，禅义不合禅法	3/禅宗特色词
	会₁	领会，领悟	295/禅宗特色词
	惑迷	迷惑	1
J	记₁	记住，记忆	21
	记持	记存在心	1/佛经词语
	记取	记住。"取"，后缀	2
	记忆	记住，不忘	1
	计₂	计虑，考虑	5
	计校	思虑，谋算	1/中古词
	荐	领会，领悟	7
	鉴₁	照察，审辨	9
	将谓	本以为	17/唐五代词
	将为	同"将谓"，本以为	9/唐五代词
	嗟切	切磋，琢磨	1
	解₁	明白，理解	30
	解空	了解诸法的空相	2/佛经词语
	觉₁	觉悟，觉察	12/佛经词语
	觉₂	觉得，感觉	12
	觉察	发觉，察知	2/中古词
	觉知	觉察到	3
	决	分辨判断，确定明了	39
	决择	判明事理，断除疑惑	2/禅宗特色词
	决了	断除疑惑，明了佛法	2/禅宗特色词
K	开₃	开悟，领悟	3
	开悟	领悟，解悟	1
	开眼	开悟，领悟	1/禅宗特色词
	开喻	启发，开导	1/中古词
	看₃	估量，料想	7/唐五代词
	看₄	体察，探究古人机语	7/禅宗特色词
L	了₁	省悟，明白禅法	10
	了达	彻悟，通晓	1/佛经词语

序	动词	语义	次数/备注
	了得	领悟禅法	2/唐五代词
	了决	明心悟道，断除俗念	1 禅宗特色词
	了了	明了，明悟禅法	7/禅宗特色词
	了取	明了，晓悟禅法	2/禅宗特色词
	了却	明了，领悟禅法	6/禅宗特色词
	了事$_1$	明事理，会办事	1/中古词
	了事$_2$	了悟真如本性，完成参悟大事	1/禅宗特色词
	了悟	领悟禅法	1/佛经词语
	了知	了悟，明知	2/唐五代词
	料	估量	1
	领$_1$	领会，领悟	17
	领会	领悟	3
	领览	领悟，理解	4/唐五代词
	领受	领悟，接受	1/禅宗特色词
	虑$_2$	思虑	8
M	迷	迷惑	23
	迷失	丢失，丧失	1/唐五代词
	迷悟	迷惑与觉悟	2/唐五代词
	冥朦	蒙昧，糊涂	1/唐五代词
	明	明白，了解	15
	明了	清楚地知道	1/唐五代词
N	拟	打算	47
	拟议	考虑，迟疑	3/禅宗特色词
	拟欲	打算做某事	6
	念$_2$	思虑，想要	6
P	判	判断，决断	8
	判断	分析裁定	5
	剖	剖析，分析	1
Q	契	体会，领悟	53
	契合	投合，相符	1
	契会	领悟，领会	7/禅宗特色词
R	然	认为正确	1
	认$_1$	认为，看作	6

续表

序	动词	语 义	次数/备注
	认₂	认识，知晓	9
	认得₁	认识，知晓	8/唐五代词
	认得₂	记得	1/唐五代词
	认得₃	以为，认为	1/唐五代词
	认取	认识，辨识	1
	入₄	省悟，悟入	46/禅宗特色词
	入门	进入省悟之门	20/禅宗特色词
S	商量₂	思索，思量	2
	审谛	仔细考察或观察	1
	识	认识，了解	218
	识弁	识别，辨认	3/唐五代词
	思₁	思索，考虑	30
	思量	考虑	8
	思念	思考	1
	思惟	思考，考虑	9
	思议	理解，想象	24
T	体	体会，体察	16
	体会	领会，领悟	7
	体悉	体会，领悟	3
	通	懂得，通晓	26
	通达	通晓，洞达	3
	投机	投合禅机，契悟禅法	7/禅宗特色词
	图₁	贪图，企图	5/唐五代词
	图₂	料想	1
	图度	揣测，揣度	1/唐五代词
W	亡₃	忘，忘记	1
	忘₁	忘记	26
	忘₂	终止，断绝	2
	忘筌	喻悟道后不执著于言辞	1/禅宗特色词
	忘却	忘记掉	8
	忘言	悟道后须除尽言句纠缠	4/禅宗特色词
	妄想	妄加分别而取种种之相	3/佛经词语
	委	知，知悉	50/中古词

续表

序	动词	语义	次数/备注
	委得	知，知悉	13/唐五代词
	未审	不知	94
	未委	未悉，不知	6/唐五代词
	谓₂	以为，料想	3
	谓言	认为，本以为	4/唐五代词
	为言	以为，认为	1/唐五代词
	味	体味，体会	1
	悟	领悟佛法、禅旨	141/佛经词语
	悟道	领悟佛法、禅理	5/佛经词语
	悟入	领悟佛法、禅理	5/佛经词语
X	下口	开口	2
	相应	契合禅法	20/禅宗特色词
	详₁	清楚地知道	9
	想	思考，思索	1
	晓	知晓	22
	晓了	通晓，明了	2/唐五代词
	歇₂	领悟禅旨，完成参学大事	3/禅宗特色词
	信	信从，相信	38
	信伏	信服，相信	1
	信知	深知，确知	2/唐五代词
	惺₂	醒悟，领悟	1
	惺悟	醒悟，领会	1/中古词
	省	省悟	14
	省觉	觉悟，明白	1/唐五代词
	省要	领悟（禅法）	8/禅宗特色词
	休₃	领悟禅旨，完成参学大事	5/禅宗特色词
	休歇	领悟禅法，了毕生死大事	4/禅宗特色词
	玄鉴	明察，透彻了解	1/中古词
	寻思	考虑，思索	2
Y	言为₂	料想，以为	1/唐五代词
	疑滞	疑惑，迟疑	2
	以为	认为	2
	意思	思量，思虑	2
	忆₂	回忆	2
	吟沉	即"沉吟"	1
	有	知，知道	1/禅宗特色词

续表

序	动词	语义	次数/备注
	欲拟	打算做某事	1
Z	在意	领悟禅理	4/禅宗特色词
	知	知道	421
	知道	知晓	5/唐五代词①
	知委	知悉	1/中古词
	知闻	知悉，知道	2/中古词
	知有	知道，知晓	75/禅宗特色词
	直了	当下晓悟	2/禅宗特色词
	缁素	分辨	1

第五节 状态动词

一、概述

状态动词是和行为动词相比较而言的，从语义上看，状态动词一般是非自主的，它表示某事物处于持续状态中的动作，具有［＋状态］的语义特征。张猛（2003）指出："状态动词及其有关的名词之间的关系是关联性的，如对象、处所，而不是支配性或被支配性的，如受事、施事等。"从句法功能看，状态动词一般不能带真宾语，多带使动宾语、处所宾语等，与状态动词共现的动元只有一个，因此状态动词属一价动词。关于状态动词的主语，我们称作当事。从语义关系看，状态动词和必有的名词性成分之间是动作和当事的关系。有时状态动词的当事处于宾语的位置，我们称为当事宾语。本节主要考察《祖堂集》状态动词所带宾语的类型。

二、《祖堂集》状态动词句法特点

（一）状态动词不带宾语

状态动词不带宾语，即进入 NP ＋ VP 的句法框架。

状态动词表示的是一种持续状态中的动作，因而不带宾语是常见的。以下各例状态动词均不带宾语，且主语就是当事：

---

① 按，《祖堂集》"知道"已凝固成词。董志翘（2000）《〈入唐法巡社行记〉词汇研究》指出："知道"原为词组，乃"通晓天地之道，深明人世之理"或"认识道路"之义。到唐代始凝固成词，表"晓得"之义。文中举了大量例证。

（1）看他人食，终自不饱。（P123）

（2）过去三佛出世，我眼则开，灭后还闭。（P22）

（3）或在城市，随处任缘；或为人所使，事毕却还。（P79）

按，《祖堂集》"毕"多作补语。

（4）师大和八年甲寅岁十一月六日告众曰："法堂倒也，法堂倒也。"（P181）

（5）师曰："若然者，何责我乎？"主人亦向前，眉毛一时堕落。（P157；一时，犹言全部，一齐）

（6）问："学人拟欲归乡去时如何？"师曰："有人遍身烘烂，卧荆棘之中，阇梨作摩生归？"（P178）

（7）尚于山舍假寐如梦，见吾身与六祖同乘一龟，游泳深池之内，觉而详曰："……"（P145）

（8）其僧待师去后，打破家具杀却火，长伸瞌睡。（P589）

按，瞌睡，打盹义。"瞌"即有困倦欲睡义。白居易《自秦望赴五松驿马上偶睡睡觉成吟》诗："长途发已久，前馆行未至。体倦目已昏，瞌然遂成睡。"此义禅籍多见。如："达磨九年面壁瞌睡未惺，汝等诸人皮下无血眼里无筋，更向这里觅什麽碗？各请归堂去。"（《续传灯录》卷二七）"书头教娘勤作息，书尾教娘莫瞌睡。"（同上书，卷二五）"岩上堂云：'兄弟家久在蒲团上瞌睡，须下地走一遭，冷水盥漱，洗开两眼，再上蒲团。'"（《禅关策进》卷一）

又有"打瞌睡"一语，亦为打盹义，例："有一等办道人，经又不看，佛又不礼，才上蒲团便打瞌睡，及至醒来胡思乱想，才下蒲团便与人说杂话，若是如此办道，至弥勒佛下生时，也未有入手底时节。"（《缁门警训》卷五）

（9）乃问："弟子军州事多，佛法中省要处，乞师指示。"师良久，侍郎罔措。（P183）

按，良久，默然，沉默义。"良久"的词义演变，详见袁宾（1992：93）。

（10）至年十五，偶因抱疾，梦神人与药，睡觉顿愈。（P393；按，"睡觉"尚未凝固成词，为睡醒义）

（11）今日共师兄到此，又只管打睡。（P272；"打"为词缀）

（12）言犹未讫，瞥然不见。其灶瓦解，悉自落破。（P109）

（13）师云："不劳悬古镜，天晓鸡自鸣。"（P347）

不带宾语的状态动词还有：摆、败阙、败坏、抱疾、备、崩落、变异、病、沉、沉沦、触污、倒卧、澄停、动、动摇、断、泛涨、反、盖覆、挂、害、饥、交流、剿绝、绝、劳倦、破、熟、睡眠、体现、替、停心、脱落、污染、亡、惺、醒、销落、消殒、休、休歇、悬挂、运转、展、滋长、疲极等。

（二）状态动词带使动宾语

状态动词带使动宾语，上古就有用例。

（1）中天下而立，定四海之民。（《孟子·尽心下》）

（2）焉用亡郑以陪邻？（《左传·僖公三十年》）

状态动词"定"和"亡"带使动宾语。陈昌来（2002：94）另分作一类叫做致使动词。文中说："不少性状动词都兼属致使动词，致使动词是可以带宾语的，或者反过来说，一些性状动词带了宾语就成了致使动词，不再是性状动词了。"（按，陈文中性状动词包括状态动词和性质动词）

我们认为状态动词带使动宾语，应该是句法结构所赋予这些状态动词的语法意义，如果另外划一小类叫做致使动词，似乎犯了"依句辨品，离句无品"的错误，因为这种兼类的情况太普遍了。"这个组织彻底瓦解了→政府彻底瓦解了这个组织"（转引陈昌来例句）作者将前例"瓦解"视为状态动词，后例则看成致使动词，可能是受句法结构的影响。应该说这两句"瓦解"意义是相同的。"政府彻底瓦解了这个组织"，是说"政府"发出某种动作行为使"这个组织"处于瓦解的状态。所以我们将能带使动宾语看作是状态动词的语法功能，而不另视作致使动词，位于状态动词前的 NP 是间接施事。以下是《祖堂集》状态动词带使动宾语的例句：

（3）雪峰和尚值武宗澄汰，变服而造芙蓉山。（P279）

（4）师既领宗要，触目朗然，犹如远客还家，顿息他游之意。（P189）

（5）一切大地既是佛身，一切众生居佛身上，便利秽污佛身，穿凿践踏佛身，岂无罪乎？（P123）

（6）某甲等广大劫来出佛身血，破和合僧，直至今日，谬会和尚意旨。（P327；按，"破和合僧"是佛经词语，指破坏和合的僧众。是佛教五逆罪之一）

（7）云岩对曰："师今有也。"师便失声云："丧我儿孙。"（P541）

（8）汝先歇诸缘，休息万事。（P542）

（9）因举长庆云："我有一个问，哑却天下人口。"（P418）

（10）忽诀门人曰："生也有涯，吾须远迈。汝等安栖云谷，永耀法灯。"（P655）

　　带使动宾语的还有：弊、变、併除、摧、摧残、度脱、烦、费、坏除、减、聝、埋没、破₄、破坏、屈、伤折、秃、污、活、缩、误、降伏、削除、坠、住等状态动词。

（三）状态动词带当事宾语

　　如果状态动词前有致使主语（人、物或事件），这一致使主语是导致发生某种状态的原因（称作间接施事），这种情况下所带的宾语为使动宾语，如上举例句。如果致使主语未出现，而状态动词后又带了宾语，这些宾语为当事宾语。如：

　　（1）开两路，备机缘。（P704）

　　（2）言下不生，何处不普。垂手入廛，他方此土。（P55）

　　（3）"如何是虚空之心？"师曰："不挂物。"（P249）

　　（4）摧残枯木倚青林，几度逢春不变心。（P309）

　　如果状态动词前后均有 NP（分别记作 N_1、N_2），N_1 和 N_2 有领属关系，则 N_1、N_2 均为当事，有时这种领属关系是抽象的。如：

　　（5）雷震蛰门，邪师失齿。（P57）

　　（6）对曰："忆师兄，哭太煞，失却一只眼，下世去。"（P172）

　　（7）师当时方病眼，相公讯曰："既言见性，其眼奈何？"师云："见性非眼，眼病何害？"（P569）

　　按，"眼"具有"病"所表示的状态，而"师"又领有"病"这个状态的当事宾语"眼"。

　　（8）盲龙曰："我昔于毗婆尸佛时，为恶性比丘，毁骂三宝，遂堕龙中，兼盲其目。（P22）

　　（9）造罪忏悔，众罪如霜露。慧日忽顿消前罪去。（P578）

　　（10）庆放身作倒势，师云："这个师僧患风去也。"（P293）

　　（11）师于言下顿澄微瑕，永亡朕兆。（P102）

　　（12）问曰："西来密旨，和尚如何指示于人？"翠微驻步。（P218）

　　如果 N_2 易位，形成 $N_1 + N_2 + VP$ 的句法结构，语义不变。例：

　　　　邪师失齿→邪师齿失。

　　　　师当时方病眼→当时师眼方病

　　　　慧日忽顿消前罪去→慧日前罪忽顿消去

　　这种结构与现代汉语中"王冕死了父亲"相似。可以删去 N_1，成为"$N_2 + VP$"式：失齿｜病眼｜顿消前罪去｜死了父亲，真正的当事是 N_2。N_2 不能删去，否则语义发生变化。"慧日忽顿消前罪去"不等于"慧日忽顿消"，"王冕死了父亲"不等于"王冕死了"。

这种情况说明 VP 和 N₂ 之间有着更密切的语法关系，N₂ 是动词的配价成
分。

有时 N₁、N₂ 虽然为领属关系，但如果 N₁ 是促使 N₂ 产生某种状态的行
为，这时 N₂ 是当事宾语还是使动宾语很难分清。如：

（13）师便叉手闭目。（P321）

（14）师于一日见鱿源入法堂，师便垂一足。（P114）

（15）魁帅低首良久，解颜曰："和尚家大不思议，非我辈之所图。"
（P219）

（16）师正坐，叠掌收光，一刹那间便归圆寂，享龄七十二，僧腊三十
一。（P565）

（17）是故菩萨不动念而至萨般若海，不动念而登涅槃岸。（P72）

（18）融乃开眼。（P99）

是否可以这样区分，如果这些状态动词是 N₁ 有意识的动作行为，则 N₂
为使动宾语，反之，如果是 N₁ 无意识的动作行为，则 N₂ 为当事宾语。

《祖堂集》能带当事宾语的动词还有：闭、落、悬等。

（四）状态动词带处所宾语

处所宾语是状态动词发生的场所①，例如：

（1）挝铜之中而传此偈，声遍三千大千世界。（P28）

（2）教被东土，代代相承，至今不绝。（P91；按，"被"，遍布，满义）

（3）师云："芦花沉海底，劫石过阳春。火焰长流水，佛从此出身。"
（P365）

（4）问："清净行者不入涅槃，破戒比丘不堕地狱。古人意旨如何？"
（P307）

（5）初参赵州，次礼龙牙。密凑玄关，便驻湘江，更无他往。（P453）

《祖堂集》能带处所宾语的还有：充、倒、散漫、坠、居等。

（五）状态动词带时量宾语

《祖堂集》状态动词带时量宾语的例子不多，主要有：

（1）下有白气，横分六道。（P99）

（2）若人生百岁，不见水潦涸。不如生一日，而得睹见之。（P34）

---

① 这里所说的处所宾语是广义的，包括实物（如：阶、楼台），地名（如：三平山、阎浮），
以及有标处所（如：海底、荆棘之中）等。

(3) 十一月十四日中夜，忽尔山谷震动，鸟兽悲鸣，寺钟击而不响三日。(P630)

(4) 老僧独居山舍，念子远来，且延一宿。(P719)

(5) 童子辄往林社毁其祀具，夺牛而还，岁盈数十，悉巡之于寺。(P144)

（六）状态动词带补语

分三种情况：

Ⅰ. 直接带补语，即状态动词进入 NP + VP + C 句法框架，如：

(1) 房前大桐四株，五月繁茂，一朝凋尽。(P103)

(2) 为汝诸人贪著三乘五性教义，汩没在诸义海中。(P692)

(3) 山间泉池，激石涌砂，一时填满。(P103)

(4) 皮肤脱落尽，唯有真实在。(P488)

(5) 蚁子在水中，绕转两三匝，困了浮在中心，死活不定。(P127)

Ⅱ. 带补语后带宾语，即状态动词进入 NP + VP + C + O 句法框架，如：

(6) 药山曰："大奇大奇，外来青风冻杀人。"(P633)

(7) 十地之人不脱去，流入生死河，但不用求觅知解语义句。(P546)

(8) 末后一句始到牢关，锁断要津，不通凡圣。(P342)

(9) 昔日灵山会上，释迦牟尼佛展开双足，放百宝光。(P476)

(10) 鱼被网裹却，张破猎师肚。(P289；按，"张"通"胀"。胀满。《左传·成公十年》："将食，张，如厕"）

(11) 大德欲得山僧见处，坐断报化佛头。(P721)

Ⅲ. 带宾语后带补语，即状态动词进入 NP + VP + O + C 句法框架，如：

(12) 尔时释迦如来成道竟。(P23)

(13) 师受戒已，而大寂耀摩尼于江西。(P156)

(14) 余则为渠说，抚掌笑破口。　(P160；此句"破"的语义指向"口"）

(15) 昔日曾向玄沙道，笑杀张三李四歌。(P441)

三、《祖堂集》中的"了"字句

王力（1958：311）曾说："动词形尾'了'和'着'的产生，是近代汉语语法史上划时代的一件大事。它们在未成为形尾以前，经历过一些什么发展过程是值得我们深切注意的。"我们知道，现代汉语中，"了"是动词形尾，可以附着在动词之后，表示动作的完成，我们称之为时态助词。《祖堂集》中"了"除了用作状态动词，表示完毕义外，是否正向着助词发展呢？
通过对《祖堂集》"了"字句的归纳和整理，我们可窥见其线索。

（一）"了"是状态动词。分两种情况：

1. "了"是唯一动词，含有"终了"、"了结"、"完毕"的意思，如：

（1）一切了之后，便问："和尚有什摩事到这里？"（P201）

（2）师举云："努力此生须了却，莫交累劫受诸殃。"（P407；按，"了
却"，"却"为后缀）

（3）著鞋履，执座具，上法堂礼拜，一切了侍立。（P562）

上述例句中的"了"在句中充当谓语。

2. "了"是后助动词，跟在谓语后，仍是"完了"的意思，但已不作谓
语，只是充当谓语的补充语，表示动作行为的完了。其格式为："动＋宾
（＋补）＋了（＋也）"。如：

（4）无常来时，抛却壳漏子一边著。（P124）

（5）石头又强为不得，起来迎接，相看一切了……（P149）

（6）师住庵时，有一僧吃粥了，便辞师。（P723）

（7）当时百丈造典座，却自个分饭与他供养。其僧吃饭了便去。（P518）

（8）若是文殊、普贤，昨夜三更各打二十棒，趁出院了也。（P594）

上述例句中的"了"还不是真正的动词词尾，因为"了"是置于整个动宾短
语之后，而不是仅仅只附着在动词之后。这个"了"可以说已不是谓词，它
在虚化的过程已跨出了一大步，它的语法意义比它的实在意义更加明显；表
示行为完成的作用，已经看得比较清楚了。这一类结构，只要把"了"的位
置变换一下，意义并未改变，可是从表达方式来看，却跟现代汉语一样，然
而此时"了"字还没发展成动词词尾，故和动词黏接得不够紧密。变换式
如下：

　　　吃粥了→吃了粥

　　　其僧吃饭了便去→其僧吃了饭便去

　　　……

《祖堂集》中这种完成貌表示法，除了"了"外，还有表示完成的动词
"却"、"已"、"竟"等，只是例句不多。如：

（9）石头云："汝与我斫却，这个树碍我路。"（P186）

（10）师闻已，顿悟指要，便问："……"（P188）

（11）若能如是解，通达事理竟。（P55）

上述句式起源于魏晋（参梅祖麟1981），发展到近代汉语，"了"逐步取代了

"却"、"已"、"毕"、"竟"、"讫"等，这是以后发生复杂变化的第一步。刘坚等（1992）认为唐代"动＋宾＋了"中的"了"是正在向事态助词转变中的动词，梅祖麟（1981）则认为，这是一种"（主）＋谓＋谓"结构，"了"字充当的是后一个谓词性成分（即句子的谓语），它的功能是把前面的"（主）＋动＋宾"所表达的事件作为话题来加以陈述。不管各家的看法如何有差异，但在一点上是一致的，这就是"动＋宾＋了"中的"了"仍然是动词，虽然已开始出现虚化的趋势。其功能是"用在句末，主要肯定事态出现了变化，有成句的作用"。至于"了"后加"也"，其作用是使语气完结（太田辰夫1991）。如果语气上没有完结，一般在下面要有持续的话，否则就加"也"煞句。

（二）"了"是助词。助词"了"是从动词"了"和后助动词"了"产生出来的，"要弄明白这个过程是很困难的"（太田辰夫1958/2003）。《祖堂集》这类句式的主要格式为：

1. "动（形）＋了（＋也）"

（1）师与紫璘法师共论义次，各登坐了。（P116）

（2）第二日，粥鼓鸣了，在西侠里坐，伸手取粥。（P146）

（3）已相见了，不要上来！（P275）

（4）和尚云："送师兄去来？"对曰："送了也。"（P175）

（5）师曰："与摩则大唐国内山总被阇梨占却了也。"（P242）

这类句式在《祖堂集》中的大量出现，说明在唐五代"动＋了"已成为普遍使用的完成体格式，对于这种句式中的"了"，各家有不同看法，太田辰夫（1987）认为，附在动词后又处句末的"了"，有的是后助动词，表示叙述语气的是助词。吴福祥（1998）则认为"它是一种表示实现或完成的动相补语"。我们把它看成助词，理由是："了"字紧跟着动词位于句末，"了"字处在演变过程的后期，已接近完全虚化，尽管"了"的词尾性还不如"动＋了＋宾"句式中的"了"突出。对于上述例句中的"了"，我们已很难区分它究竟是语法意义上的"了"还是实用意义上的"了"，因为作为语法意义的"了"，本身就具有完了的意思。因此我们把"动＋了"中的"了"看作是越来越接近于完成貌的助词。

2. "动＋了＋宾"

（6）若能晓了骊珠后，只这骊珠在我身。（P161）

例（6）"了"紧贴着动词，而且放在宾语的前面，这是"了"的新用法，"了"已经完全虚化成形尾"了"。当然，这种表示动作完成的真正的动词词尾"了",在《祖堂集》中用得很少,但它已为形尾"了"最终在宋代完成其语法变化过程开创了先例。

通过以上分析,我们可得出如下结论:"了"原意是"终了,完毕",六朝时常与"已、讫、毕、竟"等一起构成汉语中表示完成状态的动词,形成"动+宾+完成动词"的格式,《祖堂集》时代继承此用法:"动+宾+完成动词",框架未变,但填充此框架的词汇发生了变化,用"了"取代了"毕、竟、讫"等词,形成了"动+宾+了"的格式,当动词后面的宾语脱落后就形成了"动+了"格式,这一格式里的"了"已高度虚化,越来越接近于完成貌助词,当"动+了"这一句式带上宾语后,就形成了"动+了+宾"句式,至此,"了"作为真正的动词词尾已初步形成,"了"成了完成体助词。需说明的是,"了"由动词演变为助词是逐步进行的;而且也不是所有的"了"都变为助词。实际上助词"了"和动词"了"长期同时存在,各有各的用处。

四、小结

总的说来,《祖堂集》状态动词主要有以下句式:

NP + VP

NP + VP + O

NP + VP + C

NP + VP + C + O

NP + VP + O + C

不带受事宾语是状态动词最基本的语法特点。此外,通过考察可知,状态动词没有被动用法,即很少用于被动句,如果用在被动结构中,状态动词是因为结构的影响而临时具有行为动词的特征。《祖堂集》有1例:"若能一生心如木石相似,不为阴界五欲八风之所漂溺。"(P544)

《祖堂集》中状态动词可以用于存现句。如:"太阳溢目,万里不挂片云。"(P260) | "地生青草,如孔雀毛。"(P12)我们将这种"L/T + VP + O"结构看成是"(NP)+ VP + O"的变式,不另列为一类。此外还有少数状态动词用于连动句,如:"灼然吾徒等辈,为不承他先圣方便,今日向什摩处填沟塞壑?"(P425)少数用于主谓结构,如:"洞山坐禅,师一向睡。洞山心闷,唤师。"(P229) | "阇梨且去,老僧今日身体痛,别时却来。"(P601)状态动词还可带时体助词"却"、"了"、"著"等。如:"长老与摩识弁人,瞎却镇州城里人眼去在。"(P756) | "行得个四五十里,困了,忽

然见一池水。"（P616） ｜ "莫屈著兄弟摩?"（P408）之所以能带动态助词，
是因为状态动词所表示的是一种持续性的动作，它具有时间性。

状态动词的主语常由表人（如：天子、师、曹山）或表物（如：石、青
松、声、真风）的词语承当，结构单纯，主要是名词或名词性短语，很少有
动词性短语充当的例句。

表 25   状态动词词表

序	动词	语义	次数/备注
A	碍	妨碍，阻碍	21
	安₁	安置，安放	14
	安禅	静心坐禅	6
	安命	安于命运	1
	安身	存身，容身	2
	安置₁	安放	5/唐五代词
	安著	安放，安置	2/唐五代词
B	拔₃	超出，突起	1
	罢	停止	11
	摆	排除，摆脱	2
	败坏	损害，破坏	7
	败阙	受挫，挫败	2/唐五代词
	办₃	成，成功	2
	傍出	分支，别出	4
	包	包容	3
	包含	包容，含有	2
	包罗	包容，容纳	1
	饱	吃足	5
	抱₄	心里存有	2
	抱疾	生病，抱病	1/中古词
	抱璞	怀抱玉璞，喻怀才不遇	1
	被	遍布，满	2
	备₂	完备，齐备	8
	崩落	倒塌，倾倒	1/中古词
	崩陷	倒塌，陷落	2/唐五代词

续表

序	动词	语义	次数/备注
	迸散	扩散，四散	1/唐五代词
	逼	逼迫，靠近	3
	避$_1$	躲开，回避	18
	避$_2$	隐藏	2
	闭	关闭	14
	毕	完毕	4
	毕手	完成	1/唐五代词
	弊	遮盖	1
	遍	满，遍地	12
	遍满	遍及，布满	1/中古词
	遍照	普照	2/唐五代词
	变	变化，改变	27
	变悔	改悔，反悔	2
	变异	变化	4
	变易	改变	3
	禀受	承受	3
	禀授	承受	1
	倂	排除，除去	2
	倂除	铲除，去除	1
	倂当	扫除，除去	1
	病$_1$	生病	5
	剥$_2$	脱去，去除	3
	不安	患病，不舒服	5
C	藏	隐藏	18
	差过	错过	3
	缠缚	缠绕，束缚	1/唐五代词
	敞	显露，宣扬	1
	坼	同“拆”，毁坏	1
	拆	同“拆”，拆开	1
	撦	撕裂	1
	沉	下沉	5
	沉累	连累	1/唐五代词
	沉沦	堕落地狱，不得超生	4/佛经词语

序	动词	语义	次数/备注
	沉坠	坠落（地狱）	1/唐五代词
	龀	儿童换齿	1
	称断	断绝烦恼，超凡脱俗	3/佛经词语
	承₁	继承，接续	25
	承嗣	世袭，承继	3
	成₁	成功，特指证成佛果	75
	成₂	变成，成为	72
	成办	成功，完成	1
	成道	修行圆满，成无上道	15/佛经词语
	成佛	菩萨修满因行，成就无上正等正觉	57/佛经词语
	成就	已得而现在仍不失	2/佛经词语
	成立	成就，成功	2
	成正觉	即成佛	6/佛经词语
	持₂	受持，领受	1
	充₂	充满	3
	充满	遍布	2
	出₂	泄漏	1
	出₃	出产，产生	3
	除	去除	18
	触污	玷污	1/唐五代词
	传持	流传护持	8
	吹₂	吹拂	7
	垂	下垂	6
	垂坠	下坠	1
	参差	蹉跎，错过	2/唐五代词
	从容	盘桓，逗留	3
	凑泊	投合，契悟	4
	凑集	聚集，集合	1/唐五代词
	摧	毁损	2
	摧残	毁损，使残	2
	存泊	停歇，存身	1/唐五代词
D	打睡	睡觉，"打"，前缀	2/唐五代词
	带₂	含有	9

序	动词	语义	次数/备注
	带累	连累	5/唐五代词
	担负	承受	1
	淡泊	衰落	1/唐五代词
	盪	清除，消除	1
	倒₁	使人或物倒下	9
	倒卧	横卧，横倒	2/唐五代词
	到来	来临	5/唐五代词
	得₁	获得，得到	147
	得₃	用于时间词前，表过了多少时间	18
	得₄	中，考中	2
	得便宜	言句作略占上风	1/唐五代词
	登₃	达到（指年龄）	3
	登科	应考之人被录取	2
	登位	（皇帝）即位	2
	等候	等待	1
	澄停	停止	1
	瞪	睁大眼睛	2
	低	使向下，放低	15
	滴	掉落	8
	颠倒	违背常道正理之妄见	16/佛经词语
	颠坠	坠落	1
	点污	玷污	1
	凋	枯萎，凋落	1
	彫₂	同"凋"，凋落	3
	叠	交叠	2
	昳	日落	1
	钉	以钉钉物	1
	定₁	心专注一境而不散乱	74/佛经词语
	定₂	确定，规定	3
	动₁	震动，移动	34
	动₂	萌生，萌动	4
	动摇	不稳固，不坚固	3
	动转	活动，行动	1

序	动词	语义	次数/备注
	冻	受冻,感到寒冷	1
	杜口	闭口不言	7
	断$_2$	断绝	11
	断$_4$	去除	37
	断除	彻底铲除	2/唐五代词
	断绝	断开,无联系	24
	顿息	停止	5
	堕	落	16
	堕落	脱落,掉落	1
F	发$_3$	生长	1
	发$_4$	放射	33
	发萌	产生	1
	发心	指萌动善心	1/唐五代词
	法嗣	继承,接续禅法	3/禅宗特色词
	反	覆,倾倒	1
	泛涨	水涨溢	1/中古词
	妨	妨碍	6
	放$_3$	放射,散发	11
	费	耗损	2
	分	分开,区分	15
	封闭	关闭	1
	浮	漂浮	3
	拂$_2$	轻轻擦过或飘动	1
	缚	束缚	17
	附托	依附,寄托	1
	覆藏	遮掩,隐藏	2/中古词
	覆载	覆盖与承载	1
	复$_2$	恢复	1
G	改	更换	23
	改换	改变,变换	2
	盖	覆盖	9
	盖覆	掩盖,遮盖	5/唐五代词
	隔	隔绝,断绝	10

序	动词	语义	次数/备注
	隔阙	离别，久别	1
	汩没	埋没，淹没	1/唐五代词
	挂$_1$	悬挂	15
	挂$_2$	披挂，穿	4/唐五代词
	关$_1$	关闭	8
	贯系	贯通融会，消解分别	1
	过$_3$	度过，经过（时间）	31/唐五代词
	过去	某时间或某状态已消逝	1/唐五代词
H	害	妨碍	3
	含$_1$	置物于口中，不咽也不吐	1
	含$_2$	容纳，含有	11
	含$_3$	呈现，带着	5
	和合	融合，混合	3
	烘烂	因烘烤而腐烂	2
	呼吸	吐气和吸气	1
	化$_1$	变化，化为	4
	怀$_1$	含有，怀有	8
	怀$_2$	怀孕	5
	坏$_1$	败坏，毁坏	13
	坏$_2$	火、水、风三灾毁灭众生和世界	7/佛经词语
	坏除	毁灭，去除	1
	换$_1$	更换，变易	7
	换$_2$	对调，调换	1
	混融	混合，融合	1/中古词
	患$_2$	生病	13
	隳殄	毁灭，毁除	1
	回避$_1$	躲避，避让	4/唐五代词
	毁	使毁坏	3
	毁坼	拆毁	1/唐五代词
	秽污	玷污，弄脏	1
	活	生存	4
	获	获得	22
	和$_3$	混杂，掺和	2

序	动词	语义	次数/备注
J	饥	饿	4
	饥渴	饥饿，口渴	1
	积	积累	4
	集	聚集，集中	23
	集合	使聚集	1
	继	继承	13
	继承	承接（佛法）	1/唐五代词
	继续	继承，嗣续	3
	寂定	离却妄想，进入禅定	1/佛经词语
	加	增加	8
	缄口	闭口	1
	减	减少	6
	减损	减少，减轻	1
	间断	隔断，不相连接	3
	间歇	停顿，中断	1/唐五代词
	见$_1$	看见	772
	见$_2$	听，听到	2
	见说	听说	8
	溅	液体迸射	1
	鉴$_2$	照，映照	6
	鉴照	映照	3
	将息	休息	1/唐五代词
	降$_1$	降落，落下	11
	降$_2$	莅临，光临	1
	降$_4$	减退	1
	交流	齐流	1/唐五代词
	交接	连接，结合	1
	剿绝	除尽尘念及对立妄心	6/禅宗特色词
	解散	分散，离散	1
	解脱	解除烦恼，超脱生死	30/佛经词语
	惊觉	惊醒	7/中古词
	竟	终了，完毕	10
	迥出	完全超出，突出	1

序	动词	语义	次数/备注
	迥脱	完全超脱	1
	拘系	拘束，管束	1
	具	具备，准备	27
	具戒	具足圆满之戒	23/佛经词语
	具尸罗	受佛戒	8/佛经词语
	具足	具备充足	9
	聚集	集中，集合	1/中古词
	具眼	具备法眼、智慧之眼	5/禅宗特色词
	觉₃	睡醒	12
	绝	断绝，隔绝	58
	绝边	绝无边缘界限，超越一切空间概念	1/禅宗特色词
	绝尘	断绝尘虑，超越尘俗	3/禅宗特色词
K	开₁	睁开，张开，打开	53
	瞌睡	打盹	2/中古词
	亏₁	缺	6
	亏阙	欠缺，缺损	2
	溃散	崩溃，散烂	1
	聭	耳聋	1
	困	劳倦，疲倦	8
L	烂坏	腐烂，败坏	1/中古词
	劳笼	笼罩，控制	1/唐五代词
	劳役	劳碌，劳累	2
	累₁	堆积，积聚	1
	累₂	连累，拖累	2
	累烦	麻烦	1/唐五代词
	累害	拖累，损害	1
	罹乱	遭逢变乱	1/唐五代词
	离却	舍弃，抛开	5
	连	连接	3
	敛	收缩	1
	良久	沉默，默然	34/禅宗特色词
	了₂	终了，完毕	8
	了手	完结，完毕	1/唐五代词

序	动词	语义	次数/备注
	裂	分裂，裂开	1
	邻接	挨近，接近	1
	留$_2$	留下，遗留	21
	留连	留恋不舍	2
	留取	留存。"取"，后缀	1/唐五代词
	留下	把东西搁下	1/唐五代词
	流$_1$	液体、气体等移动	10
	流$_2$	传布，扩散	8
	流播	传播，流传	1
	流布	流传散布	10
	流传	传播	3/佛经词语
	流浪	漂游，流转不定	2
	流通	流传，通行	2
	流行	广泛传布	1
	流注	有为法刹那间前灭后生，相续不断，如水之流注	4/佛经词语
	聋	听觉失灵或闭塞	12
	笼牢	笼罩，束缚	1
	笼罩	控制，束缚	1/中古词
	露	显露	11/佛经词语
	露现	显露	3
	轮	轮替，更替	1/唐五代词
	轮回	众生在六道中生生死死如车轮之旋转	12/佛经词语
	沦	沉沦	2
	沦亡	丧亡，灭亡	1/禅宗特色词
	罗笼	笼罩，控制	2
	萝笼	笼罩，控制	1
	落意	陷入情识意想	2/禅宗特色词
M	埋	埋没	8
	埋没	不使显露	7
	盲	失明，使失明	1
	萌	开始产生	6
	弥	满，遍及	3

续表

序	动词	语义	次数/备注
	弥满	充满	1
	迷失	丧失，丢失	18/唐五代词
	祕	隐藏	1
	眠	睡觉	13
	免	免除，去除	21
	免得	免除	7/唐五代词
	灭$_2$	熄灭，消失	4
	泯	消失，消灭	7/唐五代词
	鸣	响，发出声音	12
	默	沉默	1
	没$_1$	沉没	1
N	纳$_1$	容纳，接纳，接受	13
	纳受	接受，收受	2
P	盘泊$_1$	栖止、依随某人身边	4
	盘泊$_2$	回环旋绕	1/中古词
	盘旋	迂回绕圈	1/唐五代词
	佩	佩戴	2
	披	覆盖或搭衣于肩	3/唐五代词
	被	同"披"	1
	疲	疲劳	3
	疲极	疲劳，疲乏	2/唐五代词
	疲羸	衰弱	1/中古词
	漂	吹，使飘荡	5
	漂堕	飘落	1
	漂溺	冲没，淹没	1
	飘损	吹损	1/唐五代词
	殍仆	饿倒	1
	贫	缺少，匮乏	1
	平沉	沉没，隐没	2/唐五代词
	泊	停留，停止	2
	破$_1$	破碎，使破裂	5
	破$_2$	衰败，毁灭	10
	破$_3$	破除，解除	1

序	动词	语义	次数/备注
	破$_4$	分开，使分开	1/佛经词语
	破$_5$	透，穿，揭穿	5
	破坏	摧毁，损坏	1
	破戒	受戒者违反戒律	1/佛经词语
	普润	佛法普遍润泽众生	5/佛经词语
	普现	普遍显露	39
Q	憩	休息，歇息	1
	憩泊	栖息，休息	1/中古词
	起$_2$	产生，发生	4
	讫	完毕	16
	泣	流泪	4
	牵$_2$	牵连，牵累	2
	迁$_2$	变更，变化	1
	迁$_3$	晋升或调动	12
	迁变	变化，变迁	2 /中古词
	钳结	使钳口结舌不敢言	1
	遣$_3$	排除	8
	遣除	排遣，消除	1
	欠	缺，少	11
	欠阙	欠缺，缺少	1/唐五代词
	欠少	欠缺，缺少	6
	寝	睡	3
	倾$_1$	偏斜，倾斜	1
	倾$_2$	把东西倒出来	2
	倾侧	倾倒，倾斜	22
	倾危	倾侧，倾覆	1
	觑	看，看见	10
	觑见	看见，窥见	2
	屈$_2$	屈服	4
	屈$_3$	委屈，屈辱	11
	屈曲	曲折，弯曲	1
	祛	消除，除掉	4
	祛	消除，除掉	1

续表

序	动词	语义	次数/备注
	劬劳	劳碌，劳苦	1
	去₃	距离	18
	去₄	去掉，除去	9
	去离	分离，去除	3
	阙少	缺少	1/唐五代词
R	燃₂	燃烧	1
	染₂	污染，沾染	50
	容₂	容纳	3
	容纳	包容，受纳	1/中古词
	融	熔化，消融	1
	镕融	熔化，消融	1
	入₂	达到某境界，趋于某状况	14
	入₃	侵入，渗入	1
	入定₂	进入禅定，使心境专一	1/佛经词语
S	塞	堵塞，塞住	6
	散₁	分散，离散	11
	散₂	散布	1
	散₃	撒，散播	4
	散漫	弥漫，遍布	1/唐五代词
	丧₁	丧失，失去	12
	杀₂	死，致死	6
	杀₃	灭，除去	1
	杀₄	熄灭	11
	伤	损伤	10
	伤折	损伤，使折断	1/唐五代词
	绍续	继承（衣钵）	1
	生₁	产生，滋生，生长	251
	生长	出生成长；长大	1
	失	丧失	18
	释	消融	2
	衰	衰落	3
	受₁	接受	158
	受₂	遭受	11

续表

序	动词	语义	次数/备注
	受持	领受在心，久持不忘	5/佛经词语
	竖	竖立	27
	输$_2$	负，失败	3
	输便宜	让他人得利占上风	1/唐五代词
	熟	成熟	16
	睡	睡觉	1/唐五代词
	睡眠	睡觉	1/唐五代词
	嗣	承嗣，继承	210
	损坏	破损	1
	缩	退缩	2
	锁$_1$	用锁锁上	1/唐五代词
	锁$_2$	封闭，封锁	1/唐五代词
T	沱	滑	2
	啼泣	出声哭	1
	体现	本性表现于外	13/唐五代词
	替$_1$	改变	3
	替$_2$	衰微，衰落	1
	添	增加，增补	13/中古词
	填	充塞	1/唐五代词
	殄灭	消灭，消失	2/唐五代词
	停	停留	2/中古词
	停腾	耽搁，迟缓	1/唐五代词
	退屈	退缩，屈服	2
	脱落	脱掉，落下	25/中古词
W	瓦解	因崩溃而解体	2
	亡$_1$	消亡，丧失	15
	为$_5$	变成，成为	26
	违和	身体有病或不适	3/中古词
	萎	（植物）枯槁，凋谢	1
	未免	不免	7
	卧	睡，躺	32
	卧瞑	睡觉	1
	无念	没有妄念	3/佛经词语

序	动词	语义	次数/备注
	无染	超越一切烦恼、执著，保持清净的心性	8/佛经词语
	无为	无造作，与"有为"相对	16/佛经词语
	无相	无形相，与"有相"相对	29/佛经词语
	无住	法无自性，无所住着，随缘而起	11/佛经词语
	误	耽误	1
	悮	同"误"，耽误	1
	污	污染，污辱	6/佛经词语
	污却	污染	2/佛经词语
	污染	受尘欲影响，自性不得清净	2/佛经词语
	污著	污染，玷污	2/佛经词语
X	息$_1$	去除，消除；使停止	27
	息$_2$	同"熄"，熄灭	1
	系	系缚	5
	系缚	束缚	4
	系执	固执不舍	1/佛经词语
	下生	降生	3/唐五代词
	衔	用口含	13
	降伏	用强力使驯服	2
	响$_1$	发出声音	1
	响$_2$	指声名远扬	3
	消$_1$	消失，消除，消融	4
	销落	消除，消散	1/中古词
	消殒	消除，消失	1/唐五代词
	晓$_2$	天亮	3
	歇$_1$	休息	9
	歇息	休息	2/唐五代词
	泻	倾泻	6
	泄	泄露	1
	谢$_2$	凋落	4
	兴	兴起，兴盛	15
	惺$_1$	同"醒"，睡醒，酒醒	11/禅宗特色词
	行$_4$	流传，传播	4

序	动词	语义	次数/备注
	行₅	去世的婉词	2
	醒	睡醒	1
	休₁	停止	1
	休₂	机锋较量时一方自认失利而作罢	1/禅宗特色词
	休息	停止	1
	朽坏	朽烂，腐坏	1
	续	继承	7
	续绍	继承	1
	畜	积蓄，储存	1
	县	同"悬"，悬挂	1
	悬	悬挂	6
	悬挂	吊挂	1/唐五代词
	旋转	转动	1
Y	淹浸	淹没，浸没	2/中古词
	延₁	延长，延伸	2
	掩	遮住	10
	掩室	指佛陀成道后闭室静坐，不说道法	6/佛经词语
	摇拽	摇动	1/中古词
	耀	照耀	8
	依怙	依赖，凭恃	2
	依赖	倚靠	1/唐五代词
	移动	改变原来位置	2
	移易	移动，改变	1
	遗余	遗留	2
	姻媾	结为姻亲	1
	隐	隐藏	18
	隐避	隐藏，躲避	1
	隐遁	隐居，远避尘世	2/佛经词语
	隐显	隐藏或显现	3
	隐现	隐藏或出现	3/唐五代词
	盈	满	6/唐五代词
	圆融	破除偏执，圆满融通	2/佛经词语
	涌	流出	3

续表

序	动词	语义	次数/备注
	有相	有形相,与"无相"对称	3/佛经词语
	运动	运行,移动	1
	运转	转动,运行	3 /唐五代词
	蕴	积聚,蓄藏	2
Z	载₂	承载	4
	攒	积聚,聚集	2/唐五代词
	攒簇	聚集到一起	1 /唐五代词
	遭₁	逢,遇到	1
	遭₂	遭受,受到	4
	遭遇	逢,遇到	1
	展₁	张开,展现	1
	展₂	翻开,展开	3
	展开	张开,伸开	11
	彰	表露,昭示	11
	张₁	张开	1/唐五代词
	张₂	通"胀",胀满	1/唐五代词
	障隔	障碍,阻隔	1 /唐五代词
	照耀	照射	1
	遮	遮挡	1
	遮栏	遮蔽,遮盖	1/唐五代词
	震动	受外力影响而颤动	6
	振动	震动	2
	止₂	停止,停留	1/佛经词语
	止泊	停息	1/中古词
	质碍	物质因具有质量而与他物相互障碍	1/佛经词语
	滞累	牵累,束缚	1/中古词
	周遍	遍及,遍布	1
	住₂	停止,止	12
	著₂	遭受,挨	2
	转变	转换,改变	1/唐五代词
	坠	落	7
	增	增加	5
	增长	增加	1

序	动词	语义	次数/备注
	滋长	生长	1
	纵横	交错在一起	8/中古词

第六节 关系动词

一、概述

和其他动词类有所不同，关系动词不表示动作行为或具体的状态，而只是在句法平面上表示两事物之间的关系。语义上一般都比较抽象，属于非自主动词。

从句法功能讲，关系动词所表达的事物之间的关系是定性的、静态的，因此它们大多一般不能重叠；不能与时体助词"了、却、着（著）、过"等共现；不能带动量补语、时量补语；不能受程度副词、频率副词修饰。由于关系动词属非自主动词，《祖堂集》关系动词均不出现于祈使句中，而是大量出现于陈述句中，极少部分用于反问句中。

关系动词表示的既然是一种关系，必然包含存在这种关系的双方，语法上表现为需要两个动元与之共现，所以关系动词为二价动词。

起事、止事是关系动词所联系的动元。如"和尚是高人"（P79）一句中，"和尚"是起事，"高人"是止事。

关系类动词的两端具有开放性，即主语和宾语既可以由体词性成分充当，也可以由谓词性成分充当。无论是由体词性成分还是由谓词性成分充当，从语用角度看都具有指称性。

二、《祖堂集》中的关系动词

根据关系动词在句子中的作用，关系动词可以分为以下几类：

（一）判断类动词

《祖堂集》典型的判断类动词有"表、当$_2$、即、即是、是、为$_6$、谓$_4$"。

(1) 内一重白䯒不损者，表真谛不坏也。（P26）

(2) 尽乾坤都来是你当人个体，向什处安眼耳鼻舌？（P355）

(3) 不是风动，不是幡动。（P90）

(4) 百尺竿头不动人，虽然得入未为真。（P644）

（5）山云当幕，夜月为钓。（P107）

（6）众见此瑞，则生三疑。一谓大师慈悲故，从涅槃起，为我等辈宣甚
深法。二谓……三谓……（P30）

判断类动词常常构成判断句式。当然判断句也可以不用判断词来表达，
而用副词"即、乃、非"，语气词"者、也"等来帮助表达。关于判断类动
词和判断句，向德珍博士论文（2005）《〈祖堂集〉判断句研究》以及张美兰
（2003）《〈祖堂集〉语法研究》相关章节已作了深入而翔实的研究，可参照。

（二）比类动词

比类动词也是表示两个事物之间存在的客观关系，其语义特征就是表示
比较或比拟。相应地，形成比较句和比拟句。此外，从语用上看，比类动词
用于比较句中侧重说明同类事物的异同，而用于比拟句时则形成比喻辞格，
具有描写性，使本体更具体、生动、形象。

根据能否用来表示比拟，《祖堂集》比类动词可分为两类：

1. 比类动词 i

比类动词 i 既可用于比较句表示比较，也可用于比拟句表示比喻。表示
比喻意义时，不用于否定句。没有代词充当宾语的例子，且动词前无状语修
饰。用于比较句时，侧重对主语进行真实性的陈述和说明，不受上述条件限
制。《祖堂集》这类动词有：譬、譬如、如、如似、如同、若、似、相似、
同、一般、异、犹、犹如、犹若、犹同、喻如。

2. 比类动词 ii

比类动词 ii 不表示比喻，它常用来说明事物之间的同一性或类似性的关
系。《祖堂集》这类动词有：比、别、如$_2$、超、超越、称、出$_3$、当、等、等
于、及、类同、齐、齐肩、去$_3$、胜、让$_2$、殊、未若、相同、逾、欲似等。

《祖堂集》比类动词能进入下列句法框架：

A 式：起事 + 比类动词 + 止事①

能进入 A 式的比类动词有：比、称$_1$、等、等于、及、譬、譬如、齐、
如$_1$、如$_2$、如同、如似、若$_1$、若$_2$、胜、殊、似、同、相似、异、犹、犹如、
犹若、犹同、欲似、喻、喻如。如：

（1）行同结草，心比护鹅。（P731）

（2）既是了了见佛性，合等于佛，为什摩却等文殊？（P539）

（3）此子阙七种大人之相，不及佛也。（P82）

---

① A 式中，比类动词置于起事和止事之间，引进止事的介词"于"可出现也可不出现。

（4）身如聚沫心如风，幻出无根无实性。（P8）

（5）无贪胜布施，无痴胜坐禅。（P585）

（6）者阿师欲似一个行脚人。（P269）

B式：起事 + 比类动词 + 止事 + 比类动词

能进入B式的比类动词有：如$_1$、似、犹如。例：

（7）往来生死，如门开合相似。（P543）

（8）你也噇眠去摩？每日在长连床上，恰似漆村里土地相似！（P272）

（9）心地若空，慧日自现，犹如云开日出相似（P542）

叶建军（2008）指出："'（S）如/恰似/犹如/是X相似'是比拟句式'（S）如/恰似/犹如/是X'与比拟句式'（S）X相似'的糅合，即比拟动词在X前与比拟动词在X后的比拟句式的糅合。"因此上述例句中的"相似"为比拟动词。《祖堂集》还有以下句子：

（10）独尊超乎群品，亦如树果一般，方为称断。（P462）

《祖堂集》有："身是菩提树，心如明镜台。"（P679）"者个事军国事一般。"（P664）两种句式。"如……一般"似亦为"这两种句式的糅合。""一般"亦为比拟动词。

C式：起事 + 比类动词 + 止事 + C，C多为时量、数量补语，如：

（11）若实如此，胜林际七步。（P645）

（12）学人则与摩教和尚一节在。（P404）

有时止事省略，如：

（13）与瓶沙王竞富，唯让一犁；共摩竭以争饶，更逾千倍。（P27）

D式：起事 + 止事 + 比类动词

能进入D式的比类动词有：别、等、齐、齐肩、殊、同、相似、相同、异、一般。例：

（14）祖意与教意还同别？（P342）

（15）此人回志，便获菩提，初心菩萨，与佛功等。（P77）

（16）若与摩透过得祖佛，此人却体得祖佛意，方与向上人同。（P332）

（17）心空不及道空安，道与心空状一般。（P760）

D式中止事常由介词引进，充当句子的状语。

E式：（起事 + 止事） + 比类动词

能进入E式的比类动词有：称、当、等、类同、平等、如$_1$、殊、同、相似、一般。例：

（18）此则问者举函索盖，答者将盖著函，函盖相称。（P739）

（19）根性利钝不等。（P744）

（20）无心是道，心泯道无，心道一如。（P131）

（21）一切是妄，妄亦同真。真妄无殊，复是何物？（P135）

E式中起事和止事多为并列关系，有时不能将止事和起事截然分开。比类动词多为复合式。

F式：止事＋起事＋比类动词

能进入F式的比类动词有：及、似。例：

（22）大乘器者哉，吾辈不及也！（P611）

（23）一物不似，规矩现前。（P711）

例（23）省略起事。

《祖堂集》中大多数比类动词都能进入A式，即A式为基本句式。能进入B式的只有ⅰ类中的"如、似、犹如"等少数几个，但这类动词与比拟助词组合而成的比拟句式，在汉语发展史上却占有重要地位。D式上古就有，如《史记》：形与周礼同，皆短小。（本纪，卷二，五帝本纪第一，帝尧）《祖堂集》继承了这种句式。

能进入A式、B式和C式的比类动词为不自由动词，也有学者称为粘宾动词。它们不能单独作谓语，即不能直接进入"名＋动"这个功能框架，而必须和它后面的宾语组合在一起作谓语。能进入D式、E式、F式的比类动词则不然。

比类动词一方面继承了上古、中古的词汇系统，另一方面又出现了新的比类动词和新的比拟句式，这种句式有的沿用至明末，有的则沿用至今，具有较强的生命力。下面以比类动词"如"、"似"、"同"为例加以说明。

这几个都是《祖堂集》用频较高的比类动词："如"446例，"似"85例，"同"89例。先看其语义、句法、语用方面的特点。

［如］

与其他比类动词相比，"如"的用频最高，而与之相应的文言色彩较浓的"犹"仅1例。《祖堂集》中"如"的用法多元化，主要体现在：

Ⅰ. 宾语复杂化。可以由名词、代词或名词性词组充当。

（1）后焚得灵骨，一节特异清莹，其色如金，其声如铜。（P208）

（2）但能了境便识心，万法都如阆婆影。（P549）

也可以由谓词性词组充当，包括小句：

（3）四大性自复，如子得其母。（P151）

（4）恰如渴鹿趁阳焰，又似狂人在道途。（P161）

Ⅱ．用来修饰的副词增多。有范围副词"皆、都、只、浑、具、一"；否定副词"不"；疑问副词"岂"；情态副词"恰、诚、"；类同副词"又、亦复"等。

（5）而举措威仪，皆如旧习。（P308）

（6）门前把弄，不如老僧入理之谭。（P268）

（7）诚如崛多所言，汝何不自看？（P128）

当受副词"不"、"岂"修饰，组成"不如"、"岂如"时，只可用于比较句，表示优劣高下取舍。"如"的语义也随之发生变化，为"比得上"义，"不如"即比不上，我们另立为"如₂"。与之类似的还有"若"，不过其否定词是"未"。例："若人生百岁不会诸佛机，未若生一日而得决了之。"（P50）"未若"即不如。

Ⅲ．"如"与其他比类动词组合成新的词组，有的沿用至今。例：

（8）佛教祖教，如似怨家。（P500）

（9）剖义谈玄，如同照镜。（P731）

《变文》"如似"15例，"如同"5例，例："现在荣华如似电，未来虚幻不堪观。"（卷二，金刚般若波罗蜜经讲经文）

Ⅳ．"如"与比拟动词、比拟助词结合形成的比拟句式，有的继承上古、中古并一直沿用至明清时期：

"如……相似"句式：

（10）他各各气宇如王相似。（P241）

（11）往来生死，如门开合相似。（P543）

《祖堂集》共7例。有学者指出，"如……相似"句式六朝汉译佛经已有用例。这种句式一直沿用至明朝。与之同时代的《变文》用例有二，如：

（12）时有坚（牢）树神，走至殿前唱喏，状如豹雷相似。（卷六，庐山远公话）

禅宗以及宋元明中土文献都有若干例句：

（13）如将蜜果换苦葫芦相似。（《佛果圜悟禅师碧岩录》卷一〇）

（14）慧日自现，如云开日出相似。（卷三，百丈怀海）

（15）大学是修身治人底规模。如人起屋相似，须先打个地盘，地盘既成，则可举而行之矣。（《朱子语类》卷一四，大学一）

（16）小将军，你观此棋，如排兵布阵相似也。（《全元杂剧》，李文蔚）

（17）只听得天上一声响，如裂帛相似。（《水浒传》七〇回）

明末的《初刻拍案惊奇》和《二刻拍案惊奇》中未见用例。《儿女英雄传》

也没有这种句式。可以说这种句式到明末后已趋消亡。

"如……然"句式：

（18）勤求至道，如救头然。（P298）

这种句式继承上古，带有文言色彩，《祖堂集》仅1例。

"如……一般"句式：

（19）兜率独尊，超乎群品，亦如树果一般，方为称断。（P462）

此为唐五代新生，《祖堂集》1例。《变文》和禅宗其他文献也有不少用例：

（20）恰如粉面一般，和水浑流不止。（《变文》卷二，妙法莲华经讲经文二）

（21）妙心中清净圆明，荡然无一物可作障碍，如太虚空一般。（《大慧语录》卷二〇）

（22）大丈夫汉等是为人，何不教他脱笼头卸角驮，如白衣拜相一般。说甚麽向上向下？（《虚堂语录》卷一）

（23）十方虚空世界诸佛出世，如见电光一般。（《古尊宿语录》卷三〇，黄檗断际禅师宛陵录）

《水浒传》、《红楼梦》则多见用例。

《水浒传》、《红楼梦》与此类似的多用"如……一般"句式。如：

（24）却待向前看索时，又被他岸上灰瓶，石子，如雨点一般打将来。（《水浒传》一九回）

（25）（李纨）竟如槁木死灰一般，一概无见无闻。（《红楼梦》第四回）

《红楼梦》有时用"象……一般"的句式：

（26）（刘姥姥）身子就象在云端里一般。（第六回）

这与现代汉语比拟句格式非常接近了。

另《祖堂集》有"如……许"作状语的句子：

（27）我若将一法如微尘许与汝受持，则不得绝。（P489）

［似］

"似"是最富有生命力的比拟动词，从先秦一直沿用至现代。到《祖堂集》时代已复合成"相似"、"如似"等词语。与"如"一样，它既可带体词性宾语，又可带谓词性宾语。例：

（1）渠不似我，我不似渠。（P166）

（2）"学人欲求识佛，如何是佛？"百丈云："太似骑牛觅牛。"（P623）

（3）禅德可学中道，似地擎山，不知山之高峻。（P558）

副词的修饰同样多样化，可以与"太（大）、真、还、直、恰、争、不、欲"等副词同现：

(4) 问："如何是西来意？"师云："大似解鸡犀。"（P233）

(5) 于是头陁而诣百丈山怀海和尚处，一似西堂。（P629）

(6) 直似潭中吞钩鱼，何异空中蓝罗鸟。（P158）

"似"与比拟动词"相似"同现，形成"似……相似"句式：

(7) 不同窒塞人紧把著事不解传得，恰似死人把玉攎玉相似。（P271）

(8) 什摩念经，恰似唱曲唱歌相似，得与摩不解念经。（P677）

这种句式同样体现了唐五代比拟句式的新面貌。禅宗文献用例多见：

(9) 寻常出一言半句，似个荆棘丛相似。（《佛果圜悟禅师碧岩录》卷一）

(10) 莫只是记言记语，恰似念陀罗尼相似。（《五灯》卷七，玄沙师备）

这种句式一直沿用至金元明时期，到金元时期"相似"被比拟助词"也似"替换：

(11) 若不用心体验，便似一场闲话也似，这般说过去了便无益。（《直说大学要略·鲁斋遗书》卷三；转引江蓝生1999）

《祖堂集》比类动词"似"除表示比较、比拟外，还可用来表示揣测。例：

(12) 云岩得这个信后，只管忧愁。有一日在和尚身边侍立，直到三更。和尚曰："且歇。"岩不去。和尚曰："你有什摩事？颜容瘦恶，恰似肚里有事。有事但说。"（P173）

还可以用来表示判断：

(13) 师代云："洎不到此间。"招庆云："太似不知。"（P418）

(14) 师便打之，云："无位真人是什摩不净之物！"雪峰闻举，云："林际太似好手。"（P718）

(15) 自己尚似怨家，岂况从人？（P496）

"似"的这种用法概受其语义特征影响。"似"有似乎义，因而可表揣测。"似"又表相似，完全相似则等同，因而可表判断。

"似"与其他词组合成复合词时，从不置于前一语素位置（如：相似、如似），这一点与"如"不同。"似"的这一语法位置为其走向虚化进一步提供了条件。《祖堂集》中已有"举似"、"说似"、"呈似"、"见似"、"话似"等词，"似"已虚化为词尾，不表意。

［同］

与"如"、"似"相比，"同"大都带体词性宾语，用来比较的对象可以是人、事、物，也可以是抽象的事理，且比较的对象常常由介词"于"引出：

（1）太子浴已，嘿然不语，还同世间婴儿。（P18）

（2）言下合无生，同于法界性。（P55）

带谓词性宾语的有少数例句：

（3）此个真珠若采得，岂同樵夫负黄金。（P159）

（4）五六四三不得类，岂同一二实难穷？（P452）

"同"的语义为类同，相似，故大多用于比较句，用于比拟句的例句较少，仅5例。

（5）理上通明，与佛齐肩；事上通明，咸同诸圣。（P369）

（6）任运生方便，皆同般若舡。（P585）

副词修饰的情况与"如、似"略有差异，可受"岂、不、犹、还、亦、咸、皆、共、本来、便"等多类副词修饰。

（7）一点不来，犹同死汉，当锋一箭，谁肯承当？（P368）

（8）太子浴已，嘿然不语，还同世间婴儿。（P18）

以"同"为词根语素扩展而成的比拟动词还有：如同、相同、类同、共同。

（三）称呼类动词

根据《祖堂集》称呼类动词的用法差异，我们将其分为三类：

A类有：姓、谓$_3$、为$_7$、曰$_2$、云$_2$。这一类动词直接带宾语，宾语表示事物的名称。如：

（1）第三十一祖道信和尚者，即唐土四祖。姓司马氏。（P81）

（2）一法不断，一法不得，此谓圣人。（P102）

（3）是故此时名为贤劫。（P10）

（4）释迦如来未成佛时，为大菩萨，名曰善慧，亦名忍辱。（P10）

（5）阿阇世王忏悔经有三种阿难。一阿难陀，此云庆喜。（P30）

赵元任《汉语口语语法》（1979：315）指出："姓"，"名"，"字"，"号"原来都是名词，用作主谓谓语里的主语。在现代口语里只有"姓"取得了完全的动词身份。我们将《祖堂集》"名"、"字"、"号"等视为名词。

B类有：言、称$_3$、言为、称为。"称"还多用作"称……为"的格式。如：

（6）夫言圣人者，当断何法，当得何法，而言圣人？（P102）

（7）捧者，惠也。本名神光，复遇达摩，嫌之改名，言为惠可。（P65）

（8）于此座前，有大智者而称佛陀难提。（P42）

（9）师平生行密行，常製造菁鞋，暗遗于人。因此称为陈菁鞋和尚是也。（P723）

（10）雪峰见师器质粹容，亦多相接，乃称师为备头陁。（P372）

C类有：呼为、唤₂、唤作。"呼、唤"单用时为言说动词，只有和"为"、"作"组合使用时才是称呼类关系动词。如：

（11）自从南天竺国王太子舍荣出家，呼为达摩大师。（P434）

（12）诸圣会中则且置，唤什摩作不排位？（P432）

此义概由呼叫、叫喊义引申而来。《祖堂集》"唤作"一词多见。董志翘《〈入唐求法巡礼行记〉词汇研究》（2000）指出："唤₂"之"叫做"义，《入唐求法巡礼行记》始见。寒山诗有："将他儒行篇，唤作贼盗律。"是唐五代词。

（四）所属类动词

所属类关系动词主要有：处、带、归₂、该括、干、关、居₂、交涉、属、属于、系。例：

（1）陛下德包物外，道贯万邦。（P92）

（2）牙根犹带生涩在。（P195）

（3）当时教化全因佛，今日威拳惣属君。（P720）

（4）粗言及细语，皆归第一义。（P307）

（5）三人之中，花亭处长，道吾居末。（P199）

（6）心不系道，亦不业结。（P23）

（7）师云："我唤第一座，干阇梨什摩事？"（P608）

（8）诸供奉曰："我等诸人，谩作供奉，自道解经、解论。据他禅宗都勿交涉。"（P119；"勿交涉"指与禅法毫无联系，根本不合禅法。）

表26　　　　　　　　　　　　　关系动词词表

序	动词	语义	次数/备注
B	比₁	齐等，类同	2
	比₂	与……相比	3
	比並	相比，比较	1/唐五代词
	表	表明，表示	21
	别	差别，不同	15
C	超	超越	14
	超越	超过	1/中古词
	称₁	相当，符合	17
	称₃	称作，叫做	10

续表

序	动词	语义	次数/备注
	称为	称作，叫做	1
	出$_3$	超出	1
	处	（年龄等）居于，处在	5
D	当$_1$	对等，相当	3
	当$_2$	当做，算是	2
	等	等同	8
	等于	等同	1/中古词
G	该括	包罗，概括	2/中古词
	干	关涉，有关系	12/唐五代词
	关$_2$	与……有关	11
	归$_2$	归向，归属	4
	过$_4$	超出，胜过	18
H	呼为	称作，叫做	7
	唤$_2$	称作，叫做	8
	唤作	叫做	51
J	及$_4$	比得上	15
	交涉	有关系	10/中古词
	较	相差	10/唐五代词
	教$_3$	同"较"，相差	6
	校	相差	1/唐五代词
	居$_2$	（年龄等）处在，处于	15
L	类同	相像，相同	1/唐五代词
	例	类比	1
P	陪$_2$	同"倍"，加倍	1
	疋	与……相比	3
	疋配	相配	1/唐五代词
	譬	比如	3
	譬如	比如	10
	平等	一切现象本质上无差别	5/佛经词语
Q	齐	相等，相同	6
	齐肩	与……相等	2/唐五代词
	去$_3$	距离	18
R	让$_2$	输，差，不及	1/唐五代词

续表

序	动词	语义	次数/备注
	如₁	像，如同	407
	如₂	比得上	39
	如似	如同	5
	如同	犹如，好像	2/唐五代词
	若₁	如同	11
	若₂	比得上	2
S	胜	超过，胜过	7
	是	表肯定判断	2284
	适₁	符合，适合	1
	殊	不同	19
	属	归属，隶属	22
	属于	归属，隶属	2
	似	像，如同	85
T	同	如同，相同	89
W	为₄	当作，作为	67
	为₆	是	80
	为₇	称作，叫做	72
	谓₃	称呼，叫做	13
	谓₄	是	3
X	相似	相同	48
	相同	一样，无差异	5/唐五代词
	姓	以……为姓	109
Y	言₂	叫做	3
	言为₁	叫做	1
	一般	相同，同样	12/唐五代词
	异	不同	44
	犹如	好像，如同	26
	犹若	好像，如同	3
	犹同	如同	2
	逾₂	过，超过	8
	欲似	似	1
	喻	似，像	13
	喻如	如同	3
	曰₂	叫做，称作	97
	云₂	叫做，称作	32

第七节 存现动词

一、概述

我们把表示何时何地存在、出现或消失了什么人或事物的动词叫做存现动词。《祖堂集》存现动词数量不多（见附表）。

严格意义上说，存现动词是一种特殊的关系动词，这是因为存现动词的作用不仅表示事物或存在或领有或消失或隐现的状态，更重要的是它揭示了人或事物之间的某种关系：或是存在，或是不存在；或是领有，或是不领有；或是出现，或是消失，等等。

存现动词如"有"、"无"等与存在句句型关系密切，因此本节只着重讨论《祖堂集》出现频率较高的"有"及其所在的句型。

二、《祖堂集》中的"有"字句

（一）《祖堂集》存现类"有"字句

关于"有"字句，现代汉语已经研究得比较充分，但从历时角度涉及的文章还很少，主要有储泽祥《汉语存在句的历时性考察》（1997）、王建军《汉语存在句的历时研究》（2003）等。《祖堂集》中的"有"主要有以下几种用法：①表示存在。②表示领有、具有。③后接零数。同"又"。例：其数四百九十有九（P28）鉴于第三义项用法简单。本文只讨论前两种情况。

常见的"有"字句可以分为三段：前段（处所或拥有者）＋中段（动词）＋后段（存在物或拥有物）。现代汉语已有的研究成果指出："有"具有［＋存在］、［＋领有］两个语义特征。有时两者界限不是很清楚。如"山有榛"。（《诗·邶风·简兮》）一句中，"榛"归山领有，同时也存在于山中，具有双重特征。造成双重特征的主要原因是句子的前段。储泽祥等（1997）提出："前段是表物的名词，就有'存在'、'领有'两种性质；前段是表人或动物的名词，就倾向'领有'；前段是方位词或方位短语，就倾向于'存在'。因此，方位词或方位短语作前段，是'存在'、'领有'（倾向性）分化的关键。"

个人认为，"存在"是"领有"的前提，二者之间有着密切的关系。所谓对某事物的"领有"，首先是表示该事物已经存在，只是它同时又表示该事物和某人的关系而已。如："我有一领袈裟传授与汝。"（P73）一句表明

"袈裟"已经存在且归"我"所有。

从语义类型看,存在型"有"字句可以分为时间类、空间类和时空混合类三种句型。时间类句如:

(1)百年后忽有人问极则事,作摩生向他道?(P204)

(2)天复元年辛酉岁秋,忽有微疾。(P305)

以上"百年后"、"天复元年辛酉岁秋"均表示本体时间。时间类"有"字句上古就有用例。大约汉代之后,出现了代体时间句(据王建军2003:147)。所谓代体时间,就是借助动作行为的进展来表示时间。《祖堂集》沿袭了这种用法。例:

(3)我行脚时,有一个老宿教某甲道:返本还源,噫祸事也。(P589)

(4)(达摩和尚)初到此土时,唯有梁朝宝志禅师一人识。(P693)

(5)吾灭度后七十年末,有二菩萨从东而来。(P98)

空间类句如:

(6)南山有鳖鼻蛇,是你诸人好看取。(P294)

(7)僧堂中有一千余人,争委得他是龙是蛇?(P292)

以上"南山"、"僧堂中"表示的是具体而实在的空间。《祖堂集》中未见有表示抽象空间的"有"字句。此外还有代体空间句:

(8)此去澧陵县侧,石室相邻,有云岩道人。(P192)

(9)从此去摩竭提国南一十六里有金刚座。(P22)

时空混合类句如:

(10)明日大悲院有斋。(P635)

(11)今日南山大有人刘莳。(P609)

(12)当生之时,顶上有珠,珠光照曜。(P43)

(13)吾灭度后,罽宾国中一百二十年有一比丘,名末田底。(P35)

时空混合类"有"字句大约萌生于春秋战国之际(据王建军2003:148)。一般为先时后空。但《祖堂集》中也有先空后时之句:

(14)此国土中,吾灭度后三百年末,有一圣者当出于世。(P41)

领有型"有"字句着重表明某事、某物和某人之间的关系:

(15)人人尽有这个事,只是道不得。(P673)

(16)某甲所见,无有一法可当情。(P674)

(17)曹山只有一双眉。(P318)

根据前、中、后三段的隐现情况,《祖堂集》"有"字句可归纳为以下几种:

Ⅰ A + B + C（前段 + 中段 + 后段）

Ⅱ A + B（前段 + 中段）

Ⅲ B + C（中段 + 后段）

从结构类型看，《祖堂集》"有"字句比较复杂。充当 A 段的主要有下列几种情况：

ⅰ A 段由方位词直接充当：

（18）贤劫初时，香水弥满，中有千茎大莲华。（P10）

（19）如人在高树上，口衔树枝，脚下踏树，手不攀枝，下有人问："如何是西来意？"（P702）

方位词不仅可以表示空间也可用来表示时间，但似乎只限于"后"：

（20）后有肉身菩萨于此受戒。（P91）

（21）后有余王，不行正法，其寿遂减至十千岁。（P12）

ⅱ A 段由方位短语或处所短语充当：

（22）二山中间有林，名曰舍夷。（P15）

（23）屏后有老女云："和尚太无厌生。"（P612）

（24）广野中有一仙人，名曰该通。（P743）

ⅲ A 段由介词结构充当：

（25）于此座前，有大智者而称佛陀难提，问师曰：……（P42）

（26）向后有多口阿师与你点破在。（P756）

（27）从西天有大乘菩萨而入此国。（P70）

ⅳ A 段由指示代词充当：

（28）这里有肉身菩萨出世，兼是罗汉僧造院主，何妨上山礼拜？（P179）

（29）别更有住处不？（P100）

ⅴ A 段由名词或人称代词充当：

（30）王太傅有书来问疾，兼有偈上师。（P405）

（31）者个崔儿，还有佛性也无？（P569）

（32）汝有佛性如地中种，若遇法雨，各得滋长。（P96）

ⅵ A 段为动词性短语：

（33）横眠直卧有何妨？（P97）

（34）虽然如此，出家自有本分事。（P106）

（35）然则愚智本来各各不同，说法有何所用？（P744）

ⅴ、ⅵ多属领有型"有"字句。

此外《祖堂集》中 A 段呈现出复杂化的趋势，如：

（36）石桥南，赵州北，中有观音有弥勒。（P667）

（37）湘之南，潭之北，中有黄金充一国。（P127）

（38）天地之内，宇宙之间，中有一宝，秘在形山。（P244）

以上通过同类并列的方式使 A 段实现了复杂化。

B 段的情况我们主要看"有"前的修饰成分。"有"能受大多数副词修饰如："未、未曾、但、无、遂、必、已、忽"等，值得注意的是"有"可以受副词"大"修饰：

（39）行者好与，速向岭南，在后大有僧来趁行者。（P87）

（40）今日南山大有人刘菇。（P609）

（41）大有人未到此境界，切须保任护持！（P394）

（42）大有人不看经亦不从人请益，为什摩不得？（P180）

"大有人……"的习语中土文献语料库中没有找到用例，而《大正藏》史传部和禅宗部作品中则多见，似为禅宗特色用语。如：

（43）问："凡有言说皆是葛藤，如何是不葛藤？"师云："大有人见汝问。"（《云门广录》卷一）

（44）今日堂中大有人丧身失命。（《景录》卷一八，长庆慧冰）

此处"大有人"不仅仅表示数量多，还包含有对某件事的评价，有时带有嘲讽学人不领悟的意味，是禅宗行业词语。现代汉语有"大有人在"之说，指某一类人为数很多。"在"似为语助词。如王朔的《空中小姐》："经常有乘客试图勾搭你们吗？""无故搭讪的，大有人在。"方方的《定数》："仅仅是我们系里，优秀的、甘心固守清贫的老师就大有人在。"这一句式是否源于禅宗，值得探究。"有"还可以受程度副词"甚"修饰：

（45）汝甚有壮大之力。（P151）

（46）洞山执手抚背云："汝甚有彫啄之分。"（P723）

程度副词修饰"有"，带有评判意味，多为赞扬之辞。

C 段的情况比较复杂，分以下几种：

ⅰ C 段为名词性短语，包括名词、指示代词、人称代词、复指短语、"底"字结构、"者"字结构、"所"字结构、数量词等。如：

（47）新州乃猎獠，宁有佛性耶？（P90）

（48）彼中还有这个也无？（P145）

（49）道吾云："何不教伊自煎？"师云："幸有专甲在。"（P194）

（50）和尚病，还有不病者无？（P215）

（51）名言妙义，教有所诠。（P493）

（52）忽然有一僧来请他为院主，渐渐近有四五十人。（P165）

"有"带上数量短语有时表示列举：

（53）中天大夏种姓有四，谓剎利帝种、婆罗门种、毗舍罗种、首陀种。
　　　（P10）

（54）此有二表：外一重白藝不损者，表俗谛存焉，内一重白藝不损者，
　　　表真谛不坏也。（P26）

ⅱ C 段为动词性短语，包括动词和形容词等。详见后文。

ⅲ C 段为引语，如：

（55）肇有"青青翠竹，尽是真如；郁郁黄花，无非般若"。大士有"菩
　　　提是障，能障诸愿"。（P576）

ⅳ C 段为主谓短语，如：

（56）诸圣尽转经，唯有师不转经。（P61）

（57）彼石头上有真师子吼。（P149）

ⅴ C 段还可以是复杂的兼语句：

（58）弟子家中有一片石，或坐或踏，如今镌作佛像，还坐得不？
　　　（P668）

（59）师因住庵时，有尼众名实际，戴笠子执锡，绕师三匝，卓锡前立。
　　　（P729）

从句型结构看，Ⅰ式即 A＋B＋C（前段＋中段＋后段）为常式，Ⅱ式即
A＋B（前段＋中段）的例句不多，下面是Ⅱ式例句：

（60）一真之法，尽可有矣。（P77；试比较：此一心之法，各各有之。
　　　（P514））

（61）善恶二根，因心而有。（P135）

（62）先圣相传相指授，信此珠人世希有。（P162）

（63）眼则有也，只欠涛汰。（P175）

（64）汝自有，何不识取？（P626；"有"后省略了佛性之类词语）

观察以上例句，除了最后一例属于省略 C 段外，其余均为受事主语，从
表达效果看，这种句式更强调了受事。Ⅲ式 B＋C（中段＋后段）《祖堂集》
中常见，如：

（65）有人来觅杂货铺，则我亦拈他与；来觅真金，我亦与他。（P671）

（66）有一江州别驾张日用，为行者高声诵偈。（P84）

（67）有僧在药山三年作饭头。（P170）

处于句首的"有"引介作用比较明显。

(二)《祖堂集》特殊"有"字句

《祖堂集》有几种特殊的"有"字句:

ⅰ "N_1(自)有 N_2"句,如:

(1) 经师自有经师在,论师自有论师在,律师自有律师在。院主怪贫道
什摩处?(P166)

(2) 经有经师,论有论师,律有律师。(P394)

这种句式 C 段与 A 段完全或部分重复,可以叫做名词拷贝句。从语用上看主要强调各自职能,同时预设下文,有申辩意味。在《祖堂集》之前的文献中未发现这种句式,我们在五代后的语料中找到一些用例,如:

(3) 老子自有老子之体用,孟子自有孟子之体用。(《朱子语类辑略》卷一)

(4) 圣人自有圣人大公,贤人自有贤人大公,学者自有学者大公。(同上书,卷四)

ⅱ "有 N 不曾 V"句,如:

(5) 洞山曰:"作摩生说罕有?"对云:"有眼不曾见,有耳不曾闻,岂不是罕有?"(P212)

(6) 某一入冥界,有脚不曾行,有眼不曾见。(P616)

表面看这种句式属于兼语句,"眼"、"耳"、"脚"等是兼语。句意上有眼不曾见 = 不曾见,有耳不曾闻 = 不曾闻,有脚不曾行 = 不曾行。但是从表达效果看,"有 N 不曾 V"之类句子更强调突出后面"不曾 V"成分。

ⅲ "S + 有 + O + C"句,如:

(7) 这老和尚有什摩事急?(P245)

此句"急"我们看作补语。这类句子句型结构可概括为 S + V + O + C,《祖堂集》与此结构类似的句子较多,例如:

(8) 才跨门,师便以手拔席帽带起。(P275)

(9) 普眼菩萨,入三千三昧门,觅普贤菩萨不见。(P500)

(10) 大师搜觅破处不得,因此被纳学禅。(P610)

这种句式中古即有:

(11) 化作白鼠,啮其腰带断。(《法显传》)

(12) 寡妇哭城颓,此情非虚假。(《乐府诗集·懊侬曲》)

余志鸿(1984),蒋绍愚(1994),石毓智、李讷(2001)等对此作过深入探讨。

（三）"有"修饰谓词的历时考察及成因探讨

《祖堂集》中"有"修饰谓词的现象多见。如：

(1) 夜梦神人手执宝剑付常安乐，因此有孕。（P58）

(2) 我今以袈裟亦表其信，令后代传法者有禀承，学道者得知宗旨。（73）

(3) 则名常住法身，无有变易。（P101）

(4) 融于言下虽承玄旨而无有对。（P100）

(5) 有问："如何是祖师意旨？"答曰："六代不曾失。"（P634）

(6) "只如无弁处，还流转也无？"师曰："亦有流转。""如何流转？"曰："要且不团团。"（P312）

(7) 僧问："五逆之子还受父的也无？"云："虽有自裁，未免伤己。"（P380）

(8) 须有言语指归。话出诸人，便有领览。（P455）

(9) 雪峰云："我亦有对，汝但问我！"师便问："今时向什摩处弁明则得？"峰乃展手云："但向这里弁明。"（P382）

(10) 六根无用底人，还有行持佛法也无？（P501）

"有"修饰形容词的也较多，如：

(11) 人根有利钝，道无南北祖。（P151）

(12) 当明中有暗，勿以明相遇。（P151）

(13) 与摩则有顿有弱去也。（P321）

(14) 祖曰："大德从何方来？返太速乎？"对曰："本自非动，岂有速也？"（P139）

(15) 是法平等，无有高下。（P112）

"有"修饰谓词的现象，上古就已产生，以下转引张文国、张文强（1996）例句：

(16) 圣人有忧之，使契为司徒，教以人伦。（《孟子·滕文公上》）

(17) 故作者不祥，学者受其殃，非者有庆。（《荀子·正论》）

(18) 子产为政，有事伯石，略与之邑。（《左传·襄公30》）

(19) 舅犯有善言，后有战胜。（《韩非子·难一》）

(20) 有能一日用其力于仁矣乎？我未见力不足者。（《论语·里仁》）

从张文所举例子看，先秦时期"有"修饰谓词的现象就很复杂，文中列举十二种句型，说明"有"＋VP 的各种用例，可以说"有"修饰谓词是当时的普遍现象。作者首先确认处于这种位置上的"有"是动词而非活用为名词，因为"有"① 前可有副词等状语的修饰限制，后可有宾语、补语等，仍然具备动词的语法性能。其次，作者认为"VP"部分是表示事物化了的动作、行为、性质、状态。"VP"部分在"有"后实现的是其指称意义，而不是陈述意义。

张文所说有一定道理，受动词"有"的影响，处于 C 段上的动词和形容词有名物化的倾向。如《祖堂集》"是法平等，无有高下"一句，后分句意思是说佛法没有高下之分。试比较："虽是后生，敢有彫啄之分。"（P231）"高下"用于动词"有"之后，成为可以指称的对象。但是不能说所有的"VP"都是指称性的，如上面例中的"有问"、"有自裁"、"有事伯石"、"有战胜"等。

"有"修饰谓词的现象，从上古到近代一直沿用，只是与修饰名词的"有"相比，用例很少，以下我们抽查了几部文献，各举几例：

《风俗通义》（东汉，应劭）：

（21）三皇垂拱无为，设言而民不违，道德玄泊，有似皇天，故称曰皇。（第一，三皇）

（22）慎无迎取汝母丧枢，如亡者有知，往来不难；如其无知，只为烦耳。（第二，宋均令虎渡江）

（23）今主君德薄，不足以听之，听之将恐有败。（第六，瑟）

（24）时北壁上有悬赤弩，照于杯中，其形如蛇。（第九，怪神）

（25）子贡问孔子："死者其有知乎？"曰："赐，尔死自知之，由未晚也。"（第九，石贤士神）

《搜神记》（晋朝，干宝）：

（26）策既杀吉，每独坐，仿佛见吉在左右。意深恶之，颇有失常。（卷一）

（27）王业，字子香，汉和帝时为荆州刺史，每出行部，沐浴斋素，以祈于天地，当启佐愚心，无使有枉百姓。（卷三）

（28）樊东之口，有樊山，若天旱，以火烧山，即至大雨。今往有验。（卷一三）

唐五代笔记：

（29）后有战，被明光甲，所向无敌。（徐炫《五代新说》）

（30）九三以阳应阴，有违于众。（丘光庭《兼明书》）

---

① 原文也讨论了"无"＋VP 的情况，这里从略。

（31）其邻有喜羌竹刘驼驼，聪爽能为曲词。（孙棨《北里志》）

（32）其形嵯峨，有似麾盖，因以为名。（李冲昭《南岳小录》）

（33）元裕每有祈祷，即紫气上浮。（杜光庭《历代崇道记》）

（34）将欲驾幸，焉用择时假有妨于刘获，则独可蠲免沿路租税。（李肇《唐国史补》）

宋《三朝北盟会编》：

（35）皇帝有指挥，去年不遣使，乃是失信。（《燕云奉使录》）

（36）待一两日到居庸关，你看我家兵将战斗，有敢走么？（《茅斋自叙》）

（37）大金人马不似南朝健儿，逐月有请受。（《靖康城下奏使录》）

（38）某等来时面奉本朝皇帝圣训，令若水等再三启白国相元帅：前次奸臣误国，然有施行。（《靖康大金山西军前和议录》）

（39）某至此，偶值军马阻绝，深恐有误国事。（《绍兴甲寅通和录》）

（40）会官军在淮西有溃散三百人，自光州路转江而至。（《采石战胜录》）

（41）书意似与王权有约，其策似于用间。（同上）

（42）有酋长前曰：“南军有备，未可轻举。”（同上）

从所检索的语料看，《三朝北盟会编》出现的用例较多，“有”后谓词既有自主性的，如上述例句中的“指挥”、“走”、“施行”等，也有非自主性的如“误”、“溃散”、“约”、“备”等。

以上这些“有”字句的语法意义与上古汉语相比趋于多样化，有的使陈述性谓词指称化，而有的是对动作行为或性质状态的强调，如上举例句中的“有误国事”、“有溃散三百人”、“有约”、“有备”等。当“有”的强调作用日趋明显，它的动词作用就慢慢淡化，到现代汉语演变为副词。

方言中还保留了“有”的这一用法。詹伯慧《闽方言》指出：闽方言动词“有”的用法很多，其中之一是放在动词的前面，表示完成时态。例如：福州话“我有收着汝个批”（我收到了你的信），厦门话“伊有食我无食”（他吃了我没吃），台北话：“我有买”（我买了），潮州话：“你有睇电影阿无？”（你看了电影没有）。①

现代汉语中“有＋VP”句似乎有强劲发展的趋势。杨文全、董玉雯《语言变异：汉语“有＋VP”句简析》一文指出：在中国大陆地区特定社群

---

① http：//www.chinapage.com/language/dialect/minan.html.

（如新新人类等）的口语和各种口语性强的媒体话语里，"有"在句子里似乎可以修饰所有以前不能修饰的动词，例如，"我有看过这部电影。""从那以后，我每天都有去学校。"① 作者认为在这类句子里"有"的用法已经发生了很大变化，"有"的意义已经相当虚化；它出现在谓语之前，对充当句子谓语的谓词性成分进行修饰限制，以强调动作行为或性质状态的曾经产生、存在、完成或持续等语义。

王森等（2006）也对现代汉语"有+VP"的结构和用法作了深入探讨，认为"有"的作用是：1）表示确认，与时态无关。2）在答句中结构形式一般是"有+（哇/呢）"，这可以理解成省略了"VP"，也可以理解成本就如此。"有"的词性是副词，在句中作状语。

关于"有+VP"结构的成因，杨文全、董玉雯（《语言变异：汉语"有+VP"句简析》，《语文建设通讯》第75期）归结为语言接触、传媒诱导、语言内部要素互动以及人的社会类推心理等多种因素，宗守云（《"有"修饰谓词用法成因补议》，《语文建设通讯》第76期）从功能语法学的角度作了补充，认为语言共性的生发、对称机制的需求、相关格式的促成等也是重要原因。

以上几位学者均未提及古汉语"有+VP"句式的影响，"有"修饰谓词的现象上古就有若干例句。从历时发展角度看，古汉语"有+VP"句中"有"的动词性较强，因而所带谓词性宾语有名物化的倾向，但当进一步发展后，动词的意味渐渐淡化，只起强调、确认的作用，从而成为焦点标记。"有+VP"句的形成，除了已经提及的语言接触、传媒诱导等因素外，古代汉语、近代汉语同类句式的影响是不应忽视的。

表27　　　　　　　　　　　存现动词词表

序	动词	语义	次数/备注
B	般涅槃	即"涅槃"	3/佛经词语
	崩	称帝王之死	5
C	长往	逝世的婉辞	1/中古词
	呈$_2$	显现，显露	1
	出$_5$	出现，显露	3

① http://www.huayuqiao.org/articles/yuwenjianshetongxun/7503.html.

续表

序	动词	语义	次数/备注
	出离$_2$	脱离生死，入于涅槃	11/佛经词语
	出世$_1$	佛出现于世间	34/佛经词语
	出现	显露，呈现	6/唐五代词
	存$_2$	存在，存留	14
D	诞生	出生	5
G	归寂	同"涅槃"	8/佛经词语
H	化$_3$	僧人死亡	11/佛经词语
J	寂灭	同"涅槃"	4/佛经词语
	具	有，具有	47
M	灭$_1$	僧人死亡	11/佛经词语
	灭度	同"涅槃"	27/佛经词语
	没$_2$	消失，失去	5
	殁	死亡	1
N	涅槃	僧人去世，是超越生死轮回达到不生不灭的真如境界	8/佛经词语
Q	迁化	同"涅槃"	35/佛经词语
	去$_6$	去世，死亡	3/唐五代词
	去世	死亡的婉辞	3
R	入灭	同"涅槃"	13/佛经词语
	入定$_1$	僧人死亡	11/佛经词语
	入寂	即"涅槃"	1/佛经词语
S	丧$_2$	死亡	8
	阇维	僧人死后火化	3/佛经词语
	生$_3$	生存，活	90
	示灭	佛僧坐化身死	6/佛经词语
	顺化	僧人去世	4/佛经词语
	顺世	僧人死亡	7/佛经词语
	死	死亡	100
T	荼毗①	僧人死后火化	10/佛经词语
W	未有	没有	20
	无	没有	1755

---

① 按，"荼毗"，"祖堂集"多作"荼毗"

续表

序	动词	语义	次数/备注
	无灭	不生不灭，即"涅槃"	3/佛经词语
	无生	不生不灭，即"涅槃"	44/佛经词语
	无有	没有	34
	亡₂	死亡	4
X	现	出现，显现	55
Y	圆寂	同"涅槃"	4/佛经词语
	有	存在，领有	1983
Z	载诞	诞生，出生	2

第八节　行为动词

一、概述

　　行为动词是《祖堂集》中最为丰富的一个动词次类，其数量丰富（见附表），句型也比较复杂。从语义特征讲，行为动词表示动作主体发出的动作行为，可以是具体的也可以是抽象的，具体的动作行为根据其动作程度的强弱还可以进行再分类。

　　从行为动词所带宾语类型来看，行为动词可带对象宾语，"若欲姻娉，莫婚他族，宜亲内姓。"（P14）带受事宾语，"丹霞烧木头。"（P157）带结果宾语："君王有道三边静，何劳万里筑长城？"（P716）带原因宾语："和尚与摩道，岂不是打他雪峰过？"（P286）意思是因雪峰有过失而打。带度量宾语：隐峰接得锹子，向师划一下。（P152）带时量宾语：僧便唾之，师便捆三五下。（P287）从行为动词的主语类型看，除了施事主语外还有受事主语句："兔角从汝打，还我兔子来。"（P363）"与摩则慈舟已驾，苦海何忧？"（P504）此外从句型结构看，一些行为动词还能进入被动句、兼语句、双宾句、处置式等多种特殊句型。

二、《祖堂集》特殊句式"V₁又V₂不C"

《祖堂集》中下列句式值得注意：

(1) 师又问："曾闻丹霞烧木佛，和尚何以供养罗汉？"翠微云："烧亦烧不著，供养亦一任供养。"（P218；同书有：火即从你向，不得烧著身。（P346））

（2）更有一般底，锥又锥不动，召又召不应。（P615）

这种"V_1又V_2不C"句式与现代汉语重动句（verb-copying construction）有一定差异。所谓重动句是指谓语动词后带宾语，再重复动词后带上补语的一种单句。如"他读书读傻了"、"我干活干累了"等。是由"动宾＋动补"构成的固定结构，可以用"$S+V_1+O+V_2+C$"来表示，其中 S 表示主语，V_1表示原动词，V_2表示重复的动词，O 表示宾语，C 表示补语，V_1与 O 构成动宾短语V_1O，V_2与 C 构成动补短语V_2C。《祖堂集》上举两例与现代汉语重动句的不同在于：①原动词V_1后面没有接宾语 O，但是根据上下文我们可以将它补出来：

烧亦烧不著 → 烧（木佛）亦烧不著

锥又锥不动，召又召不应 →锥（此人）又锥不动，召（此人）又召不应

②补语也有差异，《祖堂集》为"V 不 C"动结式，C 为结果补语，现代汉语则是"VC"式，且补语 C 类别多样，可以表结果，也可以表程度。从语用上讲，《祖堂集》这种句式的表达中心和焦点在V_2动词后的补语上，而现代汉语重动句则是"突出强调事物和动作行为的超常方面"。（项开喜，1997）

关于现代汉语重动句的来源，石毓智、李讷（2001）指出：类似于动词拷贝的用法《元刊杂剧》已有用例："官里无贪淫贪欲贪成性，都子为忧国忧民忧成病。"（《辅成王周公摄政》第一折），而真正的与现代汉语类似的动词拷贝结构在明代形成。我们认为《祖堂集》上述例句应该是重动句的雏形，它们的核心都是重复动词以达到某种语用效果。例（1）《景录》作："烧也不烧著，供养亦一任供养。"（卷一四，翠微无学）"也"替换了"亦"。在同时期的《变文》及寒山拾得诗中我们未发现同类句式，《变文》有："大杖打又不死。"（卷六，舜子变）《寒山诗校注》："我有六兄弟，就中一个恶。打伊又不得，骂伊又不著。"没有出现重复动词的表达句式。

此外《祖堂集》还有以下句式：

（3）琵琶拗捩随手转，广陵妙曲无人弹。若有人能解弹得，一弹弹尽天下曲。（P288）

（4）道吾在方丈外立，听闻他不领览，不觉知，咬舌得血。（P601）

（5）为你得彻困也。（P285）

例（4）同义句子现代汉语可以说成"咬舌咬得出了血"。例（5）"为"是教育引导启发学人义，现代汉语要说成"教你教得累死了"。这些也可以看作现代汉语重动句的雏形。

三、《祖堂集》泛义动词"打"及其句式

现代汉语中,"打"是个泛义动词,其含义丰富,句型复杂。《祖堂集》中"打"的基本意义是击打,但已有泛化倾向,如:

i "打"为汲水义:

(1) 赵州在楼上打水,师从下过。(P595)

ii "打"为乘,坐义:

(2) 问:"如何是沙门行?"师云:"过海不打舡。"(P351)

iii "打"为抢劫义,偷窃义:

(3) 有人问:"和尚寻常为什摩却被魔挠?"云:"贼不打贫儿家。"(P323)

iv 打风颠:撒疯。比喻行为言语荒谬失常:

(4) 师云:"我不可着汝这般底,向后去别处打风颠去也。"(P559)

v "打"为词缀,用在表示人的行为动作的动词之前。

(5) 今日共师兄到此,又只管打睡。(P272)

从句型结构看,"打"主要带受事宾语:

(6) 侍者举似国师,国师便打侍者。(P156)

(7) 对云:"若不打专甲,何处有长庆?"(P408)

带原因宾语:

(8) 翠岩云:"和尚与摩道,岂不是打他雪峰过?"(P286)

(9) 师云:"我这里有三棒,打你愚痴,会摩?"(P376)

按,此为因愚痴而打。下句为:"地藏云:'和尚愚痴教什摩人打?'"

带补语:

(10) 老僧臂长,则便打二十棒。(P284)

(11) 师打柱云:"打你个两重败阙!"(P429)

石毓智、李讷(2001:178)指出:现代汉语里,"个"可以引进结果成分,但是它们的使用也只限于句子层面,不能进入从句或者构成"的"字短语。石文所举例为:"把贼船砸个粉碎。"(《八十年代散文选》)而《祖堂集》句式已接近现代汉语。

例(11)"两重败阙"为结果补语,"个"为助词,其作用是使动词性短语名物化。

(12) 去即打汝头破,住即亦复如然。(P711)

(13) 其僧待师去后,打破家具杀却火,长伸瞌睡。(P589)

　　蒋绍愚（1994）指出："分用的动结式和合用的动结式都在六朝产生。产生以后，两者在语言中同时使用。"《祖堂集》中也可以看到这两种句式同时使用的情况。"打汝头破"，宾语"汝头"出现在补语"破"之前，形成VOC句型。"打破家具杀却火"，宾语"家具"出现在补语"破"之后，形成VCO句型。宋代以降，VOC句型逐渐减少，而到现代汉语中，就基本上只有VCO句式了。

　　（14）僧曰："何必！"师便打出去。（P424）

"出去"为趋向补语。

四、《祖堂集》授与动词"与"及其句式发展，附论"给"的成书年代

　　《祖堂集》授与动词主要有：与、寄①、上、过、付、呈、授、授与、委付、送、赐、给等，其中使用频率较高的是"与"。这里讨论典型的授与动词"与"。

（一）"与"的三个强制性语义成分

　　从语义上看，授与类动词反映了人类交往过程中的交与行为。"与"的基本语义是交与，交付。它存在着"给予者"、"接受者"以及"给予物"三个方面，这三个方面即主体（主事）、与体（与事）和客体（客事），正是授与类动词所要求出现的三个强制性语义成分，因此从配价角度看，授与类动词是典型的三价动词。

（二）《祖堂集》授与动词"与"句型发展

　　现代汉语中授与类动词主要用"给"，其句法形式为②：

　　i　　VO_1O_2，如"给他书。"（双宾式；按，O_1为间接宾语，O_2为直接宾语）

　　ii　　VO_2给O_1，如"买书给他。"（连动式）｜"送书给他。"（介宾补语式）

　　iii　　V给O_1O_2，如"送给他书。"（复合词式）

　　iv　　将/把O_2给O_1（V），如"将/把这本书给他（看）。"（处置式）

　　我们认为授与动词"给"和"与"存在着历时替换关系。现代汉语中

---

　　① "寄"有赠送义。例：赵州云："上座若入闽，寄上座一个锹子去。"（P286）

　　② 介宾补语式和复合词式中的"给"一般视为介词或助词。为便于和《祖堂集》中的"与"句式比较，列举于此。

"给"具有的一些句子形式，《祖堂集》中的"与"基本具备，例如：

ⅰ VO_1O_2，即双宾式：

（1）道诚与他柴价钱。（P89）

（2）法身具四大，阿谁道得？若有人道得，与汝一腰裙。（P204）

ⅱ VO_2 与 O_1，分两种。一为连动式，"与"充当连动句中后谓动词：

（3）双峰辞师时，造偈与师。（P284）

（4）天皇每食已，常留一饼与之。（P187）

这种句式两个述宾结构的关系不同于其他同类句式，它们不仅仅是动作的时间前后关系，更主要的是后面的"与师"、"与之"等是前一动作的目的，前述宾结构中的宾语又是"与"的直接宾语，如上举例句中的"偈"、"饼"等。

一为介宾补语式：

（5）师便过锹子与隐峰。（P152）

（6）五祖云何分付衣钵与慧能，不分付神秀？（P679）

此式的"过"、"分付"等即是授与类动词，"与……"我们不分析为动词，而是视作介词，"与"字结构充当介宾补语。与现代汉语的"送书给他"句式相近。

ⅲ 复合词式。《祖堂集》有下列句子：

（7）并脱头冠白马等付与车匿。（P20）

（8）沩山把一枝木，吹两三下，过与师。（P537）

（9）师将纸画圆相，圆相中著某字谨答，左边思而知之，落第二头；右边不思而知之，落第三首，乃封与相公。（P674）

按，这些句子中的"与"紧附于动词之后，其作用类似于现代汉语复合词式中的"给"，我们也视为词尾，句中的"过"、"付"、"封"等承担了谓语动词的主要作用。

ⅳ 将/把 O_2 与 O_1（V），即处置式，例：

（10）谁将生死与汝？（P149）

（11）我若将一法如微尘许与汝受持，则不得绝。（P489）

按，《祖堂集》另有"将一贴茶来与师僧"、"将钱来与灵树"等句，其中的"将"仍为实义动词。此外也有省略"将"的情况："对曰：'和尚还曾佛法与人不？'师曰：'得则得，即是太抵突人。'"（P239）由句意可知，"曾"前省略了"将"。

从上可以看出，授与动词"与"发展到《祖堂集》时代句型已趋完善，与现代汉语的句型类似。

（三）《祖堂集》授与动词"与"语义成分的省略和隐含

具体语境中，授与动词"与"所带的强制性语义成分在句法层面有时会省略或隐现。如：

（1）此僧合唤转与一顿棒。（P282）

（2）师于一日辞往他游，九峰乃与偈送。（P455）

以上省略与事，第一句"与"后宾语"僧"隐现，同样第二句省略了"他"，这都是承上文而省，添加了反而显得累赘。

（3）师遂归堂中，遍捡册子，亦无一言可对，遂一时烬之。有学人近前乞取，师云："我一生来被他带累，汝更要之奚为？"并不与之，一时烬矣。（P700）

此乃省略客事，句中"之"代学人，后省略了客事宾语"册子"。

（4）吉安则授与。（P21）

（5）遇人则途中授与，不遇人则世谛流布。（P574）

以上与事和客事均省。例（4）上文为："才起此念，路上遇刈草人，名曰吉安。太子语曰：'此草可能惠施小许，不为爱惜？'"则与事和客事分别为"太子"、"草"。

此外《祖堂集》还有"与"带动词宾语的，如：

（6）师拈得把草，拦面与一掷。（P275）

（7）他无语，便被师与三捆。（P275）

（8）师蓦面与一唾云："者野狐精！"便推出。（P721）

数词修饰"掷"、"捆"、"唾"，这些动词名物化的意味更强。

《祖堂集》有一句值得注意：

（9）次乃法付智严已。（P103）

此为双宾结构，直接宾语"法"置于授与动词"付"之前，这种语序不多见。向熹《简明汉语史》（1993：20）举1例："兴方氏羌用自上甲至下乙"，并指出这种双宾句很少见。古汉语有双宾句中间接宾语置于谓语动词之前的例子。向熹《简明汉语史》举了两例。例（9）《五灯》为："遂命入室上首智严付嘱法印"。《祖堂集》又有：

（10）未审和尚法嗣何人？（P509）

（11）和尚岂不是法嗣德山又不肯德山？（P270）

均为同类句式。

（四）关于授与动词"给"的成书年代

《祖堂集》使用频率最高的授与动词是"与"，上文已经论述，此外还有

"乞"，如："招庆云：'阇梨先归山，山中或有异闻底事，乞个消息。'"（P415）"给"仅出现1次：

> 长者作礼问："尊者远至，有何所须？"答曰："我无伴侣，孑然一身。欲命徒侣而归佛道。"长者曰："我乐世俗，不能出家。若复生子，当给于汝。"（P36）

例中的"给"究竟是含有佛教特殊意义的供给、供养还是一般的给予义，值得探讨。《祖堂集》其他"给"多为供给。晚50年的禅宗语录《景德传灯录》中也没有"给"用作授与动词的例子。

关于授与动词"给"的产生年代，学者们作了深入探讨。早在1984年，日本学者志村良治根据《武王伐纣平话》中的一个例句推测："这个'给'字在文字上是个孤例，但它在元代或许已经大量存在。"李宗江（1999）认为"给"的通行始于17世纪末，"'给'由少到多，以至在词汇系统中完全取代'与'的地位，前后用了一百多年的时间。"傅惠钧（2001）提供了《金瓶梅词话》（明万历刻本）中的一个例句表示对志村良治推断的支持。张美兰（2002）列举了《训世评话》（明初）中出现于文言文部分的"给"表示授与意义的几个用例，作者认为志村良治的推断"也许有一定的道理"。路广（2006）认为："从语法史看，以物予人的'给'的使用是很晚近的事情，字形上写作'给'到清代以后才比较普遍。"（《汉语大词典》以下简称《汉大》）"给gěi"的解释是：使对方得到或遭受到。首举宋吴曾《能改斋漫录·事始二》例："俄而女仆请饭库钥匙，备夫人点心。儳诉曰：'适已给了，何得又请'云云。"以上研究都说明授与动词"给"可能在宋元时期已经出现，而"给"的广泛使用则是较晚的事。

赵世举（2003）《授与动词"给"产生与发展简论》一文对授与动词"给"的产生年代提出了新的见解，他认为"授与动词'给'萌芽于先秦，成长于汉魏六朝，成熟于隋唐代。""长久以来，作为授与动词的'给'一直就存在着。"

本人仔细研读了赵文若干例句，发现这一说法有失允当。略举数例阐述如下。

（1）今受鱼而免，谁复给我鱼者？（《史记·循吏列传》）

按，此句上文为"今为相，能自给鱼。"上下文大意是如今我公仪休身为宰相，自己的俸禄能够供得上自己吃的鱼，如果因接受他人之鱼而免职，到时谁又能供给我鱼呢？"谁复给我鱼者"乃承上文"自给"而来。《汉大》"自给"释义为依靠自己生产，满足自己需要。即举此例。两处"给"意义应相同。试比较《韩非子》类似记载："公仪休相鲁而嗜鱼，一国尽争买鱼而献之，公仪子不受，其弟谏曰：'夫子嗜鱼而不受者何也？'对曰：'夫唯嗜鱼，故不受也。夫即受鱼，必有下人之色，有下人之色，将枉于法，枉于法则免于相，虽嗜鱼，此不必能自给致我鱼，我又不能自给鱼。即无受鱼而不免于相，虽嗜鱼，我能长自给鱼。'"（《外储说右下》第三十五）亦可知其义。

（2）张耳是时脱身游，女家厚奉给张耳，张耳以故致千里客。（《史记·张耳陈馀列传》）

按，此句"奉给"是双音节词，义为供给、供应。（参《汉大》）不应拆开讲。"奉"也是供给、供应义。如："损不足以奉有余。"（《老子》）"于是大农陈藏钱经耗，赋税既竭，犹不足以奉战士。"（《史记·平准书》）"厚"指财产，财富。全句意为此时张耳脱身交游，女家重资供应张耳，张耳因此可以招来千里之外的宾客。

（3）郁成城守，不肯给食其军。（《史记·大宛列传》）

按，该段上文背景是说起初贰师将军（李广利）从敦煌西边出发，认为人太多了，沿途的国家无法供给食物，于是将军队分为几支，从南北两路行进。校尉王申生、原鸿胪壶充国等率领一千多人从另一条路到了郁成。此句是说郁成人坚守城池，不肯供给汉军食物，与下文"郁成食不肯出"相应。前文还有："贰师将军军既西过盐水，当道小国恐，各坚城守，不肯给食。""于是贰师后复行，兵多，而所至小国莫不迎，出食给军。""汉毋攻我，我尽出善马，恣所取，而给汉军食。"其中的"给"意义相同，均为供给义。

（4）庄廉，又不治其产业，仰奉赐以给诸公。（《史记·汲郑列传》）

按，此句是说郑庄（时为太史）廉洁，又不置办自己的家产，依靠俸禄和赏赐来供给那些年长的友人。奉，通"俸"，俸禄。

（5）收穰侯之印，使归陶，因使县官给车牛以徙，千乘有馀。（《史记·范雎蔡泽列传》）

按，史载，穰侯及泾阳、叶阳君都是秦昭王的舅父，他们"专国擅势，上假太后之威，三人者权重于昭王"。（《汉书》卷三六，列传第六，楚元王交）昭王采纳范雎之言而废太后，逐穰侯、高陵、华阳、泾阳，并拜范雎为相。此句意思是说（秦昭王）收回了穰侯的相印，让他回到陶县去，于是让官府提供车子和牛马以便迁徙搬家。大概是穰侯家珍宝很多的缘故吧，故需一千多乘车辆搬运。下文有："到关，关阅其宝器，宝器珍怪多于王室。""牛车"乃供其搬运之需。

（6）过汝，给吾人马酒食极欲，十日而更。（《史记·郦生陆贾列传》）

按，此句"人马酒食"后当施逗号，引文脱落"汝"字。查原文，此句为：（陆贾）谓其子曰："与汝约：过汝，汝给吾人马酒食。极欲，十日而更。"意思为：（陆贾）对他的儿子们说："我和你们约定：到了你们家后，你们要供给我人马酒食。尽量满足我的欲望，十天之后我另换一家过。"这是陆贾将他的宝贝卖得一千斤黄金并分给他五个儿子后说的一番话。"给"为"供给"义。

（7）而降胡者皆衣食县官，县官不给。（《史记·平准书》）

按，核对文本，此处"降胡者"当为"胡降者"，指投降的胡人。"县官"指朝廷、中央政府。此句是说匈奴来投降的人衣食都是由朝廷供给的，而朝廷经费不足，供应不上。故下文有"天子乃损膳，解乘舆驷，出御府禁藏以赡之"之句。义为天子就减少膳食费用，解下乘舆上的马匹，拿出皇室里的储蓄来供养他们。"赡"为供给、供养义。（参《汉大》）"给"与"赡"义同，前后相应。该文下段又有："其明年，山东被水灾，民多饥乏。……七十余万口，衣食皆仰给县官。"句中的"给"亦为供给义。

（8）送狱，敕吏谨遇，给酒肉。至冬当出死，豫为调棺，给敛葬具。（《汉书·赵广汉传》）

按，谨遇：礼遇，厚待。豫：预备，先事准备。联系上下文，此段是说赵广汉（时为京兆尹）说服劫贼释放人质后，将其送至狱中，命令狱吏厚待他们，并供给其酒肉饮食。到了冬天这两个罪犯按照法令当处以死刑，赵广汉又事先为他们办具棺材，并供给敛葬衣物。

（9）奉钱月数千，半以给吏民为耳目言事者。（《汉书·盖宽饶传》）

按，此句全文为："宽饶为人刚直高节，志在奉公。家贫，奉钱月数千，半以给吏民为耳目言事者。"讲盖宽饶（时为司隶校尉）将奉钱供给吏民中为其侦察和了解情况之人。

（10）时吉得食米肉，月月以给皇孙。（《汉书·丙吉传》）

按，事情发生的背景是：武帝末年，巫蛊事起，尚在襁褓之中的皇曾孙（即后来的宣帝）也受到牵连而入狱。丙吉时为治狱使者，"见皇曾孙遭离无辜"而仁心感动，对皇曾孙精心侍奉，将自己所得米肉，月月供奉给皇孙。该句上文为："及组（即胡组，人名）日满当去，皇孙思慕，吉以私钱顾组，令留与郭徵卿并养数月，乃遣组去。后少内啬夫白吉曰：'食皇孙亡诏令。'"可参。

王力《古代汉语》在谈到"与"、"予"、"给"的区别时指出："'与'

和'予'自古同音，而且在给予的意思上同义。'给'则和'与'、'予'大有区别。'给'用作动词时，不是表示一般的'给予'，而是表示'供给'，并且一般只限于供给食用，作'给予'解的'给'，是后起义，读 gěi。"这种观点是众多学者所赞同的。

从义素分析的角度看，表示"供给"的"给$_1$〔tɕ^{214}〕"与表示给予的"给$_2$〔kei^{214}〕"有着共同的义素：给予。因为"供给"本身就包含了给予义。这也是两者纠缠不清的主要原因。所不同的是，"给$_1$〔tɕi^{214}〕"多了一些附加性义素，如给予物多是钱财和物资，并且往往是接受者所需要的。《汉大》"供给"的释义是：以物资、钱财等给人而供其所需。

纵观赵文所举例句，给予物多为钱财（包括俸禄）、兵马（包括士卒）、车辆、衣食、田亩、耕牛、医药等关乎民生的物质资料。而能够提供这些钱财和物资的给予者往往在地位、身份或经济上处于较高的层次。给予者的身份多为帝王、君主（原文例3、8、9、14、15、16、22、23、24、25、29、30、36）、太史（原文例7）、京兆尹（原文例10）、司隶校尉（原文例12）、将军（原文例13、18、21）、治狱使者（原文例19，按，时宣帝为皇曾孙，尚在襁褓之中，无辜获罪入狱）、主人（原文例31）、县官（指朝廷，原文例27）、大尹（原文例28）、总管（原文例35）、县令（原文例37）等，而接受者的地位多低于给予者。如有例外，则给予物往往是接受者急需或缺乏的。如原文例2，文中交代了给予者是在"高祖微时"且"有急"的情况下"给高祖一马"的。原文例4给予者"贼"是被接受者周嘉（主簿）舍身护太守敞的义举感动后而"给其车马，遣送之"的，此时太守敞"为流矢所中"，急需车马。这些都符合"给$_1$〔tɕi^{214}〕"的义素特征。

赵文考察词义的方法都是从"给"所在的句型即句法特征着手的，如"给"能带双宾语，宾语的结构类型多样等。笔者认为这一点不能从本质上区分"给$_1$〔tɕi^{214}〕"和"给$_2$〔kei^{214}〕"，因为"给$_1$〔tɕi^{214}〕"也是三价动词，既然有供给、供应义，在句法特征上同样可以带双宾语，指人宾语和指物宾语也可以丰富多彩，因为物质世界本来就是丰富多彩的。我们认为还应该将其语义特征考虑进去。正如汉语史上指示代词"是"很像现代汉语判断动词"是"一样，我们不能就此认为上古汉语中起复指作用的指示代词"是"就等同于现代汉语中的判断动词"是"。

还有一点疑问。如果说先秦时期就已存在授与动词"给"，那么〔kei^{214}〕的读音是否先秦时就已存在呢？因为只有表示给予义的"给"才读作〔kei^{214}〕。志村良治《"与""馈""给"——从中古到近代的汉语授与动词的历史变迁和"给"的北京音的来源》（载《中国中世语法史研究》）一文认为："'给'的正规音只有上声的 tɕi，上声 kei 是清代中期以后从其他途径加上的特殊音。"因此我们认为真正的授与动词"给"的产生是较晚的事情。先秦时期的"给"还是供给的意思。

表 28 行为动词词表

序	动词	语义	次数/备注
A	哀号	兽类悲啼	1/唐五代词
	哀叹	悲哀地叹息	1
	哇喋	狗相斗	1/唐五代词
	安立	安置	1
	安名	起名儿，取名字	2
	安排	打发，安置	6/唐五代词
	安慰	安顿抚慰	2
	按	用手向下压或摁	2
	按剑	以手抚剑预示击剑	6
	拗	折断	5
	拗折	折断	1/唐五代词
	拗捩	弹奏	1
B	拔₁	抽出，拔出	3
	拔₂	解救，拯救	1
	拔济	济度，拯救	1/佛经词语
	拔眉	拨开眉毛。禅家示机应机的作略	1/禅宗特色词
	把	握，执	49
	把弄	卖弄	1/唐五代词
	把住	抓住	5/唐五代词
	把驻	抓住	3
	把柱	抓住	2
	摆手	摇手	1/唐五代词
	白搥	长老持白杖宣告佛事开始和结束	4/佛经词语
	白槌	同"白搥"	1
	拜	佛教礼节，拜佛	6/佛经词语
	拜辞	行拜礼辞别	1/中古词
	般	同"搬"，搬运	1
	办₁	置办	2

序	动词	语义	次数/备注
	办₂	办理，治理	5
	伴	陪同，伴随	5
	棒	用棍棒打	6
	傍家	挨家挨户	3/唐五代词
	保	担保，保证	6
	保任	禅悟后加以保持维护	15/禅宗特色词
	保持	同"保任"	3/禅宗特色词
	抱₁	鸡禽孵卵	3
	抱₂	用手臂围住	9
	抱₃	养育	2
	报₂	报答	6
	报答	报谢恩惠，感谢	4/中古词
	备₁	准备，预备	7
	背	背弃	6
	鞭打	用鞭子抽打	2/中古词
	贬₂	降职远调	1
	标	写，书写	1
	别离	离别，分离	1
	摈	驱逐，弃绝	6
	拨₁	挑动，逗引	1
	拨₂	分开，拨开	12
	拨₃	开导，启发	1
	拨眉	拨开眉毛，禅家示机应机的作略	1/禅宗特色词
	播	传播，弘扬	9
	播扬	传播，弘扬	2/中古词
	簸	扬米去糠，喻识别人才	1
	剥₁	撕裂	1
	搏杀	击杀	1/唐五代词
	卜₁	占卜	1
	补	缝补	7
	不犯	不接触无关涉，喻超凡离俗	4/禅宗特色词
	布令	发布命令	1
	布施	将自己财物分人	3/佛经词语

续表

序	动词	语义	次数/备注
C	栽	同"栽",栽培	2
	採	摘取	10
	採拾	采摘,拾取	1/唐五代词
	採摘	摘取	1/中古词
	彩	理睬	2
	采顾	理睬	1/唐五代词
	参	谒见,拜见请教	127
	参承	参见侍候	3/禅宗特色词
	参见	拜见	25/禅宗特色词
	参请	拜见请益	2/禅宗特色词
	参堂	入僧堂参见首座、大众并坐禅	1/禅宗特色词
	参学	探究、学习禅法	9/禅宗特色词
	参寻	寻访禅师,探究禅法	5/禅宗特色词
	飡	同"餐",吃	4
	喰	同"餐",吃	3
	册	册立、册封	1
	册立	册封	1
	侧耳	仔细听	4
	侧立	因敬重而立在旁边	1
	侧聆	侧耳倾听	2
	侧身	向侧面转过身子	2
	侧掌	倾斜手掌做出要打的动作	2
	厕	置身于	1
	策	拄着	2
	叉手	手指交叉,高拱敬礼	12/唐五代词
	杈	支起	1
	插	刺入	4
	[糁]胡	折腾,作弄	1
	产	分娩	4
	划	同"铲",铲除	5
	忏悔	自陈己过悔罪祈福	6/佛经词语
	忏谢	忏悔	1/唐五代词
	偿	偿还	5

序	动词	语义	次数/备注
	偿债	偿还宿债	4/唐五代词
	唱礼	法会举行唱颂礼拜的仪式	2/佛经词语
	朝	朝拜，朝见	1
	趁$_1$	追赶	20
	趁$_2$	驱赶，驱逐	14/唐五代词
	趁打	击打并赶走	3
	趁譁	跟随众人喧哄、凑热闹	1
	称计	称量，计算	1/中古词
	撑$_1$	用篙行船	2
	撑$_2$	抵住，支撑	1
	撑触	碰触	1
	乘	乘坐	6
	成$_3$	帮助，使成功	3
	成持	帮助，使成功	10/唐五代词
	呈$_1$	送上，呈报	22
	骋	施展，显示	2
	吃	吃东西；饮，喝	102
	吃茶	喝茶	31/唐五代词
	驰求	奔走追求	4 /唐五代词
	持$_1$	拿	24
	持戒	护持戒律	4/佛经词语
	充饥	充食解饥	1/唐五代词
	抽身	退身，转身	6/唐五代词
	雠报	报仇，报复	1/唐五代词
	宠褒	帝王给予的褒奖	1/唐五代词
	出$_1$	放	2
	出家	脱离俗世到佛寺做僧尼	151/佛经词语
	出去$_2$	表示命令退去	4
	出世$_2$	出任寺院住持	42/佛经词语
	出手	禅家示机、应机的作略	2/禅宗特色词
	处分$_1$	安排，处置	13/唐五代词
	触忤	触犯	1
	穿凿	开凿，挖掘	1

续表

序	动词	语义	次数/备注
	传	传达，传送	117
	传化	传播教化	1/佛经词语
	传教	传播佛法	6/佛经词语
	传受	将禅法传给后人	1/禅宗特色词
	传授	将禅法传给后人	6/禅宗特色词
	传心	禅宗称传布禅法	9/禅宗特色词
	传衣	禅宗自初祖至六祖传法同时交付袈裟以为法信	4/禅宗特色词
	创	创立，建造	4
	创始	开创，创建	1/中古词
	创立	创立，建造	1
	噇	詈词，无节制地吃喝	1/唐五代词
	噇眠	詈词，睡觉	1/唐五代词
	吹$_1$	撮口用力出气	3
	吹$_3$	吹奏	1
	吹歘	吹	1
	吹嘘	撮口用力出气	1/中古词
	搥	敲击	4
	槌	敲击	1
	掴	刺扎，戳击	1
	辞$_1$	辞别	72
	辞$_2$	推辞	7
	辞免	请求辞官免职	1/唐五代词
	辞推	拒绝，推却	1/唐五代词
	辞退	告辞，告退	1
	辞违	辞别	1/唐五代词
	刺	戳	2
	刺头	埋头，钻	1
	赐	赏赐，给予	33
	从$_1$	跟从，跟随	2
	从$_2$	听从，依从	6
	从命	遵命	1
	爨	烧火煮	2
	催	催促	2
	啐啄	喻禅机相应，机锋往来	5/禅宗特色词

续表

序	动词	语义	次数/备注
	存₁	慰问，问候	1
	存济	救济，救助	1/中古词
	撮	抓住	5
	撮摩	撮持，触摸	1
D	搭	按，用手压下	1
	答₂	报答	3
	答谢	报答感谢	1/唐五代词
	达₃	传送	4
	打₁	击，敲	35
	打₂	殴打	110
	打₃	汲水，舀取	2
	打₄	打劫，偷窃	2/禅宗特色词
	打槌	僧众齐集时击器具使肃静	1/佛经词语
	打破	突破原有的规模、状况	1/唐五代词
	打风颠	撒疯，比喻言语行为荒谬失常	1/唐五代词
	待₁	等待，等候，等到	72
	待₂	接待	2
	带₁	携带	5
	戴	将物加在头上或用头顶着	22
	担₁	挑	8
	担₂	掀	1
	担荷	担当，承当	1/唐五代词
	荡	杀	1
	荡罗	撞进罗网	2
	导化	引导教化	1
	盗	偷盗	2
	登₁	升，上，进入	15
	登₂	登座，登位	7
	澄汰	朝廷对佛教的限制和打击	3
	抵	抵挡	2
	抵突	触犯	1
	谛听	注意地听，仔细听	6
	颠倒	倒见事理	16/佛经词语
	点₁	燃点	7
	点₂	指	3

续表

序	动词	语义	次数/备注
	点₃	启发，指点	3
	点₄	用开水泡茶、冲汤	1/唐五代词
	点胸	手指胸口	2
	点眼	挑明法眼，显示法眼	3/禅宗特色词
	點污	玷辱；污辱	1/唐五代词
	彫₁	雕刻；雕镂	2
	彫啄	喻造就（人才）	3
	钓	以钓钩捕取	8
	顶戴	敬礼	7/佛经词语
	顶礼	敬礼跪拜	5/佛经词语
	顶擎	顶戴	2
	定执	执著，拘泥	1/禅宗特色词
	东西	走动，外出，离开	2
	抖擞	振作精神	1
	斗	战斗，争斗	3
	逗	对合，拼合。喻契合，投合	1/中古词
	度₁	通过一定仪式使出家为僧	40/佛经词语
	度₂	度过（时间或空间）	4
	度脱	通过一定仪式使出家为僧	6/佛经词语
	渡	通过江河	10
	端坐	安坐，正坐	7
	锻	锻造	1
	锻鍊	冶炼锻造	2
	断₁	截断，折断	8
	断₃	判断，决断	10
	断送	接引，引导	3
	对客	接待客人	1
	对治	针对性地治疗以断除烦恼	2/佛经词语
	碓	舂，捣	1
	掇送	打发	2/唐五代词
	钝	折腾，折磨，作弄	1
	钝致	折腾，折磨，作弄①	1/唐五代词
E	屙	排泄	3/唐五代词

① 葛兆光（1996：149）《祖堂集》"钝致"：疑即"钝拟"，释为打算，希望，可备一说。

序	动词	语义	次数/备注
	屙屎	排泄大便	1/唐五代词
F	发₂	发布，宣告	2
	发₆	挖掘，打开	1
	发遣₂	发送，使离去	2
	发心	发愿求无上菩提之心	8/佛经词语
	翻	翻译	1
	翻译	将一种语言文字的意思用 另一种语言文字表达出来	3/中古词
	犯	侵犯，触犯	9
	返答	回报	1/唐五代词
	防守	守卫	1
	访	拜访	16
	访谒	拜访，谒见	1
	放₂	搁置，放下	21
	放₄	同"妨"	1
	放₅	同"屙"	3
	放₆	饶，免除	9
	放过	接引中下根器的方便法门	11/禅宗特色词
	放捨	放弃，舍弃	2
	放下	将负载物从高处放到低处	13
	分别	对自我与外物以及对于种种外物之间加 以区别对立	10/佛经词语
	分付₁	交付，传付（衣钵）	12/禅宗特色词
	分付₂	交给	1/唐五代词
	分襟	离别，分别	3/唐五代词
	分卫	僧人乞食	1/佛经词语
	逢见	遇见，碰到	5
	服	饮用或食用（药物）	3
	服勤	从事杂役劳动	1
	趈跳	即"跳"	1
	拂₁	擦拭	4
	拂拭	揩擦，掸除	3
	拂袖	甩动衣袖，表示不赞成	5
	付	交付、传付禅法衣钵	66/禅宗特色词

序	动词	语义	次数/备注
	付嘱₂	传付衣法、传授禅法	33/禅宗特色词
	覆护	保护,庇佑	1
	赴₂	应合,顺应	1
	赴命	受命应诏	1
G	供	供奉	5
	供给	以钱、物等给人	3
	供须	供给所需之物	3/唐五代词
	供养	敬祀佛祖,供奉僧人	62/佛经词语
	耕耨	耕地锄草	1
	勾当	办理,操办	1
	构	建造	1
	辜	作罪	1
	辜负	喻指对方不领会禅机	22/禅宗特色词
	顾视	理睬,看	6
	顾示	回头看	4
	顾占	回视	3
	固守	坚守	1
	挂锡	行脚僧栖止于某寺或他处	2/佛经词语
	观瞩	观看	1/中古词
	管	顾及,过问	3
	管束	约束,使不越轨	1/唐五代词
	灌顶	佛教仪式,用水灌洒头顶	3/佛经词语
	归₁	通"馈",赠	1
	归崇	归顺	1
	归心	诚心归附	1/禅宗特色词
	归依	信仰佛教者的入教仪式	2/佛经词语
	归宗	归入本宗意旨	1/禅宗特色词
	跪	下跪	1
	跪拜	屈膝下拜	1
	掴	用巴掌拍打,打耳光	19/唐五代词
	过₂	递,送	11/唐五代词
	过₂	拜访	1
	过夏	僧尼夏天安居九十天不出门远行	5/佛经词语

序	动词	语义	次数/备注
H	号咷	号哭哀痛	1/中古词
	和₁	以声相应，跟着唱	6
	和₂	依别人诗词题材和体裁作诗词	6
	和南	佛门称稽首，敬礼	2/佛经词语
	贺	庆祝，庆贺	5
	贺喜	对吉庆之事表示祝贺	1
	弘宣	大力宣扬	1
	弘扬	大力宣扬	1/唐五代词
	呼嗟	呼号哀叹	1
	蹦跪	指单膝跪地	1
	护持	禅悟后加以保护维持	17/禅宗特色词
	护念	对已悟之心及本有佛性加以保护	1/禅宗特色词
	划₁	用尖利物把东西割开	5
	划₂	以桨拨水使船前进	1
	画	绘画，作图	4
	化₂	教化使之转恶为善	15/佛经词语
	化导	教化开导	7
	化度	教化济度	2/佛经词语
	还₂	归还	7
	还债	归还宿债，喻指禅僧被害	2/唐五代词
	回避₂	告辞	1 /唐五代词
	婚	嫁娶	1
J	击目	注视或对视，系禅家作略	3/禅宗特色词
	稽首	出家人所行的常礼	6
	及₂	赶上，追上	8
	及₄	来得及	1
	给侍	服侍，侍奉	3/唐五代词
	计₁	计算	4
	记₃	记载，记录	2
	记₄	计数	1
	济度	拯救，超度	1/佛经词语
	加被	保佑	1 /唐五代词
	加卫	保佑	1/禅宗特色词

续表

序	动词	语义	次数/备注
	家常	乞讨	1/禅宗特色词
	假	依靠，凭借	38
	驾	驾驭，驾驶	4
	肩舁	抬轿子	1/中古词
	煎	熬煮	3
	煎茶	烹茶	9/唐五代词
	检点	查点	10
	剪	用剪刀使断开	2
	剪拂	剪除，除去	1
	建	建造	6
	建立	兴建，建造	6
	将$_1$	拿，持	58
	将养	抚养	1
	降$_3$	赐给，给予	1
	交扇	不停地打扇，喻指战争	1/中古词
	交易	交换，买卖	1
	搅	搅拌，搅动	1
	教$_2$	教导，教育	2
	教化	教导使之感化	6
	嗟	叹息	3
	嗟叹	叹息	2
	揭	掀开	1/唐五代词
	接$_1$	禅师接纳、引导学人	53
	接$_2$	承接，收受	11
	接命	延续生命，活命	1
	接示	接引，指示	2
	接物	谓与人交往	5
	接引	接纳，引导	1
	接足	行礼者伸两手掌承接受礼者双足，并以头面接之	4/佛经词语
	结发	束发	1
	结集	释迦归寂后，弟子集会各诵所闻，集为佛经	9/佛教词语
	结跏	即结跏跌坐	1/佛教词语

续表

序	动词	语义	次数/备注
	解₄	解开	4
	解夏	僧尼夏九旬安居期满散去	1/佛教词语
	藉	凭借,依托	3
	近	接近,靠近	7
	进₂	进奉,奉献	1
	进₃	进奏	1
	进具	年二十进一步受具足戒	1/佛经词语
	烬	烧毁	4
	经过	特指造访	2
	敬礼	恭敬礼拜	3/佛经词语
	救度	拯救,超度	2/佛经词语
	救火	止火,灭火	1
K	开₂	开导	2
	开浴	僧众按寺规入浴	1/禅宗特色词
	看₁	以视线接触人或事物	64
	看₂	照顾,伺候	2/唐五代词
	看₅	看守,看护	4
	看客	招待客人	1/唐五代词
	看侍	照料,侍奉	2/唐五代词
	恳	恳求	2
	抠衣	提起衣服走路,指侍奉	3
	扣	同"叩",敲击	2
	哭	哭泣	7
	匡化	匡正教化	5
L	赖	依靠	4
	览	看,阅读	4
	离俗	脱离世俗,出家为僧	1/佛经词语
	礼拜	行礼叩拜	120
	礼辞	作礼辞别	8
	礼佛	顶礼于佛,拜佛	4/中古词
	礼见	礼拜觐见	3
	礼觐	礼拜觐见	3
	礼问	作礼询问	2

续表

序	动词	语义	次数/备注
	礼谢	作礼答谢	15
	礼谒	礼拜谒见	3
	礼足	头顶触礼佛足，身心皈依	2/佛经词语
	立$_2$	设置，设立	3
	立$_3$	登位，即位	1
	立义	较量机锋时先出语立论	4/禅宗特色词
	量移	官吏有罪远谪，遇赦调迁	1/唐五代词
	撩$_1$	挑	1
	撩$_2$	禅师对学人的启发	1/禅宗特色词
	撩$_3$	挑弄，挑逗	1
	疗	医治，治疗	1
	了事$_3$	通过语言来表说或获取知识见解	1/禅宗特色词
	陵迟	折磨	2/唐五代词
	领$_2$	带领	12
	领$_3$	接受，领取	1
	留待	挽留	1
	留连	挽留	2/唐五代词
	留心	关注，关心	3
	留言	访人不遇时，留下说的话	1/唐五代词
	录	记录，抄写	9
	乱统	扰乱禅宗准则，不合禅规	1/禅宗特色词
	落采	脱下俗家衣服，出家为僧	1/佛经词语
	落发	削发为僧	2/佛经词语
	落染	剃须发换僧衣，出家为僧	1/佛经词语
	履践	参禅修习，契机悟道	4/禅宗特色词
M	卖身	把自身卖给别人	1/唐五代词
	谩	欺骗	14
	谩糊	欺骗，使糊涂	2
	扪	抚摸	1
	觅	寻找，求取，讨索	65
	面壁	打坐，参禅	11/佛经词语
	邈	摹写，刻画	5/唐五代词
	铭邈	写真，画像	1/唐五代词

序	动词	语义	次数/备注
	摸索	试探，寻求	3
	磨₁	磨治，摩擦	9
N	纳₂	缴纳	2
	捼	磨，擦	1/唐五代词
	挠	扰乱	5
	恼乱	打扰，烦扰	3/中古词
	闹	争吵	3
	泥壁	用土、灰等涂抹墙壁	4
	拈	取，拿	41
	拈起₁	拿起，提起	20
	捏目	制造幻象，自欺欺人，无事生事	2/禅宗特色词
	啮镞	用口衔住射来的箭镞，喻禅家机锋来往迅速	3/禅宗特色词
	蹑	踩，踏	5
	弄₁	卖弄，玩弄	17
	弄₂	愚弄	2
	挐	抓，抓取	1/唐五代词
	努力₁	勉力，尽力	9
O	殴	打	1
P	拍	用手掌拍打	6
	拍手	两手相拍	2
	拍掌	鼓掌，拍手	3/唐五代词
	排₁	排列	4
	排₂	安排，准备	1
	排行	依次排列成行	1/唐五代词
	排批	安排，准备	4/唐五代词
	攀₁	牵挽，抓住	4
	攀₂	追攀，追随	3
	攀缘	喻指心念执著于尘俗事物	6/佛经词语
	盘结	建立，建造	1/唐五代词
	抛₁	丢弃，撇开	12
	抛₂	扔，投掷	25
	抛掷	抛弃	3

续表

序	动词	语义	次数/备注
	抛弃	丢弃	1
	抛却	抛弃。"却",后缀	7
	陪₁	陪同,陪随	1
	陪随	陪侍,随从	1
	陪位	陪同	2
	陪仰	陪奉	1
	烹	烧炼	3
	烹锻	烧炼	1/唐五代词
	烹炼	烧炼	1/唐五代词
	捧	双手承托	14
	批排	安排,准备	2/唐五代词
	擗	击打	3
	擗开	扒开	1
	嚬呻	蹙眉,呻吟	2
	平治	整治,整理	1
	扑	砸,摔	5
	扑杀	摔死	1
	普	弘化,普及	4
	普请	集中僧人参加生产劳动	3/禅宗特色词
Q	欺	欺负	9
	骑	骑乘,跨坐	17
	起₃	兴建,建造	9
	启凿	开启	1
	祈	祈祷	3
	祈祷	向神祝告求福	2
	祈请	祷告请求	1
	祈求	祈祷求告	1
	乞₂	求讨	11
	乞₃	给予	6
	弃	丢弃,放弃	10
	牵₁	拉,挽	5
	牵引	约束,控制	1
	敲	敲击,叩打	12

序	动词	语义	次数/备注
	敲门	叩门	3
	跷	抬起（脚）	2
	蹻	抬起（脚）	1
	樵採	打柴	1
	挈$_1$	提，举	2
	挈$_2$	携带，带领	1
	侵	侵犯，侵入	2
	侵犯	侵凌触犯	2
	亲	接近，接触	7
	亲近	侍奉师家，请教道法；亦指与道伴交流切磋禅法	7/禅宗特色词
	亲事	亲自做某事	2
	亲疏	（与禅法）契合与不契合	3/禅宗特色词
	擒	捉拿	1
	擎$_1$	持，拿，取	7
	擎$_2$	举起，向上托	4
	请命	请求指示。表示愿意听命	1
	请益	学人请师示教	10/禅宗特色词
	求	寻求，追求，谋求	105
	求觅	寻找，探求	3/中古词
	区分	区别	1/中古词
	曲躬	弯腰	1
	趣	趋向	4
	趣向	趋向，趋附	4/中古词
	取$_1$	持，拿	17
	取$_2$	捉取，获取	31
	取$_3$	割取	4
	取$_4$	依照，听从	4
	取$_5$	捕捉，捉拿	5
	取$_6$	迎请，邀请	3
	取$_7$	选取，选择	2
	取$_8$	对所爱的境界执著追求	8/佛经词语
	取办	处理，办理	2/唐五代词

序	动词	语义	次数/备注
	取得	获取，得到	4/唐五代词
	取凉	乘凉，纳凉	1/唐五代词
	取舍	择用与弃置，选择	3
	去5	表示命令退去	6
	诠	解释，阐释	8
	诠谛	解释，说明	1/唐五代词
	却2	推辞	1
	却3	除去	1
R	然	赞同	1
	燃1	点燃	6
	染1	染色	1
	染3	执著于妄念，心有染污	2/佛经词语
	染著	执著于外物并产生虚妄之念	1/佛经词语
	染剃	穿僧衣，剃须发，指出家为僧	1/佛经词语
	让1	推辞，推让，谦让	2
	绕	围绕，环绕	11
	人我	因"我执"引起的逞强争斗	4/佛经词语
	忍辱	忍受各种侮辱，无嗔恚恼恨	1/佛经词语
	任	担任	7
	乳	哺育	2
	乳育	哺育	1
	撋	抓取	1
	入草1	隐入草丛	2
	入草2	陷入言句纠缠或知识见解中	5/禅宗特色词
	入朝	进入朝廷谒见	1
	入道	舍俗出家，进入佛门	5/佛经词语
	入室	方丈室中对从参弟子作重点开导	6/禅宗特色词
	入众	僧人退入僧众行列	1/禅宗特色词
S	散闷	排遣烦闷	1/唐五代词
	杀1	杀戮	20
	杀活	斩断妄念，复活灵性	1/禅宗特色词
	沙汰	官府迫令僧尼还俗	9/佛经词语
	善1	擅长	14

续表

序	动词	语义	次数/备注
	赏翫	欣赏玩味	1
	上₂	送上，呈上	8
	捨除	舍弃	1
	摄收	同"摄受"	1/佛经词语
	摄受	佛以慈悲之心收护众生	8/佛经词语
	生₂	生育，养育	27/中古词
	生育	生子	1
	失声	不由自主地发出声音	11
	师	学习，效法	1
	食	吃	12
	食喋	吃	2
	使₃	驱使、支配	2
	视	看	30
	侍奉	侍候奉养	3/唐五代词
	示	指示，示意	182
	示教	指示并教导其去恶从善	3/佛经词语
	收过	承认过失，悔过	4/唐五代词
	守	坚守，守护	12
	守护	看守护持	2
	恕	饶恕，宽恕	2
	书	写	11
	芟	斩杀	1
	瞬视	以目示意	4/唐五代词
	送₂	赠送	12
	送₃	运送，传送	13
	随	跟随	12
	索₂	讨取	8
	损害	杀害，伤害	2/中古词
T	踏	踩	26
	踏碓	踩踏杵杆一端使杵头起落舂米	4/唐五代词
	蹋①	踢，踩	1
	抬	举	1

---

① 《祖堂集》有："依则榻著地，不依则一任东西。"（P663）"榻"乃"蹋"之误。《赵州录》："依即蹋着地，不依即一任东西。"

续表

序	动词	语义	次数/备注
	弹₁	用手指拨弄琴弦	6
	弹₂	捻弹	2
	弹指	捻弹手指作声，系禅机作略	9/禅宗特色词
	檀度	布施众生，度生死至涅槃	1/佛经词语
	探₁	探求	8
	探₂	看望，拜访	3
	叹	叹息，感叹	32
	涛米	洗米	1/唐五代词
	涛汰	汰除眼中翳障之物使之明亮	4
	讨	索取	7
	踢①	用脚尤其是足尖触击	1
	替₃	代替	2
	替代	代替	2
	剃头	剃去头发，指落发出家	3/唐五代词
	啼哭	放声哭	11
	挑₁	悬挂，用竹竿等一端支起	4
	挑₂	拨动灯火，点灯	3
	调	调节，调弄	2
	调伏	调和身、口、意三业以制伏诸恶	3/佛经词语
	听₁	听任，任随	5
	听受	听从接受	2
	听闻	听到	2
	停心	使五种过失停止于心的观法	2/佛经词语
	统	主管	1
	统霸	统领，管辖	1
	痛决	痛打	2
	透₁	通过	19
	涂	涂抹	1
	推₁	手向外用力使人或物移动	15
	推₂	推辞	2

---

① 《祖堂集》有："师以脚剔空中。"（P658）疑误，当为"踢"。《景录》卷一〇《赵州从谂》和《联灯会要》卷六《赵州观音从谂禅师》均为："师以脚踢空。"

序	动词	语义	次数/备注
	推$_3$	推举	3
	推穷	推研穷究	3
	脱$_2$	脱下	1
	托$_1$	推	3
	托$_2$	假托（言辞、理由）	1
	托$_3$	用手掌附着或承着	3/唐五代词
W	翫	欣赏玩味	5
	玩弄	摆弄	1
	挽	拉，牵引	1/中古词
	往生	死后往西方极乐世界化生	2/佛经词语
	望$_1$	远视，遥望	3
	望见	远远看见	7
	为$_1$	做，作	20
	为$_2$	禅师接引、启悟学人	1/禅宗特色词
	为$_3$	充当，担任	26
	为人	禅师接引、启悟学人	12/禅宗特色词
	为众	禅师接引、启悟众多学人	4/禅宗特色词
	违	违背	23
	违背	不符合，不遵循	3
	违言	违背真言，食言	1/唐五代词
	围绕	包围，围住	1
	委付	交付，传付	1
	餧	喂养	1
	闻$_1$	听到，听见	165
	闻$_2$	听说	104
	闻$_3$	嗅	2
	闻$_4$	传布，传扬	1
	闻道	听说	8/唐五代词
	闻说	听说	7/唐五代词
	闻奏	臣下将事情向帝王报告	1
	问疾	探问疾病	1
	问津	探访寻求	2/中古词
	握	执，持	3

序	动词	语义	次数/备注
	忤	违逆，触犯	1
	瘗	见面，会面	1
X	习	学习，钻研	6
	习定	修习禅定以止息妄念	1/禅宗特色词
	狎	亲近，接近	2
	下药	指下毒药	1/唐五代词
	相看	看望，问候	10/唐五代词
	相扑	摔跤，古代体育项目	2/中古词
	详$_2$	占卜	1
	向火	烤火	10/唐五代词
	消$_2$	消化；引申为享用	9
	消受	享用，受用	1/唐五代词
	削除	撤销，去除	1/中古词
	笑$_1$	露出高兴的表情，发出愉快的声音	43
	笑$_2$	嘲笑，讥笑	6
	哮吼	大声喊叫	2/唐五代词
	兴建	建造	1/中古词
	行$_2$	分送（饮食）	5/唐五代词
	行$_3$	做；从事某种活动；实施，施行	46
	行持	修行、护持佛法	4/佛经词语
	行化	游行化导	15/佛经词语
	行脚	禅僧为寻师求法而游食四方	47/禅宗特色词
	行李$_2$	参禅，参习	13/禅宗特色词
	省觐	探望父母或尊长	2
	修	指学佛或学道，行善积德	52/佛经词语
	修持	持戒修行	3/佛经词语
	修行	出家学佛或学道	45/佛经词语
	修造	修行	1
	选	选择	1
	选佛	喻参禅悟道、见性成佛	1/禅宗特色词
	选官	指参加科举考试	4/唐五代词
	学	学习	56
	勲练	熏习，修炼	1

续表

序	动词	语义	次数/备注
	寻候	等候	1
Y	延₂	邀请	1
	研	研究，探讨	2
	研穷	深入研究，钻研	2/唐五代词
	验	勘验，检验	9/禅宗特色词
	咬啮	咬。喻缠住不放，再三恳求	1/唐五代词
	谒	拜访	10
	移	移动，移植	11
	抑勒	强逼，压制	1/唐五代词
	姻娉	婚娶	1
	引	接引	13
	引₂	引用，援引	5
	引教	引导，教导	1
	引接	接引	2
	饮	喝	6
	印可	对学人禅悟给予证明或肯定	2/禅宗特色词
	迎	迎接	11
	迎接	客人到来时，先前往等候	5/中古词
	迎请	迎接、聘请	6/唐五代词
	拥绕	围绕	2
	游戏₁	遨游，游逛	2/中古词
	游戏₂	游乐嬉戏，玩耍	2
	游化	（僧人）游行化导	1/中古词
	遇	相逢，逢	72
	御	抵挡（风寒）	1
	约	缠束	1
	阅₁	阅读	1
	阅₂	察看；视察，考察	1
Z	拶	逼，挤压	1/唐五代词
	栽	栽培，种植	6
	栽植	种植	1/唐五代词
	宰	杀，屠杀	1
	载₁	记载	3

续表

序	动词	语义	次数/备注
	葬	掩埋尸体	7
	澡浴	洗澡，沐浴	4/中古词
	造₁	作，写	20
	造₂	建造，制造	33
	造₃	拜访	6
	造谒	拜访，进见	1/中古词
	造作	特意做作，刻意而为	6/唐五代词
	择	挑拣	13
	劄劄	触犯，违拗	2
	摘	用手采下或取下	5
	瞻望	恭敬地看	1
	斩	杀	5
	招	打手势叫人来	2
	诏	皇帝下达命令	20
	折合	应对，对付	2/禅宗特色词
	征	证明，证验	4
	整理	安排，放置	1①
	证明	测验、印证僧徒省悟程度	5/禅宗特色词
	执₁	持，拿	21
	执₂	固执，不离虚妄分别之心	7/佛经词语
	执役	担任劳役	2/唐五代词
	指	指向，指着	92
	指点	指示，点明	1/唐五代词
	指教	指点，教导	4/唐五代词
	指示	指点，指明	58/唐五代词
	指授	指点，传授	5
	指柱	用手指点，引申为指责	1/唐五代词
	祇候	恭候。"祇"，前缀	1/唐五代词
	祇接	接引学人。"祇"，前缀	2
	挃	击	2
	治	治理，治疗	16

---

① 另有1例"整理"存疑：师云："道则亦不教多，但却两字，则可行矣。岂不闻古人整理洞山礼兴平。"（P464）

序	动词	语义	次数/备注
	掷	投掷，抛	10
	掷投	抛掷	2
	制	制定	11
	制造	制作，编制	2/中古词
	置功	用功，下工夫	1
	致$_3$	求取，获得	1
	中$_1$	射中目标	1
	种	栽种	6
	周旋	应酬，侍奉	2/中古词
	主宰	主管，统治	1/唐五代词
	属$_3$	撰写	1
	拄	阻止	1
	住$_2$	担任住持和尚，主持寺院	13/禅宗特色词
	住$_3$	阻止	1
	住持	担任方丈，主持寺院	14/佛经词语
	住世	佛及高僧在世教化众生	79/佛经词语
	著$_1$	安放，安置	5
	著$_3$	穿	22
	著$_4$	容纳、安置	3
	著$_5$	作	3
	著$_6$	撰写，撰述	16
	著力	用力，出力	10/唐五代词
	著价	标价，出价	2
	铸	铸造	1
	拽	拉	9
	赚	欺骗	3/唐五代词
	庄严	装饰	1/佛经词语
	装裹	收拾、准备行装	3/唐五代词
	追求	寻找，求索	1
	追寻	追踪查寻	3/中古词
	捉	握，持，抓	14
	卓	建立，竖立	8
	斫	砍	11
	斫额	把手横加于额头，以便看得更高更远	2/唐五代词

续表

序	动词	语 义	次数/备注
	琢	雕刻加工玉石	1
	自裁	自杀	1
	走作	为情识意念而奔走造作	5/佛经词语
	奏闻	臣下将事情向帝王报告	3
	遵	遵照,遵从	2
	佐副	辅助,帮助	1
	作	做,从事某种活动	105
	作闹	起哄闹事	1/唐五代词
	作务	劳动,干活	3

第九节　趋止动词

一、概述

趋止动词是表示动作主体的移动状态和非移动状态的动词,主语是当事,一般是位移动作的发出者,绝大多数由人充当。趋止动词的最大特色是与方所词或方所词组的组合,这些方所词或介宾方所词组可以充当状语、宾语、补语等句法成分。从句法结构看,趋止动词与状态动词相似,一般不带宾语,如:"青山绿嶂白云驰。"(P390)只能带准宾语,这些准宾语有当事宾语,如:"踊身虚空。"(P35)处所宾语,例:"始跨方丈门,师便透下床,拦胸一擒。"(P275)时量宾语,例:"及至为僧,游参百丈,盘泊数年,密契玄旨。"(P617)与之共现的必有论元只有一个。因此,趋止动词与状态动词一样也属一价动词。

《祖堂集》中趋止动词可以连用,如:奔趋、奔驰、去到、到来、往到、回归、进前、入来、去来、来去、到来、来至、往来、来往、去至、来至等。有的已凝固成双音节结构,如:止泊、出去、归来、归去、过来、却回、回来、回去、出来、上来、下来、起来、转来、转去等,由于使用频率较高,我们视为复合趋止动词。

根据表示动作主体状态的移动与否,《祖堂集》趋止动词可以分为两类:表移动状态的趋止动词和表非移动状态的趋止动词。移动类趋止动词具有[+位移]的语义特征。非移动趋止动词具有[-位移]的语义特征。具体词目详见附表。

二、《祖堂集》中的"起"、"起来"和"起去"

《祖堂集》趋止动词"起"基本语义是由躺而坐、由坐而立，充当谓语动词：

（1）便举左手拍其腹上而喝一声，象兵倒地，不复更起。（P55）

（2）后一日上山礼师，师睡次，见来不起。（P184）

从句法层面看，"起"不能带处所宾语，只能通过介词介引处所补语。例：

（3）我若不成无上菩提，誓不起于此座！（P22）

绝大多数是方所短语作状语。例：

（4）马师闻师所说，从座而起。（P142）

（5）雪峰从卧床腾身起，云："道什摩?"（P382）

除了作谓语动词外，还可以作趋向补语，主要有下列句法结构：

V起：

（6）学人礼拜起，师又云："……"（P483）

（7）雪峰见一条蛇，以杖撩起。（P371）

V起O：

（8）师拈起金花叠子，向帝曰："唤作什摩?"（P126）

（9）师作嗔势，竖起拳，喝云："今日打这个师僧。"（P379）

V不起：

（10）三世诸佛不能唱，十二分教载不起。（P257）

（11）问："如何是从上来事?"师云："从上提不起。"（P469）

VO起：

（12）才跨门，师便以手拔席帽带起。（P275）

"起来"作为趋止动词，除了作主要谓语动词外，多在其他动词后与之连用：

（13）相公便礼拜，起来，申问："如何是道?"（P165）

（14）赵州到庵，便礼拜，起来，从东边过，西边立……（P595）

（15）师教僧去章敬和尚处，见他上堂说法次，礼拜，起来，收他一只
　　　履。（P538）

上述例句中，如果在"礼拜"后逗断，则"起来"为趋止动词，作句子的主要成分——谓语，如果句读施在"起来"后，则"起来"可视作趋向补语，表示动作的开始，并有继续进行的意思（与现汉用法接近），但从句意上看"起来"还是充当主要谓语动词。《变文》有作趋向补语的例子：

（16）寻时，大王自便礼拜世尊，才礼一拜依旧，礼两拜亦依旧，比至
　　　礼三拜起来，早已化作一千躯佛众。（卷三，悉达太子修道因缘）

正是这种句法位置的"起来"向虚化的道路发展，使其语义功能进一步扩展，形成现代汉语中语义丰富的"v/adj＋起来"句型。

《祖堂集》"起来"用作趋向补语的典型例句是：

（17）因夜深来参次，师云："你与我拨开火。"沩山云："无火。"师云："我适来见有。"自起来拨开，见一星火，夹起来云："这个不是火是什摩？"（P537）

钟兆华（1985）指出：动词"起来"大约出现于晚唐五代。《祖堂集》中"起来"的这一用例应该是较早的，在这之前的语料中我们尚未发现用例。

此外，《祖堂集》有3例"起去"，均为实义动词，起身离开义，例：

（18）师却问石霜："适来问什摩？"石霜再举，师便起去。（P205）

《变文》也有1例：

（19）欢喜巡还正饮杯，恐怕师兄乞饭来，各请万寿蹔起去，见了师兄便入来。（卷三，难陀出家缘起）

三、《祖堂集》趋止动词"来"句法功能考察

（一）"来"进入单动结构

ⅰ 不带宾语，即"来"进入NP＋［状］＋V框架：

（1）者个上座适来辞去，几时再来？（P235）

（2）汝因什摩从佛界来？（P193）

ⅱ 带处所宾语，即"来"进入NP＋V＋O框架：

（3）天明了，其鬼使来太安寺里。（P517）

（4）白云乍可来青嶂，明月那堪下碧天！（P384）

（二）"来"进入连动结构

根据"来"所处位置以及带不带宾语，又可细分为：

ⅰ 进入"NP＋来＋V"框架：

（1）一去攀缘尽，孤鹤不来巢。（P231）

（2）和尚便欢喜，自来迎接。（P253）

ⅱ 进入"NP＋来＋O＋V"框架：

（3）童子便来其僧身边立。（P207）

（4）二谓他方诸佛知我释迦奄化故，而来此中宣扬妙法。（P30）

ⅲ 进入"NP＋来＋V＋O"框架：

（5）蒙师说法，重得生天，故来谢师，便还天府。（P109）

（6）时十月中旬，有诸座主来礼拜和尚。（P118）

ⅳ进入"NP＋V＋来＋O"框架：

（7）将饭来堂前了，乃抚掌作舞（P581）

（8）某甲孝顺，但唤来他房里。（P138）

（三）"来"进入动补结构

ⅰ进入"［NP］＋V＋来"框架：

（9）师以手拈来，分破一片与仰山。（P610）

（10）师云："莫从天台採得来不？"对曰："非五岳之所生。"（P262）

ⅱ进入"［NP］＋V＋O＋来"框架：

（11）移将庐山来，则向你道。（P270）

（12）问字不识字，问算不解算，何处引得这个朦汉来？（P118）

根据崔达送（2004）研究：带"来"的动补结构先秦时已经产生，两汉有所发展，魏晋以后获得更大发展。唐五代时期，我们观察到《祖堂集》和《变文》中"来"的句法功能更趋完善，除了上述例句中作补语成分的"V来"、"VO来"（按，《祖堂集》尚未出现"V来O"式）等，"来"还与其他趋止动词构成大量复合词。主要有：

入来：（13）汝漏未尽，不得入来。（P28）

回来：（14）汝去入石室里许，莫只与摩便回来。（P233）

上来：（15）阖院一齐上来，于和尚前收过。（P147）

下来：（16）有人报和尚，和尚便下来。（P215）

归来：（17）汝于山中觅不中为药草归来。（P418）

转来：（18）后侍者领师弟入京受戒了，却转来近百丈。（P172；按，"转来"是方言词，即回来。《祖堂集》还有"转去"）

却来：（19）其僧却来举似玄沙。（P479）

去来：（20）洞山问："阿那里去来？"对云："到夹山。"（P265；按，袁宾《唐宋禅录语法研究》2001指出，此处的"去"、"来"都有点儿实义，不宜视作虚化了的句尾助词）

来去：（21）某甲来去山门，已经二十八年。（P415）

到来：（22）禅师到来，贫道惣未得作主人。（P560）

来到：（23）有康、德二僧来到院。（P352）

来至：（24）吾来至此山时，于武德七年秋，于庐山顶上东北而望见此蕲州双峰山顶上有紫云如盖，下有白气横分六道。（P99）

过来：（25）达摩不过来，二祖不传持。（P372）

来过：（26）开门待知识，知识不来过。（P585）

往来：(27) 二鼠往来不关他。(P353)

来往：(28) 绝息无来往，宁知道已行？(P466)

四、《祖堂集》趋止动词"往"和"去"句法功能考察

(一)"往"和"去"进入单动结构

《祖堂集》中"去"少数为离开义，大多数为去往义，与"往"同义，我们放在一起考察。

Ⅰ. 不带宾语，即"往"和"去"进入"NP + ［状］ + 去/往"框架：

(1) 此僧峭然便去。(P255)

(2) 吾宁往矣，终不明焉。(P75)

Ⅱ. 带处所宾语，即"往"和"去"进入"NP + 去/往 + O"框架：

(3) 六祖迁化后，便去清凉山靖居行思和尚处。(P145)

(4) 至年三十，往龙门香山寺，事宝静禅师。(P76)

Ⅲ. 《祖堂集》"方所词 + 去"和"去 + 方所词"的用例比较

《祖堂集》方所词位于"去"前共76例，均用于对话体：

(5) 师曰："什摩处去？"对曰："江陵受戒去。"(P179)

(6) 洞山辞时，师问："何处去？"(P191)

方所词位于"去"后共38例，除4例用于对话体外，其余均用于叙述体。

(7) 六祖迁化后，便去清凉山靖居行思和尚处。(P145)

(8) 师沙汰时，著褊衫，①戴席帽，去师姑院里。(P274)

疑问句中"疑问词"是句子的信息焦点，所以常置于句首，而一般陈述句中则按常规的句法顺序。

(二)"往"和"去"进入连动结构

根据"往"和"去"所处位置以及是否带宾语，又可细分为：

Ⅰ. 用于连动式前项，进入"NP + 去/往 + V"框架：

(9) 师初至南台，师僧去看，转来向让和尚说："……"(P148)

(10) 融每常望双峰山顶礼，恨未得亲往面谒。(P100)

Ⅱ. 用于连动式前项，进入"NP + 去/往 + O + V"框架：

(11) 我去彼国行化，有菩萨不？(P62)

(12) 你去那里出家。(P112)

---

① 褊：原作"栏"据孙昌武等《祖堂集》点校本改。

（13）吾往邺都还债。（P78）

Ⅲ. 用于连动式前项，进入"NP＋去/往＋V＋O"框架：

（14）沙弥便去唤赵州。（P222）

（15）与摩则某甲去辞和尚。（P236）

（16）众所信伏，则往请之。（P12）

Ⅳ. 用于连动式前项，进入"NP＋去/往＋O＋V＋O"框架：

（17）弟僧从此装裹，却去寺主处具说前事。（P138）

（18）无可计，不待天明便去开元寺捶门。（P517）

（19）则往宾钵罗窟击其石门。（P28）

Ⅴ. 用于连动式后项，进入"NP＋V＋去"框架，"往"不能用于此结构：

（20）者个上座适来辞去，几时再来？（P235）

Ⅵ. 用于连动式后项，进入"NP＋V＋O＋去"框架，"往"不能用于此结构：

（21）师问："百年后某甲依什摩人？"六祖曰："寻思去。"（P145；按，"寻思"即寻找思和尚）

（22）吾有付法弟子在，躭源却谙此事，问取他去。（P127）

（23）僧云："秀才去何处？"对曰："求选官去。"（P154）

（24）师问雪峰："汝去何处？"对曰："入岭去。"（P238）

Ⅶ. 用于连动式后项，进入"NP＋V＋去＋O"框架，"往"不能用于此结构：

（25）侍者领去师伯处，具陈前事。（P172）

（26）云岩奉师处分，持书到药山。道吾相接，引去和尚处。（P174）

"往"和"去"的不同之处是"往"不能用于连动式后项。"去"所处的句法位置导致了它进一步虚化。在具体的语言环境中"V 去 O"和"VO去"所强调的内容是不同的。"V 去 O"强调的是受事宾语"O"；"VO 去"强调的是"去"所指示的趋向，表达的是一种对这一趋向的强调。此外从使用频率来看"往"的用频很低，逐渐被"去"取代。

"去"与其他趋止动词连用，除上文提及的"去来"、"来去"外，还有：

归去：（27）因一夜参次，龙潭云："何不归去？"师对曰："黑。"（P213）

去到：（28）师便去到南岳让和尚处。（P147）

发去：（29）其僧一一依他寺主处分，唤姊去寺主房里安排了，便发去。

（P137）

往去：（30）便令惠能往去礼拜五祖大师。（P89）

出去：（31）师便垂一足，躭源便出去。（P114）

起去：（32）石霜再举，师便起去。（P205）

去入：（33）汝去入石室里许，莫只与摩便回来。（P233）

五、趋止动词"上"和"下"句法功能考察

(一) "上"和"下"进入单动结构

Ⅰ. 不带宾语，即"上"和"下"进入"NP +［状］+上/下"框架，这种用例较少，如：

（1）觉了却归院，从东廊下上。（P401）

（2）日从东岭上，月向西嶂沉。（P467）

（3）天人乘之（六牙白象），从空而下，赴净饭王宫。（P18）

Ⅱ. 带处所宾语，即"上"和"下"进入"NP + 上/下 + O"框架，"上"和"下"用作趋止动词，方所短语位于其后作宾语：

（4）以元和初上龙门香山，与伏牛禅师为莫逆侣。（P157）

（5）侍者得消息，当日便上百丈。（P172）

（6）尔时太子遂则下山，遇一盲龙。（P22）

（7）沩山便下床，向石室合掌。（P212）

(二) "上"和"下"进入连动结构

"上"和"下"进入连动结构的例子较少，句型也较单一，如：

（8）二时把钵盂上堂，莫咬破一粒米。（P178）

（9）师却去东廊下挂锡，具威仪，便上礼谢。（P139）

（10）（玄沙和尚）咸通初上芙蓉山出家。（P372）

（11）有人问曰："凡圣相去几何？"师下绳床立。（P219）

（12）便下床抚背云："真师子儿。"（P180）

(三) "上"和"下"进入动补结构

《祖堂集》"上"和"下"多用作补语，例：

（13）祖位次第，并以录上。（P2）

（14）有难陁波罗奈姊妹二人捧上乳糜。（P21）

（15）则引太子诣金刚座，以草敷上，遂升此座。（P22）

（16）秀才汰上幞头，马祖便察机。（P155）

（17）大众一时走上，师便关却门。（P222）

·(18) 军人见师来便捉，著枷送上。（P534）

上述例句中除了例（17）用在趋止动词"走"后为趋向补语外，其余均为结果补语。"下"用作趋向补语的例子比"上"少，如：

（19）佛日便归堂，取柱杖抛下师前。（P262）

（20）始跨方丈门，师便透下床。（P275）

（21）从上座一走下，不去僧堂，直至如今更无消息。（P345）

此外《祖堂集》复合趋止动词"上来"、"下来"等出现频率较高。

六、动趋式带宾语时宾语位置的历时考察

吕叔湘《现代汉语八百词》（1999：38）指出：用动趋式动词作谓语动词的句子比其他句子复杂的地方在于动趋式动词后边代表事物的名词可以有三种位置：（1）在整个动趋式之后，（2）在趋1和趋2的中间，（3）在主要动词之后，趋止动词之前；加上用"把"字把它提前的格式，一共有四种格式。各举1例：

A. 牵出来一头大黑熊。（我们称之为后宾式）

B. 吃下几个杏儿去。（我们称之为中宾式）

C. 打个报告上去。（我们称之为前宾式）

D. 今天上午他从车上把她拉下来。（我们称之为把字式）

《祖堂集》有几种格式呢？查检了全文，找到以下几例：

（1）僧对云："这个僧将状出去。"（P578）

（2）罗汉和尚拈问僧："当此之时，作摩生免得被他喝出？"僧对云："便抽身出去。"（P624）

（3）汝若把旗上来，我则钉柯相对。（P348）

（4）大众喜不自胜，打钟上来。（P166）

粗略地看，以上句子似乎属于 C 式，仔细考察，两者有别。分析现代汉语 A—D 式动趋式动词的语义指向，可以看出如果动趋式中的谓语动词为趋止动词，则语义指向当事主语，如"他走出门来"（按，存现句除外，如"寺内走出一个和尚来"），"出……来"指向主语"他"。如果动趋式中的谓语动词非趋止动词，则语义指向所带宾语。如上举 A 式例句，谓语动词为"牵"不是趋止动词，趋止动词"出来"指向"大黑熊"。而上举《祖堂集》例句中趋止动词语义均指向当事主语，如例（1）中"出去"语义指向"僧"，例（4）"上来"指向"大众"，这种句子当看作连动式或状动式。

我们从六朝时期的《世说新语》、《颜氏家训》、《搜神记》、《齐民要术》、

《三国志》、《洛阳伽蓝记》等几十部语料中没有发现现代汉语这几类句式。

同时期的《变文》也未找到用例。变文有1例："彩女嫔妃皆不要，宰官居士尽相随。俱持宝盖出城来，扫洒天街如镜面。"（卷二，维摩碎金）。《河东记》："方饮次，三娘子送茶出来。"（板桥三娘子）这两句还应看作连动式。

从调查的语料来看，A式即后宾式出现很晚，清朝才开始出现，如：

（5）丢下来了八支签，衙役们都怕他。（《聊斋俚曲集·翻魇殃》）

（6）好一似张君瑞正然害病，从天上吊下来一个莺莺。（《聊斋俚曲集·蓬莱宴》）

（7）四五年省下来几块洋钱，拨个烂料去撩完哉。（《海上花列传》二八回）

A式宾语的特点是：由数量词＋名词短语组成。与现代汉语一致。这种句式元明时期开始萌芽：

（8）杨景擅离信地，私下三关，焦赞杀死谢金吾家一十七口，都是他自犯出来罪过，须不是王枢密屈陷他的。（《全元杂剧》，无名氏，《谢金吾诈拆清风府》）

（9）想因思凡下界，又不知是那里降下来魔头，且须上界去查勘查勘。（《西游记》五一回）

这两例动趋式均用在下位句中，只是所带宾语不是数＋名格式。

B式即中宾式在宋时有用例，如：

（10）因兹恶道轮回。动经尘劫、不复人身。如今生出头来、得个人身。（《禅林僧宝传》卷一二）

（11）然虽不为帝王，也闲他不得，也做出许多事来，以教天下后世。（《朱子语类》卷一四，《大学》一）

（12）宋江见官兵已退，走出庙来，拜谢玄女娘娘。（《大宋宣和遗事》，亨集）

明时亦有不少例子：

（13）（帖木真）又入斡难河水的溜道里仰卧着，身在水里，但露出面来。（《元朝秘史》卷二）

（14）你父子每藏着我，教合答安女子奉侍我，放出我来。（同上书，卷一〇）

C式即前宾式，唐五代时期所检索的语料库中没有发现，宋朝始见用例，如：

（15）我上山去作务，待斋时作饭自吃了，送一分上来。（《五灯》卷三，

南泉普愿)

(16) 却只钓得一蛙出来。(《碧岩录》卷四，第三八则)

(17) 学者须要穷其源本，放得大水下来，则如海潮之至，大船小船莫不浮泛。(《朱子语类》卷四十一，《论语》二十三)

(18) 你如今休寻死处，我救你出去，不知如何？(《南宋话本》，《万秀娘仇报山亭儿》)

元明时用例：

(19) 比时孙孔目哥哥赶上去，正要寻个大衙门告他下来。(《全元杂剧》，高文秀，《黑旋风双献功》)

(20) 就苏州去吃仔一场官司下来，故歇也来浪开赌场，挑挑头。(《海上花列传》二八回)

D 式即把字式，宋元始见用例：

(21) 把这般文字将出来做甚么！(《朱子语类》卷一〇，《学》四)

(22) 乱鸦毕竟无才思，时把琼瑶蹴下来。(辛弃疾，《鹧鸪天·黄沙道中》)

(23) 李逵到得上面，发作道："你们也不是好人！便不把箩放下来救我！"(《水浒传》第五十三回)

(24) 叔叔，您孩儿也不敢望五百锭，只把一两锭拿出来！(《全元杂剧》，秦简夫，《东堂老劝破家子弟》)

动趋式带宾语时宾语位置的发展变化与复合趋止动词意义的多样化发展是分不开的，唐五代时期，"出来"、"出去"、"上来"、"上去"、"下来"、"下去"等还是实义趋止动词，意义单一，用法也很简单，单音节的趋止动词作补语，还能找到少许用例。如：

(25) 师唤沙弥："拽出这个死尸著。"(P620)

(26) 师乃推出枕子。(P672)

(27) 师把杖抛下，撮手而去。(P703)

复合趋止动词作补语的情况基本只有 VC 式一种，即很少有带宾语的句式出现，更谈不上宾语位置的多样化了。

表29 非移动类趋止动词词表

序	动词	语义	次数/备注
A	安₂	住下，暂住	3/唐五代词
	安下	住下，安歇	3/唐五代词
	安置₂	临时居住，安歇	3/唐五代词

续表

序	动词	语义	次数/备注
B	卜	特指居止	3
C	巢	居住，栖息	1
	处	居住	2
	次	停留	1
J	寄宿	借宿，借住	2
	居₁	居住	46
L	立₁	站，站立	62
	立地	站着	4/唐五代词
	留₁	停留	5
	留驻	停留，住下	1
Q	栖	居住，栖止	14
	栖息	隐居	1
	栖止	居住，寄居	1
S	侍立	站立在旁边伺候	15
	宿	留宿，住宿	7
Z	止₁	居住	13
	住₁	居住，停留	151
	驻	居留某地	2
	驻留	停留，居留	1/中古词
	驻泊	停留，居留	1/唐五代词
	坐	与"站"相对	155

表 30   **移动类趋止动词词表**

序	动词	语义	次数/备注
B	奔	奔走	8
	奔驰	奔波，奔走	1
	奔凑	集聚，会合	2
	奔趋	奔赴，奔走	1
	奔随	奔走集聚	1
	奔腾	飞奔急驰	1
	步	踏	6
	步行	徒步行走	2
C	驰	奔走，奔波	2

续表

序	动词	语义	次数/备注
	出$_4$	与"入"相对	85
	出来$_1$	从里面到外面来	56
	出来$_2$	人或物由隐蔽到显露	1
	出离$_1$	离开	1
	出去$_1$	走出某一范围，离开	18
	出头	出，出来	16
	凑$_1$	趋，奔赴	5
	蹴踏	踩，踏	2/唐五代词
	窜	逃窜	1
D	达$_2$	到达	6
	到	到达	335
	到来$_1$	（人）来到	10
	登	升，从下而上	12
	登陟	登上	1/中古词
F	发	出发，起程	21
	发去	离去	13
	返	回归，返回	18
	飞	飞翔，飞行	10
	飞行	飞翔	2
	赴	到，去，前往	14
	复	返回	5
G	归	返回，回来	30
	归来	回来	12
	归去	回去	7
	过$_1$	走过，经过	54
	过来	到来	4
H	还$_1$	返回	9
	回	还，返回	19
	回归	返回	1
	回来	归来	3
	回去	返回原处	2
	回旋	返回	3
J	及$_1$	至，到达	1

续表

序	动词	语义	次数/备注
	践	踩，践踏	1
	践踏	踩，踏	1
	徼	巡视，巡逻	1
	届	去，往	5
	进$_1$	前进，向前	14
	进步	向前行步	8/唐五代词
	近前	走近前，靠近	22/唐五代词
	经	经过	1
	经行	在一定地点来回散步	2/禅宗特色词
K	跨	迈步，越过	10
L	来	归，回来，返回	428
	来往	来和去	23
	离	离开	93
Q	起$_1$	由躺而坐，由坐而立	26
	起来$_1$	站立	18
	起来$_2$	起床	1
	起立	站起	2
	起去	起身离去	3
	迁$_1$	徙居，搬动	1
	迁止	徙居他处	1
	去$_1$	离开	46
	去$_2$	前往，到别处	141
	去到	往，到	8
	去来	离去而又归来	23
	去至	往，到	1
	却$_1$	返回，回还	6
	却归	返回	36
	却还	返回	1
	却回	返回	7
	却来	返回，回来	14
R	入$_1$	进入，由外至内	148
S	上$_2$	到……去	133
	上来	由低处走到高处，由远处走到近处	19/唐五代词

序	动词	语义	次数/备注
	升	登上	27
	适$_2$	到	1
	送$_1$	送行，送别	12
T	逃	逃离	4
	逃逝	逃亡，逃跑	1
	腾	跳跃	5
	跳	跳跃	9
	通过	经过	1
	透$_2$	跳	8/中古词
	退	后退	30
	退步	向后走，后退	2/唐五代词
	退后	向后退却	8/唐五代词
W	往	去	93
	往来$_1$	来去，往返	3
	往来$_2$	反复，来回	2
	往复	来回，往返	1/唐五代词
X	徙	迁移	2
	下$_1$	下来	38
	下来	从高处到低处来	12
	行$_1$	行走	122
	行脚	游方，游行	16
	行李$_1$	行走	1
	行游	散步	1
	旋	回转，旋转	7
	旋行	回环而行	1/唐五代词
	巡	巡行	3
	巡游	巡回游历	3
Y	移$_2$	移动	3
	诣	到	16
	踊	跳	3
	游	游览，游玩	59
	游方	僧人游行	4
	游历	漫游	2

续表

序	动词	语义	次数/备注
	游行	僧人行脚	3
	游泳	在水中游	1
	逾₁	越过，经过	2
	云游	僧人漫游四方	3
	运动	运行移动	1
	运转	转动	3
Z	造₄	到，往	4
	臻	到，到达	1
	臻凑	奔趋，汇集	3
	之	往，去	1
	至	到，到达	66
	陟	由低处向高处走	1
	转	转身，走	2/方言词语
	转来	回来	8/方言词语
	转去	回去	2/方言词语
	走	行走	29
	走避	躲避，逃避	1/中古词

第 三 章

《祖堂集》相关问题探讨

一、《祖堂集》中的新词新义

《祖堂集》中尚有若干词语，现行的大型语文辞书《汉语大词典》、《辞源》、《中文大辞典》等或失收，或义项缺漏。为此笔者不揣浅陋，摘选数例，条陈列举如下，以期对汉语词汇史研究及辞书编纂有一定的参考。

1. 卜（居）

《祖堂集》例句：

(1) 师既承言领旨，任性逍遥，放旷人间，周游胜概。旋经故里，卜投子山而有终焉之志。（P188）

(2) 后返锡瓯闽，卜于雪峰，众上一千余人。（P279）

(3) 初住普应，次卜玄沙，后闽王迎居安国寺。（P373）

按，据上下文意，"卜"为居止义。例（3）"卜"与"住"、"居"同义互文，"普应"、"玄沙"、"安国寺"均为地名。《宋高僧传》卷一〇："始卜于澧阳，次居于澴口，终栖于当阳柴紫山。""卜"与"居"、"栖"同义对照。《集神州三宝感通录》卷三："（沙门竺僧朗晋太康中）卜于东岳金舆谷。"《景录》："师寻之澧阳乐普山，卜于宴处，后迁止朗州苏溪。"（卷一六，乐普元安）又："独领微言，潜通秘键。寻回洛，卜于中滩，创温室院。"（卷二〇，京兆重云智晖）《五灯》："寻以学者交凑，庐室星布，晓夕参依。咸通庚寅，海众卜于夹山，遂成院宇。"（卷五，夹山善会）此句意为僧众居止于夹山，规模趋大，因之而成院宇。《霍小玉传》："时生所定卢氏女在长安，生即毕于聘财，还归郑县。其年腊月，又请假入城就亲。潜卜静居，不令人知。"（唐，蒋防）"潜卜"、"静居"同义并举。

"卜"所在的句型特点和"居"、"住"一样，其后大都带处所宾语。

古人建房造屋特别讲究阴阳风水，之前常靠占卜来确定吉凶。《孝经》云："卜其宅兆。"又曰："卜其宅兆而安厝之。"因而"卜"、"居"经常连用，久而成词。如《史记》卷五："曰：'昔周邑我先秦嬴于此，后卒获为诸侯。'乃卜居之，占曰吉。"（《本纪》第五）刘得仁《访曲江胡处士》："卜居天苑畔，闲步禁楼前。"（《全唐诗》卷五四四）由于"卜"、"居"高频连用，"卜"渐渐"沾染"上了"居"的居住义，因而在一些场合失去了其原有的占卜义。也就是说，是词义沾染使"卜"获得了居住义。"卜"的这一意义还体现在"卜"和"隐"、"栖"等词的连用中，如张乔《题友人草堂》："空山卜隐初，生计亦无馀。三亩水边竹，一床琴畔书。"（同上书，卷六三九）郑谷《题嵩高隐者居》："岂易访仙踪，云萝千万重。他年来卜隐，此景愿相容。"（同上书，卷六七四）"卜隐"即隐居，该词多见。此外韩偓有诗题为《卜隐》（同上书，卷六八一），写的正是隐居生活。

2. 意思

《祖堂集》例句：

(1) 僧曰："只如牯羊角，明得什摩边事？"师云："上士聊闻便了却，中下意思莫能知。"（P390）

(2) 有路省人心，学玄者好寻。旋机现体骨，何用更沉吟。莫嫌浅不食，犹胜意思深。（P391）

按，"意思"为动词，思量，思虑义。"意"：梵语 manas，音译作末那，意谓"思量"（见《佛光大词典》）。禅宗要求截断思维，当下便悟，因而对于"意"、"思"都是竭力反对的。连用，亦为"思"义。前例从结构上看"意思"与"聊闻"对举，当为动词。后句"意思"与"沉吟"相应，亦为思量、思虑义。

"意思"这一用法似为佛经文献所特有。《弘赞法华传》卷二："笈多，远慕大国，跋涉积年，初契同徒，或留或殁。独顾单影屆斯地，胜静意思之，悲喜交集。"《宗镜录》卷九六："释曰：'若了一心本际，何法不通？以诸法从心所生，皆同一际。住此际中，一一圆满，举目咸是，何待意思？'"又卷二三："此宗镜录中，前后皆悉微细委曲，一一直指示了，见即便见，不在意思。"《正法念处经》卷四四："彼人如是如业之心恒常相续。于福田中深心势力，意思功德。"所检索的语料库中，俗家文献未见其例。

3. 商量

(1) 其鬼使去后，寺主商量："这个事鬼使则许了也，某甲一日作摩生修行？"（P517）

(2) 人玄会，暗商量。唯自肯，意不伤。似一物，不相妨。（P703）

按，此处"商量"为思索、思量义。例（1）从引语内容看当为寺主的心理活动，例（2）"暗商量"即暗自思索义。其他例证：

(3) 兵行次，虹贯日边傍。御备伏兵前有阻，且须审细自商量，移寨避灾殃。（《全唐诗补编》，兵要望江南，占虹霓第七）

(4) 僧云："人问尔，若参得透，尽未来际，受用无尽。若参不透，定向背地里商量。"（《密庵和尚语录》卷一）

(5) 白庄只于当处发愿，早被本处土地便知，蜜（密）现神通，来至山寺告报众僧。……白比入寺中，望其大收资财，应是院院搜集，寺内都无一物。白庄道："大奇，我昨日商量之时，并无人得知。阿谁告报寺中，尽交东西回避。"（《变文》卷六，庐山远公话）

例（3）"商量"与"审细"义相近，例（5）由"只于当处发愿"、"并无人得知"等语可推，"商量"非商谈，计议义。禅宗语录中"商量"还用来指交流机语、切磋道法。如：问："宗乘一句，请师商量！"师云："黄峰独脱物外秀，年来月往冷秋秋。"（P347）"商量"是禅宗特色词。

4. 通信

(1) 问："如何是黄梅一句？"师云："则今作摩生？""如何通信？"师云："九江路绝。"（P473）

(2) 问："西来密旨如何通信？"师云："出一人口，入千人耳。"（P386）

(3) 僧云："不假三寸，还许学人通信也无？"师云："许，汝作摩生通信？"僧云："今日东风起。"（P410）

按，以上例句中"通信"指交流、阐述禅旨禅法。"通信"的这一意义概由其字面义"通个口信"引申而来，实即谘白，禀告，陈述。禅宗主张不立文字，反对以任何言语来谈论佛法禅理，但僧俗根机有高低之分，为接引学人开悟，所以禅师常以"老婆心"、"不惜眉毛"以言语开一线之道，所以"通信"也是方便弟子开悟的权宜之计，通过交流、讲解禅意，使学人醒悟。"通信"这一词语的用法仅见于禅宗类文献。例：

(4) 问："至理无言，如何通信？"师曰："千差万别。"（《景录》卷二三，宝应清进）

(5) 僧问："西祖传来，请师通信。"师曰："汝道传什麽来？"僧云："恁麽则不通信去也。"师曰："不妨伶利。"（《续传灯录》卷一三）

(6) "若随波逐浪去，种种建立，触处圆融。若截断众流去，把住要津，不通凡圣。若也二途不涉，脚跟下洒洒落落，岂不是本分衲僧？且道无阴阳地上如何通信？""直待明年三月尽，莫言冬后雪霜寒。"

（《圆悟语录》卷九）

5. 管带

其僧后到岩头，直上便云："不审。"师云："嘘！"僧云："与摩则珍
重。"始欲回身，师云："虽是后生，亦能管带。"（P276）

按，"管带"为照管，照看义。《缁门警训》卷八："有时缘干出街头，
照顾沩山水牯牛。门外草深常管带，等闲失却恐难收。"所管带者乃"沩山
水牯牛"，与上文"照顾"义近。《续传灯录》卷二九："须意不停玄，句不
停意，用不停机，此三者既明，一切处不须管带，自然现前。不须照顾，自
然明白。""管带"亦与"照顾"同义并举，语境明显。"照顾"亦有特定禅
意。《宏智禅师广录》卷六："智照幽而不昏，道合体而无住，从无住处，应
化机宜，恰恰不漏，的的不染。谷神答响，风师行空。无碍自在。勿管带，
绝朕迹"此句可由"无碍自在"反推"管带"义。《虚堂和尚语录》卷九：
"拈云：'沩山恐仰山不在，时时管带。仰山子承父业，岂敢妄为？若是体用
互换。放过杖子，总是第二月。'"《大慧语录》卷二七："石头和尚云：'谨
白参玄人，光阴莫虚度。'这一句子，开眼也着，合眼也着。忘怀也着，管
带也着。狂乱也着，寂静也着。"此句"管带"与"忘怀"对举，犹言时时
放在心上，照管义。元稹《哭子十首》："才能辨别东西位，未解分明管带
身。自食自眠犹未得，九重泉路托何人。""未解分明管带身"犹言年幼，尚
未能照看自己。

6. 落采

年至一五，誓愿出家。谘于父母，二亲共相谓曰："宿缘善果，不可夺
志。汝须先度吾未度也。"于是落采辞亲，寻山入道。（P632）

按，"落采"意为去除俗家一切装束，出家为僧，为佛经词汇。"采"本
意为多色的丝织品。《故训汇纂》：采，锦之杂色者。《大戴礼记·公冠》"其
酬弊朱锦采"孔广森补注。帛之有色者曰采。《汉书·货殖传》"文采千匹"
颜师古注。采，玄纁之衣。《礼记·杂记下》"麻不加於采"郑玄注。采，采
服也。《汉书·王莽传中》"在采任诸侯是为惟翰"颜师古注。例句中的
"采"则喻指世俗装束，诸如发饰、华美衣物等，与僧服相对。《广弘明集》
卷二五："沙门落采披缁，道俗悬隔拜违佛教，具显经文。""缁"的本义是
帛黑色，指僧衣。"落采披缁"，亦即脱下俗衣披上僧衣，为出家的象征。
《历代三宝纪》卷一二："真寂寺沙门释信行撰，行魏州人，少而落采，博综
群经。"《续高僧传》卷一二："开皇三年，于洛州净土寺方得落采。出家标
相，自此繁兴。"又卷一五："释玄会……自落采之后，即预讲席，专志涅

槃。"《弘赞法华传》卷六:"释正则,不知何许人也。宿植芳因,早敦信悟。落采之后,即诵法华。"

7. 秽污

客曰:"一切大地既是佛身,一切众生居佛身上,便利秽污佛身,穿凿
　　　践踏佛身,岂无罪乎?"(P123)

按,"秽"、"污"均为不净之物,引申而有玷污义。例句中"便利"指大小便,"秽污"与"践踏"对举,为玷污,弄脏义。《中阿含经》卷三:"我今此心无量善修,多闻圣弟子其心如是无量善修,若本因恶知识,为放逸行,作不善业,彼不能将去,不能秽污,不复相随。"《朝野金载》卷六:"润州兴国寺苦鸠鸽栖梁上,秽污尊容。"《开天传信记》:"三藏饮酒食肉,言行粗易,往往乘醉而喧,秽污绸席。"《型世言》:"那里来这两个尿精,想是公子叫来的妓者,相公不要秽污佛地。"(二九回)《封神演义》:"姜后贤而有礼,并无失德,竟遭惨刑;妲己秽污宫中,反宠以重位,屈斩太师,有失司天之监。"(一一回)

8. 当荷

(1) 省力处不肯当荷,但知踏步向前觅言语。(P280)

(2) 莫取次好,禅师难作,须是其人。若不直下当荷得,也须三十二十
　　　年藂林淹浸气拍汉始得。(P459)

按,"当"、"荷"均有担任、担当义。同义连用,则与"承当"义近,禅籍为领受禅意之义。"当荷"亦为佛经词汇。《佛祖历代通载》卷一七:"只今有什麽事,莫要窒塞也无?复是谁家屋里事,不肯当荷,更待何时?若是利根参学,不到这里来,会摩?"《云门匡真禅师广录》卷二:"一日云:'日里来往上上下下,一问一答任汝当荷。夹差一问来,作摩生当荷?'代云:'谓言侵早起,更有夜行人。'"《景录》:"汝若是个人,闻说道什麽处有老宿出世,便好蒙面唾污我耳目。汝若不是个脚手,才闻人举便当荷得,早落第二机也。"(卷一九,云门文偃)

9. 坏除

第二旷大劫来无明相随,习业颠倒,便须今日息念归真,坏除生死,六
　　　根销落,亦得为今时谤。(P460)

按,"坏除"为动词,去除,毁灭义。《故训汇纂》"坏":人毁之也。《资治通鉴·周纪一》:"乃天子自坏除之也"胡三省注。《汉大》"坏":拆毁;毁掉。"坏除"似为佛经词语,中土文献未见用例。《渐备一切智德经》卷四:"所作若干种,入于剖判业。等下无果报,因缘以消灭。有人明达根,

软劣及中间。坏除诸过去，下通当来义。"《御注金刚般若波罗蜜经宣演》卷一："如涅槃经云：金刚极坚，万物不能坏除。"《大智度论》卷二五："如王清净不杂种中生，随姓家业成就，众相庄严身，王德具足能转宝轮，香汤灌顶受王位，于四天下之首，坏除一切贼法，令无敢违。"《四谛论》卷四："汝问：'正业正命与十善正业正命有异云何者？'答：'可坏除不可坏除。'"《度世品经》卷四："何谓为十？以布施杖害诸悭贪，修禁戒业，坏除一切犯众恶事。"

10. 乱统

> ……向汝道，尽乾坤是个解脱门，总不肯入，但知在里许乱走，逢著人便问："阿那个是？我还著摩？"只是自受屈，所以道："临河渴水，死人无数"，"饭萝里受饿人如恒河沙"，莫将等闲。和尚子若实未得悟入，直须悟入始得，不虚度时光。莫只是傍家相徽，掠虚嫌说。悟入且是阿谁分上事？亦须著精神好！菩提达摩来，道："我以心传心，不立文字。"且作摩生是汝诸人心？不可只是乱统了便休去。
>
> （P281）

按，"乱统"为斥责语，犹言扰乱了禅宗的准则，不符合禅规。此句是雪峰义存和尚教诫禅僧须理解菩提达摩"以心传心，不立文字"之真谛，当明悟自心是佛，反对向身外寻求。不可乱统，犹言不能违背禅旨禅规。这种用法禅籍多见。如《景录》卷一〇，钦山文邃："有良禅客参次。才礼拜后便问云：'一箭射三关时如何？'师曰：'放出关中主看。'良云：'恁麽即知过必改去也。'师云：'更待何时？'良云：'好只箭放不著所在。'便出去。师曰：'拟射三关且从，试为钦山发箭。'良近前，良久而退。师乃打良七拄杖。良乃出去。师曰：'且听个乱统汉心内疑三十年。'"禅宗要求机锋迅疾，当下即悟，任何丝毫的迟疑和停顿都是遭到反对的，也是不符合禅旨的。所谓"啮镞之机"、"箭过新罗"等均为其语。此公案记载的是钦山文邃与良禅客之间的机锋较量。良禅客机锋略迟就遭到文邃的"七拄杖"，并指责其为"乱统汉"。"个"，这，那。指示代词。（参《唐五代语言词典》）此公案禅林常拈评，见《碧岩录》卷六第五十六则。又《大慧语录》卷四："云门举起竹篦，拟议知君乱统。直饶救得眼睛，当下失却鼻孔。"此句"拟议"为考虑，迟疑义。正因为根思迟缓，所以均被斥责为"乱统"。《五灯》卷一二，大道谷泉："（倚遇上座）曰：'如何是庵中主？'师曰：'入门须辨取。'曰：'莫祇这便是麽？'师曰：'赚却几多人？'曰：'前言何在？'师曰：'听事不真，唤钟作瓮。'曰：'万法泯时全体现，君臣合处正中邪去也。'师曰：'驴汉不会便休，乱统作麼?'"此句"乱统"一词是指责倚遇上座所说的"万法泯时全体现，君臣合处正中邪"之语。"驴汉"是骂人之词。"会"，指领悟禅意。"休"，助词，犹罢了。又《圆悟佛果禅师语录》卷一："上堂。僧问：'如何是教外别传一句?'师云：'问取灯笼。'进云：'谢师答话。'师云：'自领出去。'进云：'却是禅外别传也。'师云：'三千里外过崖州。'问：'学人不恁麼时如何?'师云：'莫乱统。'"按，从禅宗角度来看，既是教外别传，则一代时教并非语言所能表达，只应亲自体悟。所以教禅僧"问取灯笼""自领出去"。禅僧自以为领悟了宗师旨意，说"却是禅外别传也"，但这又违反了禅法大意不能道破的原则，师以"三千里外过崖州"讥讽其离禅法太远了。然禅僧又喋喋不休从反面设问，师则命令其"莫乱统"，犹言不要违背了禅宗的旨意。"恁麼"即这样，这么。

《汉大》"乱"：败坏；扰乱。《论语·卫灵公》："巧言乱德，小不忍则乱大谋。""统"：纲纪；准则。《国语·齐语》："劝之以赏赐，纠之以刑罚，班序颠毛，以为民纪统。"《说文·系部》：统，纪也。段玉裁注：统，引申为凡纲纪之称。禅宗文献里，"乱统"则特指扰乱了禅家的准则、规矩。

二、《祖堂集》中的并列式复合动词

并列式复合动词上古已经产生：

(1) 刘氏孤弱，王氏擅朝，排挤宗室。(《汉书》卷八三，《列传》第五三，薛宣朱博传)

(2) 刘子政玩弄左氏，童仆妻子皆呻吟之。(《论衡·案书篇》)

并列式这种构词方式在《祖堂集》动词中占有很大比重，粗略统计约占全书复音动词二分之一。

从结构特点看，并列式复合动词是由两个词根语素并列融合而成的，二词根语素之间的关系或为同义、近义关系，如：

(3) 才出门便知委下客。(P214)

(4) 我唤作师子，早是罪过，你又更蹴踏作什摩?(P657)

(5) 承闻长老在药山，解弄师子是不?(P194)

"知"、"委"均为知道义，"蹴"、"踏"均为踩，踏义。"承"、"闻"均为听到义。其他如"采摘、变易、忏悔、超越、辞推、存济、等候、颠倒、焚烧、减损、恐怕、诳惑、排批、却归、憩泊、绍承、食啖、殄灭、晓了、歇息、拯济、斩斫、转读"等。这是并列式复合动词最主要的语义构成方式，占多数。

二词根语素之间或为反义或对立关系，如：

（6）其师形貌端正，足人是非，直得到和尚耳里。（P146）

（7）师曰："你来去为阿谁？"对曰："替渠东西。"（P169）

（8）向前来，莫人我，山僧有曲无人和。（P549）

"是非"此处为议论义。"东西"为走动，外出，离开义。"人我"义为由"我执"而引起的逞强好胜，争斗。这种组合方式所占比例很少，此外有"纵横、呼吸、憎爱、隐现"等。

二词根语素之间或为类义关系，如：

（9）唯有师独持刀水，于大师前跪拜揩洗。（P155）

（10）隐现师便趁打雪峰，雪峰便走。（P216）

（11）师曰："我与你勘喷了也。"（P207）

所谓类义关系，是指两语素包含相同义素，它们同属于某一意义范畴的不同义位。其他如"驰求、覆载、覆护、耕锄、举扬、举唱、看侍、铭邀"等。

从语义表达看，并列式复合动词的语义有的是由二词根语素直接融合而成的，融合前后语义未变，如：

（12）因游公岳，忽遇神人邀请，化成宫阙，若兜率天，说法应缘，倏焉殄灭。（P731）

（13）遂则重册灌顶，绍承王位。（P13）

（14）得则得，即是太抵突人。（P239）

（15）佛性非见，必见水中月，何不攫取？（P154）

（16）伏审和尚四体违和，可杀疼痛，还减损也无？（P207）

（17）明相出时，身体疲极。兼卧之次，头未至枕，得证果位。（P28）

从以上"殄、灭"均为灭绝义。"绍、承"均为继承义。"抵、突"均为触犯义。"攫、取"均为抓取义。"减、损"均为减少义。"疲、极"均为疲劳义。

还有一些并列式复合动词的语素融合后，意义与原语素义有些区别，它们所表示的是一种和原义有关但更抽象更概括的意义，有的是引申义，有的是比喻义：

（18）从上宗乘中事，和尚此间如何言论？（P353）

（19）柴户草门，谢你经过。（P447）

（20）他时后日，魔魅人家男女去在！（P272）

（21）遂投入朝王子金公义琮，披露所怀。（P632）

以上复合动词的整体意义均由原义引申而来。言论：评说，引申指追究。经过：指造访，交往。魔魅：蛊惑，迷惑义。披露：陈述，表白义。大多数并列式复合动词都不是简单的同义重复或连用，而是代表着一个更为概括的概念。

从构成复合动词的单个语素的词性来看，主要有以下构成方式：

Ⅰ. 动·动→动，如：建立、击掷、回归、观看、转变、诽谤、翻译、封闭、收拾、舍除、逃逝、听闻、哮吼、欠少、解散、听许、应当等。这种数量最多。

Ⅱ. 名·名→动，如：东西、魔魅、纵横。

Ⅲ. 代·代→动，如：人我。

Ⅳ. 形·形→动，如：是非、恼乱。

《祖堂集》中并列式复合动词还具有如下特点：

Ⅰ. 具有一定数量的同素异序词。所谓同素异序词，是指由两个相同的语素构成，语素次序互为倒置的一类词。《祖堂集》主要有：谘问/问谘、往来/来往、化导/导化、继绍/绍继、拟欲/欲拟、引接/接引、沉吟/吟沉、识弁/弁识、趁打/打趁、拣择/择拣、排批/批排、养育/育养、烂坏/坏烂、现露/露现、当应/应当、绍续/续绍、闻奏/奏闻、留驻/驻留等。这种颠倒语素次序的并列式复合词，它们的意义基本一样。同素异序词的产生有其特定的历史因素，语义表达的精确性和汉语音律的双音化要求，促使了它们的产生，同时也说明作为复合词的固定成形，它们还处于不稳定阶段，发展到一定时期，必然淘汰其中一种形式，或者不同的次序表达不同的语义，如现代汉语中的"欢喜"和"喜欢"、"展开"和"开展"。这些复合词，语素颠倒，构成的复合词意义也不一样。

Ⅱ. 产生了大量新词。《祖堂集》并列式复合动词除了继承上古、中古的常用词外，还出现了不少口语色彩较浓的新词。如：障隔、安排（安置义）、拗折、比拟、趉跳、崩陷、参寻、驰求、奔凑、凑泊、臻凑、触污、凑集、蹴踏、答谢、倒卧、提掇、分襟、分别、付嘱、盖覆、孤负、怪异、管束、贯系、护念、话论、记持、继承、加被、惊讶、看侍、恐怕、恐畏、诳諕、类同、论量、烹炼、排批、批排、批判、疋配、烹锻、契合、契会、遣除、商议、思量、逃逝、省觉、省觐、迎请、允符、运转、谘白、指示、指教、迎请、现露、晓了、哮吼、却回、却还、却归、斩斫、嘱托、驻泊等。

Ⅲ. 同一语素可构成不同近义组合体。如：

安——安立、安乐、安著、安排、安慰、安置

辞——辞免、辞推、辞退、辞违

凑——奔凑、臻凑、凑集、凑泊

度——度脱、剃度、化度、济度、灭度、救度

覆——覆藏、覆载、覆护、盖覆

观——观见、观望、观瞩、观看、观察

流——流传、流布、流播、流通、流浪

思——思惟、思量、拟思、思议、意思、思想

言——言论、言说、言议、为言、谓言、言语

扬——播扬、褒扬、阐扬、称扬、敷扬、弘扬、举扬、谈扬、现扬、宣扬

Ⅳ. 大量并列式复合动词沿用至现代。如：安置、安慰、安排、报答、悲哀、奔驰、转变、採摘、惭愧、超越、称叹、忏悔、称赞、出现、传授、摧残、答谢、诞生、等候、叮嘱、观看、观察、回去、继承、记忆、寄宿、建立、觉察、流传、抛弃、侵犯、商量、商议、继承、睡眠、体会、替代、脱落、望见、兴建、询问、寻觅、迎接、应当、游泳、养育、赞赏、赞叹、瞻仰、招致、指示、指点、致使等。

Ⅴ. 有些词语现汉虽然也使用，但词性或意义已经发生转移。如："理论"，《祖堂集》是动词论说，讨论义；现代是名词。"意思"，《祖堂集》为动词思量，思虑义；现代是名词。"庄严"，《祖堂集》指装饰佛像，动词；现代是形容词，表示端庄而有威严。有些词性未变，但语义发生变化。如："经过"，《祖堂集》是造访，交往义；现代指通过或从某处过的意思。"继续"，《祖堂集》是承继，嗣续义；现代一般指连续下去，不中断进程。"披露"，《祖堂集》是陈述，表白义；现代指揭示其隐蔽或隐私，表露或显露义。"思念"，《祖堂集》是考虑，思考义；现代则指怀念，想念。"休息"，《祖堂集》是及物动词，使……停息义；现代是不及物动词，表示暂停活动，以恢复精神体力。"证明"，《祖堂集》指禅师测验、印证僧徒醒悟程度；现代指根据确实的材料判明真实性。

《祖堂集》并列式复合动词如此丰富（详见附表），有其深厚的逻辑基础。只要两个语素有着同义、反义或类义关系，就有组合成并列式复合动词的可能性，而汉语中彼此可以构成这种关系的单音词是相当丰富的，并且是能产的。其次从语用角度看，双音词的使用不仅使表义更趋精确，而且更符合汉民族出语成双的韵律要求。《马氏文通》指出："古籍中诸名，往往取双字同义者，或两字对待者，较单辞只字，其辞气稍觉浑厚。"

　　两个语素组合的灵活性与多样性，使得并列式复音词的融合度不是很高，《祖堂集》中的同素异序词就是证明。还有一些复合动词的构成是临时的，尚未凝固，后世作品中未见其踪迹。有的情况下很难分清是两个单音词的连用还是凝固的复音词，界限比较模糊。但毋庸置疑，《祖堂集》中大量并列式复合动词的存在为后世双音词的进一步发展奠定了坚实的基础，现代汉语中相当一部分复音词在《祖堂集》中已经产生。并列式复合词结构的灵活性和能产性突出显示了汉语复音词强大的生命力，它克服了单音词所面临的语音重复、词性有限的困窘，以多变的丰富的组合将有限的语素发挥出数倍于自己的生产力、表现力。这在以后的《景录》、《五灯》以及《水浒传》等作品中都有所体现。

附：并列式复合动词词目

　　A 安立、安排、安慰、安著、安置、拗折

　　B 把将、罢息、败阙、拜辞、拜贺、褒扬、保持、保任、报答、奔凑、奔驰、奔趋、崩陷、比迊、比拟、贬剥、辨白、弁白、弁识、便利、变易、别离、禀受、禀承、禀授、併除、播扬、搏杀、卜居、布施

　　C 采顾、采拾、採摘、参承、参请、参详、参省、参寻、惭愧、缠缚、阐弘、阐化、阐扬、忏悔、忏谢、超越、称赞、称叹、称扬、成持、成立、成就、沉坠、沉沦、趁打、承当、承领、承嗣、承闻、驰求、迟疑、充满、崇敬、宠褒、酬对、触污、触忤、出现、出离、穿凿、传持、传授、吹嘘、垂坠、辞免、辞推、辞退、辞违、凑集、凑泊、蹴踏、存济、存泊、摧残、啐啄、撮摩

　　D 答谢、带累、担荷、诞生、啖啄、当荷、当得、导化、倒卧、等候、澄停、澄汰、抵突、颠倒、颠坠、点污、彫啄、叮嘱、定执、动摇、动转、抖擞、睹见、度脱、断绝、顿息、掇送、堕落

　　F 发遣、发悟、翻译、泛涨、防守、放捨、访谒、分别、分付、附托、诽谤、封闭、奉献、焚烧、敷演、敷扬、拂拭、趫跳、覆载、覆藏、覆护、付嘱

　　G 该括、改换、溉涤、盖覆、告报、隔碍、耕锄、供给、供养、顾视、顾示、辜负、孤负、挂碍、怪异、观见、观望、观瞩、观看、观察、管带、管束、贯系、归依、跪拜

　　H 呵责、喝啧、护念、护持、话会、话论、化导、化度、坏除、坏烂、

怀娠、欢喜、回避、回旋、回去、回归、毁谤、毁坼、惠施、秽污、惑迷

J饥渴、击掷、给侍、继承、继续、继绍、继踵、寄宿、寄住、济度、记忆、记持、计校、系执、加卫、加被、减损、检责、检点、践踏、建立、鉴照、间断、交接、交流、叫唤、将养、将恐、接引、接示、竞斗、祭祀、剿绝、嗟叹、嗟切、解歇、解脱、经过、敬仰、敬重、敬信、敬仰、惊讶、惊怛、惊觉、救度、觉察、觉知、攫取、拣择、决择、举扬、举唱、居止、拘系、决了

K揩洗、开辟、开悟、开喻、看侍、勘啧、恐畏、恐怕、肯重、扣击、诳妄、诳謼、诳惑、亏阙、溃散

L来往、烂坏、牢笼、劳倦、劳烦、类同、理论、礼谒、了了、了悟、了达、了知、邻接、留连、留待、流播、流布、流传、流通、流浪、露现、论量、履践

M埋没、迷失、铭邈、明了、摸索、魔魅、灭度、沐浴

N纳受、恼乱、拟议、拟欲、拈掇

P排批、攀缘、盘泊、盘旋、判断、抛掷、抛弃、陪仰、陪随、烹锻、烹炼、披露、批判、疋配、批排、疲极、譬如、譬喻、飘损、飘堕、孵仆

Q契合、契会、欺嫌、栖止、栖息、憩泊、祈请、祈求、乞与、起立、迁变、牵引、欠阙、欠少、阙少、遣除、亲近、侵犯、轻触、求觅、趣向、却归、却回、却来、觑见

R容纳、容许、乳育、如似、如同

S散乱、散漫、沙汰、商量、商议、伤折、伤嗟、赏翫、绍继、绍承、绍隆、绍续、捨除、审谛、施行、施为、食啖、侍立、示诲、识弁、收拾、守护、授与、睡眠、瞬视、摄收、思量、思念、搜觅、损害

T谈论、叹羡、叹讶、逃逝、涛汰、讨寻、疼痛、提撕、提掇、啼泣、啼哭、体解、体会、体悉、替代、珍灭、韬龇、听受、听闻、听许、停腾、通达、通贯、图度、推穷、推寻、脱落

W瓦解、玩弄、往来、望见、问讯、问难、违背、围绕、委付、谓言、为言、污染

X系缚、现露、降伏、向仰、销落、削除、晓了、哮吼、孝顺、信受、兴建、惺悟、省觉、省察、省觑、羞惭、休息、休歇、歇息、修习、修造、须索、须得、悬远、寻候、寻觅、询问、寻思、巡游

Y淹浸、言论、言议、言说、仰恋、邀请、摇拽、咬嚼、要须、疑滞、迎请、迎候、迎接、依怙、移易、宜当、意思、应当、应须、殷勤、引教、

引接、隐避、隐遁、壅塞、犹如、犹若、犹同、拥绕、忧愁、游行、游泳、游戏、喻如、欲似、育养、预记、愿欲、允符、运动、运转

Z 攒簇、赞赏、赞叹、赃贿、遭遇、造谒、澡浴、造作、择拣、增长、瞻望、瞻敬、瞻见、斩斫、障隔、招致、照耀、甄别、臻凑、震动、郑重、拯济、证明、知委、知闻、知有、支荷、指点、指示、指授、指教、止泊、滞累、致使、转变、谘白、谘启、谘问、谘请、掷投、嘱托、驻留、驻泊、住止、转读、追赶、追求、追寻、装裹、庄严、卓越、走避、佐副、佐助、作务、作用

三、《祖堂集》动词对大型语文辞书的补充

《汉语大词典》是由一千多名语言文字方面的专家学者历时十八年编纂而成的大型语文辞书，它以"古今兼收，源流并重"为编辑方针，"着重从语词的历史演变过程加以全面阐述"。（缩印本前言）其书证涉及经部史部、诸子百家、古今文人别集、戏曲小说、笔记杂著、宗教经典、科技著作、学术专著、近现代报章杂志乃至方志、碑刻、出土资料等，非常珍贵。是我国目前收词量最大、权威性最强的大型语文工具书。

笔者在使用这部工具书时发现，作为口语化程度很高的《祖堂集》，《汉语大词典》引用的例证很少（目前本人所查《汉大》引用《祖堂集》书证有两处：一处为"朦昧"条，释为"愚昧无知"，引《祖堂集·镜清和尚》例句；另一处"钝致"条，折磨、折腾义，引《祖堂集·雪峰和尚》例句）。可能是时代的局限，当时的多数学者或许尚未见到《祖堂集》，这不能不说是一个遗憾。这本珍贵的禅宗史书对于《汉语大词典》收词立义、补充例证、语词溯源等方面都具有重要的作用。以下就笔者在研究动词过程中所发现的《祖堂集》语词对《汉语大词典》编纂的特殊价值作一一描述，也从另一个侧面反映了《祖堂集》在近代汉语词汇史中的价值。

1. 增补词目

《祖堂集》中有大量复音动词，其中有若干词目《汉大》未收录，而它们出现的频率较高，不仅《祖堂集》使用，在其他文献中也发现不少用例，因此有必要收词立义。

【趁谒】师自天复元年辛酉岁夏中，忽有一言："云岩师翁年六十二，洞山先师亦六十二，曹山今年亦是六十二也，好趁谒作一解子。"（P322）

按，凑趣，跟随众人喧哄；凑热闹。禅籍多见。《景录》卷一八，玄沙

师备："诸禅德，汝诸人尽巡方行脚来，称我参禅学道。为有奇特去处，为当只恁么东问西问？若有，试通来，我为汝证明是非，我尽识得。还有么？若无，当知只是趂讃。"（限于篇幅，仅举一两例佐证，下同）

【嗐眠】师便喝云："你也嗐眠去摩？每日在长连床上，恰似漆村里土地相似！他时后日，魔魅人家男女去在！"（P272）

按，嗐眠，指无节制地睡觉。《杨岐方会和尚语录》："云盖不会禅，只是爱嗐眠。打动震天雷，不直半分钱。"

【撮摩】清潭月影，任意撮摩。（P526）

按，撮持；触摸义。《续传灯录》卷二九："设使动弦别曲，告往知来。见鞭影便行，望刹竿回去，脚跟下好与三十棒。那堪更向这里撮摩石火，收捉电光！"《大慧普觉禅师语录》卷二六："此事若用一毫毛工夫取证，则如人以手撮摩虚空，只益自劳耳。"

【话会】到这里不假三寸，试话会看；不假耳根，试听声看；不假眼根，试弁白看。（P355）

按，"话会"是指通过言句而交流或领会。禅籍多见。《法演语录》卷上："九旬无虚弃之功，百劫在今时之用。如斯话会，衲子攒眉。"《祖堂集》2例。

【肯重】问："和尚出世，几人肯重佛法？"师曰："实无一人肯重。"僧曰："为什摩不肯重？"师曰："他各各气宇如王相似。"（P240）

按，崇信，推重义（参《禅宗大词典》）。禅宗文献多见，如《景录》卷二四，梁山缘观："红焰藏吾身，何须塔用新。有人相肯重，灰里邀全真。"《祖堂集》共6例。

【迁止】本居汝南，迁止蕲州。（P82）

按，指徙居他处。禅籍多见。《景录》有10例，如："后迁止漳州罗汉院。大阐玄要，学徒臻凑。"（卷二一，罗汉桂琛）

【下口】时人尽讲千经论，一句临时下口难。（P331）

按，犹言开口。禅籍多见。如《碧岩录》卷一，第一〇则："州便打云：'这掠虚头汉，验人端的处，下口便知音。可惜许。'"《祖堂集》2例。

【玄殊】虽先已落三乘，不在三乘，故来处玄殊；而今回渐证实际，故与彼顿证实际者不异。（P752）

按，"玄殊"义通"悬殊"，指差别很大。禅籍多见。《历代法宝记》："真实道者，天然特达，与诸僧玄殊。"

【知有】①形羸骨瘦久修行，一纳麻衣称道情。曾结草庵倚碧树，天涯知有乌窠名。（P105）②赵州问："知有底人向什摩处休歇去？"
师云："向山下作一头水牯牛去。"（P596）

按，"知有"《祖堂集》多见。有二义，一为知道，知晓义，见句①。
"有"为知晓义。"知"、"有"同义连用，亦为其义；二为领悟义，禅籍常
指领悟禅法，见句②。（参《禅宗大词典》）

【致使】只如锋铓未兆已前，都无是个非个。瞥尔暂起见闻，便有张三
　　　　李四，胡来汉去，四姓杂居，各亲其亲，相参是非互起，致使
　　　　玄开固闭，识锁难开，疑网笼牢，智刀方剪。（P337）

按，"致使"是现代汉语常用的连词，相当于"以致"。不仅《祖堂集》
多见，其他文献也有若干用例。《五灯》卷二〇，云居善悟："少林面壁，怀
藏东土西天，欧阜升堂，充塞四维上下，致使山巍巍而砥掌平，水昏昏而常
自清。"

《祖堂集》还有以下复合动词《汉大》未收：把弄（卖弄。按，括号里为释
义，下同）；罢息（停止）；傍家（挨家挨户）；弁白（辨析使明白）；併除（排除，
去除）；采顾（理睬）；撑触（碰触）；承闻（听说）；触污（玷污）；传持（流传，
护持）；淡泊（衰败，衰落）；当荷（担任，担当）；澄停（停止，罢息）；放舍（抛
弃，舍弃）；溉涤（洗涤）；顾示（回头看）；管带（照管，照看）；烘烂（因烘烤而
腐烂）；坏除（断绝，消除）；毁坼（拆毁）；系执（束缚，执著）；加卫（保佑）；
接示（接引，开示）；经过（造访，交往）；竞斗（竞争）；举唱（举说，宣示）；举
扬（举说，阐扬）；聚头（聚首，会面）；揩洗（擦洗）；看读（阅读）；看侍（照
料，侍奉）；匡化（匡正教化）；罗笼（控制，笼罩）；谩糊（欺骗，蒙骗）；铭邈
（写真，画像）；拈问（举说公案并提出问题）；抛掷（抛弃）；批排（安排）；欠少
（缺欠，缺少）；识弁（识别辨认）；为言（以为，认为）；消殒（消除，消失）；续
绍（继承，承嗣）；仰恋（敬仰，恋慕）；赃贿（栽赃诬陷）；意思（思量，思虑）；
祇对（对付，应付）；佐副（辅助，帮助）。

2. 增补义项

《祖堂集》有些词目《汉大》虽然收录了，但所释义项与《祖堂集》词
目意思不吻合，应当补上这些义项。

【缠缚】弟子久在恶业，不近知识，勤生恭敬，被小智慧，而生缠缚，
　　　　却成愚惑，不得悟道，而致于此。伏愿师指示大道，通达佛心，
　　　　修行用心。（P74）

按，"缠缚"，名词，指缠缚众生而使其处于三界生死轮回的一切烦恼。
（参《佛光大词典》）佛经中常见。如《禅宗永嘉集》："南无佛法僧，因我

此善根，普免诸缠缚。"《汉大》仅收了"缠绕束缚"义。

【成持】古人道："生我者父母，成我者朋友。"是你两个僧便是某甲朋
友，成持老人。(P519)

按，"成持"，帮助，使（某人，某事）成功义。《祖堂集》多见。《汉
大》仅收了"扶持长成"义，列举宋刘克庄《卜算子》词。《祖堂集》共
9 例。

【出身】僧问："学人自到和尚此间，觅个出身处不得。乞和尚指示个出
身路！"(P311)

按，"出身"指省悟，彻悟。禅籍多见。《景录》卷二四，清凉休复：
"问：'如何是学人出身处？'师曰：'千般比不得，万般况不及。'"《祖堂
集》6 例。

【措意】（青青翠竹，尽是真如；郁郁黄花，无非般若。）此盖是普贤；
文殊大人之境界，非诸凡小而能信受。皆与大乘了意经义
合。……此深远之言，不省者难为措意。(P124)

按，"措意"，领悟，理解之义。《大慧普觉禅师住径山能仁禅院语录》
卷四："色无边，故般若亦无边，黄华（黄花）既不越于色，岂非般若乎？
深远之言，不省者难为措意。"《祖堂集》2 例。

【淡泊】仰山今时，早已淡泊也。今正在流注里。(P688)

按，"淡泊"，动词，衰落而渐至消失。《大慧语录》卷四："今即不然，
为人师者，卒岁穷年与，学者打葛藤，终不知其到不到明不明，学者亦不别
其师是邪是正，盖缘初学心粗师授莽卤，以故正宗淡泊，邪法横生。"

【东西】师曰："你来去为阿谁？"对曰："替渠东西。"师曰："何不教
伊并头行？"对曰："和尚莫谩他。"(P169) 某甲家风，只如此
也。肯与不肯，终不抑勒阇梨，一任东西。(P251)

按，"东西"，动词，走动，外出，离开。（参蒋绍愚 2000《〈入唐求法
巡礼行记〉中的口语词》，载《汉语词汇语法史论文集》）。《抚州曹山本寂
禅师语录》卷下："彼师所堕，汝亦随堕，乃可取食。沙门堕者，亦不无其
行，亦不无其间。虽有其间，常无其间，虽有其行，常无其行，其中此事切
须知时节，莫东西。"

【付嘱】尔时商那和修告毱多言："如来以大法眼付嘱迦叶，如是展转，
乃至于我。我今付嘱于汝。"(P37)

按，禅家称传付衣法，传授禅法为"付嘱"。《祖堂集》共 35 例，其他
禅籍亦多见。《景录》卷二五，天台德韶："灵山付嘱分明。诸上座一时验

取。若验得，更无别理。"《汉大》只收了"吩咐；叮嘱"义。

【盘泊】①更不他游，盘泊澧源三十余载乎。（P214）②盘泊逾朝日，玲
　　　　珑暎晓星。（P160）

按，①"盘泊"指栖止于某处，依随在某人身边。《祖堂集》12例。②回
环旋绕义。《祖堂集》1例。《汉大》仅收了"滞留"、"盘踞"两个义项。

【体悉】师云："是你委得招庆落在什摩处？"僧云："体悉则不可。"
　　　　（P410）

按，"体悉"指理解和领悟。多见于禅宗典籍。《景录》卷一一，福州寿
山师解禅师："诸上座幸有真实言语相劝，诸兄弟合各自体悉。"《祖堂集》
3例。

【行李】①道明在岭头分首，便发向北去。于虔州，果见五十余僧来寻
　　　　卢行者。道明向僧曰："我在大庾岭头怀化镇左右，五六日等
　　　　候，借访诸关津，并不见此色目人过，诸人却向北寻觅。"云：
　　　　"其人石确硾损腰，行李恐难。"（P683）②师每上堂云："夫出
　　　　家人，但据自己分上决择，切不得分外。到者里合作摩生行
　　　　李？……尔千乡万里行脚来，为个什摩事？更向这里容易过，
　　　　则知不得。莫为小小因缘妨于大事。大事未办，日夜故合因
　　　　修。……若向这里不得，万劫千生著钝。"（P297）③"如何是
　　　　沙门行李处？"云："头上戴角，身著毛衣。"（P322）

按，例①为行走义。例②为参习，参禅义。例③指悟道者的机用实践。
（参《禅宗大词典》）

【省要】欲得省要会，二途俱莫缀。（P384）便与摩承当却最好省要。莫
　　　　教更到这老师口里来。（P280）

按，"省要"即领悟禅法、道法。《汉大》仅收了"简单扼要"义项，
举近代章炳麟《代议然否论》例。《祖堂集》8例。禅籍多见。如《圆悟语
录》卷四："若是利根汉，一刀截断不落第二见。不落第二机，直下便承当，
岂不省要？"

【装裹】师见和尚切，依和尚处分，装裹一切了，恰去到岭上踢著石头，
　　　　忽然大悟。（P372）

按，指整理；准备行装。《汉大》收了名词义，当补收动词义项。《祖堂
集》3例。

《汉大》失收义项的还有：不审₁（相见时的问候语）；不审₂（动词，问候，
请安）；承领（承受，领会）；抽身（退身，退后）、端的（领会，明白）；看客（招

待客人）；定执（执著，拘泥）；顿息（停止）；返答（回报）；击目（禅家示机应机作略）；检点（指说，指责，批评）；荐（领会，领悟）；拟议（考虑，迟疑）；扣击（叩问，诘问）；魔魅（动词，蛊惑，迷惑）；盘结（建造，建立）；上堂（禅师上法堂说法）；销落（消除，去除）；缁素（分辨）等。例不赘举。

3. 例证提前

在收词立义方面，《汉大》的原则是尽可能引述一个词或一个义项的初始例证，然而受检索语料条件的限制，前辈学者当时收罗的初始例证，我们现在看来已经远远滞后了，仅仅《祖堂集》中的一些语词就可以将《汉大》中相关词目的初始例证大大提前，以下略举数例：

【毕手】有僧与疏山和尚造延寿塔毕手，白和尚，和尚便问："汝将多少钱与匠人？"（P366）

按，指完成。《汉大》举元刘祁《归潜志》孤例。

【变异】未到彼岸时，临水睹影，大省前事，颜色变异，呵呵底笑。（P196）

按，变化，不同。《汉大》首举丁玲《莎菲女士的日记》。《祖堂集》共7例。

【不见】初见侍者便问："和尚还在也无？"对曰："在，只是不看客。"师曰："大深远生！"侍者曰："佛眼觑不见。"（P156）僧问："如何是沙门相？"云："尽眼看不见。"（P322）

按，用在"闻"、"看"、"找"等动词之后，表示行动没有结果。《汉大》首举清李渔《奈何天》例。

【参玄】雪峰养得一条蛇，寄著南山意若何？不是寻常毒恶物，参玄须得会先陁。（P294）

按，佛教语，犹参禅。《汉大》首举明于颖《暑中偕文将泛湖谒牧雪师》诗。《祖堂集》4例。

【参学】①夫参学者，须透过祖佛始得。（P332）②师问僧："灵利参学，与道伴交肩过，便得一生不喜见，为复宾不喜见主？为复主不喜见宾？"（P493）

按，例①"参学"指参访大德，云游修学。亦泛指游学。《汉大》首举元黄镇成《用鹫峰师韵送涧泉上人游方》例。《祖堂集》9例。此外，"参学"还指参禅学道之人。如上举例②。此义《汉大》未收。

【出来】峰（雪峰）云："他时后日作摩生？"师曰："他时后日若欲得播扬大教去，一一个个从自己胸襟间流将出来，与他盖天盖地

去摩?"（P273）

按，用在动词后，表示人或物由隐蔽到显露。《汉大》首举《儿女英雄传》例。

【答话】问："如何是岩中的的意?"师云："道什摩?""请和尚答话。"
（P272）

按，回话；回答。《汉大》首举曹禺《北京人》例。《祖堂集》共 8 例。

【寒暄】直到十六，有一个禅师来，才望见，走出过门前桥，迎接礼拜，
通寒暄。（P111）

按，见面时谈天气冷暖之类的应酬话。《汉大》举郭小川《致大海》诗，
孤例。

【虑恐】与摩则大众有望，北院何忧。虽然如此，犹虑恐人笑在。
（P405）

按，忧虑。《汉大》首举明陶宗仪《辍耕录》例。

【乳育】既师子之乳育，乃檀树之抽芽。（P412）

按，哺育。《汉大》首举清唐甄《潜书·有为》例。

【上来】师教侍者唤其沙弥，沙弥便上来。（P180）

按，由低处走到高处；由远处走到近处。《汉大》首举宋姜夔《李陵台》
诗。《祖堂集》19 例。

【设誓】善贤曰："王不得变悔！请王设誓！"（P14）

按，立下誓言；起誓。《汉大》首举元吴莱《检故庋得故洪贵叔所书李
铁枪本末寄洪德器》例。

【瞬视】问："古人瞬视接人，师如何接人?"师云："我不瞬视接人。"
（P373）有僧问："巨海骊珠如何取得?"师乃抚掌瞬视。
（P380）

按，注视，以目示意。《汉大》仅举《秦并六国平话》，此乃元代讲史平
话。禅宗文献里"瞬视"还有特殊的用意，是禅家接应学人的作略。

【下生】因举太子初下生时，目视四方，各行七步，一手指天，一手指
地。（P400）

按，出生。《汉大》举现代梁斌《播火记》孤例。《祖堂集》3 例。

【行持】因僧辞，师问："六根无用底人，还有行持佛法也无?"对
云："有。"师云："既是六根无用，于佛法中，作摩生行持?"
（P501）

按，"行持"指修行护持佛法。《汉大》首举宋延寿《万善同归集》。

《祖堂集》4 例。

　　【言语】所以安在沩山。三十年来，吃沩山饭，痾沩山屎，不学沩山禅，
　　　　　　只是长看一头水牯牛，落路入草便牵出，侵犯人苗稼则鞭打。
　　　　　　调来伏去，可怜生，受人言语。（P626）

　　按，"言语"指吩咐，命令。《汉大》首举元关汉卿《绯衣梦》例。《祖堂集》2 例。

　　《祖堂集》中还有以下词语可将《汉大》例证提前：把弄（把玩）；摆手（摇手）；崩陷（倒塌陷落）；贬剥（贬斥，批驳）；遍照（普照）；不碍（无妨碍，没关系）；不期（不意，不料）；参请（拜见请益）；参堂（入僧堂参见长老、住持）；参礼（参拜）；缠缚（缠绕，束缚）；吃茶（喝茶）；宠褒（帝王给予的褒奖）；崇敬（推崇，尊敬）；愁虑（忧虑）；触污（玷污）；侧聆（侧耳而听）；辞推（拒绝，推却）；雠报（报仇，报复）；存泊（停歇，存身）；措口（措辞，开口）；担荷（担当，承当）；叮嘱（再三嘱咐）；掇送（打发）；断除（彻底铲除，彻底消灭）；访谒（访问请见）；屙屎（排泄大便）；分晓（明白，清楚）；逢见（遇见，碰到）；敷演（陈述而加以发挥）；回报（报告，答复）；管束（加以约束，使不越轨）；系念（挂念）；解会（理解，领会）；怪异（惊异，感到奇怪）；给侍（服侍，侍奉）；继承（承接宗祧）；间歇（停顿，中断）；交流（齐流）；经历（亲身经受）；留言（访人不遇或自己离开时留下要说的话）；诳诳（欺骗，恐吓）；累烦（麻烦）；了知（明知，领悟）；免得（免除）；迷失（丢失，丧失）；闹（争吵，吵闹）；怕（恐怕，表示疑虑）；烹炼（冶炼）；批判（评论，评断）；欠阙（欠缺，缺少）；取办（处理，办理）；诠谛（解释，说明）；让（输，差，不及）；伤折（受伤折断）；说破（把隐秘的意思或事情说出来）；叹讶（惊叹）；提唱（佛教禅宗说法时唱说宗要之称）；体现（谓本性表现于外）；剃头（剃去头发，指落发出家）；违言（违背真言，食言）；问话（查问，询问）；未委（未悉，不知）；抑勒（强逼，压制）；投机（契合佛祖心机，喻彻底大悟）；痛决（痛打）；退步（向后走；后退）；退后（向后退却）；审谛（仔细考察或观察）；图度（揣测，揣度）；消受（享用，受用）；旋行（回环而行）；悬挂（吊挂）；赞叹（赞美感叹）；研穷（深入研究，钻研）；瀼语（说梦话，引申为胡说）；隐现（隐藏或出现）；应喏（答应）；展开（铺开，张开）；执役（服役）；置问（过问，究问）；嘱托（托付）；主宰（主管，统治）；著急（焦躁不安）；住持（担任住持职务）；驻泊（停留，居留）；转去（回去）；转变（转换改变）；等等。

　　《祖堂集》还有若干词语可补《汉大》孤例，这里不一一列举。

　　此外从《祖堂集》有些词语可以看出《汉大》释义不当之处，如："听许"为同义复合动词允许义，《汉大》释为听而许之。"疲极"义为疲劳，同

义复词，《汉大》释为"疲劳；非常疲劳"。"极则"在禅宗文献里是指超脱生死、明心悟性等至极妙理，《汉大》释为最高准则，首举《景录》例句。

以上可见《祖堂集》在汉语发展史中的价值。作为一部权威的大型语文工具书，在今后修订补编中可以充分利用《祖堂集》，它能为我们提供若干新鲜而有价值的材料。

四、从《祖堂集》看禅宗语录同义成语的多样性

佛教传到中国之后，中国的僧人进行大胆改革融合，形成了具有本土特色的八大教派，其中禅宗的影响最为广泛。其宗旨可以概括为十六个字，这就是"教外别传，不立文字，直指人心，见性成佛"。（《临济慧照玄公大宗师语录》序）"不立文字"相传为佛祖释迦牟尼在灵山法会上所说。《五灯会元》有这样的记载："世尊在灵山会上，拈花示众。是时众皆默然，唯迦叶尊者破颜微笑。世尊曰：'吾有正法眼藏，涅槃妙心，实相无相，微妙法门，不立文字，教外别传，付嘱摩诃迦叶。'"（卷一，释迦牟尼佛）在禅宗看来，禅法是以心传心不可言说的，需要学人靠心灵去体悟，所谓"如人饮水，冷暖自知"，一旦说出或形诸文字就成了禅宗所说的"第二义"或"第二句"。然而，根器有高下，悟道有深浅，不是人人都可以自悟成佛的。为了使后学早日开悟，禅师们不得不"放一线道"，运用种种方便施设、言语词句绕路说禅，因而才有了洋洋洒洒的《祖堂集》、《五灯》、《景录》、《古尊宿语录》等一大批传世文献。

成语是劳动人民在长期使用语言的过程中积累下来的固定词组或短语，它音节整齐，言简义丰，因而普及性较强。我们阅读禅宗语录时发现，为了使学人深刻地领悟某一禅旨、禅意，禅师们往往运用大量成语从不同角度说明同一个道理，这些成语意思相同或相近，我们称之为同义成语。由于禅宗文献的特殊性，这些成语与平常我们世俗文献所说的成语有所不同。首先，它只在禅宗内部流传，俗家文献较少使用；其次，它的结构不如一般成语严密，其构成成分可以用相似或相类语素替换，有着共同的语源；再次，即使有些成语与世俗文献成语字面语素相同，但内涵迥异。由于这些成语在禅宗文献中使用频率较高，具有较强的生命力，带有明显的禅宗行业色彩，在禅林内部已经约定俗成，具有固定的禅旨禅意，因此我们从广义的角度将其划归到成语范围之中。这些成语有的从正面说理，有的从反面设喻，妙趣横生，无不闪烁着禅师们的思辨睿智。下面以《祖堂集》中的若干成语为例，探索在禅宗其他文献中与之义近的同义成语，分析它们在禅宗文献中的特定含义。

1. "回光返照"类

禅宗对佛教最大的改革就是反对拘束身心的坐禅打禅，反对向外寻觅成佛之道，主张自心就是佛，要求以自我为主，收回向外寻求的眼光，回归自心，到达本源，这是禅宗的基本精神。表达此类意思的成语比较多。可以分为两小类：A 类"自心是佛；即心是佛；即心即佛；是心是佛"等；B 类"回光返照；返照回光；回光返顾；回光返本；回光内烛；回心达本；返本还源"等，酌举数例：

(1) 师每告诸善知识曰："汝等诸人自心是佛，更莫狐疑。……"（P95）

(2) 南方有能和尚，受忍大师记，传达摩衣为信，顿悟上乘，明见佛性。今居韶州曹溪山，示悟众生即心是佛。（P92）

(3) 僧问："即心即佛即不问，如何是非心非佛？"师曰："兔角不用无，牛角不用有。"（《抚州曹山元证禅师语录》）

(4) 师云："是心是佛，是心是法，法佛无二，汝知之乎？"（P78）

(5) 言证理成佛者，知识言下，回光返照，自己心原，本无一物，便是成佛。（P740）

(6) 汝等诸人，各自回光返顾，莫记吾语。（P670）

(7) 汝等诸人，各自回心达本，莫逐其末。但得其本，其末自至。若欲识本，唯了自心，此心元是一切世间出世间法根本。（《景录》卷七，法常禅师）

(8) 上堂："腊月二十日，一年将欲尽，万里未归人。大众总是他乡之客，还有返本还源者麽？"（《五灯》卷一七，梵言禅师）

这组成语从不同侧面体现了禅宗的根本宗旨。A 类成语是直陈式，根据字面语素就可以理解：本心就是佛；B 类成语更具体些，强调收回向外寻求的眼光，顿悟自心是佛。有同源语素"回"。教导学禅之人须不假外求，明心顿悟，自心是佛，任何言教施设、权宜法门均不是佛法本身。

"回光返照"在现代汉语中也常用，其语文意义是比喻人临死之前精神忽然兴奋的现象，也比喻旧事物灭亡之前暂时兴旺的现象，与禅宗文献中的意思完全不同。

2. "骑驴觅驴"类

禅宗反对向外驰求，主张自心是佛，与此禅旨相反的做法则是"骑驴觅驴；骑牛觅牛；将头觅头；舍头觅头；担头觅头；使佛觅佛；将功用功；认影为头；迷头认影；认影迷头；迷己逐物；迷波讨源；认贼为子；认儿作爷；

唤奴作郎；奴郎不辨；磨砖作镜"等，略举几例：

（9）不解即心即佛，真似骑驴觅驴者。（P738）

（10）（西院）礼问百丈曰："学人欲求识佛，如何是佛？"百丈云："太似骑牛觅牛。"（P623）

（11）道流，大丈夫儿今日方知本来无事，只为尔信不及，念念驰求，舍头觅头，自不能歇。……如此之流，取舍未忘，染净心在（《镇州临济慧照禅师语录》）

（12）将功用功，展转冥朦。取则不得，不取自通。（P107）

（13）师初开堂示众曰："祖师西来，特唱此事。自是诸人不荐，向外驰求，投赤水以寻珠，就荆山而觅玉，所以道从门入者非宝。认影为头，岂非大错？"（P347）

（14）且如今直下承当，顿豁本心，皎然无一物可作见闻。若离心别求解脱者，古人唤作迷波讨源，卒难晓悟。（《景录》卷二五，清耸禅师；按，"讨"寻找义。）

（15）且唤什么作灵觉？有般汉，东西不辨，南北不分，便道经行及坐卧喏！吃粥吃饭喏！正是唤奴作郎，认贼为子。（《密庵和尚语录》）

（16）古人云：向外作工夫，总是痴顽汉。尔且随处作主，立处皆真……今时学者总不识法，犹如触鼻羊逢著物安在口里。奴郎不辨，宾主不分。（《镇州临济慧照禅师语录》）

这组成语均从反面说明，如果离心求佛就违背了禅宗自心是佛的基本精神。"骑驴觅驴、骑牛觅牛、将头觅头、舍头觅头、担头觅头、使佛觅佛、将功用功"这一组成语结构上均为"ACBC"式，字面意思很清楚，深层意思也是说自心就是佛，自心就是法，可是愚痴者不知此理，却到处向外求佛求法。"认影为头、迷头认影、认影迷头"来源于佛经故事，说是室罗城有一愚痴者名叫演若达多，早晨照镜子时，看到镜中自己头面映影，感到很高兴。但是离开镜子却怎么也看不到自己的头面，又极为怨怅，竟认为有鬼魅作怪而狂奔乱跑。（据《楞严经》卷四）故事用痴者自身的头比喻人的本来具有的佛性，镜中的影像则比喻虚妄不实之相。"迷己逐物、迷波讨源"是指迷失自心本源，却向外寻找佛法。"认贼为子、认儿作爷、唤奴作郎、奴郎不辨"都运用了比喻的修辞，字面意思是将小偷错认作儿子，将儿子错认作爷爷，将奴仆错认作主人，或奴仆、主人分辨不清，均用来比喻参学者不明自心是佛，自我为主，却苦苦向外寻觅成佛之道，将种种言教施设、权宜法门认作佛法。"磨砖作镜"则是禅宗著名公案，记载的是唐代南岳怀让禅师接引马祖道一的故事。《五灯》记载比较详细："开元中有沙门道一，在衡岳山常习坐禅。师知是法器，往问曰：'大德坐禅图甚麽？'一曰：'图作佛。'师乃取一砖，于彼庵前石上磨。一曰：'磨作甚麽？'师曰：'磨作镜。'一曰：'磨砖岂得成镜邪？'师曰：'磨砖既不成镜，坐禅岂得作佛？'"（卷三，怀让禅师）"磨砖既不成镜，坐禅岂得作佛？"生动形象地说明了自心是佛、顿悟成佛的宗旨，体现了禅宗的革新精神。

3. "饥来吃饭"类

这类成语有："饥来吃饭，寒来向火；饥来吃饭，困来即眠；热即取凉，寒即向火；遇茶吃茶，遇饭吃饭；如风吹水，自然成纹；随处任真；随处作主；随方就圆；随时及节；任运腾腾；腾腾任运"等。例句如下：

（17）我不乐生天，亦不爱福田。饥来即吃饭，睡来即卧暝。（P106）

（18）有源律师来问："和尚修道，还用功否？"师曰："用功。"曰："如何用功？"师曰："饥来吃饭，困来即眠。"（《大珠语录》卷下）

（19）僧问："如何是平常心？"师云："要眠即眠，要坐即坐。"僧云："学人不会。"师云："热即取凉，寒即向火。"（《景录》卷一〇，长沙景岑）

（20）有道者请益曰："胡孙子捉不住，愿垂开示！"师曰："用捉他作什么？如风吹水，自然成纹。"（《续传灯录》卷三五，破庵禅师；按，"胡孙子"，喻指心。）

（21）（黄三郎）云："若不遇和尚，虚过一生；见师后，如刀划空。"师曰："若实如此，随处任真。"（P520）

（22）尔且随处作主，立处皆真，境来回换不得。纵有从来习气、五无间业，自为解脱大海。（《镇州临济慧照禅师语录》）

（23）出家人，但随时及节便得。寒即寒，热即热。欲知佛性义，当观时节因缘。（《金陵清凉院文益禅师语录》）

（24）晨时以粥充饥，仲时更湌一顿。今日任运腾腾，明日腾腾任运。心中了了总知，只没伴痴缚钝。（P108）

禅宗另一重要思想是"平常心是道"，如何理解这句话的内涵，马祖道一作了精辟的解释："道不用修，但莫污染。何为污染？但有生死心，造作趣向，皆是污染。若欲直会其道，平常心是道，谓平常心无造作，无是非，无取舍，无断常，无凡无圣。……只如今行住坐卧、应机接物尽是道。"

（《景录》卷二八，大寂道一禅师）"饥来吃饭，寒来向火；饥来吃饭，困来即眠；热即取凉，寒即向火；遇茶吃茶，遇饭吃饭"这些成语均说明了这一点，这里的"道"即佛法，它其实离我们很近，就在我们的日常生活、举止作为中，无须刻意苦行修炼、做作多事，只要随性适意，"如风吹水，自然成纹"，十分平常，绝无造作。所谓横眠竖坐、行住坐卧、搬柴运水，佛法遍布一切，处处是道，是没有分别矫饰，超越染净对待的自然生活，是本来清净自性心的全然显现。所以要做到"随处任真、随处作主、随方就圆、随时及节"，处处事事顺其自然，不拘处所，自我为主，遇方即方，遇圆即圆，应随时节，平常度日。如果这样就能达到"任运腾腾"的境界，随性自在，不加拘束；自在无为，任其自然。禅宗有一则"赵州洗钵"的著名公案。《五灯》卷四，赵州从谂："问：'学人乍入丛林，乞师指示。'师曰：'吃粥了也未？'曰：'吃粥了也。'师曰：'洗钵盂去。'其僧忽然省悟。"公案说明佛法就在日常吃粥洗钵生活小事中。后世禅林常常拈提。

黄龙慧开禅师有一首著名的诗偈："春有百花秋有月，夏有凉风冬有雪。若无闲事挂心头，便是人间好时节。"（《禅宗无门关》）春花秋月、夏风冬雪，日日是好日，关键是什么？没有闲事挂心头，这里的"闲事"就是指种种贪嗔痴、种种执著之心。《景录》有这样一则公案："有源律师来问：'和尚修道还用功否？'师曰：'用功。'曰：'如何用功？'师曰：'饥来吃饭，困来即眠。'曰：'一切人总如是，同师用功否？'师曰：'不同。'曰：'何故不同？'师曰：'他吃饭时不肯吃饭，百种须索；睡时不肯睡，千般计校。所以不同也。'律师杜口。"（卷六，大珠慧海禅师）"如何是平常心？"禅宗文献中有五十多次提及这个问题，报慈文钦禅师的回答是"吃茶吃饭随时过，看水看山实畅情。"（《景录》卷二二，文钦禅师）无不说明，佛道是寓于平常生活中的，是我们每个人都可体验到的人生智慧，如果我们能以平常心去面对日常生活中的横逆困顿、人际关系上的矛盾纠葛，那我们的人生便处处是"好时节"了。

4．"随机应变"类

禅师在接应学人领悟时，往往根据根器的深浅采取相应的接引措施，相应的成语有"随机应变；随风逐浪；随波逐浪；看风使帆；见兔放鹰"等。例：

（25）休歇也，如大海受百川相似，无不到这里一味；放行也，如长潮乘疾风相似，无不来这畔同行。岂不是达真源底里？岂不是得大用现前？衲僧家随机应变，恰恰恁麽，又几曾立心想尘缘来？

（《宏智禅师广录》卷六）

（26）一泛轻舟数十年，随风逐浪任因缘。只道子期能弁律，谁知座主将参禅。（P203）

（27）复举赵州问僧："曾到此间麽？"僧云："曾到。"州云："吃茶去！"又问僧："曾到此间麽？"僧云："不曾到。"州云："吃茶去。"师云："到与不到，吃茶一样，不著机关，殊无伎俩，且非平展家风，岂是随波逐浪？唯嫌拣择没分疎，识得赵州老和尚。"（《宏智禅师广录》卷一）

（28）不见道，善为师者，应机设教，看风使帆。若只僻守一隅，岂能回互？看他黄檗老善能接人，遇著临济，三回便痛施六十棒。临济当下便会去。及至为裴相国，葛藤忒杀。此岂不是善为人师？（《碧岩录》卷一〇，第九九则）

（29）上堂："布大教网，攄人天鱼。护圣（系思慧法号）不似老胡，拖泥带水，祇是见兔放鹰，遇獐发箭。"乃高声召众，曰："中！"（《五灯》，卷一六，雪峰思慧）

现代汉语中也有"随波逐浪"、"随机应变"等，意思与禅籍迥异。此外，禅宗文献中"随波逐浪"还是著名的"云门三句"之一。《五灯》卷一八，九顶惠泉："昔日云门有三句，谓函盖乾坤句，截断众流句，随波逐浪句。"这是云门宗接引学人的一种方法，即随缘接物，应病与药。"见兔放鹰"，意为看见兔子就放出猎鹰，比喻根据来机不同，采取相应的施设，以准确、迅速地启发、接引学人。

5．"单刀直入"类

这类成语有："单刀直入；不历时节；不历阶梯；不落阶级；不涉程途；剔起便行；不许夜行，投明须到"等，略举几例：

（30）师向仰山云："寂阇梨，直须学禅始得。"仰山便吟："作摩生学？"师云："单刀直入。"（P610）

（31）无佛无众生，无古无今，得者便得，不历时节，无修无证，无得无失。（《镇州临济慧照禅师语录》）

（32）问："如何得不落阶级？"师云："终日吃饭，未曾咬著一粒米；终日行，未曾踏著一片地，与摩时无人我等相。终日不离一切事，不被诸境惑，方名自在人。"（《黄檗山断际禅师传心法要》）

（33）到这里上根利智剔起便行，不落言诠，不拘机境，直下向文彩未彰已前一时坐断。（《圆悟佛果禅师语录》卷九）

（34）举，赵州问投子："大死底人却活时如何？"投子云："不许夜行，
　　　 投明须到。"（《碧岩录》卷五，第四十一则）

禅宗要求单刀直入、立地成佛，即抛开一切语言文字、知识见解、俗情妄念，彻见本来面目，直接明了，当下领悟，无须中间过程，一念省悟，便可立即成佛。这是禅宗特殊的传道悟道方式，是禅宗思想的另一重要特点。这组成语均说明了这一禅理。"不历时节"侧重强调禅悟不应有先后时间程序，"不历阶梯、不落阶级"侧重强调禅悟没有等级阶位。"不涉程途"侧重强调禅悟不应有渐进的过程。"剔起便行"是说根机敏捷、当下领会。"不许夜行，投明须到"是著名公案，是投子大同禅师的著名语句。字面意思是不许夜间行走，但天亮必须赶到（目的地），深层意思是夜和明没有区别对立，夜即明，明即夜，领悟禅旨无须中间过程，直了见性。

禅宗典籍中还有大量同义成语，限于篇幅，这里不一一阐述。综观这些成语，我们发现有以下特点：

1. 具有鲜明的禅宗行业色彩

这些成语使用的范围大都局限于禅宗文献，在俗家文献里很少使用，是典型的禅宗行业成语。内容大多为禅僧师徒之间的禅机问答或禅僧之间的机锋较量以及禅师们的上堂说法。除非是专门论述禅学，在世俗文献中不常见到。比如"自心是佛、即心即佛"类成语，我们调查了唐宋笔记、元明话本小说等大量俗家文献，均未发现用例。有些成语字面语素虽然与现代成语相同，究其内涵却迥然不同，如上举"随机应变"、"随波逐流（浪）"、"看风使帆（舵）"、"单刀直入"、"回光返照"等，禅宗论述的是接引学人的手段以及对禅旨禅意的领悟，而现代成语表达的则是另一层意思，当然禅宗中有些成语就是现代成语的源头。由于这些成语只在禅林内部使用，不谙禅籍的人较少知道，没有广泛的群众基础，因此生命力不强，远远比不上现代常用成语。

2. 部分成语使用频率较高

禅林中的这些成语虽然在俗家文献中不大容易见到，但在禅宗内部使用频率却很高，仅调查了《大正藏》诸宗部及史传部电子语料，发现"即心即佛"用频205次，"即心是佛"126次，"自心是佛"48次，"不许夜行，投明须到"35次，"随处作主"32次，"单刀直入"26次，"不落阶级"15次。可见这些成语已经"约定俗成"，被禅僧普遍接受，在禅林内部得以广泛使用开来。

3. 凝固性不强

现代成语字形固定，结构成分和结构关系也比较固定，不能随意改动，

如"指鹿为马"不能说成"指鹿作马","谈天说地"不能说成"说地谈天",当然也有个别例外,如"异曲同工"也可以说成"同工异曲"。而禅宗成语有的比较随意,如"认奴作郎"可以说成"认奴为郎"(1次),"唤奴为郎"(1次),"唤奴作郎"(1次),但使用频率上,还是"认奴作郎"次数较多,共18次。再如"回光返照"有"返照回光、回光返顾、回光返本、回光内烛、回心达本、返本还源"等多种说法。"不许夜行,投明须到"也可以简省为"不许夜行"。禅宗成语语序还可以随意调换,因而有不少逆序成语,如:"回光返照—返照回光"、"迷头认影—认影迷头"、"任运腾腾—腾腾任运"。以上特点说明禅籍中的这些成语正处于发展之中,尚未定型,这些成语经过彼此竞争力量消长,终有部分成语被淘汰,部分成语得到认可,保持较强的生命力,在群众语言中扎根下来。

为什么在禅籍中会出现这些同义成语?同一个意思可以用多个成语来表达,固然是语言表达多样性的需要,同时也是禅宗语录文体使然。我们知道禅宗文献大都为语录体,多为僧人上堂说法、应机设机、问来答往的对话,如果词汇贫乏,表意单调,其说法效果肯定会大打折扣。因此禅师们想方设法,变换手段,不仅动作上有棒打吆喝,如著名的"德山棒,临济喝",语言上也往往运用譬喻、夸张等手法,通过多种角度,反复说明禅理。因此才出现了如此丰富多彩的同义成语。

五、试析《祖堂集》中用于主谓之间的"而"

《祖堂集》中虚词"而"的一些用法较特别,这就是它经常用在主语和谓语之间,而这些用法明显有别于上古汉语主谓之间的"而",共23例。现列举如下[①]:

(1) 尔时阿难而说是言:"如是我闻……"(P30)

(2) 吾灭度后二百年中,当第四师而度筹众。(P36)

(3) 杨衍而作礼曰:"旦辞尊长,愿善保庆!"(P75)

(4) 因一日翠微在法堂行道次,师而近前接礼。(P218)

(5) 师初参夹山,夹山而问:"汝是什摩处人?"(P347)

(6) 于是头陀而诣百丈山怀海和尚处,一似西堂。(P629)

这些"而"均用于单句的主语和谓语之间,主语为指人名词,如阿难、第四师、杨衍、师、夹山、头陀等。兼语句小句中的主谓间也常出现这种"而",如:

(7) 我无伴侣,孑然一身,欲命徒侣而归佛道。(P36)

（8）武帝敕昭明太子而述祭文。（P75）

这两句"而"用于使令动词"命"和"敕"所带的小句中。

（9）吾灭度后一百年中，必有一子而证道果。（P39）

（10）于此座前，有大智者而称佛陁难提，问师曰："解论义不？"（P42）

（11）（佛陁难提尊者）游行化导，至提迦国。而有一人名伏驮密多而问师曰："父母非我亲，谁为最亲者？诸佛非我道，谁为最道者？"（P43）

（12）有一大士名阇夜多，而用油涂足，巡游诸国。（P53）

（13）从西天有大乘菩萨而入此国。（P70）

（14）佛身之外，那得更有无情而得授记耶？（P122；按，"无情"指没有情识活动的矿植物，如山川、草木、大地、墙壁、瓦石等）

这些例句中的"而"均用于"有"字句中。其中例（11）很特别，接连用了两个"而"，其中第一个"而"用于存在句中，第二个"而"的主语为伏驮密多。

（15）又经八载，忽于夜静见一神人而谓光曰："当欲受果，何于此住，不南往乎而近于道？"（P76）

此句"一神人而谓光"作"见"的宾语。"而"也用于否定句中的主谓语之间，如：

（16）此盖是普贤、文殊大人之境界，非诸凡小而能信受。（P124；按，"凡小"指凡夫与小乘之人）

也可以用于疑问句中，除上举第（14）例反问句外，还有①：

（17）如来藏性遍于蝼蚁，岂独于獦獠而无哉？（P90）

（18）心无也，何人而登妙觉？（P555）

志村良治（1995：45）认为这种位置的"而"应作"乃"解，笔者认为不妥。

---

① 《祖堂集》还有1例"而"出现于"被"字句中：弟子久在恶业，不近知识，勤生恭敬，被小智慧而生缠缚，却成愚惑，不得悟道，而致于此。（卷二，第二十八祖菩提达摩）仔细斟酌，此句的"被"表示原因，"而生缠缚"的主语为"弟子"，承前省略。"而"连接的是状中结构，不属于本文讨论的用于主谓之间的情况。另外《祖堂集》中主语承前省略的"而"字句也未统计进来，如：第十一祖富那耶奢尊者，花氏国人也。姓瞿昙，兄弟七人，而处最幼。（卷一，富那耶奢尊者）此句"而处最幼"的主语为富那耶奢尊者，承前省略。《祖堂集》中还有大量"而听偈言"、"而说偈曰"（共计21例）等程式化的语言，主语均承前省略，亦未统计。

　　"而"用于主谓语之间的现象并非《祖堂集》所独有，先秦两汉已有不少用例，如：

（19）相鼠有皮，人而无仪；人而无仪，不死何为？（《诗经·鄘风·相鼠》）

（20）子产而死，谁其嗣之？（《左传·襄公三十年》）

（21）人而无信，不知其可也。（《论语·为政》）

（22）若我而不有之，彼恶得而知之？若我而不卖之，彼恶得而鬻之？（《庄子》卷八，第二十四徐无鬼）

（23）郑伯南也，王而卑之，是不尊贵也。（《国语》卷二）

　　对处于这种位置的"而"，前人多有研究。王引之将它看作假设连词，他在《经传释词》卷七中说："而，犹若也。大戴记卫将军文子篇：而商也。与论语若由也同义。襄二十九年左传曰：且先君而有知也。而与若同义。"（参《故训汇纂》）马建忠认为"而"为承接连字，"用以过递动静诸字"；"若'而'字之前若后惟有名字者，则其名必假为动静字矣"。（吕叔湘、王海棻，2001：469—475）即"而"前出现名词性成分则名词假借为动词或形容词。王力认为："有时候，'而'字用在一句话的主语和谓语之间，细玩文意，实际上也是一种逆接。"接着又说："有时候，'而'字用在主语和谓语之间，含有假设的意思，可以译为'如果'。……其实这种用法仍然是和逆接的用法相通的。"（王力，1981：449）吕叔湘以"相鼠有皮，人而无仪；人而无仪，不死何为"为例，将这种"而"分为纯粹转折和以转折为条件两种，他说："前人往往说这个'而'字等于'若'，其实这只是一种方便说法……'人而无仪'叠用，第一句是纯粹转折，第二句以转折表条件。"（《中国文法要略》1982：414）

　　为何对主谓间"而"的解释有种种分歧？是因为人们将"而"所在复句（如假设、转折、条件）等的语义关系转嫁到"而"本身上去了，因而认为"而"可以表示假设、转折、条件等。其实"而"的作用主要是连接。学者们早就意识到了这一点。马建忠说："'而'字之为连字，不惟用以承接，而用为推转者，亦习见焉。然此皆上下文义为之。"（吕叔湘、王海棻，2001：465）王力（1981：449）也指出："所谓顺接和逆接，只是从具体的上下文的意思看的，并不是说'而'有这两种性质。"他又在《汉语语法史》（1989：143）中强调："其实'而'字只有一种语法功能，那只能是连接。"

　　那么《祖堂集》这些句子中"而"的功能是否等同于上古汉语呢？我们知道"主语＋而＋谓语"这一语言现象多出现在上古汉语，解植永调查了上古《尚书》、《诗经》、《论语》、《孟子》、《左传》、《韩非子》、《史记》、《论衡》八种文献，共检得 101 例。可能受汉语"SVO"主流句式的影响有关，这种句式后来逐渐减少，"上古晚期以后'主 + 而 + 谓'结构出现频率越来越小。"（解植永，2006：34—37）我们在后世文献中也只偶尔见到一两句。为什么在晚唐五代的《祖堂集》中会突然出现这么多的"主 + 而 + 谓"句式呢？

我们将《祖堂集》与上古汉语的"而"比较，发现它们之间有明显的差异：《祖堂集》"而"只用于单句或小句中。上古汉语的"而"既可以用于单句，也可以用于复句中，从电子语料统计的例句看，大多出现在复句中。

正因为上古汉语中的"而"大多用于复句中，"而"的连接作用是由其复句间的性质决定的，根据上下文语境可以将"而"的作用归纳为顺接或逆接等。《祖堂集》"而"所在的单句意思上完全是自足的，语法作用甚微，看上去有点多余，去掉它丝毫不影响意思的表达。

由此可以看出这种用法明显不同于上古汉语，我们可以排除是古汉语语法的残留。其他文献中使用情况如何？我们先调查了与《祖堂集》同时期的《变文》，发现共有 14 例，如：

（24）忽涌身于霄汉，头上火焰而烨烨；或隐质于地中，足下清波而浩浩。（卷二，金刚般若波罗蜜经讲经文）

（25）向莲花台上，双眉而私带笑容；处七宝堂中，两脸而长含喜色。（卷二，维摩碎金）

（26）是日铺千重之锦绣，启道场于内宫，设万种之香花，令仙人而相见。（卷三，太子成道变文）

（27）大臣须达而谓言曰："具上剩少，一一答之。"（卷三，祇园图记）

《变文》"而"的用例有显著特点：一是多用在前后对举的场合，如例（24）、（25），这样的例子共有 8 处；二是多用于佛经讲唱作品中。

与《祖堂集》差不多同时期的《镇州临济慧照禅师语录》、《坛经》、《断际禅师传法心要》、《黄檗断际禅师宛陵录》等佛经文献均无此用法，我们又调查了比《祖堂集》晚五十年的《景录》，发现仅有两例，且均出现于小句中：

（28）于是尊者命僧伽难提而付法眼。（卷二，罗睺罗多）

（29）（不如密多）又谓王曰："此国当有圣人而继于我。"（卷二，不如密多）

我们调查了中古时期的佛经文献，发现有一些用例，略举数例如下：

（30）时波斯匿王而生此念："当用何宝作如来形像耶？"（《增壹阿含经》卷二八）

（31）尔时诸臣大众之中别有一臣而白王言："大王当知，实有斯事。所以者何？去此不远……"（《佛本行集经》卷二三）

（32）时守池者而作是问："池中者谁？"（《百喻经》卷三）

（33）此婆罗门而有一术。（《贤愚经》卷六）

（34）我于往昔，在尼连禅河侧，劝请世尊而般涅槃。（《大般涅槃经》卷上）

我们还调查了东汉译经，从中找寻到不少例句，如：

（35）光而七尺，色若如金。其音甚大，声而清净。（《佛说伅真陀罗所问如来三昧经》卷下，后汉月氏三藏支娄迦谶译）

（36）佛饭去后，迦叶而念：此大沙门实神实妙。（《中本起经》卷上，化迦叶品第三，后汉西域沙门昙果共康孟详译）

（37）是时菩萨而说颂曰："……"（《修行本起经》卷下，出家品第五，后汉西域三藏竺大力共康孟详译）

（38）此理家者而有是德。（《法镜经》，后汉安息国骑都尉安玄译）

（39）譬若母人，一一生子，从数至于十人，其子尚小。母而得病，不能制护。（《道行般若经》卷五，摩诃般若波罗蜜照明品第十，后汉月支国三藏支娄迦谶译）

（40）我生堕地时，有人而来，举舍而明。（《文殊师利问菩萨署经》，后汉月氏三藏支娄迦谶译）

（41）其恒萨阿竭呼侍者沙竭："汝乃见是三儿而持白珠来者不？"（《佛说阿阇世王经》卷上，后汉月氏三藏支娄迦谶译）

在所调查的佛经文献中我们发现这种用法的"而"有一个显著特点，就是绝大多数出现于四言句（包括八言句、十二言句）中。如《中本起经》5例"而"全都出自"四言一顿"的句式。众所周知，汉译佛典文体方面的最大特色就是四字格的大量使用，即四字一顿，组成一个大节拍，每个大节拍又以二字为一个小节。（如朱庆之，1992：11—12）关于汉泽佛典四言格文体的成因，学术界已从多方面作了深入探讨。（朱庆之，1992；俞理明，1993；丁敏，1996；颜洽茂、荆亚玲，2008）这种句式，音韵和谐，节奏鲜明，便于诵记，也许是受到译经大师们青睐的主要原因吧。王继红指出，为了凑足四个音节，僧人在翻译经文时，往往会采用添字、复陈、省译、互文等手段。（王继红，2006：88—95）"而"的作用，正是为了凑足音节而添加的。《祖堂集》23 个例句中就有 15 例"而"是用于四言句中的，还有 5 例也用于凑足双音节句中。

　　之所以说"而"所起的作用仅仅是为了凑足音节，是因为我们发现"而"这种单纯为了凑足音节的用法并不仅仅限于主语和谓语之间，有时也出现在其他场合，凭借语感，这些地方可以完全不用"而"，如：

　　（42）于是阿难，则而叹曰："……"（《佛说成具光明定意经》，后汉天竺三藏支曜译）

　　（43）众魔甚多，莫不而伏。（《佛说伅真陀罗所问如来三昧经》卷下，后汉月氏三藏支娄迦谶译）

　　（44）虚空清净，无有气瑿，忽然而降，如此密雨。（《大般涅槃经》卷上，东晋平阳沙门释法显译）

　　（45）其妇见王，入出惶怖，即而问之："何以匆匆，如恐怖状？"（《贤愚经》卷一）

　　（46）国中人民，随而观之，于是出国，小复前行。（《修行本起经》卷下，游观品第三，后汉西域三藏竺大力共康孟详译）

　　（47）迦叶晡时，彷徉见池，怪而问佛："何缘有此？"（《中本起经》卷上）

这些例句中的"而"同样也是为了满足两个音步的要求而使用的，无论由几个词组成，语音链上我们都可以将其切分成两个音步，形成"二二"节奏。如：古昔/有人，居贫/穷困，而其/娶妇，得富/家女，懒惰/无计，日更/贫乏，家困/饷馈，欲夺/更嫁，妻闻/家议，便以/语夫，我家/势强，必当/夺卿，当作/何计？（《中本起经》卷下）《祖堂集》及《变文》中也有不是位于主谓之间而单纯为了凑足音节的"而"，如：

　　（48）尔时和修告父而曰："佛记此子云：'吾灭度后二百年中，当第四师而度筹众。'"（P36）

　　（49）（弘忍和尚）黄梅诞生，七岁出家，事信大师。幼而聪敏，事不再问。（P82）

　　（50）子胥贤士，逆知阿姊之情，审细思量，解而言曰："葫芦盛饭者，内苦外甘也。"（《变文》卷五，伍子胥变文）

《祖堂集》另有"乃"、"而"连用的例句：

　　（51）达摩大师乃而告曰："如来以净法眼并袈裟付嘱大迦叶，如是展转乃至于我。我今付嘱汝，汝听吾偈曰……"（P73）

此外《祖堂集》中还有"而说偈曰"、"而说偈言"、"而听偈言"、"而听偈曰"等程式化的句式，共 21 例，全部集中在第一、第二卷。这些句子中的

"而"仅仅起到调整语式、凑足音节的作用。

颜洽茂、荆亚玲（2008：178—185）指出："早期汉译佛典中，散体形式一如原典，对句式、字数的多少没有限制。"译经者"主要关注经义的再现，文体形式则不拘一格"，译经时"三言、四言、五言、七言等各种句式参差错落"，而稍后的译经中，"四言句的运用愈来愈多"。可能是四言句还没有形成影响，在早期僧人安世高的译经中我们未发现用于主谓之间的"而"。

为什么与《祖堂集》同时期的其他佛经文献以及稍晚的《景德传灯录》很少用此例句呢？我们推测禅宗是中国本土化的佛教，从佛教史看，它是对印度佛教的大胆革命，它的语言是活泼泼的本土化语言，多是禅师上堂说法的记录，受本土语言影响较大，因而对四字格的要求可能不那么严谨，如《镇州临济慧照禅师语录》，与东汉及中古译经相比，除诗偈外，四言句明显减少了。《景德传灯录》是一部官修禅书，是北宋真宗景德元年（1004）由禅僧道原编撰、学士杨亿修订的，因为要收入大藏经，筛选润色过程中，修订者无疑要使用所谓官方正统的语言，更加认为主谓间的"而"不合语法而不会为了追求韵律和谐而刻意使用。此外，也可能与作者（编者）个人语言风格有关，也与"而"的使用频率有关，《坛经》仅10例，《断际禅师传法心要》26例，《黄檗断际禅师宛陵录》10例，《镇州临济慧照禅师语录》24例，也有后人润色修改的可能。而《祖堂集》由于在本土流失时间较长，后人改删的可能性不大，它更多地保留了语言的原貌。期间可能受汉译佛经语言的影响稍大。相比"而"的所有用例（526例），主谓间"而"的出现频率（23例）还是不高的。此外，我们也观察到《祖堂集》这种用法的"而"多集中于前二卷，共16例，而前二卷内容多是对西天二十八祖及东土六祖的介绍，大多引用的是更早的《宝林传》资料，刻本前二卷小字部分常有"具如《宝林传》也"、"具如传中"等说明，我们可以推知这些都是汉译佛经影响所致。而《变文》中的"而"亦集中于讲经文和佛经故事类，可能也是受到汉译佛经的影响。不仅如此，《祖堂集》中还有其他一些语法现象我们也可以从汉译佛经中找到源头，如"于"字用在及物动词和宾语之间的用法，《祖堂集》中多见，关于汉译佛经中"于"的这一用法，前人多有探讨，兹不赘述。（董琨，2002：559—576）还有其他一些虚词的用法，均可验证这一说法。

《祖堂集》的语言是多元化的，既有雅言也有俗语，既有官话也有方言，既有白话也有文言。刘勋宁（1998：150—162）指出："《祖堂集》虽然是和尚口语的记录，但并不是实况录音的转写。作为一部个人著作，它的语言基础主要取决于作者的语言和材料的来源。《祖堂集》所记上自佛祖，下至同代和尚，上下近千年；即使从慧能和尚算起，也有几百年，书中所叙不可能全是作者亲闻亲见。所以这部书的语言来源不可能是单纯的。"《祖堂集》成书时代处于近代汉语前期，口语化程度相当高，这是学术界已经认可了的。将《祖堂集》看作晚唐五代语言的典型代表，这无疑是正确的。但是我们在对《祖堂集》本体语言进行研究或将《祖堂集》语言作为参照系进行比较研究时应考虑到这部文献语言来源层次的多样性，有些语法现象并不是这一时期所有的，有的可以向上追溯到汉译佛经，《祖堂集》中用于主谓之间的"而"就充分说明了这一点。

六、《祖堂集》虚词"因"的特殊用法

"因"是《祖堂集》中使用频率较高的一个虚词，除用作常义解释为"因为，由于"（如：光因见神现故，号为神光。P77），"于是，就"（如：因为同流曰："我弟子行脚，得上人法，我欲返答其恩，汝当佐助。"P618）外①，还有一种特殊的用法。先看例句：

(1) 因于迪相公问紫玉："佛法至理如何？"玉召相公名，相公应喏。玉曰："更莫别求。"师闻举曰："搏杀这个汉。"僧便问师："如何？"师代曰："是什摩？"（P170）

(2) 师因行粽子，洞山受了又展手云："更有一人在。"师云："那个人还吃不？"洞山云："行即吃。"（P191）

(3) 师因供养罗汉次，僧问："今日设罗汉，罗汉还来也无？"师云："是你每日嗜什摩？"（P190）

一般说来，表示原因的"因"下文常有"乃"、"便"、"故"、"是以"等虚词与之相应，而上举例句中的"因"不同。这些例句中的"因"从语义上讲，它没有什么实在的意义；从句法功能上看，我们认为它起着开启新的话题的作用。

《祖堂集》这种用法的"因"共有120多例，在文本中占有较大比重，不容忽视。

（一）"因"在段落或篇章的位置

我们考察了《祖堂集》所有例句，发现这种"因"字句均为段落或篇章的始发句，用于禅师在开堂、上堂、小参、普说等各种场合的说法的开头，表示下文要举说新的公案或机缘语句，或启发学人应机、接机，或禅僧间进

---

① 《祖堂集》中还包括"因果"、"因缘"之"因"，乃佛学术语，这里不作讨论。

行机锋较量。如：

（4）师因在帐里坐，僧问："乍入丛林，乞师指示个径直之路！"云："子既如此，吾岂悭之？近前来。"学人遂近前，师以手拨开帐，云："嘎。"学人礼拜，起云："某甲得个入处。"师遂审之，浑将意解。（P388）

（5）因举长庆上堂，众僧立久，有僧出来云："与摩则大众归堂去也。"长庆便打。后有僧举似中招庆，招庆云："僧道什摩？"对云："僧无语。"招庆云："这个师僧为众竭力，祸出私门。"寻后有僧举似化度……（P388）

（6）因雪峰般柴次，师问："重多少？"对曰："尽大地人提不起。"师云："争得到这里？"雪峰无对。云居代云："到这里方知提不起。"疏山代云："只到这里岂是提得起摩？"（P241）

（7）大夫又因拈起掷投，问南泉："与摩又不得，不与摩又不得。正与摩信彩去时如何？"南泉拈掷投，抛下云："臭骨头打十八。"……（P669）

例（4）、例（5）、例（6）均用于一则公案的开头。例（7）上文为：大夫问南泉："为大众请和尚说法。"泉云："教老僧作摩生说？"大夫云："岂无和尚方便？"泉云："大夫道：'他今欠少什摩？'"大夫别时云："则今和尚，不可思议。到处世界成就。"师云："适来问底，惣是大夫分上事。""大夫又因拈起掷投"这一句很显然转到了下一个话题。

"因"所在的句型一定是动词性谓语句，且动词多为行为动词。有两例为：

（8）因云岩斋，有人问："和尚于先师处得何指示？"师曰："我虽在彼中，不蒙他指示。"僧曰："既不蒙他指示，又用设斋作什摩？"师曰："虽不蒙他指示，亦不敢辜负他。"（P234）

（9）因郑十三娘年十二随一师姑参见西院大沩和尚，才礼拜起，大沩问："这个师姑什摩处住？"对云："南台江边。"沩山便喝出。（P368）

例（8）由下文"又用设斋作什摩"句可知"斋"为"设斋"义，名词活用为动词。例（9）我们倾向于将"年十二"分析为状语。这两句仍然为动词性谓语句。

"因"一般用于单句，仅有1例出现在从句中：

（10）师见沩山因夜深来参次，师云："你与我拨开火。"沩山云："无

火。"师云:"我适来见有。"自起来拨开,见一星火,夹起来云:"这个不是火是什摩?"沩山便悟。(P537)

从句"沩山因夜深来参"作"见"的宾语。

从句法功能看,"因"是一个凸显话题的标记手段,它置于篇章或段落的句首,具有介引作用,即为篇章的展开引入一个新的话题。不过,作为凸显话题的标记手段,它所标记的话题均为动作行为或某一事件。"因"的作用就在于凸显整个动作行为或事件,下文都是围绕着这个动作行为或事件而展开的。由于它本身不表达语义,因此即使删去也不影响句意的理解。

(二)"因"在单句中的位置

"因"在单句中处于两种位置。

1. 位于句首,此占大多数,共81例。如:

(11) 因高僧冲雨上堂,药山笑曰:"汝来也。"高僧曰:"屎里。"药山云:"可杀湿。"高僧云:"不打与摩鼓笛。"云岩云:"皮也无,打什摩鼓!"师云:"骨也无,打什摩皮?"药山曰:"大好曲调。"(P207)

(12) 因有一僧时称黄大口,师问曰:"久响大口是公不?"对曰:"不敢。"师曰:"口大小?"曰:"通身是口。"师曰:"向什摩处屙?"当时失对。(P208)

(13) 因裴大夫问僧:"下供养佛还吃也无?"僧曰:"如大夫祭祀家先。"(P229)

(14) 因云岩问院主游石室云:"汝去入石室里许,莫只与摩便回来?"院主无对。师云:"彼中已有人占了也。"岩云:"汝更去作什摩?"师云:"不可人情断绝去也。"(P233)

(15) 因一日辞去,洞山问:"什摩处去?"师曰:"不变异处去。"洞山曰:"不变异处岂有去也?"师云:"去亦不变异。"(P308)

(16) 因僧举云岩补草鞋次,药山问:"作什摩?"岩对云:"将败坏补败坏。"药山不肯,云:"即败坏,非败坏。"师云:"药山与摩道,犹较一节在。"(P403)

2. 位于句中,共41例。分两种情况:

Ⅰ. "因"介于主语、谓语之间①,如:

---

① 《祖堂集》一例特殊:有因一日问洞山:"如何是祖师意?"洞山云:"阇梨他后住一方时,忽有人问,作摩生向他道?"师云:"专甲罪过。"(P297)"因"介于"有"和"一日"之间。

（17）师因随道吾往檀越家相看，乃以手敲棺木问："生也，死也？"吾
云："生亦不道，死亦不道。"师云："为什摩不道？"吾云："不
道，不道。"师不肯。（P252）

（18）普会又因疾垂语云："除却今日，别更有时也无？"师对云："渠亦
不道今日是。"霜云："我也拟道非今日。"普会然之。（P349）

（19）师在石霜时，因一日作礼而问："万户俱开则不问，万户俱闭时如
何？"霜云："当中事作摩生？"师曰："无位。"霜曰："凭何？"
师当时无对，直得半年方始云："无人接得渠。"（P354）

（20）招庆因举僧问石霜："如何是一句？"云："非句无句不是句。"师
拈问："古人与摩道，意作摩生？"答曰："实即实。"师云："还
得实也无？"答曰："委曲话似人即得。"（P416）

Ⅱ. "因"置于副词之后，副词多为"偶"、"又"、"后"等，如：

（21）偶因一日为师澡浴去垢之次，抚师背曰："好个佛殿，而佛不圣。"
其师乍闻异语，回头看之。弟子曰："佛虽不圣，且能放光。"师
深疑而不能问。（P618）

（22）又因举仰山与岑大虫话，师云："前头彼此作家，后头却不作家。
某甲于中下一句语云：邪法难扶。汝道向什摩人分上下语？"问：
"如何得不疑不惑去？"师便展手向两边，却令学人再问，"我更与
汝道。"学人再问，师乃露膊而坐，学人礼拜，师云："汝且作摩
生会？"对云："今日东风起。"（P406）

（23）后因一日辞次，罗山于师身上脱下纳衣，披向绳床坐云："若要
去，取得纳衣，放汝去。"师从东边而向堂中礼三拜，从西边进前
云："就和尚请纳衣。"罗山忻然而脱还师。师接得，礼谢而出。
罗山遂把驻于师云："却来一转。"师云："不远辞违和尚则来。"
从此契会，豁尔无疑。（P473）

如果有时间名词，"因"则置于时间名词之前，如下举例句中的"古时"、
"一日"、"一朝"：

（24）因古时有一尊者，在山中住。自看牛次，忽遇贼斫头，其尊者把
头觅牛次，见人问："只如无头人，还得活也无？"对云："无头人
争得活？"其尊者当时抛头便死。（P490）

（25）因一日普会垂问以征浅深云："国家每年放五百人及第，朝堂门下
还得好也无？"师对云："有一人不求进。"会云："凭何？"师云：
"且不为名。"（P349）

(26) 后因一朝沩山问曰："汝从前所有学，解以眼耳。于他人见闻及经
卷册子上，记得来者，吾不问汝。汝初从父母胞胎中出，未识东
西时本分事，汝试道一句来，吾要记汝。"师从兹无对，低头良
久，更进数言，沩山皆不纳之。(P700)

"因"还与《祖堂集》中位于句末表示时间的特殊词语"次"（参田春
来，2007）组合使用，形成"因……次"的固定格式，《祖堂集》共18
例，如：

(27) 因师看经次，僧便问："古人道：'佛教祖教，如似怨家。'和尚为
什摩却看经？"师云："见若不见，触事何妨？""与摩则超毗卢去
也。"师云："亦是傍助插嘴。"(P500)

(28) 又因一日翠微在法堂行道次，师而近前接礼。问曰："西来密旨，
和尚如何指示于人？"翠微驻步须臾，师又进曰："请和尚指示！"
翠微答曰："不可事须要第二杓恶水浆泼作摩？"师于言下承旨，
礼谢而退。(P218；按，不可，难道义，表示反问)

同样，"因"也与句末表示时间的词语"时"组合使用，形成"因……
时"的格式，有4例，如：

(29) 师因住庵时，有尼众名实际，戴笠子执锡，绕师三匝，卓锡前立，
问师曰："和尚若答，某甲则下笠子。"师无对，其尼便发去。师
云："日势已晚，且止一宿。"尼云："若答得则宿；若答不得，则
进前行。"师叹曰："我是沙门，被尼众所笑。滥处丈夫之形，而
无丈夫之用。"(P728)

(30) 师因天台山游时，初到紫凝，众僧一时出接，师以两手握杖子云：
"国师本位在什摩处？"僧对云："上面庵处便是。"(P475)

"因"和这些副词、时间词语共同使用，则起到加强凸显话题的作用。

（三）"因"作为话题标记在汉语史中的地位

汉语史上用作话题标记的词有许多，如冠于话题前的引介性小品词
"夫"、"若夫"、"且夫"、"唯（维、惟、佳）"等，后附于话题的小品词
"也"、"哉"等，而汉译佛经中在译文的句首话题位置经常会添加诸如"尔
时"、"今（者/日）"、"复次/次复"、"（复）有"等显性标记词。（见姜南，
2007）"因"作为一个话题标记，它在汉语史中的地位如何呢？

我们调查了大量佛经语料，除了东汉佛经①，我们还调查了故事性较强的佛典，如《佛本行集经》、《杂譬喻经》、《贤愚经》、《百喻经》等，均没有找到这种用法的例句。与《祖堂集》同时代的《变文》以及早期的《法苑珠林》亦无用例。

我们又将调查的范围扩展到俗家文献②，发现亦无此用法。

接着我们调查了禅宗文献，发现其中有大量用例，现将调查结果统计如下：

表 31   "因"在禅宗文献中的用例

文献名称	文献字数	成书年代	共有用例
《祖堂集》	约 25 万	晚唐五代	122
《景录》	约 42 万	北宋景德元年	90
《五灯》	约 79 万	南宋	116
《古尊宿语录》	约 57 万	南宋	187

现各举一例：

（31）因沩山问云岩："菩提以何为坐？"云岩曰："以无为为坐。"云岩却问沩山。沩山曰："以诸法空为坐。"沩山又问师："怎么生？"师曰："坐也听伊坐，卧也听伊卧。有一人不坐不卧。速道！速道！"（《景录》卷一四，圆智禅师）

（32）雪峰因入山采得一枝木，其形似蛇，于背上题曰："本自天然，不假雕琢。"寄与师。师曰："本色住山人，且无刀斧痕。"僧问："佛在何处？"师曰："不离心。"又问："双峰上人，有何所得？"师曰："法无所得。设有所得，得本无得。"（《五灯》卷四，大安禅师）

---

① 调查的东汉佛经有：后汉安息国三藏安世高译的《十报法经》、《人本欲生经》、《四谛经》、《普法义经》、《八正道经》、《七处三观经》、《大安般守意经》、《地道经》、《阿含口解十二因缘经》，后汉月氏三藏支娄迦谶译的《道行般若经》、《阿閦佛国经》、《兜沙经》、《遗日摩尼宝经》、《般舟三昧经》、《阿阇世王经》、《内藏百宝经》，后汉西域三藏竺大力共康孟详译的《修行本起经》、《中本起经》，后汉天竺三藏支曜译的《成具光明定意经》等。

② 我们调查了电子语料库中六朝《抱朴子》、《古小说钩沉》、《洛阳伽蓝记》、《三国志》、《世说新语》、《搜神记》，唐五代笔记《东城老父传》、《书断列传》、《五代新说》、《北里志》、《南岳小录》、《周秦行记》、《唐摭言》、《唐阙史》、《因话录》、《大业拾遗记》、《大唐创业起居注》、《大唐新语》、《奉天录》、《定命录》、《宣室志》、《玄怪录》、《河东记》、《独异志》等文献。

（33）黄檗因入厨次，问饭头："作什么？"饭头云："拣众僧米。"黄檗
　　　云："一日吃多少？"饭头云："二石五。"黄檗云："莫太多么？"
　　　饭头云："犹恐少在。"黄檗便打。（《古尊宿语录》卷四，临济慧
　　　照语录）

　　唐代的禅宗语录我们特地调查了敦煌本《坛经》以及唐人编集的《黄檗
断际禅师宛陵录》、《禅宗永嘉集》、《断际禅师传法心要》、《临济录》等几
部早期禅宗语录，仅在《临济录》发现5例，举1例如下：

（34）因普化常于街市摇铃云："明头来明头打，暗头来暗头打，四方八
　　　面来旋风打，虚空来连架打。"师令侍者去，才见如是道便把住
　　　云："总不与廖来时如何？"普化托开云："来日大悲院里有斋。"
　　　侍者回举似师。师云："我从来疑著这汉。"

但太田辰夫先生认为唐人编集的《黄檗断际禅师宛陵录》、《断际禅师传法心
要》、《临济录》都只有很晚的刻本，不属于同时资料①，因此话题标记
"因"的可靠用法当源于晚唐五代时期口语性较强的《祖堂集》。

　　此外我们调查了《大正藏》里其他禅宗文献，发现亦有若干用例，而且
这种用法一直延续到元明时期，如明朝语风圆信、郭凝之编的《袁州仰山慧
寂禅师语录》、《潭州沩山灵祐禅师语录》等典籍中均有此种用法。

　　调查还发现，"因"均出现在叙事性较强的段落文字中，正如上文所分
析的那样，"因"所在的句型必定为动词性谓语句，因此像《永嘉证道歌》、
《禅宗永嘉集》、《敕修百丈清规》等禅宗文献就没有用例。

　　调查数据表明，用"因"作话题标记的句子在唐宋禅录里出现频率很
高，拥有大量用例，但在禅籍之外的同时代作品中却很难见到用例，因此我
们认为"因"主要使用于禅僧之间，是带有禅宗行业特色的话题标记词。

　　有些语言现象是禅宗文献所特有的，袁宾（2001）《唐宋禅录语法研究》
已经论述。它们在禅宗文献里广泛使用，因而逐步形成了具有禅宗特色的程
式化语言模式。"因"作为话题标记词具有鲜明的行业色彩和语体色彩，是
成熟时代的禅宗语录逐渐程式化的又一典范。

---

① 参蒋绍愚《近代汉语研究概况》，北京大学出版社1994年版，第18页。

参考文献

鲍士杰：《杭州话音档》，上海教育出版社 1998 年版。

蔡镜浩：《魏晋南北朝词语例释》，江苏古籍出版社 1990 年版。

曹广顺：《近代汉语助词》，语文出版社 1995 年版。

陈昌来、金珍我：《论汉语句子语义结构中的语义成分经事和感事》，《烟台师范学院学报》（哲社版）1998 年第 3 期。

陈昌来：《现代汉语动词的句法语义属性研究》，学林出版社 2002 年版。

陈承泽：《国文法草创》，商务印书馆 1922/1982 年版。

陈莉：《关于〈训世评话〉的授予动词"给"兼及版本问题》，《中国语文》2004 年第 2 期。

陈满华：《安仁方言》，北京语言学院出版社 1995 年版。

陈耀东、周静敏：《〈祖堂集〉及其辑佚》，《文献》2001 年第 1 期。

程湘清主编：《先秦汉语研究》，山东教育出版社 1992 年版。

——　《两汉汉语研究》，山东教育出版社 1992 年版。

——　《魏晋南北朝汉语研究》，山东教育出版社 1992 年版。

——　《隋唐五代汉语研究》，山东教育出版社 1992 年版。

陈秀兰：《敦煌变文词汇研究》，四川民族出版社 2002 年版。

——　《"不听"作"不允许"解的年代考证补》，《中国语文》2003 年第 6 期。

池昌海：《〈史记〉中助动词"可"和"可以"语法功能差异初探》，《语言研究》2004 年第 2 期。

储泽祥等：《汉语存在句的历时性考察》，《古汉语研究》1997 年第 4 期。

崔达送：《中古汉语位移动词入句功能研究》，南京大学博士论文 2004 年。

崔荣昌：《成都话音档》，上海教育出版社 1997 年版。

崔振华：《益阳方言研究》，湖南教育出版社 1998 年版。

丁福保编:《佛学大辞典》,文物出版社 1984 年版。

丁声树等:《现代汉语语法讲话》,商务印书馆 1961 年版。

丁敏:《佛经譬喻文学研究》,东初出版社 1996 年版。

董琨:《"同经异译"与佛经语言特点管窥》,《中国语文》2002 年第 6 期。

董志翘:《中古文献语言论集》,巴蜀书社 2000 年版。

—— 《〈入唐求法巡礼行记〉词汇研究》,中国社会科学出版社 2000 年版。

段业辉:《中古汉语助动词研究》,南京师范大学出版社 2002 年版。

段玉裁:《说文解字注》,上海古籍出版社 1981 年版。

范晓、杜高印、陈光磊:《汉语动词概述》,上海教育出版社 1987 年版。

范晓:《三个平面的语法观》,北京语言学院出版社 1996 年版。

方松熹:《舟山方言研究》,社会科学文献出版社 1993 年版。

方一新:《东汉语料与词汇史研究刍议》,《中国语文》1996 年第 2 期。

—— 《"不听"之"不允许"义的产生年代及成因》,《中国语文》2003 年第 6 期。

[美] C. J. 菲尔墨著,胡明扬译:《"格"辨》,商务印书馆 2005 年版。

冯春田:《近代汉语语法问题研究》,山东教育出版社 1991 年版。

—— 《近代汉语语法研究》,山东教育出版社 2000 年版。

—— 《〈聊斋俚曲〉语法研究》,河南大学出版社 2003 年版。

傅惠钧:《〈金瓶梅词话〉中的授与动词"给"》,《中国语文》2001 年第 3 期。

管燮初:《左传句法研究》,安徽教育出版社 1994 年版。

郭锐:《汉语动词的过程结构》,《中国语文》1993 年第 6 期。

何乐士:《专书语法研究的回顾与展望》,《湖北大学学报》(哲社版) 2001 年第 1 期。

—— 《史记语法特点研究》,商务印书馆 2005 年版。

侯精一、温端政主编:《山西方言调查报告》,山西高校联合出版社 1993 年版。

胡明扬主编:《词类问题考察》,北京语言学院出版社 1996 年版。

胡裕树、范晓主编:《动词研究》,河南大学出版社 1995 年版。

胡竹安等编:《近代汉语研究》,商务印书馆 1992 年版。

胡壮麟:《认知隐喻学》,北京大学出版社 2004 年版。

胡壮麟、朱永生、张德录：《系统功能语法概论》，湖南教育出版社 1989 年版。

江蓝生：《八卷本〈搜神记〉语言的时代》，《中国语文》1987 年第 4 期。

—— 《魏晋南北朝小说词语汇释》，语文出版社 1988 年版。

—— 《从语言渗透看汉语比拟式的发展》，《中国社会科学》1999 年第 4 期。

—— 《近代汉语探源》，商务印书馆 2000 年版。

—— 《时间词"时"和"後"的语法化》，《中国语文》2002 年第 4 期。

江蓝生、曹广顺编著：《唐五代语言词典》，上海教育出版社 1997 年版。

姜南：《汉译佛经中增译的话题转移标记——以〈妙法莲华经〉的梵汉对勘为基础》，《中国语文》2007 年第 3 期。

蒋冀骋、吴福祥：《近代汉语纲要》，湖南教育出版社 1997 年版。

蒋礼鸿：《敦煌文献语言词典》，杭州大学出版社 1994 年版。

—— 《敦煌变文字义通释》（增补定本），上海古籍出版社 1997 年版。

蒋绍愚：《〈祖堂集〉词语试释》，《中国语文》1985 年第 2 期

—— 《古汉语词汇纲要》，北京大学出版社 1989 年版。

—— 《近代汉语研究概况》，北京大学出版社 1994 年版。

—— 江蓝生编《近代汉语研究》（二），商务印书馆 1999 年版。

—— 《汉语词汇语法史论文集》，商务印书馆 2000 年版。

蒋绍愚、曹广顺编著：《近代汉语语法史研究综述》，商务印书馆 2005 年版。

黎锦熙：《新著国语文法》，商务印书馆 1924 年版。

李崇兴：《〈祖堂集〉中的助词"去"》，《中国语文》1990 年第 1 期。

李临定：《现代汉语句型》，商务印书馆 1986 年版。

—— 《现代汉语动词》，中国社会科学出版社 1990 年版。

李明：《两汉时期的助动词系统》，《语言学论丛》（25 辑），商务印书馆 2002 年版。

—— 《试谈言说动词向认知动词的引申》，《语法化与语法研究》（一），商务印书馆 2003 年版。

—— 《从言语到言语行为——试谈一类词义演变》，《中国语文》2004 年第 5 期。

李讷、石毓智：《句子中心动词及其宾语之后谓词性成分的变迁与量词语法化的动因》，《语言研究》1998 年第 1 期。

李平：《〈世说新语〉和〈百喻经〉中的动补结构》，《语言学论丛》（14辑），商务印书馆 1984 年版。

李荣主编、刘丹青编纂：《南京方言词典》，《现代汉语方言大词典·分卷》，江苏教育出版社 1995 年版。

李荣主编、刘丹青编纂：《扬州方言词典》，《现代汉语方言大词典·分卷》，江苏教育出版社 1996 年版。

李荣主编、刘丹青编纂：《现代汉语方言大词典（综合本）》，江苏教育出版社 2002 年版。

李泰洙、江蓝生：《〈老乞大〉语序研究》，《语言研究》2000 年第 3 期。

李维琦：《佛经续释词》，岳麓书社 1999 年版。

李英哲：《汉语历时句法中的竞争演变和语言折衷》，《湖北大学学报》1997 年第 5 期。

李宗江：《〈红楼梦〉中的"与"和"给"》，《汉语常用词演变研究》，汉语大词典出版社 1999 年版。

李佐丰：《文言实词》，语文出版社 1994 年版。

——　《〈左传〉的"语""言"和"谓""曰""云"》，《语言学论丛》（16辑），商务印书馆 1991 年版。

梁晓虹：《佛教词语的构造和汉语词汇的发展》，北京语言学院出版社 1994 年版。

林新年：《〈祖堂集〉的动态助词研究》，上海三联书店 2006 年版。

林杏光等：《现代汉语动词大词典》，北京语言学院出版社 1994 年版。

刘大为：《句嵌式递归与动词的控制功能》，《语言研究》2002 年第 4 期。

刘丹青：《语法化中的更新、强化与叠加》，《语言研究》2001 年第 2 期。

——　《汉语给予类双及物结构的类型学考察》，《中国语文》2001 年第 5 期。

——　《语序类型学与介词理论》，商务印书馆 2003 年版。

——　《汉语里的一个内容宾语标句词——从"说道"的"道"说起》，《庆祝〈中国语文〉创刊 50 周年学术论文集》，商务印书馆 2004 年版。

刘坚、江蓝生、白维国、曹广顺：《近代汉语虚词研究》，语文出版社 1992 年版。

刘坚：《近代汉语读本》（修订本），上海教育出版社 2005 年版。

刘坚、曹广顺、吴福祥：《论诱发汉语词汇语法化的若干因素》，《中国语文》1995 年第 3 期。

刘淇：《助字辨略》，中华书局 1954 年版。

刘勋宁：《〈祖堂集〉反复问句的一项考察》，《现代汉语研究》北京语言文化大学出版社 1998 年版。

柳士镇：《〈百喻经〉中的被动句式》，《南京大学学报》1985 年第 2 期。

——　《魏晋南北朝历史语法》，南京大学出版社 1992 年版。

——　《语文丛稿》，南京大学出版社 1998 年版。

刘叔新：《现代汉语被动句的范围和类别问题》，《句型和动词》，语文出版社 1987 年版。

刘志生：《近代汉语中的"V 来 V 去"格式考察》，《古汉语研究》2004 年第 4 期。

卢卓群：《助动词"要"汉代起源说》，《古汉语研究》1997 年第 3 期。

陆俭明：《"V 来了"试析》，《中国语文》1989 年第 3 期。

——　《语义特征分析在汉语语法研究中的运用》，《汉语学习》1991 年第 1 期。

陆锦林：《"切夫语法"概述》，《国外语言学》1980 年第 2 期。

路广：《〈醒世姻缘传〉的"给"与"己"》，《语言研究》2006 年第 1 期。

罗竹凤主编：《汉语大词典》（缩印本），汉语大词典出版社 1997 年版。

吕叔湘：《中国文法要略》，商务印书馆 1944/1982 年版。

——　《近代汉语指代词》（江蓝生补），学林出版社 1985 年版。

——　《句型和动词学术讨论会开幕词（代序）》，《句型和动词》，语文出版社 1987 年版。

——　《吕叔湘文集》（第二卷），商务印书馆 1990 年版。

吕叔湘、王海棻主编：《〈马氏文通〉读本》，上海教育出版社 2001 年版。

吕叔湘主编：《现代汉语八百词》（增订本），商务印书馆 1999 年版。

吕叔湘、朱德熙：《语法修辞讲话》，中国青年出版社 1979 年版。

吕幼夫：《〈祖堂集〉词语选释》，《辽宁大学学报》（哲社版）1992 年第 2 期。

马建忠：《马氏文通》，商务印书馆 1898/1983 年版。

马庆株：《现代汉语的双宾语构造》，《语言学论丛》第 10 辑，商务印书馆 1983 年版。

—— 《述宾结构歧义初探》，《语言研究》1985 年第 1 期。

—— 《名词性宾语的类别》，《汉语学习》1987 年第 5 期。

—— 《自主动词和非自主动词》，《中国语言学报》1988 年第 3 期。

—— 《汉语语义语法范畴问题》，北京语言文化大学出版社 1998 年版。

—— 《汉语动词和动词性结构·一编》，北京大学出版社 2005 年版。

马贝加：《能愿动词"要"的产生及其词义》，《温州师范学院学报》（哲社版）1994 年第 5 期。

—— 《"要"的语法化》，《语言研究》2002 年第 4 期。

—— 《近代汉语介词》，中华书局 2002 年版。

梅祖麟：《现代汉语完成貌句式和词尾的来源》，《语言研究》1981 年第 1 期。

—— 《唐宋处置式的来源》，《中国语文》1990 年第 3 期。

—— 《从汉代的"动、杀""动、死"来看动补结构的发展——兼论中古时期起词的施受关系的中立化》，《语言学论丛》（16 辑），商务印书馆 1991 年版。

—— 《汉语语法史中几个反复出现的演变方式》，《古汉语语法论集》，语文出版社 1998 年版。

—— 《梅祖麟语言学论文集》，商务印书馆 2000 年版。

孟琮、郑怀德、孟庆海、蔡文兰：《汉语动词用法词典》，商务印书馆 1999 年版。

潘云中：《汉语语法史概要》，中州书画社 1982 年版。

齐沪扬：《现代汉语空间问题研究》，学林出版社 1998 年版。

—— 《动词移动性功能的考察和动词的分类》，《语法研究和探索》(10)，商务印书馆 2000 年版。

钱曾怡、张树铮、罗福腾：《山东方言研究》，齐鲁书社 2001 年版。

［日］桥本万太郎著，余志鸿译：《语言地理类型学》，北京大学出版社 1978 年版。

［日］桥本万太郎：《汉语被动式的历史·区域发展》，《中国语文》1987 年第 1 期。

屈承熹：《汉语的词序及其历史变迁》，《语言研究》1984 年第 1 期。

屈哨兵：《现代汉语被动标记研究》，华中师范大学博士论文 2004 年。

阮桂君：《宁波方言的有标被动句》，华中师范大学硕士论文 2004 年。

商务印书馆编辑部编：《辞源》，商务印书馆 1979 年版。

邵敬敏：《汉语语法的立体研究》，商务印书馆 2000 年版。

沈家煊：《实词虚化的机制——〈演化而来的语法〉评介》，《当代语言学》1998 年第 3 期。

——《不对称和标记论》，江西教育出版社 1999 年版。

——《著名中年语言学家自选集·沈家煊卷》，安徽教育出版社 2002 年版。

沈家煊、吴福祥、马贝加主编：《语法化与语法研究》（二），商务印书馆 2005 年版。

石毓智、李讷：《汉语的语法化历程》，北京大学出版社 2001 年版。

石毓智、徐杰：《汉语史上疑问形式的类型学转变及其机制——焦点标记"是"的产生及其影响》，《中国语文》2001 年第 5 期。

石毓智：《汉语的领有动词与完成体的表达》，《语言研究》2004 年第 2 期。

孙锡信：《汉语历史语法要略》，复旦大学出版社 1992 年版。

——《汉语历史语法丛稿》，汉语大词典出版社 1997 年版。

——《近代汉语语气词》，语文出版社 1999 年版。

孙朝奋：《〈虚化论〉评介》，《国外语言学》1994 年第 4 期。

［日］太田辰夫著，江蓝生、白维国译：《汉语史通考》，重庆出版社 1991 年版。

［日］太田辰夫著，蒋绍愚、徐昌华译：《中国语历史文法》，北京大学出版社 1958/2003 年版。

谭景春：《致使动词及其相关句型》，《语法研究和探索》（八），商务印书馆 1997 年版。

谭伟：《〈祖堂集〉文献语言研究》，巴蜀书社 2005 年出版。

唐钰明：《中古"是"字判断句述要》，《中国语文》1992 年第 5 期。

唐钰明、周锡复：《唐至清的"被"字句》，《中国语文》1998 年第 6 期。

田春来：《〈祖堂集〉句末的"次"》，《长江学术》2007 年第 1 期。

汪维辉：《东汉—隋常用词演变研究》，南京大学出版社 2000 年版。

——《汉语"说类词"的历时演变与共时分布》，《中国语文》2003 年第 4 期。

　　——　《"承"有"闻"义补说》，《南京师范大学文学院学报》2003 年第 1 期。

　　王海棻、赵长才、黄珊、吴可颖：《古汉语虚词词典》，北京大学出版社 1996 年版。

　　王安龙：《略说显示状态功能的动词》，《中国语文》1993 年第 3 期。

　　王继红：《玄奘译经四言文体的构成方法——以〈阿毗达磨俱舍论〉梵汉对勘为例》，《中国文化研究》2006 年第 2 期。

　　王建军：《汉语存在句的历时研究》，天津古籍出版社 2003 年版。

　　王力：《中国现代语法》，商务印书馆 1943/1985 年版。

　　——　《中国语法理论》，中华书局 1954 年版。

　　——　《汉语史稿》，中华书局 1958/1980 年版。

　　——　《古代汉语》，中华书局 1962/1981 年版。

　　——　《汉语语法史》，商务印书馆 1989/2003 年版。

　　王森、王毅、姜丽：《"有没有/有/没有 + VP"句》，《中国语文》2006 年第 1 期。

　　王树声编著：《东北方言口语词汇例释》，黑龙江人民出版社 1996 年版。

　　王锳：《诗词曲语辞例释》（增订本），中华书局 1986 年版。

　　——　《唐宋笔记语辞汇释》，中华书局 1990 年版。

　　——　《古汉语中"敢"表"能"义例说》，《古汉语研究》1995 年第 4 期。

　　——　《试说"承"有"闻"义》，《中国语文》2001 年第 1 期。

　　——　《〈八卷本搜神记语言的时代〉补正》，《中国语文》2006 年第 1 期。

　　王云路：《六朝诗歌语词研究》，黑龙江教育出版社 1999 年版。

　　王云路、方一新编：《中古汉语研究》，商务印书馆 2000 年版。

　　魏达纯：《"所以"在六本古籍中的演变考察》，《古汉语研究》1998 年第 2 期。

　　吴福祥：《敦煌变文语法研究》，岳麓书社 1996 年版。

　　——　《重谈"动 + 了 + 宾"格式的来源和完成体助词"了"的产生》，《中国语文》1998 年第 6 期

　　吴福祥、洪波主编《语法化与语法研究》（一），商务印书馆 2003 年版。

　　吴启主：《常宁方言研究》，湖南教育出版社 1998 年版。

　　吴为章：《单向动词及其句型》，《中国语文》1982 年第 5 期。

—— 《"动词中心"说及其深远影响》，《语言研究》1994 年第 1 期。

项楚：《著名中年语言学家自选集·项楚卷》，安徽教育出版社 2002 年版。

项开喜：《汉语的双施力结构式》，《语言研究》2002 年第 2 期。

—— 《汉语重动句式的功能研究》，《中国语文》1997 年第 4 期。

[日] 香坂顺一著，江蓝生、白维国译：《白话语汇研究》，中华书局 1997 年版。

向熹：《简明汉语史》，高等教育出版社 1993 年版。

谢质彬：《"不听"作"不允许"解的始见年代及书证》，《中国语文》2000 年第 1 期。

解植永：《古汉语"主·而·谓"结构论析》，《遵义师范学院学报》2006 年第 5 期。

邢福义：《"起去"的语法化与相关问题》，《方言》2003 年第 3 期。

—— 《〈西游记〉中的"起去"与相关问题思辨》，《古汉语研究》2005 年第 3 期。

邢欣：《现代汉语兼语式》，北京广播学院出版社 2004 年版。

邢志群：《汉语动词语法化的机制》，《语言学论丛》第 28 辑，商务印书馆 2003 年版。

许宝华、宫田一郎主编：《汉语方言大词典》（全五卷），中华书局 1999 年版。

徐丹：《汉语句法引论》，北京语言大学出版社 2004 年版。

徐烈炯、刘丹青主编：《话题与焦点新论》，上海教育出版社 2003 年版。

许慎：《说文解字》，中华书局 1963 年版。

徐时仪：《古白话词汇研究论稿》，上海教育出版社 2000 年版。

颜洽茂：《佛经语言阐释——中古佛经词汇研究》，杭州大学出版社 1997 年版。

颜洽茂、荆亚玲：《试论汉译佛典四言格文体的形成及影响》，《浙江大学学报》（人文社会科学版）2008 年第 5 期。

颜森：《黎川方言研究》，社会科学文献出版社 1993 年版。

杨伯峻、何乐士：《古汉语语法及其发展》，语文出版社 1992 年版。

杨华：《试论心理状态动词及其宾语的类型》，《汉语学习》1994 年第 3 期。

姚振武：《先秦汉语受事主语句系统》，《中国语文》1999 年第 1 期。

叶爱国：《〈史记〉已有"不听"》，《中国语文》1997 年第 2 期。

叶建军：《〈祖堂集〉中四种糅合句式》，《语言研究》2008 年第 1 期。

殷国光：《吕氏春秋动词词类研究》，华夏出版社 1997 年版。

游汝杰：《现代汉语兼语句的句法和语义特征》，《汉语学习》2002 年第 6 期。

余志鸿：《论古汉语补语的位移》，《语言研究》1984 年第 1 期。

俞光中、〔日〕植田均：《近代汉语语法研究》，学林出版社 1999 年版。

俞理明：《佛经文献语言》，巴蜀书社 1993 年版。

袁宾：《说疑问副词"还"》，《语文研究》1989 年第 2 期。

——　《〈祖堂集〉被字句研究——兼论南北朝到宋元之间被字句的历史发展和地域差异》，《中国语文》1989 年第 1 期。

——　《禅宗著作词语汇释》，江苏古籍出版社 1990 年版。

——　《近代汉语概论》，上海教育出版社 1992 年版。

——　《禅宗语言和文献》，江西人民出版社 1995 年版。

——　《禅语译注》，语文出版社 1999 年版。

——　《〈大唐三藏取经诗话〉的成书时代和方言基础》，《中国语文》2000 年第 6 期。

——　《被动式与处置式的混合句型》，《语言问题再认识》，上海教育出版社 2001 年版。

——　《唐宋禅录语法研究》，《觉群·学术论文集》第 1 辑，商务印书馆 2001 年版。

——　《"啰啰哩"考（外五题）》，《中国禅学》2002 年第 1 卷。

——　《禅录词语"专甲"与"某专甲"源流考释》，《中国语文》2005 年第 6 期。

——　《"蒙"字句》，《语言科学》2005 年第 6 期。

袁宾、段晓华、徐时仪、曹澂明：《宋语言词典》，上海教育出版社 1997 年版。

袁宾、徐时仪、史佩信、陈年高：《二十世纪的近代汉语研究》，书海出版社 2001 年版。

袁宾、康健：《禅宗大词典》，崇文书局 2010 年版。

袁毓林：《现代汉语祈使句研究》，北京大学出版社 1993 年版。

——　《汉语动词的配价研究》，江西教育出版社 1998 年版。

曾毓美：《湘潭方言语法研究》，湖南大学出版社 2001 年版。

张赪：《汉语介词词组词序的历史演变》，北京语言文化大学出版社 2002 年版。

张惠英：《说"给"和"乞"》，《中国语文》1989 年第 5 期。

张华文：《昆明方言词源断代考辨》，民族出版社 2002 年版。

张美兰：《近代汉语语言研究》，天津教育出版社 2001 年版。

——《〈祖堂集〉语言研究概述》，《中国禅学》创刊号，中华书局 2002 年版。

——《〈训世评话〉中的授与动词"给"》，《中国语文》2002 年第 3 期。

——《〈祖堂集〉语法研究》，商务印书馆 2003 年版。

——《〈祖堂集〉校注》，商务印书馆 2009 年版。

张猛：《〈左传〉谓语动词研究》，语文出版社 2003 年版。

张文国、张文强：《论先秦汉语的"有（无）＋VP"结构》，《广西大学学报》（哲社版）1996 年第 11 期。

张相：《诗词曲语辞汇释》，中华书局 1955 年版。

张一舟、张清源、邓英树：《成都方言语法研究》，巴蜀书社 2001 年版。

张涌泉：《汉语俗字研究》，岳麓书社 1995 年版。

——《敦煌俗字研究》，上海教育出版社 1996 年版。

张涌泉、王云路、方一新主编：《郭在贻文集》，中华书局 2002 年版。

张永言：《词汇学简论》，华中工学院出版社 1982 年版。

赵金铭：《〈游仙窟〉与唐代口语语法》，《语言研究》1995 年第 1 期。

赵世举：《授与动词"给"产生与发展简论》，《语言研究》2003 年第 4 期。

赵元任：《汉语口语语法》，商务印书馆 1979 年版。

［日］志村良治著，江蓝生、白维国译：《中国中世语法史研究》，中华书局 1995 年版。

中国社会科学院语言研究所现代汉语研究室：《句型和动词》，语文出版社 1987 年版。

中国社会科学院语言研究所词典编辑室：《现代汉语词典》，商务印书馆 1985 年版。

中文大辞典编纂委员会：《中文大辞典》，台北中国文化研究所 1982 年印行。

钟兆华：《趋止动词"起来"在近代汉语中的发展》，《中国语文》1985

年第 3 期。

　　周有斌、邵敬敏：《汉语心理动词及其句型》，《语文研究》1993 年第 3 期。

　　周裕锴：《禅宗语言》，浙江人民出版社 1999 年版。

　　朱德熙：《语法讲义》，商务印书馆 1982 年版。

　　——　《语法答问》，商务印书馆 1985 年版。

　　贾彦德：《汉语语义学》，北京大学出版社 1999 年版。

　　朱冠明：《中古译经中的"持"字处置式》，《汉语史学报》第 2 辑，上海教育出版社 2002 年版。

　　朱庆之：《佛典与中古汉语词汇研究》，台湾文津出版社 1992 年版。

　　朱习文：《甲骨文位移动词句型结构》，《语言研究》2004 年第 1 期。

　　朱晓亚：《现代汉语句模研究》，北京大学出版社 2001 年版。

　　祝敏彻：《近代汉语句法史稿》，中州古籍出版社 1996 年版。

　　宗福邦、陈世铙、萧海波主编：《故训汇纂》，商务印书馆 2003 年版。

主要引书目录

十三经注疏本：《诗经》、《周易》、《尚书》、《周礼》、《仪礼》、《礼记》、《左传》、《公羊传》、《穀梁传》、《论语》、《孝经》、《孟子》、《尔雅》，中华书局 1980 年版。

《战国策》，上海古籍出版社 1985 年版。

《国语》，上海古籍出版社 1988 年版。

《论语译注》，中华书局 1980 年版。

诸子集成本：《庄子》、《老子》、《荀子》、《墨子》、《商君书》、《韩非子》、《论衡》、《抱朴子》、《列子》、《晏子春秋》、《管子》，上海书店影印本，1986 年版。

《伤寒论》上海人民出版社，1976 年版。

《淮南子》，中华书局 2009 年版。

《史记》，中华书局 1982 年版。

《汉书》，中华书局 1983 年版。

《二十五史》，上海古籍出版社 1986 年版。

《风俗通义》（《全后汉文》卷三十六至四十一），商务印书馆 1999 年版。

《抱朴子内篇校释》，中华书局 1996 年版。

《三国志》，中华书局 1975 年版。

《世说新语校笺》，中华书局 1984 年版。

《颜氏家训集解》，上海古籍出版社 1980 年版。

《洛阳伽蓝记》，上海古籍出版社 1978 年版。

《搜神记》，中华书局 1979 年版。

《百喻经》，文学古籍刊行社 1955 年版。

《汉魏六朝笔记小说大观》，上海古籍出版社 1999 年版。

《朝野佥载》，中华书局 1979 年版。

《隋唐嘉话》，中华书局 1979 年版。

《独异志》，中华书局 1983 年版。

《唐人小说》，上海古籍出版社 1955 年版。

《唐五代笔记小说大观》，上海古籍出版社 2000 年版。

《全唐诗》，中华书局 1960 年版。

《全唐五代词》，上海古籍出版社 1986 年版。

《入唐求法巡礼行记》，上海古籍出版社 1986 年版。

《游仙窟》（《近代汉语语法资料汇编》唐五代卷），商务印书馆 1990 年版。

《敦煌变文集》，人民文学出版社 1957 年版。

《敦煌变文校注》，中华书局 1997 年版。

《敦煌变文集新书》，中国文化大学中文研究所敦煌学研究会出版 1983 年版。

《王梵志诗校注》，上海古籍出版社 1991 年版。

《寒山诗校注》，广东高等教育出版社 1991 年版。

《原本老乞大》，外语教学与研究出版社 2002 年版。

《禅宗语录辑要》，上海古籍出版社 1995 年版。

《临济录》，中州古籍出版社 2001 年版。

《法苑珠林》，上海古籍出版社 1991 年版。

《祖堂集》，日本花园大学禅文化研究所影印发行（大韩民国海印寺版），1994 年版。

《祖堂集》，上海古籍出版社影印 1994 年版。

《祖堂集》（吴福祥、顾之川点校），岳麓书社 1996 年版。

《祖堂集》（张华点校），中州古籍出版社 2001 年版。

《祖堂集》（孙昌武等点校），中华书局 2007 年版。

《祖堂集索引》日本花园大学禅文化研究所发行，1994 年版。

《祖堂集》（中国佛教经典宝藏精选白话版，葛兆光释译），佛光山宗务委员会印行 1996 年版。

《坛经》（郭朋校释），中华书局 1983 年版。

《禅宗语录辑要》，上海古籍出版社 1992 年版。

《景德传灯录》，日本花园大学禅文化研究所影印发行 1993 年版。

《〈景德传灯录〉索引》，日本花园大学禅文化研究所发行 1993 年版。

《五灯会元》，中华书局 1984 年版。

《宋高僧传》，中华书局 1996 年版。

《古尊宿语录》，中华书局 1997 年版。

《朱子语类》，中华书局 1994 年版。

《新编五代史平话》，中国古典文学出版社 1954 年版。

《全宋词》，中华书局 1965 年版。

《太平广记》，中华书局 1981 年版。

《新刊大宋宣和遗事》（台北），世界书局 1958 年版。

《三朝北盟会编》（《近代汉语语法资料汇编》宋代卷），商务印书馆 1992 年版。

《大唐三藏取经诗话》（《近代汉语语法资料汇编》宋代卷），商务印书馆 1992 年版。

《宋元笔记小说大观》，上海古籍出版社 2001 年版。

《全相平话五种》，文学古籍刊行社 1956 年版。

《元曲选》，中华书局 1958 年版。

《全元散曲》，中华书局 1964 年版。

《全元杂剧》，台湾世界书局 1962—1963 年版。

《新校元刊杂剧三十种》，中华书局 1980 年版。

《关汉卿戏曲集》，中国戏剧出版社 1958 年版。

《董解元西厢记》，人民文学出版社 1980 年版。

《西厢记诸宫调》，文学古籍刊行社 1955 年版。

《刘知远诸宫调》，中华书局 1993 年版。

《元朝秘史》（《近代汉语语法资料汇编》元代明代卷），1995 年版。

《朴通事》（《近代汉语语法资料汇编》元代明代卷），1995 年版。

《金瓶梅》，齐鲁书社 1989 年版。

《醒世姻缘传》，中华书局 2005 年版。

《初刻拍案惊奇》，上海古籍出版社 1983 年版。

《二刻拍案惊奇》，上海古籍出版社 1983 年版。

《三国演义》，人民文学出版社 1973 年版。

《水浒传》，人民文学出版社 1975 年版。

《水浒全传》，上海古籍出版社 1995 年版。

《西游记》，人民文学出版社 1980 年版。

《清平山堂话本》，上海古籍出版社 1987 年版。

《聊斋俚曲》，上海古籍出版社 1986 年版。

《官场现形记》，人民文学出版社 1957 年

《红楼梦》，岳麓书社 1987 年版。

《儿女英雄传》，上海书店印行 1981 年版。

《海上花列传》，人民文学出版社 1982 年版。

《道行般若经》《大正新修大藏经》8 册，般若部。

《修行本起经》《大正新修大藏经》3 册，本缘部。

《中本起经》《大正新修大藏经》4 册，本缘部。

《杂譬喻经》《大正新修大藏经》4 册，本缘部。

《六度集经》《大正新修大藏经》3 册，本缘部。

《杂宝藏经》《大正新修大藏经》3 册，本缘部。

《阿育王传》《大正新修大藏经》50 册，史传部。

《增壹阿含经》《大正新修大藏经》2 册，阿含部。

《出曜经》《大正新修大藏经》4 册，本缘部。

《长阿含经》《大正新修大藏经》1 册，阿含部。

《悲华经》《大正新修大藏经》3 册，本缘部。

《贤愚经》《大正新修大藏经》4 册，本缘部。

《百喻经》《大正新修大藏经》4 册，本缘部。

《佛本行集经》《大正新修大藏经》3 册，本缘部。

《黄檗山断际禅师传心法要》《大正新修大藏经》48 册，诸宗部。

《黄檗断际禅师宛陵录》《大正新修大藏经》48 册，诸宗部。

《大唐西域求法高僧传》《大正新修大藏经》51 册，史传部。

《镇州临济慧照禅师语录》《大正新修大藏经》47 册，诸宗部。

《法演禅师语录》《大正新修大藏经》47 册，诸宗部。

《杨岐方会和尚语录》《大正新修大藏经》47 册，诸宗部。

《云门匡真禅师广录》《大正新修大藏经》47 册，诸宗部。

《虚堂和尚语录》《大正新修大藏经》47 册，诸宗部。

《密庵和尚语录》《大正新修大藏经》47 册，诸宗部。

《汾阳无德禅师语录》《大正新修大藏经》47 册，诸宗部。

《黄龙慧南禅师语录》《大正新修大藏经》47 册，诸宗部。

《明觉禅师语录》《大正新修大藏经》47 册，诸宗部。

《圆悟佛果禅师语录》《大正新修大藏经》47 册，诸宗部。

《大慧普觉禅师宗门武库》《大正新修大藏经》47 册，诸宗部。

《大慧普觉禅师语录》《大正新修大藏经》47 册，诸宗部。

《万松老人评唱天童觉和尚颂古从容庵录》《大正新修大藏经》48 册，

诸宗部。

《宏智禅师广录》《大正新修大藏经》48 册，诸宗部。

《天童山景德寺如净禅师续语录》《大正新修大藏经》48 册，诸宗部。

《碧岩录》《大正新修大藏经》48 册，诸宗部。

《缁门警训》《大正新修大藏经》48 册，诸宗部。

《续传灯录》《大正新修大藏经》51 册，史传部。

电子语料库：《四库全书》，《四部丛刊》，《二十五史全文阅读系统检索网络版》，《汉籍全文数据库》，《佛学大辞典》，《佛光大辞典》网络版，"中研院"汉籍电子文献，CBETA 电子佛典（大正版）中华电子佛典协会（Chi-neseBuddhistElectronicTextAssociation）。

后　记

2000年9月，我离开了执教多年的乡村中学，只身一人来到美丽的贵阳花溪开始了人生的第二次求学生涯。在这里，我有幸遇到了恩师王锳先生，是他引领我走进了近代汉语研究的大门。先生渊博的学识、严谨的治学、高尚的人格常使后学钦敬不已。恩师的谆谆教诲至今还响彻耳畔，成为鞭策我前进的动力。

在王锳师的鼓励下，2003年9月我顺利考进了上海师范大学，忝列袁宾先生门下继续从事近代汉语研究，方向为唐宋禅宗语言。三年来与袁宾师结下了深厚的师生情谊。至今还记得他多次带领我参加学术会议的情景。学业上，先生更是耳提面命，反复叮咛：学术贵在创新。每次到老师家里，袁宾师都将他的新作分析给我听，从创作构思、谋篇布局到遣词造句无不给予我悉心指导。然乃学生资质愚钝，有负先生厚望，深深感谢的同时只有抱愧。现在虽然远离先生，但他仍然在学业上督促我，期间我协同他编纂了《禅宗大词典》和《〈祖堂集〉词典》，每一次电话和来信都是一次次学习交流的过程。古语曰：独学而无友，则孤陋而寡闻。现在时常感到一种独处的寂寞，唯有先生的敦促鼓励，才使我不至于丧失学习的斗志。

2006年6月在莫彭龄教授的引荐下我携全家来到了常州工学院。承蒙学校照顾，解决了我所有后顾之忧，使我得以潜心于教学、科研。诸位领导给予我工作和生活上的支持和帮助，恕我不一一列出姓名表示我真诚的谢意！

感谢多年来在我身后默默无闻支持我完成学业的爱人周建兵，感谢女儿周倩对我做出重大决策的理解。常年来，孩子随我东奔西走，居无定所，学习环境的改变使她学业成绩受到很大影响，这是我一生最大的愧疚。

感谢复旦大学的孙锡信教授，攻读学位期间曾多次向他请教，现在又欣然提笔为拙文作序，给予后学莫大的鼓励。

感谢中国社会科学出版社的任明先生和语言文字编辑室的老师们，他们为本书的出版做了大量的工作，付出了辛勤的劳动。

　　由于家境贫寒，我初中毕业后选择了去读师范学校，1987 年毕业后分配到了一所乡村中学。也许是不甘于命运的安排，凭着顽强的毅力，从大专、本科，到硕士、博士，一路走来，完成了我的求学之路。现在回过头来看看自己所走过的人生道路，真的很感谢那些给予我无私帮助的老师、同学和同事们，没有他们的理解和支持，我的人生之路定会改写。

　　禅曰：平常心是道。在研究禅宗语言的同时我也学到了一点禅的智慧，以一份淡定从容的态度生活，求得一份心灵的安宁和愉悦，期盼日日是好日。

　　谨以这本小书的出版表达对所有帮助过我的人的谢意！

鞠彩萍

2011 年 3 月 25 日